读客文化

这回终于读懂《孟子》

# 华杉讲透孟子

逐字逐句讲透《孟子》原意，
无需半点古文基础，
直抵2500年儒学源头！

华杉 著

江苏凤凰文艺出版社

# 目录

**自序：为往圣继绝学** / I

**第一篇　梁惠王章句** / 1

　　如果你一心逐利，跟你的人也逐你的利 / 1
　　后天下之乐而乐，其乐宏大，直冲霄汉 / 3
　　不要五十步笑百步，要从自己身上找原因 / 6
　　仁者无敌 / 9
　　追求仁义，无论成功失败，我都得到仁义 / 12
　　不谈霸道，谈王道 / 14
　　能保民，就能王天下 / 15
　　王天下，不是要你去打天下 / 18
　　有恒产者有恒心，恒心是恒定不变的良心 / 25

**第二篇　梁惠王章句 下** / 28

　　世间最大的美德是分享，懂得分享，就是王道 / 28
　　情怀比胸怀更大，因为情怀是另一个看问题的角度 / 32
　　除暴安良是大勇，与人争强斗狠只是小勇 / 34
　　很多的慈善，都只是慈善表演艺术 / 36
　　王者的仁政就这么简单，历史上每次治世都是如此 / 38

认识人们贪财好色的弱点，就能通向王道 / 40
轻易不试错 / 43
要大用贤才，就要听他的话 / 46
儒家思想的基本原理，就是替别人着想 / 47
君子要独立于世，不要找靠山 / 52
与其焦虑自己控制不了的事，不如想想自身该做什么 / 54
时刻保持警觉，疏远带来不利影响的人 / 57

## 第三篇　公孙丑章句 上 / 62

管仲获得了机会，但是器局不够宏大 / 62
所有的成功只有一个路径 / 64
孟子一句"不动心"，奠定了陆王心学的源头 / 67
我善养吾浩然之气 / 71
每一次思考都回到原点，都直接服务于最终目的 / 75
内心强大，一身正气，勇往直前，尽在浩然之气 / 77
义在心之内，不在身之外 / 78
必有事焉，勿忘勿助，不拔苗助长 / 80
诐辞、淫辞、邪辞、遁辞，言为心声 / 82
大而化之谓圣 / 87
立德、立功、立言——是人生价值的标准 / 89
圣之清者、圣之任者、圣之时者，孔子兼有之 / 91
养浩然之气要靠集义，行一不义就前功尽弃 / 93
王道虽然来得慢，但是传承得久 / 96
不是在危机时改革，而是在闲暇时改革 / 99
用人的理想状态：野无遗贤，朝无幸位 / 101
孟子的"四端论"就是王阳明"致良知"学说的基础 / 103
习于仁，善端日长，就能生长出仁心仁术来 / 106
君子之德，最高境界是与人为善 / 107
只有放弃管不了的，才能去管更大的事 / 109

## 第四篇　公孙丑章句 下 / 111

天时不如地利，地利不如人和 / 111
用师者王，用友者霸，用徒者亡 / 113
孟子之高洁，是君子不可以货取 / 117
占了位置拿了酬劳，就要干事 / 118
仕为行道，道不行，义不可以素餐 / 120
君子之过，如日月之食 / 123
孟子离开齐国 / 127

## 第五篇　滕文公章句 上 / 134

没有什么事做不到，主要看领导的率先垂范 / 134
"为富不仁，为仁不富"是不可能的 / 139
夏商周三代的田税制度——贡助彻 / 141
夏商周三代的教育制度 / 142
圣人心忧天下，但不是事事都要忧 / 145
爱应该要推己及人，由近及远 / 154

## 第六篇　滕文公章句 下 / 158

守住规定状态，就能发现异常 / 158
富贵不能淫，贫贱不能移，威武不能屈，此之谓大丈夫 / 160
行不由径——不走捷径，不投机取巧 / 162
"不参加体力劳动者不得食"不符合社会分工的合理性 / 164
仁政的目的，是求仁得仁，而不是一定要王天下 / 167
儒家讲进步之道，唯有两件——读书与择友 / 171
为政在于力行，知错在于速改 / 173
儒家修养的方法论，就是持之以恒，克己复礼 / 178
孟子对谁做国君不太在意，他在意的是天下百姓 / 179

## 第七篇　离娄章句 上 / 182

善心和好办法配合起来，才能平治天下 / 182
不敢批评领导，是对领导最大的不敬 / 184
不要与众不同，要从善如流 / 186
评价事情的标准只有两个：义和不义 / 187
觉得自己在理，往往是一种幻觉 / 188
唯有以德服人，修德以服其心 / 190
德小力薄还不服，就是自取灭亡 / 192
天作孽，犹可违；自作孽，不可活 / 194
天下百姓面临灾难，就是王天下的巨大机会 / 196
能居于仁，则身心泰然；能行于义，则正大光明 / 198
一分耕耘一分收获是唯一的捷径 / 200
要得到人才，不是到外面去找，而是在自己身上找 / 202
"温良恭俭让"和"恭宽信敏惠" / 207
在救天下这个问题上，只有经，没有权 / 208
易子而教 / 210
奉养父母，要"养志" / 212
永远不要让你的名誉超过了你的实力 / 214
人之患，在好为人师 / 216
朋友对你的影响，往往比书还大 / 218
舜能大孝，因为他自以为是世间大不孝之子 / 219
孝敬父母，兄弟友爱，是仁义的根本原点 / 221

## 第八篇　离娄章句 下 / 224

圣道无非是日用常行，应事接物待人 / 224
如果不懂得管理你的上级，你就做不好工作 / 226
模仿律的第一定律，就是上行下效 / 228
人要有所不为，才能有所作为 / 230
不要讲别人坏话，也别在意别人讲自己坏话 / 232

心学的宗师是孟子 / 234
历史就是文明，仪式就是文明 / 236
学习是一个包围战 / 237
向领导推荐人才，是人臣最大的功绩 / 239
君子重本，得不到不往别人跟前凑，往自己身上找 / 240
人生就是一棵巨大的决策树，有数万个决策点 / 241
做事不看尽没尽力，而看尽没尽心 / 242
你心里装着，就自己会生发 / 244
在任何一件事情上，都有人或曾经有人比你聪明 / 245
历史是国家的圣经，是凝聚一国的精神纽带 / 246
没成功的人关注的是成功，成功之后关注的是传承 / 248
取利、分配和献身的逻辑 / 249
如果你的朋友或属下背叛你，那你有两条罪 / 250
我们研究"谋"，主要是判断"天谋"是啥 / 252
参加葬礼，就要与家属同悲 / 254
君子活在历史里，因为他想活进历史 / 255
用之则行，舍之则藏 / 258
齐威王对匡章绝对信任，是完全准确的判断 / 260
君子处世，唯义所在 / 262
圣人威仪、英雄气象，主要是看气质 / 263
君子以道事君，不可则止，始终坚持自己的原则 / 264

## 第九篇 万章章句 上 / 266

大孝之人，就是终身不变心之人 / 266
君子不使坏，强者能自强 / 268
天子之位不是尧授予舜的，是天授予舜的 / 276
历史是价值观的神话 / 278
有什么样的价值观，就有什么样的历史观 / 282
有的人自己没有品节，就不承认世间真有品节这回事 / 285

### 第十篇　万章章句 下 / 289

圣人之德，都是仁义，但也有不同 / 289
周代的社会分配 / 293
不挟其贵，任贤不贰 / 295
道德抬杠无济于事 / 297
不在其位，不谋其政；以道事君，不可则止 / 299
尊贤爱贤，莫过于用贤 / 302
直道事人，以道自重 / 305
向古人学习，可用"两个代入法" / 308

### 第十一篇　告子章句 上 / 312

善，是我们的集体潜意识 / 312
人性和动物性的区别，还是在于善恶观 / 314
辩论必起胜心，而胜心是求知的大敌 / 316
四端论：恻隐之心、羞恶之心、辞让之心、是非之心 / 320
决策改变方向，行动改变结果 / 323
世上最难的事，不是进步，而是保持 / 326
仔细选择你的朋友圈 / 329
鱼与熊掌，不可兼得 / 330
我们都懂得要培养孩子，却不太有意识培养自己 / 332
有天爵，才有人爵 / 334
仁能够胜过不仁，就像水能够灭火一样 / 336

### 第十二篇　告子章句 下 / 340

圣人之道，就在日用常行，行走坐卧之间 / 340
不要对大错无动于衷，也不要对小错愤愤不平 / 344
实用主义永远会败给理想主义 / 346
万事都是看你愿意付出多少 / 348
君子交绝，不出恶声；忠臣去国，不洁其名 / 350

春秋五霸是三王的罪人 / 353
齐桓公的五条公约 / 355
长君之恶，还算是小罪；逢君之恶，才是大罪 / 357
大禹是为全中国治水，白圭只是为魏国治水 / 360
能坚持原则的人，都是心里特亮堂的人 / 362
领导者的两大任务 / 363
君子直道事人，就是不谋私利 / 365
有过错是常态，进步主要靠改过 / 367
不屑于教导他，这也是一种教导 / 370

## 第十三篇 尽心章句 上 / 372

尽心尽力，修身养性，静候佳音 / 372
"仁义礼智信"全都在你自己身上 / 374
道不远人，平常日用不离道，百姓日用而不知 / 376
要厚黑学，还是要羞耻心，都是自己的选择 / 377
交朋友求的是相互规正、共同进步，而不是权势富贵 / 378
人首先要自得，不要迷失自己，然后才是身外的穷通得失 / 379
暴得富贵却处之淡然，就是有使命感的人 / 381
情商高的人特别擅长背后说人好话 / 384
孔子梦周公，王阳明梦见孟子 / 386
不要廉价的感动和赞扬，而是要落实到自己身上 / 387
有所不为，有所不欲，君子之道，如此而已 / 388
困苦让人思考，挫折让人检讨 / 390
君子之乐，我心光明，我人透明，心理阴影面积为零 / 392
君子本分已足，内心强大，比外面所有的东西都强大 / 393
孟子的目标是百姓幸福，而诸侯的目标是更大的权势 / 395
来之、富之、教之、劳之 / 398
学习必静心，盈科而后行，成章而后达 / 399
有认识论才有价值观，才有方法论，才有效验 / 401
一毛不拔的典故 / 402
要正心，先戒攀比，一切向内求 / 404

坚持原则，就能创造属于自己的世界 / 406
成功来自于压倒性的投入，坚持就是最大的投入 / 407
就算是假仁假义，若能一直坚持，也可以成真 / 409
伊尹之事，上下五千年就一回 / 411
仁是一间屋子，在里面就是居仁，在外面就是求仁 / 414
儒家价值观，是以人伦为根本 / 415
处在什么样的环境，就有什么样的习气 / 417
人君心里求利不求道，才会对贤士弄出喂猪养狗的感觉 / 418
圣人尽得人道而充其形 / 419
服丧三年的理念是，孩子生下来"三年免于父母之怀" / 421
学习不是理解，是行动 / 422
学习即模仿，老师不能为了笨学生降低模仿标准 / 424
身与道永不相离 / 425
孟子对滕更的方式，就是不教之教 / 427
要养成把问题当问题的眼光 / 428
爱有三个等级：亲亲、仁人、悯物 / 430
凡是可读可不读的书，都不要读 / 431

## 第十四篇 尽心章句 下 / 434

仁者以其所爱，及其所不爱 / 434
春秋无义战，是指没有程序正义 / 435
尽信《书》则不如无《书》 / 436
人们大大低估了成就一件事业所需要的时间 / 437
万事只靠苦练功夫，没有任何秘籍 / 439
既自立自强，又做自己的旁观者 / 441
爱他人，就是爱自己的亲人，就是爱自己 / 443
学习的本质，是模仿一种行为 / 443
德性要厚，心志就不会摇动 / 445
看一个人，要看他不经意的行为 / 446
越是大人物，越是要学会放弃判断，顺从他人 / 448
做任何事都要按看三代之后的眼光来考虑 / 449

找到自己的百世之师 / 451
道不外求，道不远人，道就在自己身上 / 453
不要怕得罪人，也不要期待人人都说你好 / 454
"以其昏昏使人昭昭"的三层含义 / 456
孟子的原意不是茅塞顿开，而是茅塞不开 / 457
心中没有志向，学习就没有目的 / 458
再作冯妇 / 459
要把义理当天性，当本体；把欲望当命运，当客体 / 460
修养的六个阶梯：善、信、美、大、圣、神 / 462
治学必有门户之见，没有门户之见，是因为没入门 / 465
利润太高，说明你对员工分配太少，或对未来投资不足 / 466
人不贵在有才，而贵在有道 / 468
来者不拒、往者不追、无往教之礼 / 469
修养就是时刻抓住自己的四端，不断扩充，到达全体 / 470
见善而从，见不善而内自省 / 471
心正了，则无往而不正 / 473
大人物缺的是批评，批评是大人物的奢侈品 / 475
养心的关键在寡欲，寡欲的关键在养志 / 476
宁要狂者，不要乡愿 / 478
我们的血肉和思想，都是古人定制好传下来的 / 482

# 自序：为往圣继绝学

注古书，立志承担"为往圣继绝学"的历史使命，关键就是自己不要随意发挥，老想搞出点"自己的东西"，而是老老实实做学生，记笔记。这本书就是这样的学习笔记。

这本书，全名应该叫《华杉同学讲透朱熹、张居正、王阳明、焦循四位老师讲〈孟子〉》，简称《华杉讲透〈孟子〉》。本书最大的特点，就是忠实整理往圣先贤的思想，不妄自点评，不擅自添加，忠心耿耿，为往圣继绝学，传承孟子思想的"正宗"讲解。

第一个正宗是朱熹。因为《孟子》作为四书之一，就是朱熹圈定的，是他选了《孟子》这本书，朱熹的《四书章句集注》，是我们学习的基础。

第二个正宗是张居正。张居正因为给神宗小皇帝做老师，写了一套四书的讲义，详细讲解了《大学》《论语》《孟子》《中庸》。因为是内阁首辅给皇上讲课，所以讲得高屋建瓴，颇有超越朱熹之处；因为是给小孩子讲，所以又讲得浅显易懂，亲切有味。张居正的这套讲义，是传世国宝，本书也几乎收录了他的全部精彩思想。

第三个正宗是王阳明。介绍王阳明和孟子的"对话"，是本书的一个特色。王阳明没有专门注解过《孟子》，但是王阳明和孟子有直接的继承关系。孔子梦见周公，王阳明梦见孟子。《皇明大儒王阳明先生出身靖乱录》记载：

> 忽一夕梦谒见孟夫子，孟夫子下阶迎之，先生鞠躬请教。孟夫子为讲良知一章，千言万语指正亲切。梦中不觉叫呼，仆从伴

睡者惧惊醒。自是胸中豁然大悟，叹曰："圣贤左右逢源，只取用此'良知'二字。"

良知良能，都是孟子提出来的。孟子说："人之所不学而能者，其良能也；所不虑而知者，其良知也。"所以说，心学的根在孟子。

孟子还提出了四端论："恻隐之心，仁之端也；羞恶之心，义之端也；辞让之心，礼之端也；是非之心，智之端也。"所谓人都有恻隐之心，就比如一个逃犯，到了一个村子，看见一个小孩子在水井旁，就要掉下去，他一定心里一惊，不假思索，赶紧出手一把把孩子拉开。他这样做，不是为了别人说他好，也不是为了跟那孩子的父母交朋友，而是出自人本性的善，也就是恻隐之心。孟子说，只要存养你的恻隐之心、羞恶之心、辞让之心、是非之心，把它扩充放大，就能成为圣人。"凡有四端于我者，苟能充之，足以保四海；苟不充之，不足以事父母。"

四端论，是良知论，也是扩充论。四端就是良知，而存养、扩充、放大四端，就是致良知。王阳明每次讲良知，都会引用孟子说的水井边的小孩这个故事。

孟子的四端论，就是王阳明良知之学的源头。在王阳明的《传习录》中，有多篇讨论《孟子》的内容，本书也收录了其中的思想。

第四个正宗，是清代焦循的《孟子正义》。清代是训诂学的巅峰，把前人的经典都考据得清楚明白，一个死角都没有。在写《华杉讲透〈论语〉》时，我参考了刘宝楠的《论语正义》，因为刘宝楠是研究《论语》的首席学者。而训诂《孟子》的首席学者，就是焦循。所以，焦循的注解，又给本书提供了学术保障。

这四位老师一路讲下来，这本书就变得这么厚了。读客图书的编辑跟我说，太厚了！让人望而生畏，能不能删减得薄一点？我说，厚有厚的好处——彻底读懂《孟子》，这一本就够！

华杉
2017年6月7日于上海

# 第一篇 梁惠王章句上

## 如果你一心逐利，跟你的人也逐你的利

**原文**

孟子见梁惠王。王曰："叟！不远千里而来，亦将有以利吾国乎？"

孟子对曰："王何必曰利？亦有仁义而已矣。王曰：'何以利吾国？'大夫曰：'何以利吾家？'士庶人曰：'何以利吾身？'上下交征利而国危矣。万乘之国弑其君者，必千乘之家；千乘之国弑其君者，必百乘之家。万取千焉，千取百焉，不为不多矣。苟为后义而先利，不夺不餍。未有仁而遗其亲者也，未有义而后其君者也。王亦曰仁义而已矣，何必曰利？"

**华杉详解**

梁惠王，就是魏惠王魏䓨（yīng）。魏国原来都城在安邑，因秦国的压力，魏惠王迁都大梁，故魏也被称为梁，魏惠王就成了梁惠王。

战国时期，各国竞争激烈，梁惠王四处派出使者，访求大贤，《史记》说他"卑礼厚币以招贤者，而孟轲至梁"，也就是请来了孟子。

两人见面，梁惠王问："老人家！不远千里而来，您一定能给我的国家带来很大利益吧？"

孟子一句话就顶回去了："大王何必说利益，我这里只有仁义而已！您也

只需要仁义，不需要利益。如果大王说：'怎样才对我的国家有利？'大夫也会说：'怎样才对我的家族有利？'一般士子百姓也会说：'怎样对我自身有利？'上上下下，你想从我这儿取利，我想从你那儿取利，那国家就危险了。

"在拥有一万辆兵车的大国，杀掉国君的，必然是有一千辆兵车的大夫；在拥有一千辆兵车的小国，杀掉国君的，必然是有一百辆兵车的大夫。

"国家有一万辆兵车，那大夫就有一千辆；国家有一千辆兵车，那大夫就有一百辆。这都不算少了吧！但如果先利后义，那大夫不把国君的产业全夺去，他是不会满足的！

"从来没有仁者遗弃自己的父母，也从来没有讲'义'的人怠慢自己的君主。大王只讲仁义就行了，为什么要讲利益呢！"

孟子讲的道理，其实非常简单，也非常清楚。你琢磨别人的利，你手下的人也琢磨你的利。在《论语·季氏篇》里我们学过，季孙氏图谋攻打颛臾（zhuān yú），冉有和季路来告诉孔子。孔子说："吾恐季孙之忧，不在颛臾，而在萧墙之内也。"意思就是，季孙氏想得到颛臾城，就找了个理由说颛臾对他有威胁，其实他要担心的不该是颛臾，而是他自己的那些所谓心腹才是！后来呢，果然被孔子说中，季孙氏家臣阳虎作乱，胁迫季孙氏，攫取了鲁国的摄政权。当然，阳虎的权势也没能保持下去，很快也倒台流亡了。

不管干什么事，你一个人干不了，总得有人跟你干。如果你仁义，跟你的人也仁义；如果你逐利，跟你的人也逐你的利。所以你的所谓心腹，也不可靠。你选的接班人，正是颠覆你、杀得你的后人片甲不留的人。所以逐利者最重要的，是防着萧墙之内的自己人。

防不防得住呢？

防不胜防。

三千年的历史结论很清楚——防不住！

梁惠王的先祖是魏国的建立者。当时韩赵魏三家分晋，三个大夫联手灭了他们的主君，把晋国分了。

所以梁惠王和孟子不是一个逻辑的人，遵守的游戏规则也不一样，鸡同鸭讲，说不到一块儿去。战国七雄都依靠谋利，而最终获胜的就是逐利最彻底的秦国。但秦国的胜利很短暂，二世而亡。人人逐利，天下就这么来回折腾。

程颐把义利之辨的逻辑说得很清楚："君子未尝不欲利，但专以利为心则有害，唯仁义则不求利而未尝不利也。当是之时，天下之人唯利是求，而不复知有仁义。故孟子言仁义而不言利，所以拔本塞源而救其弊，此圣贤之心也。"

君子未尝不想得到利益。但是如果你一心想着利益，眼里只盯着利益，那就对你有害。而行仁义的人，虽然不追求利益，却无往不利。在当时，天下之人都利欲熏心，所以孟子只讲仁义，不讲利益，拔本塞源，以救时弊，这是孟子的圣贤之心。

我们今天也是一样。如果一个公司，成天开会研究"怎么能挣钱"，那真不知道这钱从哪儿挣！所有的生意都能挣钱，你都去做吗？你到底是干啥的？你对社会有什么用？你准备贡献什么出来？讲利益不讲仁义的人，无论人到哪一行，他都觉得入错行了，因为都没有别的行业赚钱。所以他老转行，最后一辈子什么也干不成，饭都吃不上。

如果一个老板在公司会议室谈及顾客的时候，言语轻佻，没有尊重，光跟大家研究怎么挣顾客的钱，而不是如何行仁义，让客户得到超值的回报，那他的员工也会研究怎么侵占公司利益，不会好好干活。

敬神，如神在。敬顾客，要像顾客就坐在我们公司的会议室。

在公司开会讨论客户项目，就像客户也在我们公司一样，非常尊敬；到客户公司开会讨论，就像在自己公司内部讨论一样，直来直去，没有差别。这，就是仁义。在公司会议室骂客户，到客户会议室装孙子，这就是逐利。

一心逐利，就是心术不正。作为领导者，你的心术不正，上上下下，你的团队，你的公司，没有一个地方正得了！

《大学》里讲，诚意、正心、修身、齐家、治国、平天下，孟子希望先给梁惠王正心，一心逐利，必然利令智昏，心不正，一切无从谈起。

# 后天下之乐而乐，其乐宏大，直冲霄汉

**原文**

孟子见梁惠王。王立于沼上，顾鸿雁麋鹿，曰："贤者亦乐此乎？"

孟子对曰："贤者而后乐此，不贤者虽有此，不乐也。《诗》云：'经始灵台，经之营之，庶民攻之，不日成之。经始勿亟，庶民子来。王在灵囿，麀鹿攸伏，麀鹿濯濯，白鸟鹤鹤。王在灵沼，于牣鱼跃。'文王以民力为台为沼，而民欢乐之，谓其台曰灵台，谓其沼曰灵沼，乐其有麋鹿鱼鳖。古之人与民偕乐，故能乐也。《汤誓》曰：'时日害丧，予及女偕亡。'民欲与之偕亡，虽有台池鸟兽，岂能独乐哉？"

**华杉详解**

孟子去见梁惠王，梁惠王在庄园接见他。梁惠王站在池塘边，顾盼着鸿雁麋鹿，问孟子："贤德的人也享受这样的快乐吗？"言下之意，像老师您说的那样贤德仁义的君子，是不是也要享受生活啊？

孟子回答："贤德仁义的君子，才能享受这生活的快乐；没有贤德、不讲仁义的人，就算有这样美丽的庄园，他也享受不了这快乐！"

为什么呢？你看那《诗经》上说的——

开始建灵台，
经营复经营，
大家齐努力呀！
很快建成了！
文王叮嘱说：
大家不用急呀！
别太累着了。
百姓听了呀，
更加努力了！
王到鹿苑中呀，
母鹿安卧，
肥得发亮。
白色鸟儿，
羽毛光泽。

王到池塘边，

满池鱼儿跳！

这首诗写了文王的庄园之乐。他虽然也用民力来为自己盖园子，但是老百姓非常高兴，把他的楼台命名为灵台，把他的池塘命名为灵沼，还为他有很多麋鹿鱼鳖而高兴。

为什么呢？因为文王贤德仁义，他给百姓带来幸福安宁富足的生活，他的快乐与人分享，与民同乐，所以能乐。

而夏桀就不一样了，他虽然也有楼台池沼，但自己孤家寡人关在里面。他很狂妄，自比为太阳。老百姓就写了一首诗，在《汤誓》里面有记载：

太阳啊！

你什么时候灭亡！

我愿意与你同归于尽！

老百姓都恨不得和他同归于尽，他在那楼台池沼里，乐得起来吗？

孟子一番话，正说中梁惠王的痛处。**快乐的基础，首先是安心，是安全感，然后是爱，你爱大家，大家也爱你。**梁惠王内忧外患，焦头烂额，他没有安全感，他的百姓也没有安全感。他不能说很爱他的百姓，他的百姓也不能说很爱他。就算那楼台全是黄金美玉做的，庄园池塘里全是珍禽异兽，他又哪里能乐得起来？最多也就是今朝有酒今朝醉，有今天没明天啊！

那《诗经》里写的文王呢？看大家干活，他也不催工期，还告诉大家不用着急。这一个细节，就非常生动，证明他心里装着别人，不是想着自己早一天得享受，而是关心别把人累坏了。我们自己给下属布置工作任务，有这份心吗？是想着别让他加班太晚太辛苦，还是恨不得榨干他最后一滴血汗？

人人都会背诵范仲淹的名句"先天下之忧而忧，后天下之乐而乐"，但有没有切己体察，放在自己身上想过？把"天下"换成"公司"，先公司之忧而忧，后公司之乐而乐，就是老板；换成"部门"，先部门之忧而忧，后部门之乐而乐，就是部门经理。

你一定是忧在前，因为生存和发展的责任都在你身上，你得思考。你一定是乐在后，大家都快乐了，你才快乐。这时你得到的快乐，就是"后乐"，"后乐"是前面所有人快乐的叠加，是圣贤之乐，其乐宏大，直冲霄汉！

如果你只想着自己的利益，欲壑难填，与天下争利，那大家都怨恨你。每天到处灭火，高度紧张，就算坐在庄园里，看着池塘生春草、园柳变鸣禽，可你有心思乐得起来吗？

这就是孟子给梁惠王讲的道理。上一次见梁惠王，他说不必讲利益，要讲仁义，因为仁义里面有利益，利益里面没仁义。这一次是讲快乐，利益的快乐不长久、不安定，可以说根本就没有快乐。而仁义之中，利他利天下，其利无穷大；与天下同乐，天下因我而乐，其乐无穷尽。

## 不要五十步笑百步，要从自己身上找原因

**原文**

梁惠王曰："寡人之于国也，尽心焉耳矣。河内凶，则移其民于河东，移其粟于河内；河东凶亦然。察邻国之政，无如寡人之用心者。邻国之民不加少，寡人之民不加多，何也？"

孟子对曰："王好战，请以战喻。填然鼓之，兵刃既接，弃甲曳兵而走。或百步而后止，或五十步而后止。以五十步笑百步，则何如？"

曰："不可，直不百步耳，是亦走也。"

曰："王如知此，则无望民之多于邻国也。

"不违农时，谷不可胜食也；数罟不入洿池，鱼鳖不可胜食也；斧斤以时入山林，材木不可胜用也。谷与鱼鳖不可胜食，材木不可胜用，是使民养生丧死无憾也。养生丧死无憾，王道之始也。五亩之宅，树之以桑，五十者可以衣帛矣；鸡豚狗彘之畜，无失其时，七十者可以食肉矣。百亩之田，勿夺其时，数口之家，可以无饥矣；谨庠序之教，申之以孝悌之义，颁白者不负戴于道路矣。七十者衣帛食肉，黎民不饥不寒，然而不王者，

未之有也。狗彘食人食而不知检，涂有饿莩而不知发，人死，则曰：'非我也，岁也。'是何异于刺人而杀之，曰'非我也，兵也'？王无罪岁，斯天下之民至焉。"

**华杉详解**

梁惠王说："我对于国家，也算是尽心了。河内地区得了饥荒，我就把那里的一部分老百姓迁移到河东，再把河东的一部分粮食运到河内；假如河东遭了饥荒，也是一样处理。我看周边其他国家，没有一个像我这么替百姓打算的。为什么邻国的人口不见减少，我的人口不见增加呢？"

孟子的王道逻辑，就是来之、富之、教之，就是近悦远来。我们讲仁义、行王道，则天下归心，天下的百姓扶老携幼都要到我国来，我们的人口就多了；人口多了，有富民政策，让他们富起来；再有礼仪教化，让他们知书达礼，这就建成了理想社会。这么好的王道乐土，近处的百姓非常喜悦，远方的百姓争相赶来，全天下都归服，就"王天下"了。

梁惠王说："你讲得有道理，但是我对百姓不错呀！比邻国都好！但是他们的人怎么没有争先恐后移民到魏国来呢？"

孟子说："大王您喜欢打仗，咱们就用打仗来做个比喻吧！战鼓一响，枪尖刀锋一接触，就有丢盔弃甲、拖着兵器逃跑的。有人跑了一百步停下来，有人跑了五十步停下来，那跑了五十步的，笑那一百步的胆小，您觉得如何？"

梁惠王说："那不对，只不过他没跑到一百步罢了，那也是跑呀！"

孟子说："大王如果明白这个道理，就不要再希望您的人口比邻国多了。"

梁惠王的心态，涉及两个问题：

一是尽心尽力的问题。一件事情没办成，其实根本没有全身心地去思考、去努力，不过是去打一转，就回来开脱自己，说"我尽力了"，那叫自欺欺人。梁惠王自欺欺人更是欺到深处了，居然直接就说"我已经尽心了"。不过是尽了一点赈济饥荒的基本责任，就以仁君圣主自居了。

第二，不能去跟别人比，特别是跟比自己做得差的人比，不要去评判别人。你做一件事，要做到位，跟别人做得怎么样没关系。你做到位了，自然有那结果。不能认为我比别人做得好一点，就该得到奖杯。当你去和别人比较的时候，心里装着一颗比较的心，怎么比都能找到自己比别人强的地方，那还是自欺欺人。我们只有一个原则：行有不得，反求诸己——只要是没达到效果，都是自己的原因，在自己身上找，才有意义。

孟子接着说："如果使民以时，农民在耕种收获的季节，不用打仗劳役，妨碍农业生产，那粮食便吃不尽了。"

言下之意，您别把赈济饥荒当功劳，饥荒怎么来的？还不是你自己搞出来的？你今天跟秦国打，明天跟齐国打，粮食储备都吃完了，农忙时节还抽调青壮年练兵打仗，那不饥荒才怪呢！中国古代对粮食储备有清晰的标准，每三年能存下够全国吃一年的粮食，六年存下两年，九年存下三年。所以孟子说得很清楚，只要不折腾，粮食根本吃不完。饥荒不是天灾，都是折腾出来的。

孟子继续说："如果不用细密的渔网去大池沼里网鱼，那鱼也吃不完。如果砍伐树木有一定的时间限制，木材也用不尽。粮食和鱼都吃不完，木材也用不尽。这样老百姓对生养死葬就都没什么不满，这就是王道的开端了。

"在五亩大的宅园里，种上桑树，那五十岁以上的人就可以穿上丝绵袄了；鸡狗猪等家禽家畜，家家都有饲料和工夫去饲养，那七十岁以上的人都有肉吃了。一家人百亩的耕地，不去在农忙时节征调民力，妨碍他们的生产，那一家数口都可以吃饱了。这时候，再好好地办些学校，教化他们孝敬父母、友爱兄弟、尊老爱幼的道理，那头发花白的老人就不会背负着重物在路上行走了，因为有年轻人去帮他！七十岁以上的人能穿上丝绵袄，吃上肉，一般老百姓饿不着。这样还不能使天下归心而王天下的，还没有过！

"但今天您是怎样呢？您养的狗，吃的是人的食物，可能比人吃得还好！却不知检点。路上有饿死的尸体，却不打开粮仓去赈济，或许还留着粮食打仗用吧？您只记得自己河内赈灾那一次的功绩，却不想想那饥荒本身就是您折腾出来的。看见百姓饿死，却说'不是我的责任，是今年气候异常，是天灾'，这和自己杀了人，却说'不是我杀的，是刀杀的'有什么区别呢？

"大王如果不去归罪于年成，而是从自己做起，从根本的政策着手，那别国的老百姓就都来投奔了。"

# 仁者无敌

**原文**

梁惠王曰:"寡人愿安承教。"

孟子对曰:"杀人以梃与刃,有以异乎?"

曰:"无以异也。"

"以刃与政,有以异乎?"

曰:"无以异也。"

曰:"庖有肥肉,厩有肥马,民有饥色,野有饿莩,此率兽而食人也。兽相食,且人恶之;为民父母行政,不免于率兽而食人,恶在其为民父母也?仲尼曰:'始作俑者,其无后乎!'为其象人而用之也。如之何其使斯民饥而死也?"

**华杉详解**

孟子劈头盖脸,说得毫不客气,直指梁惠王的政策杀人,梁惠王倒也认账,说:"我很乐意得到您的指教!"

孟子看梁惠王可教,接着说:"用木棒打死人,和用刀杀人,有什么区别吗?"

梁惠王答:"没有区别。"

"用刀杀人,和用政策杀人,有什么区别吗?"

"没有区别。"

"今天您厨房里有肥肉,马厩里有肥马,可是百姓却面有饥色,野外躺着饿死的尸体,这不就是您带着禽兽在吃人吗?兽类自相残杀,人们看了尚且厌恶,而做老百姓父母官的,主持政治,却不能免于率领禽兽来吃人,那又怎么能做民之父母呢?

"孔子说:'始作俑者,其无后乎!'发明用木俑或陶俑来殉葬的人,该断子绝孙,没有后代吧!只因那俑像人,孔子就那么痛恨,更何况把百姓活活饿死的苛政呢？"

孔子为什么那么痛恨殉葬的俑呢？在周朝以前，是用活人殉葬的，后来改用"刍灵"，就是用草扎一个人形，略略有点像人而已。再后来，有人发明了俑，雕刻栩栩如生，有面目肌发，可以活动。孔子认为，这样再发展下去，攀比谁的俑更像人，最后又要用真人殉葬了，所以他非常愤怒，骂那发明俑的人断子绝孙。

**原文**

梁惠王曰："晋国，天下莫强焉，叟之所知也。及寡人之身，东败于齐，长子死焉；西丧地于秦七百里；南辱于楚。寡人耻之，愿比死者一洒之，如之何则可？"

孟子对曰："地方百里而可以王。王如施仁政于民，省刑罚，薄税敛，深耕易耨，壮者以暇日修其孝悌忠信，入以事其父兄，出以事其长上，可使制梃以挞秦、楚之坚甲利兵矣。彼夺其民时，使不得耕耨以养其父母，父母冻饿，兄弟妻子离散。彼陷溺其民，王往而征之，夫谁与王敌？故曰：'仁者无敌。'王请勿疑。"

**华杉详解**

梁惠王说："先生您是知道的，想当初我们晋国，是天下最强大的了。"

梁惠王自称晋国，因为魏国就是三家分晋而来。梁惠王的先祖晋国大夫魏斯，与韩赵瓜分了晋国。所以他还是自称晋国。

"到了我这一代呢，东边和齐国打了一仗，杀得我大败，我的长子也牺牲了；西边又败给秦国，丧失河西七百里土地；南边和楚国开了一仗，又丢掉七个城池。这实在是奇耻大辱啊！我希望能为我们的战死者报仇雪恨！您说，要怎么办才行呢？"

我们说说这场和齐国的仗，就是兵法里著名的围魏救赵一战。仗是怎么打起来的呢？首先是梁惠王出兵伐赵，包围了邯郸城，赵国向齐国求救，齐国出兵。孙膑使了围魏救赵之计，不救邯郸，而是直扑魏国国都大梁。已经打下邯郸城的魏军慌忙回救。孙膑在马陵设伏，打败魏军，魏军主将庞涓战死，魏太子申被俘。

所以梁惠王这奇耻大辱，都是自己作的。还说要为战死者报仇雪恨，他们恨的还不知道是谁呢！恐怕不是敌人，正是发动战争的梁惠王。

孟子说："只要有一百里的地方，就可以行王道而使天下归服，何况是魏国这样的大国！您如果向百姓施行仁政，减免刑罚，减轻赋税，让百姓能够精耕细作，早除杂草；让年轻人能够有闲暇时间来孝敬父母、友爱兄弟，讲求忠诚守信的道德，在家侍奉父兄，出门尊敬长辈上级。这样，即使手里拿着木棒，也能对付坚甲利刃的秦楚军队！

"这是为什么呢？那秦国楚国，无时无刻不在抓壮丁征兵征役，侵占了百姓的生产时间，使他们不能够耕种来养活父母，父母挨冻受饿，兄弟妻子离散。秦王楚王这样陷他们的百姓于水深火热之中，您去讨伐他，哪有人来抵抗您呢？所以说仁者无敌！您就不要犹疑了！"

孟子的话，梁惠王听不懂啊！他一心只想着自己称霸天下的春秋大梦，心里并不装着百姓的死活。孟子跟他讲百姓，他听不进去。我们用《孙子兵法》给他再讲一遍：

夫善战者，先为己之不可胜，以待敌之可胜。不可胜在己，可胜在敌。胜可知，而不可为。

善于作战的人，先让自己成为不可战胜的，然后等待敌人可以被战胜的时机。让自己不可战胜，在于你自己；而敌人什么时候可以被战胜，在于敌人，你改变不了。所以，胜利可以预知，但是不可强求。别人不可战胜的时候，你去打，必败无疑。实际上，我们不能打败任何人，一定要记住这一点！败的人，都是他自己败的，他没败，你就不要去打。

想让自己变得不可战胜，就要行王道，行仁政，让全国百姓都爱你，万众一心，誓死捍卫王道乐土的家园。这就是孟子说的，这样的国家，这样的百姓，拿木棒也能打败敌人的坚甲利刃。

如果我们行仁政，而邻国行暴政，一来他的百姓会一个个偷渡到我国来，我们的人口就多了，兵源也大了；二来当他到达临界点的时候，轻轻一推就倒了，你去讨伐他，他的百姓都夹道欢迎您的军队。这就是"仁者无敌"。

不过，战国的大结局，不是仁者无敌，而是最大的暴君秦始皇获得了最终胜利。那仁者无敌的理论是不是错了呢？不是，因为一个仁者都没有，全是坏人，坏人和坏人打，就是最坏的人赢了。但暴政的胜利始终短暂，空前强大的秦朝只有区区十五年，是中国历史上超级短命的朝代，短到都不好意思说！以恢宏壮丽的秦俑殉葬的秦始皇，也应了孔子的话，其无后乎！刘邦建立汉朝，行王道仁政，轻徭薄赋，继之以文景之治，开启了四百年的汉朝。

切己体察，我们总是想逐天下而争利，总想"竞争"。要真正理解孟子的话：仁者无敌。真正理解孙子的话，先为己之不可胜。还有老子的话：以其不争，故天下莫能与之争。**竞争，不是我要跟你争，是我让你没法跟我争。**练自己的内功，跟谁都没关系。

孟子说仁者无敌，梁惠王听不懂，因为他没有那份心。他心里没装着别人，理解不了那逻辑，到不了那个境界，他不是"王天下"的料。

## 追求仁义，无论成功失败，我都得到仁义

**原文**

孟子见梁襄王。出，语人曰："望之不似人君，就之而不见所畏焉。卒然问曰：'天下恶乎定？'吾对曰：'定于一。''孰能一之？'对曰：'不嗜杀人者能一之。''孰能与之？'对曰：'天下莫不与也。王知夫苗乎？七八月之间旱，则苗槁矣。天油然作云，沛然下雨，则苗浡然兴之矣！其如是，孰能御之？今夫天下之人牧，未有不嗜杀人者也。如有不嗜杀人者，则天下之民皆引领而望之矣。诚如是也，民归之，由水之就下，沛然谁能御之？'"

**华杉详解**

梁惠王卑礼厚币，把孟子请去魏国，不时与孟子讨论国政，但却不能用孟子的政策。他那种感觉是什么呢？要说孟子说得不对吧，似乎人家说得句句都

对，但要说他说的有什么用呢？好像放哪儿也用不上！没法知行合一。

行仁政，上来第一条就要轻徭薄赋，不要征兵，要减税。但梁惠王说，我这儿东西南北全是敌国，多少兵都不够用，多少钱粮都不够花，又怎么能轻徭薄赋呢？我不打仗，别人也要打我。我现在这样下去确实不行，但孟老师说的也不现实，没法落地！

梁惠王就在这纠结焦虑中去世了，放下了他的雄心壮志，放下了他内忧外患的魏国。

太子魏嗣继位，是为梁襄王。

新君继位，孟子去见他。见完出来，跟人说："远远一看他，就不是个当国君的样子；走近了，也完全没有让人生畏的威仪。"

孟子这一句话让梁襄王倒了大霉，千秋万代都记得他没正形，没体面，吊儿郎当，不像个当领导的样子。这是他给孟子的第一印象，也是他在中国历史上留下的形象。

孟子接着说，梁襄王连一句寒暄问候都没有，突然就问孟子："天下怎么能安定下来？"

孟子回答："天下归于一统，就能安定下来。"

"那谁能一统天下呢？"

"不好杀人的国君，就能一统天下。"

"那有谁来跟随他呢？"

"全天下没有人不想跟随他。你晓得那禾苗生长的情况吗？七八月间，如果长期不下雨，那禾苗马上就会枯槁了。假如一阵乌云出现，哗啦哗啦大雨沛然而下，那禾苗就又会猛然茂盛地生长起来。像这样，谁又能够阻挡得住呢？如今各国的君王，没有一个不好杀人的。如果有一位不好杀人的君王，那么，全天下的老百姓都会伸长脖子等着他来解救。如果真是这样，百姓归附于他，跟随着他，就好像河水向下奔流一样，沛然之势，谁能阻挡？"

好吧，又是大道理，说得都对，至少你不敢说他不对，但是却不知道怎么做。梁惠王听不懂，望之不似人君的梁襄王更不可能听懂。孟子也知道没希望了，所以就离开了魏国。

我们要把孟子的话重新学习一下，否则我们也会像梁惠王、梁襄王一样，什么都没学到，那读《孟子》做什么呢？

首先，我们说说孟子的预言准不准，天下是不是定于一，是不是定于最不好杀人的国君。

从战国的结局来看，孟子似乎错了，是最能杀人的秦始皇统一了天下。

但是，秦始皇并没能"定"，帝国只维持了十五年就崩溃了。最终定天下的是刘邦，他的政策是约法三章：杀人者死，伤人及盗抵罪。就这三条，其他法律不禁止的皆可为。

所以孟子的预言是对的，天下定于一，定于仁政。

## 不谈霸道，谈王道

**原文**

齐宣王问曰："齐桓、晋文之事可得闻乎？"

孟子对曰："仲尼之徒无道桓、文之事者，是以后世无传焉，臣未之闻也。无以则王乎？"

**华杉详解**

看梁襄王不成器，孟子带着弟子们离开了魏国，来到齐国。齐宣王刚刚继位不久，也想有所作为，把首都临淄稷门下原有的学宫宅邸加以整修，礼聘天下贤士，让他们在那里舒适地生活，愉快地思考、研究、讨论，相当于建了一个"稷下政治研究院"。孟子就是"稷下研究员"之一。

这一日，齐宣王接见了孟子，问："齐桓公、晋文公之事，可以讲给我听听吗？"

齐桓公、晋文公，是春秋五霸的前两位，齐宣王问这个，是因为他也想成就一番霸业。孟子当然明白，不过这不是他要给齐宣王的。孟子说："您如果想成就那种霸业，您找别人吧，不用找我。齐桓晋文之事，孔子的门徒们是不谈论的，所以也没传到我这儿来，大王如果要听我说，我就给您讲讲王道吧！"

关于霸道，关于齐桓晋文，孟子当然知道是怎么回事，但是他不说，他要给齐宣王讲王道。

对齐桓公，对管仲，孔子的评价是很高的，他说："微管仲，吾其被发左衽矣。"如果没有管仲，我们都披头散发，衣襟向左了。披发左衽，是夷人的习俗，汉人是束发右衽的。管仲辅佐齐桓公，成就霸业，维护中原秩序，保卫中华文明，如果没有他们富国强兵，北方的夷人可能已经把我们征服了。

但是，孔子也说过："管仲之器小也哉！"管仲的器局啊，还是太小！他只知道富国强兵，称霸天下，还会打贸易战，但是他的霸业一世而息，没有建立制度文明，不能"为万世开太平"！孟子要谈的，不是一生一世的霸道，是为万世开太平的王道。

## 能保民，就能王天下

**原文**

曰："德何如则可以王矣？"
曰："保民而王，莫之能御也。"

**华杉详解**

齐宣王接着问："那什么样的德行，才可以像您说的那样，能够王天下呢？"

孟子回答说："能保民，就能王天下，谁也挡不住！"保就是安，保民就是让百姓安居乐业。

亚当·斯密在《国富论》中说：

"君主只有三种应尽的职责，这三条职责虽然极其重要，但对于常人都是简单易懂的：第一，保护社会不受其他独立社会之侵犯；第二，尽可能保护社会任何成员不受其他任何成员的侵犯和压迫，即设立完全公正的司法机构；第三，建立和维护个人或小团体所不感兴趣投入的某些公共设施和公共机构，因为这些设施和机构产生的利润绝不可能补偿个人和小团体的投入，尽管对社会整体来说，常常是不仅能收回投入，而且还能得到大得多的回报。"

亚当·斯密的话可以解释孟子的"保民"，就是抵御外敌入侵、司法公正和提供公共服务。儒家的传统，是微言大义，是高语境沟通，讲仁义道德、使命理想，不能一条一条很具体地说，这是在思想竞争中的劣势。

古罗马有保民官，主要是平衡平民和贵族的权利。保民官从平民中选举产生，有权否决元老院的决议。孟子没有这样的思想。孟子的保民，还是靠圣君的仁爱和恩赐。儒家没有制度设计，都是靠个人修养。所以学习儒家思想，也主要是切己体察，从自己的修养角度去学习。

**原文**

曰："若寡人者，可以保民乎哉？"

曰："可。"

曰："何由知吾可也？"

曰："臣闻之胡龁曰，王坐于堂上，有牵牛而过堂下者。王见之，曰：'牛何之？'对曰：'将以衅钟。'王曰：'舍之！吾不忍其觳觫，若无罪而就死地。'对曰：'然则废衅钟与？'曰：'何可废也？以羊易之。'不识有诸？"

**华杉详解**

宣王问："那您看我，能保民吗？"

孟子毫不迟疑地给齐宣王打气加油："您能！我们都知道您能！"

宣王说："您怎么知道我能呢？"

孟子回答："我听您的近臣胡龁（hé）讲了您一件轶事，有一次您坐在大殿上，堂下有人牵一头牛走过。您问：'这牛牵到哪里去呀？'牵牛的人回答说：'要牵去衅（xìn）钟。'（新钟铸成，杀牲以祭，取血涂其缝隙，叫作衅钟）您说：'哎呀！把这牛放了吧，我不忍心看见他觳觫（hú sù）——恐惧颤抖的样子。'牵牛的人问：'那衅钟的仪式不搞了吗？'您说：'要搞！要搞！你换一头羊来杀吧！'不知道有这事没有？"

**原文**

曰："有之。"

曰："是心足以王矣。百姓皆以王为爱也。臣固知王之不忍也。"

王曰:"然,诚有百姓者。齐国虽褊小,吾何爱一牛?即不忍其觳觫,若无罪而就死地,故以羊易之也。"

**华杉详解**

宣王回答说:"是有这事。"孟子说:"您有这份心,就足以王天下了。老百姓都以为大王是'爱'(这里的'爱',是舍不得,吝啬的意思),舍不得那只牛,而我知道,您其实是不忍心。"宣王说:"是啊,齐国虽然狭小,我也不至于舍不得一头牛啊!我只是看见它恐惧颤抖,无罪被杀,于心不忍,所以叫他们换一只羊罢了。"

**原文**

曰:"王无异于百姓之以王为爱也。以小易大,彼恶知之!王若隐其无罪而就死地,则牛羊何择焉?"

王笑曰:"是诚何心哉?我非爱其财而易之以羊也,宜乎百姓之谓我爱也。"

**华杉详解**

孟子说:"百姓说大王吝啬,大王也不要奇怪。牛大羊小,以小换大,百姓怎么知道您的本意呢?如果像您说的,不忍心那牛无罪而死。那羊又有什么罪呢?"

宣王笑道:"这个,真连我也不知道自己是什么心理了!我确实不是为了省钱而把牛换成羊,但是好像百姓说我吝啬也是理所当然的了。"

**原文**

曰:"无伤也,是乃仁术也。见牛未见羊也。君子之于禽兽也,见其生,不忍见其死,闻其声,不忍食其肉。是以君子远庖厨也。"

**华杉详解**

孟子说:"这样的误解,也无伤大雅,没什么关系。大王您这种不忍之心、恻隐之心,就是仁爱。只不过您看见了那牛,却没能看见羊。君子对于禽兽,看见它们活着,便不忍心看见它们死去。听见它们被宰杀的悲鸣哀号,就不忍心吃它们的肉。君子总是离开厨房远远的,就是这个道理。"

孟子和齐宣王这一段对话很重要,可以说也是王阳明心学"致良知"的起点,就是不断去发现,去擦亮,去放大自己的良知。孟子后面会讲,人有四个善端:恻隐之心、羞恶之心、恭敬之心、是非之心。这四个善端,就是仁义礼智的起点。恻隐之心是仁的起点,羞恶之心是义的起点,恭敬之心是礼的起点,是非之心是智的起点。只要把握自己的善端,修养它,放大它,由近及远,推而广之,你就能成就仁义礼智。

四大善端中,恻隐之心是第一端。比如你看见一个小孩要掉进井里去,你总会喊一声,冲上去拉一把,不能让他掉下去。这样做,并不是为了让他的父母感激你,而是出于人的天性。你不会站一旁静静地看着,等着那小孩掉下去,听扑通一声响觉得好玩,那就是丧尽天良了。齐宣王如果像看见牛一样,看见那只羊,那他羊也不忍心杀了。他如果像看见那牛一样,走到乡间去,看见他的百姓,看见路边倒毙的饿殍,放大他的仁心,他不就会行仁政了吗?孟子一进来,他就急吼吼地问齐桓晋文之道,想称霸,想做天下之霸主。他心里没有装着自己的百姓,百姓的生活好不好?百姓到底是想要国家称霸天下去征服别国,还是想要前面亚当·斯密说的三条"别国不打进来就行;我们有司法公正,我不会被别人侵犯;政府能提供良好的公共设施和公共服务"?

## 王天下,不是要你去打天下

**原文**

王说曰:"诗云:'他人有心,予忖度之。'夫子之谓也。夫我乃行之,反而求之,不得吾心;夫子言之,于我心有戚戚焉。此心之所以合于王者,何也?"

**华杉详解**

孟子说齐宣王以羊易牛，不是舍不得钱，是见到牛没见到羊，对牛有恻隐之心，把齐宣王说高兴了。"王说曰"的"说"念"悦"，也是喜悦的意思。齐宣王很高兴地说："《诗经》上有一句诗：'别人有什么心思，我能揣测出来。'说的就是夫子您这样的人啊！以羊易牛的事是做了，但我反求自己的初心，却找不到了。别人说我是为了省钱，我也没法辩驳。您这一说，我心里豁然开朗，这就是我的初心啊！不过，您说有这份心，就足以王天下，这又怎么讲呢？"

**原文**

曰："有复于王者曰：'吾力足以举百钧，而不足以举一羽；明足以察秋毫之末，而不见舆薪。'则王许之乎？"

曰："否。"

**华杉详解**

孟子说："如果有人跟大王您报告说，他的力气能够举起一百钧（一钧是三十斤，一百钧也就是三千斤重）的重物，但是你要他举起一根羽毛，他却说举不动。他又说他视力好，能把秋天鸟儿身上的细毛都看得根根分明，能给你数出来，但是你给他放一车子柴火在跟前，他却说看不见。大王您信他吗？"

这还用说吗？齐宣王说："当然不信。"明知道孟子打比方给他挖坑，他还是跳进去，看看坑里有啥。

**原文**

"今恩足以及禽兽，而功不至于百姓者，独何与？然则一羽之不举，为不用力焉；舆薪之不见，为不用明焉；百姓之不见保，为不用恩焉。故王之不王，不为也，非不能也。"

**华杉详解**

谈话按孟子设计的节奏进行着，孟子接着说："那好了！今天您的恩情足以施之于禽兽，施之于那头牛，却不能施之于百姓，这算怎么回事呢？这样看来，就是一根羽毛都拿不起，那是不肯用力的缘故；一大车柴火硬是看不见，那是不肯用眼睛的缘故。老百姓得不到安居乐业的生活，只是您不肯施恩于他们啊。所以大王不能王天下，不是您不能够，而是您不愿意那样去做。"

**原文**

曰："不为者与不能者之形，何以异？"

曰："挟太山以超北海，语人曰'我不能'，是诚不能也。为长者折枝，语人曰'我不能'，是不为也，非不能也。故王之不王，非挟太山以超北海之类也；王之不王，是折枝之类也。老吾老，以及人之老；幼吾幼，以及人之幼：天下可运于掌。诗云：'刑于寡妻，至于兄弟，以御于家邦。'言举斯心加诸彼而已。故推恩足以保四海，不推恩无以保妻子。古之人所以大过人者，无他焉，善推其所为而已矣。今恩足以及禽兽，而功不至于百姓者，独何与？权，然后知轻重；度，然后知长短。物皆然，心为甚。王请度之！"

**华杉详解**

宣王接着问："不愿意做与不能够做有什么区别呢？"

孟子说："要把泰山夹在胳膊底下跳过北海，跟人说'这我做不到'，这是真做不到。为长者折取一根树枝，跟人说"做不到"，那就不是做不到，而是不愿意做。您要王天下，不是要您夹着泰山跳北海，就是要您替老人折取一根枝条罢了。"

孟子说这事，非常非常的本质，但是很少很少有人能体会得到！要干大事业，不是去把那"大事业"找来干，而是从自己身边的日常小事做起，由小及大，推己及人，由近及远，你一天一天地做下去，以日日不断之功，最终到达胜利的彼岸——不，不是到达彼岸，是彼岸的一切，他自己朝你而来，你就是世界的中心，这就是王天下！王天下，是天下都来朝拜你，不是要你去打天下！这是王道和霸道的区别，也是王天下和打天下的区别。打下来的天下，得天天防着再被别人打，而王天下，才是为万世开太平。

我们还可以引用德鲁克的一句话："战略不是研究我们未来做什么，而是研究我们今天做什么，才有未来。"齐宣王和我们很多人一样，老是想着以后我可怎么办，却看不见今天我该做什么，老觉得今天这点事都不是事，明天会有大事。

那么齐宣王今天该做什么呢？孟子说："老吾老以及人之老，幼吾幼以及人之幼，天下就可运之于手掌！"

这个既简单，又不简单。老吾老以及人之老，幼吾幼以及人之幼：像尊敬自己家长辈一样，推广到尊敬别人家长辈；像对待自己家孩子一样，推广到爱护别人家孩子。一切政治原则都是从这儿出发，那天下百姓，都像自己的父母兄弟儿女子侄一样，不就在自己的手掌中吗？只要你心里装着别人，你自然就会做！这还不简单吗？那不简单又在哪儿呢？在于很多人，对自己家人就不怎么样！他推而广之出去，也好不了！

"《诗经》上说'刑于寡妻'（刑，同型，就是示范。寡妻，不是寡妇，是寡德的妻子，谦称），先给自己的妻子做出表率，再推广到兄弟，再进而推广到封邑和国家。就这样把自己好心好意推广扩大到方方面面就行了。这样由近及远推广出去，便足以安定天下；不这样，连自己的妻子都保护不了。古代的圣人之所以远远超越常人，没有什么秘诀，就是善于推广他们的好行为。如今您的好心好意，让那头牛能够得到恩惠，老百姓反而得不到，这算是怎么回事呢？

"您算算账吧！称一称，才晓得轻重；量一量，才晓得长远。天下万物，无不如此，大王啊！您考虑一下吧！"

儒家思想的基本原理，简单得不得了，就是诚意、正心、修身、齐家、治国、平天下，从自己修养做起。忠恕之道，己所不欲，勿施于人；己所欲，先施于人。从哪儿开始施展呢？推己及人，由近及远，从自己到父母妻子，到兄弟子侄，到家族，到君上臣下，到全国全天下，到万事万物。做靠什么呢？靠诚意，至诚无息，日日不断，没有停息，则博厚，越积越厚，厚德载物；则悠远，代代相传，万世太平；则高明，其智慧和力量超越一切，远远在他人想象之外。

这道理，门槛很低，而道行极高，齐宣王理解不了，理解不了也没法再说了。因为这个道理只可自己体会到，别人没法说明白。

**原文**

"抑王兴甲兵,危士臣,构怨于诸侯,然后快于心与?"

王曰:"否!吾何快于是?将以求吾所大欲也!"

**华杉详解**

"大王!大王啊!"孟子说,"难道说,您一定要动员全国军队,让将士们冒着生命危险,去和别的国家结下血海深仇,您心里才觉得痛快吗?"齐宣王说:"当然不是!我怎么会觉得这样痛快呢?我是要追求我的大梦想啊!"

孟子开始时,给齐宣王找到了他的仁爱的初心,宣王很高兴。不过,谈话进行到这里,宣王终于说出了他的另一个"初心",这是他内心深处的大欲。

**原文**

曰:"王之所大欲可得闻与?"

王笑而不言。

曰:"为肥甘不足于口与?轻暖不足于体与?抑为采色不足视于目与?声音不足听于耳与?便嬖不足使令于前与?王之诸臣皆足以供之,而王岂为是哉?"

曰:"否,吾不为是也。"

**华杉详解**

孟子问:"那大王的大欲望是什么?可以说来给我听听吗?"

齐宣王笑而不答。

孟子问:"是肥美的美食不够吃吗?是轻暖的衣服不够穿吗?华彩之色不够看吗?美妙的音乐不够听吗?伺候您的人不够使唤吗?这些,您手下的人都能够保证供给,难道您是为了追求这些吗?"

齐宣王说:"不,当然不是。"

**原文**

曰:"然则王之所大欲可知已。欲辟土地,朝秦楚,莅中国而抚四夷也。以若所为，求若所欲，犹缘木而求鱼也。"

王曰："若是其甚与？"

曰："殆有甚焉。缘木求鱼，虽不得鱼，无后灾；以若所为，求若所欲，尽心力而为之，后必有灾。"

曰："可得闻与？"

**华杉详解**

孟子说："哦，这样啊，您的大欲望我就知道了，就是想扩张国土，让秦国楚国这样的大国，都屈服于齐国的国威而来朝贡，自己作为天下的盟主，同时援助安抚四周落后的外族国家。"

"不过，"孟子接着说，"以您今天的所作所为，要实现您的欲望，不过是缘木求鱼罢了。就跟爬到树上去抓鱼一样，树上没有鱼，您的梦想也实现不了！"

宣王说："真有那么严重吗？"

孟子说："恐怕比这还严重。爬到树上去抓鱼，虽然抓不到鱼，却没有什么后祸；假使用这样的做法，去追求这样的欲望，又尽心尽力地去干，结果必然有灾祸。"

齐宣王吓了一跳："这是什么道理？可以让我听听吗？"

**原文**

曰："邹人与楚人战，则王以为孰胜？"

曰："楚人胜。"

曰："然则小固不可以敌大，寡固不可以敌众，弱固不可以敌强。海内之地，方千里者九，齐集有其一；以一服八，何以异于邹敌楚哉？盖亦反其本矣。今王发政施仁，使天下仕者皆欲立于王之朝，耕者皆欲耕于王之野，商贾皆欲藏于王之市，行旅皆欲出于王之涂，天下之欲疾其君者皆欲赴愬于王。其若是，孰能御之？"

**华杉详解**

孟子说:"假如邹国和楚国打仗,大王以为谁能胜?"

齐宣王说:"那当然是楚国会胜。"

孟子说:"从这就可以看出,小国不可与大国为敌,人少的国家不可与人多的国家为敌,弱国不可与强国为敌。天下的土地,纵横各一千多里的国家有九个,齐国的土地总算起来也只有其中的一份。以九分之一的实力去跟其余九分之八的实力为敌,这跟邹国和楚国打仗有什么区别呢?这条道路是走不通的,大王为什么不回到王天下的本质,从根本上着手呢?

"假如您现在改革政治,施行仁政,使得天下的士大夫都想到齐国来做官,天下的农夫都想到齐国来耕作,天下的商人都想来齐国做生意,旅行的人都想取道齐国,各国那些憎恨他们君主的人都想跑来向您申诉。这样的话,谁还能抵挡您呢?"

孟子说的是王道,是周文王之道,一定程度上也是齐桓公管仲之道。天下,你要靠富国强兵去打,是打不下来的,因为天下太大了。即便打下来,还要看你守不守得住呢!秦国是打下来了,但是没守住,十五年而亡,家族绝嗣了。

如果你选择王天下,就要从自己做起,从身边人做起,从小事做起就行;如果你要打天下,那么对不起,你打不下来。齐宣王不关注国内政治,不关心自己百姓的死活,老惦记着在战场上取胜,这就是舍本逐末、缘木求鱼。

**原文**

王曰:"吾惛,不能进于是矣。愿夫子辅吾志,明以教我;我虽不敏,请尝试之。"

**华杉详解**

惛(hūn),同"昏"。

齐宣王说:"我头脑昏乱,对您的话不能有进一步体会。希望先生您辅佐我实现我的志向,明白地教导我。我虽然水平不够,但我愿意试着做做看!"

## 有恒产者有恒心，恒心是恒定不变的良心

**原文**

曰："无恒产而有恒心者，惟士为能。若民，则无恒产，因无恒心。苟无恒心，放辟邪侈，无不为已。及陷于罪，然后从而刑之，是罔民也。焉有仁人在位，罔民而可为也？是故明君制民之产，必使仰足以事父母，俯足以畜妻子；乐岁终身饱，凶年免于死亡。然后驱而之善，故民之从之也轻。今也制民之产，仰不足以事父母，俯不足以畜妻子；乐岁终身苦，凶年不免于死亡。此惟救死而恐不赡，奚暇治礼义哉？王欲行之，则盍反其本矣。五亩之宅，树之以桑，五十者可以衣帛矣；鸡、豚、狗、彘之畜，无失其时，七十者可以食肉矣；百亩之田，勿夺其时，八口之家可以无饥矣；谨庠序之教，申之以孝悌之义，颁白者不负戴于道路矣。老者衣帛食肉，黎民不饥不寒，然而不王者，未之有也。"

**华杉详解**

孟子说："没有财产权，没有固定的产业和收入，却能安心，能有恒心，能坚持善良的本心，这只有士人能做到。因为士人有官职，有俸禄，吃皇粮嘛。至于一般老百姓，如果没有一定的产业收入，没有安全感，有今天没明天，他就会胡作非为，违法乱纪，什么事都干得出来。等到他犯了罪，你又去处罚他，这不是害他吗？哪有仁德的君主坐在朝堂之上，却每天干着陷害老百姓的事呢？"

无恒产则无恒心。这里的恒心，不是我们一般理解的持之以恒的毅力，而是指人所常有的善良之心，恒定不变的道德标准。如果大家都有财富产业，每个人都要保护自己的财富产业，那么每个人都会追求仁义礼智信，都会守规矩，也希望别人守规矩；都不愿意别人侵犯自己，也不会去侵犯别人。如果

都没有恒产，就没有恒心，没有善心，就成了"互害社会"，什么"放辟邪侈"，妖魔鬼怪的事都出来了。所以让百姓有财产，保护百姓合法所得的财产，是建立一个良善社会的根本基础。

孟子接着说："所以英明的君主制定百姓的产业，一定要让他们上足以赡养父母，下足以抚养妻儿。好年成，丰衣足食，到了荒年也不至于饿死。然后再教化他们走上善良的道路，老百姓也就很容易听从了。

"现在呢，规定百姓的产业，上不足以赡养父母，下不足以抚养妻儿。好年成，也是艰难困苦；坏年成，不能免于饿死。这样，每个人用全力救活自己的生命还来不及，哪有工夫学习礼仪呢？

"大王如果真要施行仁政，就要回归本质，回到根本。让每家人能够拥有一百亩的田地，五亩宅基地，屋前屋后种上桑树，五十岁的人就可以穿上丝绵袄了；再养上鸡、猪、狗之类的家禽，七十岁以上就可以吃上肉了；有一百亩田地，您不要在农忙时节征兵征役，不耽误他们的农时，八口之家都可以吃饱了。这时候，您再办好各级学校，教给他们孝敬父母、友好兄弟的道理。那么，头发花白的老人也不用背着重物走在路上了，自有那年轻人来帮他。老年人个个穿上丝绵吃上肉，一般人不受冻不挨饿，这样还不能使天下归服的，还没有呢！"

孟子是要齐宣王搞土改，分田地。当初周文王就是这么发展起来的，他制定移民政策，凡是移民到周国者，每家分给一百五十亩土地，比一般的标准还高50%，所以天下人都想移民周国，他就人口繁盛了，最终统一了中国。

关于给每家每户分土地的事，亚当·斯密在《国富论》中有更深一层论述。他研究一国财富的增加，专门论述了大块土地和小块土地的问题。他说，如果土地大块集中在贵族手里，则那贵族没有投资改良土地的愿望，他自己够吃就行了，他宁愿荒着大量土地看风景，或当狩猎场、跑马场。若分成小块的土地，则每一小块土地都有靠它生活的家庭，他们会全力以赴改良土壤，提高产出。而一国土壤的整体改良，对一个农业国来说就是国家财富增长的关键。所以长子继承制在生产力上是落后的，要分给所有兄弟姐妹。亚当·斯密认为，中国的体制是好的，农民拥有土地，即便是佃农也靠那土地生活，地主靠收成收租，无论是耕作还是投资改良土地，双方都有积极性，能合作。而政府也是靠土地收成收税，所以政府有动力投资大型的水利设施。就在战国时代，秦国的郑国渠让关中富足,征服蜀国之后又修都江堰让四川富了两千多年。亚当·斯密在《国富论》中写道:"所以中国比我们所有欧洲国家都富。"这也是对有恒产者有恒心的一个注解吧!

孟子讲的王道,用他的话说,就是分田到户,历代的治世、盛世都是这么来的,简单得很。中国今天改革开放的成功,不就始于一个包产到户吗?还没分田,只是承包,就天下大富了。

# 第二篇 梁惠王章句下

### 世间最大的美德是分享，懂得分享，就是王道

**原文**

庄暴见孟子，曰："暴见于王，王语暴以好乐，暴未有以对也。曰'好乐'，何如？"

孟子曰："王之好乐甚，则齐国其庶几乎！"

**华杉详解**

庄暴是齐国大臣，他来见孟子，说："我那天见了大王，大王跟我说他喜欢音乐，我没有说话，因为不知道怎么回答。您说，喜欢音乐到底好不好呢？"是陶冶情操，好？还是消磨意志，不好呢？庄暴拿不准，就来问孟子。

孟子说："这是好事！如果齐王能喜欢音乐，那齐国应该会搞得很不错了！"

**原文**

他日，见于王曰："王尝语庄子以好乐，有诸？"

王变乎色，曰："寡人非能好先王之乐也，直好世俗之乐耳。"

曰："王之好乐甚，则齐其庶几乎！今之乐犹古之乐也。"

曰："可得闻与？"

曰:"独乐乐,与人乐乐,孰乐?"

曰:"不若与人。"

曰:"与少乐乐,与众乐乐,孰乐?"

曰:"不若与众。"

"臣请为王言乐。今王鼓乐于此,百姓闻王钟鼓之声、管籥（yuè）之音,举疾首蹙頞（è）而相告曰:'吾王之好鼓乐,夫何使我至于此极也,父子不相见,兄弟妻子离散。'今王田猎于此,百姓闻王车马之音,见羽旄之美,举疾首蹙頞而相告曰:'吾王之好田猎,夫何使我至于此极也?父子不相见,兄弟妻子离散。'此无他,不与民同乐也。

"今王鼓乐于此,百姓闻王钟鼓之声、管籥之音,举欣欣然有喜色而相告曰:'吾王庶几无疾病与,何以能鼓乐也?'今王田猎于此,百姓闻王车马之音,见羽旄之美,举欣欣然有喜色而相告曰:'吾王庶几无疾病与,何以能田猎也?'此无他,与民同乐也。今王与百姓同乐,则王矣!"

**华杉详解**

过了几天,孟子去见齐王,问到:"庄暴说,您跟他说您喜欢音乐,有这么回事吗?"

齐王脸色一变,一是不高兴:这庄暴,我跟你说的话,你怎么去跟孟老师说呢?二是不好意思:"哎呀,孟老师,我喜欢的,也不是高雅的古典音乐,不过是现在的流行歌曲罢了。"

这里先插一句,齐宣王是个厚道人,如果换了秦始皇,庄暴的脑袋就搬家了。秦始皇平时行踪绝对保密,没有任何人知道他在哪里,谁说了他去哪儿都要被处死,更别说把他的话传出去了。有一次他在梁山宫,在山上远远看见丞相的车马经过,嘀咕了一句:"丞相这排场也不小啊!"过几日再看见丞相的队伍,车马排场都减少了,他就知道身边有人给丞相传了话。查!谁说的?查不出来,这也难不住他,他把当时在场的人全杀了。

接着说齐宣王,他不好意思:"我品味不高,就是听点流行歌曲罢了。"

孟子说:"只要您喜欢音乐,齐国就能成为好国家!无论是现在的流行歌曲，还是古代的古典音乐，都是一样！"

齐宣王颇受鼓舞，说："老师能把这道理教给我听听吗？"

孟子说："您欣赏音乐的时候，是一个人欣赏更快乐呢？还是和大家一起欣赏更快乐呢？"

"当然是跟别人一起欣赏快乐些！"

"是与少数人一起欣赏更快乐呢？还是与很多人一起欣赏更快乐呢？"

"还是人多更快乐！"

是啊，听古典音乐，最好是维也纳音乐厅新年音乐会；听流行歌曲，最好是鸟巢演唱会。总之大家一起更开心嘛！

孟子说："那么，我就跟您汇报一下这听音乐和治国的关系吧！假如您在这儿奏乐，鸣钟击鼓，吹管奏籥，老百姓一听到您的音乐就头痛！愁眉苦脸地说：'我们大王这么喜欢音乐，他们家里载歌载舞，却为什么让我们苦到这个地步呢？父子不能相见，兄弟妻子离散！'假使大王在这儿打猎，老百姓听到车马的声音，看见仪仗的华丽，又愁眉苦脸：'大王这么喜欢打猎，为什么让我们苦到这个地步呢？父子不能相见，兄弟妻子离散！'这是什么原因呢？因为您只管自己快乐，没有与民同乐！您只管自己享受，没有和大家分享！

"反过来，假使您在这儿奏乐，老百姓一听到音乐声，全都眉开眼笑：'咱们大王身体不错啊！还能唱歌跳舞呢！'您出门打猎，大家看见更高兴了：'大王身强体壮啊！还能出门打猎呢！'这是为啥？因为您与民同乐，与大家分享了！

"如果大王您能够和百姓一起分享您的快乐，就能得到百姓的拥戴，就可以王天下了！"

孟子讲的道理太本质，太实在了！但很多人就是做不到跟别人分享，因为他受不了别人分走了他的东西。什么叫分享呢？不是你们家开音乐会，让大家可以免票入场，那不叫分享，人家饿着肚子，消受不了你那音乐。土地要分享，财富要分享，机会要公平，这才是同乐乐，众乐乐。所谓改革成果要惠及全民，就是这个意思。

就说一个公司，如果老板在打高尔夫，员工却在加班。员工有两种心情，一种是："他整天逍遥，我们却在这儿给他卖命。"——这是因为员工没有分享到公司经营的成果。如果老板在打高尔夫，员工在加班，他却很高兴："老板身体不错啊,最近看来也没那么忙,能抽出时间休假了。"——这就是老板跟大家分享了。

你如果是个坏领导,人人都希望你早死,换下一任领导,有任何改变都是好的,因为不可能更坏了;你如果是个好领导,人人都希望你万寿无疆,千万别累着,多听音乐多打猎,把身体保护好!

**原文**

齐宣王问曰:"文王之囿(yòu),方七十里,有诸?"

孟子对曰:"于传有之。"

曰:"若是其大乎!"

曰:"民犹以为小也。"

曰:"寡人之囿,方四十里,民犹以为大,何也?"

曰:"文王之囿,方七十里,刍(chú)荛(ráo)者往焉,雉兔者往焉,与民同之。民以为小,不亦宜乎?臣始至于境,问国之大禁,然后敢入。臣闻郊关之内有囿方四十里,杀其麋鹿者如杀人之罪,则是方四十里,为阱于国中。民以为大,不亦宜乎?"

**华杉详解**

齐宣王问孟子:"我听说周文王的狩猎场,纵横各长七十里,有这回事吗?"

孟子说:"古书上是这样记载的。"

齐宣王说:"他的猎场好大呀!"

囿,是蓄养草木鸟兽的园林。在搞"城市规划"的时候,国都城墙内是城市建设用地,城墙外是乡村、宅基地、基本农田。在其中规划出一块保留地,不许开垦农田,也不许建房居住,而是作为野生动物栖息地、砍柴打猎的自然公园,另外也是农事之余讲武练兵的场地。如果不规划土地使用性质,大家把土地都开垦成了村庄,生态就破坏了,失衡了。

齐宣王一问这事,孟子就知道他心里想啥,马上给他打个埋伏:"老百姓还都嫌小呢!"

齐宣王顺着孟子设计的谈话路线就进了包围圈了:"我的猎场,纵横只有四十里,老百姓还嫌我搞得太大!这是为什么呢?"

孟子说:"文王的猎场虽然很大,纵横七十里,但他并不禁止百姓出入。割草砍柴的可以进去,打野鸡抓野兔的也可以进去。猎场是全民共享的,大家当然嫌小。您这儿可不一样。我刚进入齐国境内,就要问清楚哪些地方是禁区,然后才敢入境。我听说您都城郊外有一处猎场,纵横四十里,老百姓如果在里面打了一只麋鹿,就与杀人同罪。这就是您挖了一个纵横四十里的超级陷阱在国中,随时陷百姓于死地啊。老百姓嫌它太大,不是很自然的吗?"

孟子一下子说到本质,周文王和齐宣王的猎场,不是一回事。周文王的猎场,是国土规划,是生态规划,是野生动物栖息地,是国家公园,是讲武练兵之地。志不在游猎之乐,更不在禽兽之利,所以猎场中的草木禽兽也与民同享。齐宣王的猎场是供他自己游猎享乐之用。为了防止他来了打不到猎物,就禁止别人打,打一只鹿都是死罪。那方圆四十里,又没围墙,要是村民在旁边抓了一只野鸡,还说不清在哪儿抓的,保不准就犯了死刑。麋鹿为重,民命为轻,如此暴政,老百姓怎能不痛恨呢?

三千年后的今天,我们应该恢复周文王的生态文明传统,在每一个城市郊区,明确地规划"野生动物栖息地",列入城市用地性质分类标准。

## 情怀比胸怀更大,因为情怀是另一个看问题的角度

**原文**

齐宣王问曰:"交邻国有道乎?"

孟子对曰:"有。惟仁者为能以大事小,是故汤事葛,文王事昆夷;惟智者为能以小事大,故太王事獯鬻(xūn yù),勾践事吴。以大事小者,乐天者也;以小事大者,畏天者也。乐天者保天下,畏天者保其国。诗云:'畏天之威,于时保之。'"

**华杉详解**

齐宣王问孟子:"邻国土地接壤,容易倚强凌弱,以大欺小,或者以小谋大,勾心斗角,打来打去。如果要和平共处,交好于邻国,有道可循吗?"

孟子说:"只有仁爱的人,才能以大国的身份来服侍小国,比如商汤服侍葛伯,文王服侍昆夷。"

葛是商旁边的一个小国,与商同为夏的诸侯国。葛伯懒惰昏庸,祭祀天地鬼神的大事都不举行。商汤就派使者去问。葛伯说:"我没有牛羊啊。"汤就给他送去牛羊。葛伯把牛羊杀来吃了,还是不祭祀。汤再派使者问,葛伯说:"我的土地种不出庄稼,没有酒饭啊。"汤又派人去帮他种庄稼,汤每天派老人小孩给庄稼地里干活的人送便当。葛伯的人拦路抢这些饭食,还杀掉了一个送饭的孩子。汤兴师灭葛,葛国百姓和周围其他国家的诸侯没有一个不赞成汤的,都说葛伯咎由自取。汤也从灭葛开始了讨伐夏桀的战争,建立商朝。

文王服侍昆夷的故事在《帝王世纪》中有记载。昆夷是周西边的少数民族小国,当时周朝已经建立四年,空前强大,而昆夷却横挑强邻,兴师来讨伐周。他们大概不晓得周后面的地盘有多大,"一日三至周之东门",可谓气势汹汹。周文王呢?"闭门修德,而不与战",想想到底哪里有什么问题,惹得他来打我?关上门不跟他打,让他自己回去吧。

"只有聪明的人,才能以小国的身份服侍大国,比如太王服侍獯鬻,勾践服侍夫差。"

獯鬻,也叫猃狁(xiǎn yǔn),北方的少数民族。太王,是周文王的爷爷。太王的家族本来住在豳地,北邻獯鬻。獯鬻来攻打周,要抢夺财物。那时候周还很弱小,太王说:"不要打,他们求财,把我的财宝给他们就是。"过了一阵子,獯鬻又打来,这回,要太王把土地和人口都给他。周人很愤怒,要奋起反抗。太王说:"百姓拥戴君主,是为了给百姓谋福利,土地和百姓,都不是君主的私产。他要土地,要人口。土地和人口归我还是归他,有什么区别呢?你们要为我而战,杀死很多人的父子,这样的国君,我不要做。我走吧,让他来。"于是太王带着家族和亲随,自己迁走了,迁到岐山之下。豳地的人陆续都迁来,跟从太王。周边远近的百姓,听说太王的仁德,也都来归附。周就在岐山之下兴盛起来,传至第三代周文王,三分天下有其二。第四代周武王,灭商而有天下,建立周朝。

勾践服侍夫差的故事，大家就比较清楚了。勾践被夫差打败，两口子亲自到夫差宫中，做牛做马，服侍夫差。

以大事小者，乐天者也。大国容易恃强凌弱，欺负小国。只有仁者能讲信修睦，像周文王那样，人家打上门来，他还能够诚意恻隐，尽其抚慰之道。为什么呢，因为他是乐天者。

什么叫乐天者，就是乐天知命。《易经》上说："乐天知命，故不忧。"

乐天知命，乐于顺从天道的安排，安守命运的分限。焦循《孟子正义》注解说："圣人不忍天下之危，包容涵畜，为天下造命，故为知命，是为乐天。天之生人，欲其并生并育，仁者以天为量，故以天之并生并育为乐也。"

所以这乐天，不是天天快乐，而是以天之乐为乐。我是天生天养的，那昆夷人也是天生天养的。天既生了我，也生了他，天意就是要我也生长，他也生长，而不是要我们相攻相杀，不共戴天。他来打我，我把他憋回去就是。这样才是以天为量，顺从天意。

乐天者保天下。乐天者，不仅有胸怀，而且有情怀，情怀比胸怀更大。胸怀是度量大，能包容；而情怀是另一个看问题的角度，维度不一样。有乐天者的情怀，就能王天下，保天下。

以小事大者，畏天者也。焦循说："天道又亏盈而益谦，不畏则盈满招咎，戮其身而害其国。智者不使一国之危，故使天之亏盈益谦为畏也。而究之乐天者无不畏天。畏天为畏天之威，则乐天为乐天之德也。"乐天和畏天是一回事，都是乐顺天意。獯鬻打过来，太王知道打不过，打不过就走，还有广阔天地，为什么要殊死一搏呢？所以畏天者保其国，太王保住了国家，更奠定了四代而有天下的基业。

## 除暴安良是大勇，与人争强斗狠只是小勇

**原文**

　　王曰："大哉言矣！寡人有疾，寡人好勇。"

　　对曰："王请无好小勇。夫抚剑疾视曰：'彼恶敢当我哉！'

此匹夫之勇，敌一人者也。王请大之！《诗》云：'王赫斯怒，爰整其旅，以遏徂莒（cú jǔ），以笃周祜，以对于天下。'此文王之勇也。文王一怒而安天下之民。《书》曰：'天降下民，作之君，作之师。惟曰其助上帝，宠之四方。有罪无罪，惟我在，天下曷敢有越厥志？'一人衡行于天下，武王耻之。此武王之勇也。而武王亦一怒而安天下之民。今王亦一怒而安天下之民，民惟恐王之不好勇也。"

**华杉详解**

孟子跟齐宣王讲以大事小，以小事大的道理。齐宣王感叹说："先生讲的道理真是了不起啊！我也心向往之！但是，我有个毛病，就是逞强好勇。遇到比我弱的对我不恭敬，我不能包容；遇到比我强的欺负我，我又忍不下这口气！您说那仁德智慧之事，我做不到啊！"

孟子说："大王好勇是好事。但是这勇，有大有小。大王要好勇，就要好大勇，不要好小勇。激于一时之怒，就按剑在手，怒目而视，大喝：'谁敢与我为敌！'这不过是匹夫之勇，只敌得过一人而已。您要好那帝王之大勇才是。《诗经》有一首赞颂周文王的诗：'我王勃然生怒气，整顿军队到前方，援救莒国挡敌人，增强周国的威望，酬答各国的向往。'文王一怒而安天下，这是帝王之大勇。

"《尚书·太誓》有一段话：'上天降生了芸芸众生，也降生了他们的君主，降生了他们的导师。这些君主和导师的责任，就是协助上帝来爱护百姓。因此，四方之大，有罪者和无罪者，都由我一人负责，由我来教化，有罪者我诛之，无罪者我安之。有谁敢超越他的本分，胡作非为？'

"只要天下还有人在横行霸道，武王就觉得这是他的羞耻。这是周武王的勇，武王一怒，兴师灭纣，而安天下之民。

"如果今天大王您也能一怒而安天下之民，那老百姓都唯恐您不好勇呢！"

你要好勇，就要好大勇，要有大仁大智大勇，一战而定，除暴安良，安天下之民。如果只是自己忍不下一口气，与人争强斗狠，那只是匹夫之小勇，斗个两败俱伤而已，还连累了百姓。

## 很多的慈善，都只是慈善表演艺术

**原文**

齐宣王见孟子于雪宫。王曰："贤者亦有此乐乎？"

**华杉详解**

雪宫，是齐宣王的离宫，休闲度假的地方。齐宣王在雪宫接见孟子，心情很好，他问孟子："有道德的君子，也有这样的快乐吗？"

人有东西都愿意显摆，做了一国之君，还是有虚荣心。齐宣王就问孟子："你看我这别墅怎么样？"之前梁惠王也在他的花园里问过孟子一样的问题："贤者亦乐此乎？"孟子当时回答说："有道德的君子才能享受这样的快乐；没有道德的君子，众叛亲离，即便这良辰美景摆在他面前，他也没有快乐，只有焦虑！"把梁惠王好好教导了一番。这次，孟子又怎么回答齐宣王呢？

**原文**

孟子对曰："有。人不得，则非其上矣。不得而非其上者，非也；为民上而不与民同乐者，亦非也。乐民之乐者，民亦乐其乐；忧民之忧者，民亦忧其忧。乐以天下，忧以天下，然而不王者，未之有也。昔者齐景公问于晏子，曰：'吾欲观于转附、朝儛，遵海而南，放于琅邪。吾何修而可以比于先王观也？'晏子对曰：'善哉问也！天子适诸侯曰巡狩，巡狩者，巡所守也。诸侯朝于天子曰述职，述职者，述所职也。无非事者。春省耕而补不足，秋省敛而助不给。夏谚曰：'吾王不游，吾何以休？吾王不豫，吾何以助？一游一豫，为诸侯度。'今也不然。师行而粮食，饥者弗食，劳者弗息。睊（juàn）睊胥谗，民乃作慝（tè）。方命虐民，饮食若流，流连荒亡，为诸侯忧。从流下而忘反，谓之流；从流上而忘反，谓之连；从兽无厌，谓之荒；乐酒无厌，谓之亡。先王无流连之乐，荒亡之行。惟君所行也。'景公说，大戒于国，出舍于郊，于是始兴发补不足。召太师，曰：'为我作君臣相说之乐！'盖《徵招》《角招》是也。其诗曰：'畜君何尤？'畜君者，好君也。"

**华杉详解**

孟子说："有啊！不过，如果他们得不到这种快乐，他们就要非议，就要埋怨国君了。得不到就埋怨国君，这是不对的；但是，作为国君，只顾自己享乐，不能与民同乐，也是不对的。国君以百姓的快乐为自己的快乐，百姓就会以国君的快乐为自己的快乐；国君以百姓的忧愁为自己的忧愁，百姓就会以国君的忧愁为自己的忧愁。和天下人同忧同乐，这样还不能使天下归服于他的，是从来没有过的事。"

孟子的道理，就是你心里要真装着大家，真对人好，真和大家心连着心，他高兴你就放心，他忧愁你就关心。百姓想要得到的快乐，你积极帮助他们实现；百姓有了忧愁，你赶紧设法帮他们解决。

孟子接着说，以前齐景公问晏子，说："我想到转附山、朝儛山去巡游，然后沿着海岸向南，一直到琅邪。我要有什么样的修为，才能和过去圣君的巡游相比拟呢？"

晏子回答说："这是一个好问题！天子到诸侯的地方巡游，叫巡狩。巡狩，就是巡视各诸侯所守的疆土。诸侯去朝见天子呢，叫述职。述职，就是报告他职责内的工作。不管巡狩还是述职，无非都是工作，不是旅游。春天下去巡狩，看看耕种的情况，有缺种子的、缺耕牛的，赶紧从国库里给他拨付，支持农业生产。秋天下去巡狩，看看收成情况，看看有歉收的地方，发放存粮补助，别让大家饿着。所以夏朝有民谚唱道：'我王不出来巡狩，我的休息向谁要求？我王不出来走走，我的补助哪里会有？我王的一游一走啊，都有恩惠的及时雨，四方的诸侯你们看看吧，照着天子的样子做！'

"今天的情况可不是这样！君王一出行，兴师动众，跟土匪下乡一样，到处筹措粮米，抓壮丁。饥饿的人得不到粮食，劳苦的人得不到休息。睊睊胥谗，民乃作慝（睊睊，是侧目而视。胥是全都。慝是恶）。所有老百姓无不满怀愤恨，切齿侧目，怨声载道，要奋起反抗了。这样违背天意，虐待百姓，浪费饮食就像流水,流连荒亡,连下属的诸侯,都忧心忡忡!

"什么叫流连荒亡呢?从上游往下游游玩而忘归叫流;从下游往上游游玩而忘归叫连;打猎乐此不疲,不知厌倦,叫荒;喝酒不知节制叫亡。过去的圣君都没有流连荒亡的行为。您要选择哪一种,是结合工作的巡狩,还是流连荒亡的游玩,您自己定吧!"

齐景公听了,非常高兴。先在都城内做好准备,然后驻扎在郊外,拿出钱粮救助贫穷的人。把主管音乐的大师叫来,说:"给我创造一首君臣同乐的歌曲!"这个乐曲就是《徵招》《角招》,歌词说:"畜君何尤?"畜君,是指晏子能畜止君王的欲望,这是对君王的真爱。

晏子对景公是真爱,景公对百姓则未必是真爱。他若真听懂了晏子的话,就要知行合一去巡狩。这是一件严肃的事情,是一个治国理政的系统工程。但他显然没有真的听进去,而只是换了一种娱乐方式,享受"自欺欺人,我是好人"的慈善之乐,走到郊外,安营扎寨,赈济穷人,然后赶紧把音乐家请来写歌歌颂自己,又"自嗨"了。晏子要齐景公做一个伟大的政治家,他却马上把自己搞成了慈善家,而且是慈善表演艺术家。

很多的慈善,都是这样的表演艺术,不是心里真的装着别人,不是认真要帮助他人。

## 王者的仁政就这么简单,历史上每次治世都是如此

**原文**

齐宣王问曰:"人皆谓我毁明堂;毁诸?已乎?"

孟子对曰:"夫明堂者,王者之堂也。王欲行王政,则勿毁之矣。"

**华杉详解**

明堂，是礼制建筑，天子所居、诸侯来朝的场所。周天子在泰山下、齐国境内建了一所明堂，是当年周天子的行宫；周室衰微之后，天子已经四百多年没来过了，明堂也衰败了，所以有人建议齐宣王把明堂拆除。齐宣王就问孟子："我是拆呢，还是不拆呢？"

孟子说："明堂，是王者之堂。大王您要行王政，当然不能拆。"要王天下，正好有那王者之堂在，怎么会有人出馊主意要拆除它呢？后来这明堂的遗址，一直保存到汉武帝时期。

**原文**

王曰："王政可得闻与？"

对曰："昔者文王之治岐也，耕者九一，仕者世禄，关市讥而不征，泽梁无禁，罪人不孥。老而无妻曰鳏，老而无夫曰寡，老而无子曰独，幼而无父曰孤：此四者，天下之穷民而无告者；文王发政施仁，必先斯四者。诗云：'哿（gě）矣富人，哀此茕（qióng）独。'"

**华杉详解**

齐宣王问："老师说的王政，主要是些什么政策，能说给我听听吗？"

孟子说："以前周文王还在岐山下的时候，颁布了几条政策。一是税收政策，采用井田制，把田用井字分成九块，其中一块是公田，也就是收九分之一的税，这样以低税率吸引移民。第二是吸引人才，凡是能到周国被政府录用为官的，给予世袭待遇，即刻成为世袭贵族。第三是自由贸易，在关口和市场，只稽查奸细，但不征收关税，也不征收营业税。第四是山林渔泽，砍柴打鱼一概自由。"

泽梁，是一种拦河捕鱼的装置。孥，是妻子儿女。罪人不孥，是指对犯罪的人，刑罚只涉及他本人，不搞连坐，不株连他的妻子儿女。

"对鳏夫、寡妇、失独家庭和孤儿，这四种社会上最穷苦无靠的人，有什么福利政策，就优先照顾他们。就像《诗经》上写的：'富人的日子总是过得去的，可怜可怜那些无依无靠的人吧！'"这里的"哿"是"还可以"。茕，指孤独、没有兄弟。

这就是周文王的政策。王者的仁政就这么简单几条：低税率，贸易自由免关税，司法公正，政府不垄断山川渔泽，给弱势群体社会保障。中国历史上的每次治世——文景之治、贞观之治——都是这几条带来的。

## 认识人们贪财好色的弱点，就能通向王道

**原文**

王曰："善哉言乎！"

曰："王如善之，则何为不行？"

王曰："寡人有疾，寡人好货。"

对曰："昔者公刘好货，诗云：'乃积乃仓，乃裹糇（hóu）粮，于橐（tuó）于囊，思戢（jí）用光，弓矢斯张，干戈戚扬，爰方启行。'故居者有积仓，行者有裹粮也，然后可以爰方启行。王如好货，与百姓同之，于王何有？"

**华杉详解**

孟子跟齐宣王讲了周文王的仁政。齐宣王感叹说："您说得真是太好了！"孟子抓住机会追问："大王既然觉得好，为什么不去做呢？"齐宣王不好意思地说："我有个毛病，太贪财好货呀！贪财好货，就难免横征暴敛，与民争利，你要我减税，要我放弃山林渔泽的垄断利益，我统统都做不到啊！"

齐宣王倒是实话实说，也蛮可爱的。国家该怎么搞，怎样能利国利民，他其实都知道，但为什么不那么搞呢？都是因为自己的私利，一旦心里有了私利，啥改革也不想弄了。

孟子继续鼓励他："贪财好货也没什么问题呀！以前公刘也贪财好货。"

公刘，是周文王的祖先，后稷的曾孙。公刘处在西戎之间，国势微弱，解决不了国家安全问题，他就想迁都。要迁都，就要有钱粮啊，《诗经》说

他：乃积乃仓，田野有粮囤，家家有粮仓；乃裹糇粮，就是包裹着干粮；于橐于囊，橐和囊都是口袋，橐大囊小；思戢用光，戢是收集、集合，就是把人们集合起来，光大国家；弓矢斯张，箭上弦，弓满张，干戈戚扬，其他武器都上场；爰方启行，于是才浩浩荡荡向前行。

孟子说："您看这公刘也贪财好货，因为自己贪财好货，所以他知道每个人都贪财好货，所以他能让天下富足，与天下人分享，让老百姓居家有余粮，出门有干粮，然后他说要迁去哪儿，大家都跟着他。大王您如果贪财好货，只要和老百姓共有、共享，王天下有什么困难呢？"

**原文**

　　王曰："寡人有疾，寡人好色。"

　　对曰："昔者大王好色，爱厥妃。诗云：'古公亶（dǎn）父，来朝走马，率西水浒，至于岐下，爰及姜女，聿来胥宇。'当是时也，内无怨女，外无旷夫。王如好色，与百姓同之，于王何有？"

**华杉详解**

齐宣王却不上孟子的道，他又找出自己一个毛病，证明他做不到行王道："寡人好色。我因为喜欢女人，所以一心都在女人堆里，要我励精图治，我就做不到。"

这齐宣王说话真是没出息，他自己想王天下，请了老师来论道，老师说得他推脱不了了，就一会儿扯出贪财，一会儿扯出好色，总之说自己不行，做不到！

孟子却不在意，顺着好色鼓励他："好色也没关系呀！以前大王也好色！非常爱他的妃子。"

大王（大念太）是周太王，也就是古公亶父，名亶父，号古公，周文王的祖父。《诗经》上说："古公亶父啊，一大清早就骑着马，顺着西边的河岸，来到岐山之下，还带着他的妻子太姜，来视察新城规划。"

孟子说："周太王那个时候，人人好色，屋里没有找不到丈夫的怨妇，也没有在外游荡找不到妻子的单身汉。大王您如果好色，便知天下人都好色，那您就保全其家室，完聚其夫妇，让一国都能男女和谐，天下之人，都乐归于您，那不正是王道吗？"

孟子的道理就一个，就是忠恕之道：己欲立而立人，己欲达而达人；己所不欲，勿施于人。贪财好色，都是王道，只要你懂得别人也贪财好色。你想要啥，便知道别人也想要，能和大家分享，就是王道。成功是成就自己，而领导力，是成就别人。要王天下呢，就是要成就全天下的人。

不过齐宣王没有那份仁心，他一心想王天下，心里却根本没装着天下，只装着自己那点私货，所以成不了器。

## 原文

孟子谓齐宣王曰："王之臣有托其妻子于其友而之楚游者，比其反也，则冻馁其妻子，则如之何？"

王曰："弃之。"

曰："士师不能治士，则如之何？"

王曰："已之。"

曰："四境之内不治，则如之何？"

王顾左右而言他。

## 华杉详解

孟子问齐宣王："假若您手下有一个大臣，把妻子儿女托付给朋友照顾，自己出远门去楚国。结果等他回来，妻子儿女却都在挨冻受饿。对这样的朋友，该如何处置呢？"

齐宣王说："那当然跟他绝交！"

孟子又说："那管理刑罚的官员，不能管好他的下级，该怎么处置呢？"

齐宣王说："撤他的职！"

孟子追问："那假如一个国家的政治搞得不好，该怎么办呢？"

齐宣王看这话绕了一圈绕到自己身上来了，怎么办？你是要我下台吗？所以就"顾左右而言他"，左右张望，把话题扯到别的地方去了。

## 轻易不试错

**原文**

孟子见齐宣王曰:"所谓故国者,非谓有乔木之谓也,有世臣之谓也。王无亲臣矣。昔者所进,今日不知其亡也。"

**华杉详解**

故国,指历史悠久的国家。孟子见齐宣王,说:"所谓历史悠久的国家,不是说她有百年千年的大树,而是说她有累世为国家服务的世家大臣。"

历史悠久的国家和大树有什么关系呢?建国,首先是建立宗庙社稷,那宗庙周围,必植有大树。国家历史越悠久,那树就长得越大。发起战争,分为侵和伐两种。侵指侵略,侵是进入他国国境,略是抢他人东西,不以推翻对方政权为目的。伐呢,就是要推翻对方的政权,把他宗庙社稷的树伐了。所以宗庙的大树,就代表国家,代表政权。

孟子大概是看见齐宣王对大臣们比较疏远薄情,所以讽谏他说:"您现在没有亲信的臣子了,昨天刚进用的人,今天就离开了,你都不知道。"为什么呢?因为跟他们都不熟悉,叫不上名字,连他在或不在都不知道。可见齐宣王真是只顾享乐,不理正事,到了跟大臣们都不太认识的地步。他还每天找咨询顾问讨论怎么王天下,也是醉了。

这种情况在现在的领导者中也不少。对外人,他还能很有礼貌,但对自己的人就比较轻视,把大家当打工的,呼来喝去,正眼都不瞧一眼,不懂得尊重。

**原文**

王曰:"吾何以识其不才而舍之?"

曰:"国君进贤,如不得已,将使卑逾尊,疏逾戚,可不慎与?左右皆曰贤,未可也;诸大夫皆曰贤,未可也;国人皆曰贤,然后察之,见贤焉,然后用之。左右皆曰不可,勿听;诸大夫皆曰不可，勿听；国人皆曰不可，然后察之，见不可焉，然后去之。左右皆曰可杀，勿听；诸大夫皆曰可杀，勿听；国人皆曰可杀，然后察之，见可杀焉，然后杀之。故曰国人杀之也。如此，然后可以为民父母。"

**华杉详解**

齐宣王说："您说我没近臣，我确实没有，昨天刚任命的，今天就发现他其实不行，又把他撵走了。如果都是人才，我何尝不想长期任用他们啊！但我怎样才能识别人才，在一开始就知道他不行，一次就把人用对呢？"

齐宣王说的确实是个问题，就像公司招聘，找猎头、看简历，千挑万选，层层面试，那人终于来了，干不了三个月，就发现不是那么回事，又把他撵走，成本太高了。

孟子说："国君用人，如果用错了再后悔，不如在之前就谨慎些！在未用之际，慎之又慎，审之又审，就像情势所迫，不得不用他一般。尊尊亲亲，是国家体统。您要用一个人，就是要把卑微的置之于尊贵的之上，把疏远的变得比亲近的更亲近。所有改变尊卑亲疏次序的，都要十二万分的谨慎！这样谨慎地选取，才能避免不才之人幸进，您才能免于后日之悔。"

是领导，都急于得到人才，要不拘一格选拔人才，随时随地发现人才。孟子就告诉你，用错一个人所带来的反复折腾，损失更大！所以要尽量避免"幸进"，避免那种只因一句话、一件事对了领导口味，就飞黄腾达的事。君王开了幸进之路，人臣就有幸进之心，就会策划怎么幸进，那样的话什么幺蛾子都会出来了。

怎么个慎重呢？孟子说，左右近臣都说他贤德，不可轻信；满朝大夫都说他贤德，不可轻信；全国百姓都说他贤德，我还要再仔细考察，发现真有才干，这才任用他。反过来，这人我一旦用了，我就绝不轻易放弃！左右近臣都说他不好，不可轻信；满朝大夫都说他不好，不可轻信；全国百姓都说他不好，我还要再仔细考察，发现真有问题，这才罢免他。左右近臣都说他该杀，不可轻信；满朝大夫都说他该杀，不可轻信；全国百姓都说他该杀，我还要再仔细考察，发现确实该杀，这才处决他。

孟子说的就是疑人不用、用人不疑的道理。轻易不试错，用人的关键在于一次就用对人,不要用错人;做事也要不贪巧求速,一次就做对。**不返工,就是最高的效率;不退步,就是最快的进步。**用人也是一样,人才来得慢没关系,不要用错人,才是关键。

而咱们却容易做反,开始是渴求人才,听到或看到他一点点好,就赶紧任用他,恨不得他就是我的中流砥柱。而任用了之后呢,又很容易因为听到一句谗言坏话,就把人家给废了。

**原文**

齐宣王问曰:"汤放桀,武王伐纣,有诸?"

孟子对曰:"于传有之。"

曰:"臣弑其君可乎?"

曰:"贼仁者谓之贼,贼义者谓之残,残贼之人,谓之一夫。闻诛一夫纣矣,未闻弑君也。"

**华杉详解**

齐宣王问孟子:"商汤流放了夏桀,周武王讨伐殷纣,有这回事吗?"

孟子回答:"史书上有这样的记载。"

"那是犯上作乱,以臣弑君啊!这样做可以吗?"

孟子说:"破坏仁爱的人,叫作贼。破坏道义的人,叫作残。残贼之人,叫作'一夫',众叛亲离,独夫民贼。杀掉纣,不过是诛杀一个独夫民贼罢了,不存在什么弑君的事。"

孟子的意思是,夏桀、殷纣都已经背弃了百姓,背弃了仁爱道义,他们也就不具备成为人君的合法性,成了独夫民贼,人人得以杀之,杀了他并不是犯上弑君。

孟子的这些话,在一千六百年后惹恼了一个皇帝——朱元璋。他觉得孟子的思想太可怕了,先是要把孟子逐出文庙,不让他跟孔子配享庙食。后来又自己搞了一个《孟子节文》,把《孟子》全书中他认为对君王不敬的,删去三分之一。但这两件事他都没干成,孟子的思想还是流传了下来。

## 要大用贤才，就要听他的话

**原文**

孟子见齐宣王曰："为巨室，则必使工师求大木。工师得大木，则王喜，以为能胜其任也；匠人斫而小之，则王怒，以为不胜其任矣。夫人幼而学之，壮而欲行之。王曰：'姑舍女所学而从我。'则何如？"

**华杉详解**

孟子对齐宣王说："假如您要建造高大的宫室，那一定会请总建筑师去寻求可做梁柱的巨木。总建筑师把巨木找来了，您一定会很高兴，认为这巨木能胜这巨室之任了。这时候，有一个工匠拿起斧子，上去把这巨木砍短削小了，大王您必定勃然大怒，因为那木头没法支撑这巨室了。

"这贤才也是一样，他就是国家的栋梁，从小刻苦学习圣贤的道理、帝王之事功，就等到长大成年之后能遇到明主，一一施展开来，不负平生所学，不负国家和君主的期待。这时候您老人家对他说：'喂！姑且把你的学问本事先放下，听我的话吧！'那你还用他做什么呢？"

对贤才，你是要大用，还是要小用？要大用，你就听他的话；要小用，你就让他听你的话，把他的大材砍小了用。庸主都是这样，别人给他100分的方案，他一定要拎把斧子上去，把那方案砍削一番，砍到59分不及格，他才觉得是自己想要的了。

**原文**

"今有璞玉于此，虽万镒，必使玉人雕琢之。至于治国家，则曰：'姑舍女所学而从我。'则何以异于教玉人雕琢玉哉？"

**华杉详解**

孟子又说:"比如您有一块玉石在这里,价值连城,那你一定会请工艺大师来雕琢,绝不会自己动手。治理国家就跟治玉一样贵重,一样专业。治玉是把整块玉石都交给别人,治国也是一样,对贤能之人,要做到能举国而听之。如果您请来了贤能之人,却对他说:'把你的学问本事都放下,听我的话。'那跟你自己手把手教玉匠雕琢有什么区别?"

领导者千万不要去跟幕僚比谁本事大,总显出自己最有智慧,最有能力,别人都不行,那不是领导者的好品格。好的君主,能任用天下之智力,成就他人,让别人能发挥、能报国,自己垂拱而治,这才是最高明的领导力。

## 儒家思想的基本原理,就是替别人着想

**原文**

齐人伐燕,胜之。宣王问曰:"或谓寡人勿取,或谓寡人取之。以万乘之国伐万乘之国,五旬而举之,人力不至于此。不取,必有天殃。取之,何如?"

孟子对曰:"取之而燕民悦,则取之。古之人有行之者,武王是也。取之而燕民不悦,则勿取。古之人有行之者,文王是也。以万乘之国伐万乘之国,箪食壶浆,以迎王师。岂有他哉?避水火也。如水益深,如火益热,亦运而已矣。"

**华杉详解**

齐宣王讨伐燕国并获胜这件事,在战国历史上是个意外的闹剧。起因是燕王哙昏庸荒唐,要学习尧舜禅让之事,把国家禅让给相国子之。他自己不问政事,向子之称臣,还把国内三百石以上官吏印信收回,交给子之重新任命。相当于全国干部就地免职,由子之重新任命再返聘上岗,以示权力属于子之。

子之受禅让而为燕王,别人怎么会服气呢?特别是燕王哙的太子:父王把王位禅让给别人,我这太子算怎么回事?

子之搞了三年，把燕国搞得很乱。燕太子平、将军市被一同起兵要推翻子之，结果反被子之打败，两人都被杀，燕国大乱，百姓恐惧。齐国就在这个时候起兵伐燕，占领了燕国。燕王哙被杀，子之逃走，后来也被齐军抓住杀死。

齐宣王问孟子说："燕国既然被我打下来，其土地百姓，就都该为我所有了。但是，有人劝我说，利不可贪，不应该吞并燕国；又有人跟我说，机不可失，应该吞并。我以一万辆兵车的实力，攻伐同样有一万辆兵车的国家，五十天就拿下了，这不是人力可以达到的，一定是天意。天予弗取，反遭其祸。老师您的意见呢？"

齐宣王打下了燕国，当然是想吞并。但是又听到反对的意见，所以他想听听孟子的说法，再拿主意。

孟子说："如果合并燕国，合乎燕国百姓的意愿，让他们高兴，那就合并。古人也有这样的先例，就是周武王。武王伐纣，建立周朝，大家都愿意呀！

"反过来，如果合并燕国，不合乎燕国百姓的意愿，燕国百姓还思恋故主，不愿意加入齐国，那就不要合并。古人也有这样的先例，就是周文王。周文王三分天下有其二，他的实力已经足以推翻商朝。但是他觉得纣王还没到天怨人怒的程度，商朝百姓还对国家有凝聚力，他就仍然对纣王执臣子礼。

"所以取与不取，都在于顺应民意，在于百姓高不高兴，答不答应，不在于自己的欲望。以一万辆兵车的国家，攻伐另一个一万辆兵车的国家，这本是势均力敌之战，但是燕国百姓竟然用筐装着饭食、用壶盛着水去迎接大王您的军队，这还能有别的什么原因呢？就是燕国政治暴烈，把百姓置于水深火热之中，百姓希望得到拯救啊！但是，如果您占领燕国之后，仗着自己强大，更加严酷地对待燕国百姓，让那水更深、火更热，那百姓就会像当初希望您去救他们一样，再去希望别人把他们从您的压迫下解放出来。那时运就变了，今天您能五十天攻下燕国，明天别人就能五十天再攻下您！"

**原文**

齐人伐燕，取之。诸侯将谋救燕。

宣王曰："诸侯多谋伐寡人者，何以待之？"

孟子对曰："臣闻七十里为政于天下者，汤是也。未闻以千里畏人者也。《书》曰：'汤一征，自葛始。'天下信之，东面而征，西夷怨；南面而征，北狄怨，曰：'奚为后我？'民望之，若大旱之望云霓也。归市者不止，耕者不变，诛其君而吊其民，若时雨降。民大悦。《书》曰：'徯我后，后来其苏。'今燕虐其民，王往而征之，民以为将拯己于水火之中也，箪食壶浆以迎王师。若杀其父兄，系累其子弟，毁其宗庙，迁其重器，如之何其可也？天下固畏齐之强也，今又倍地而不行仁政，是动天下之兵也。王速出令，反其旄倪，止其重器，谋于燕众，置君而后去之，则犹可及止也。"

**华杉详解**

齐宣王占领了燕国，其他诸侯当然不干了。一来，是打破了战略均势，一个实力加倍的齐国对他们没什么好处；二来，凭什么让齐国吞并燕国呢？所以其他国家就开始谋划要伐齐救燕。齐宣王面临列国的政治军事压力，又来问孟子："寡人取燕之后，诸侯列国心里都不平衡，要举兵来打我，老师有何良策，可以对付他们呢？"

孟子说："我听说过有纵横七十里的地盘就可以统一天下的，商汤就是。但却没听说过有一千里土地的大国还害怕别国的。关键还在于你是不是行仁政，是不是代表正义！

"《尚书》上说：'商汤征伐，是从葛国开始。'葛国国君荒淫无道，人神共愤，商汤讨伐他，不仅葛国百姓欢迎商汤，全天下的百姓都相信商汤。商汤攻伐东边的国家，西边国家的百姓就有怨言；商汤攻打南边的国家，北边的百姓就有怨言，都说：'怎么先打他们啊？应该先打我们啊！我们的国君，比他们的还坏！我们的日子，比他们的还苦！怎么也该先解放我们啊！怎么还把他们放前面呢！'天下的百姓盼望商汤来攻打他们的国家，就像久旱的大地，盼望着一场大雨。当商汤的军队打过来，他们没有一个躲避战火的，商人照样开门营业，农民照样下地耕种，因为人人都知道商汤的军队不会伤害他们。商汤诛杀他们的暴君，抚慰被残害的百姓，他的来到就像天上降下甘霖，老百姓都欢欣鼓舞。《尚书》上说：'徯我后，后来其苏。'（徯，是等待；后，是君王。等待我们仁德的君王，他终于来了！生不如死的我们，也就复活了。）今天燕国的君主，虐待他的百姓，您去征伐他，老百姓以为您是来解救他们的，都用筐盛着饭、用壶装着水，来迎接您的军队。结果呢，您杀掉他们的父兄，掳掠他们的子弟，毁掉他们的宗庙，搬走他们的国宝，这怎么可以呢？天下各国，本来就害怕齐国的强大，现在齐国的土地扩大了一倍，而且还暴虐无道，各国当然会联合起来，成立联军，要和齐国作战。您现在赶紧发布命令，放回他们的老人和小孩，停止搬运他们的国宝。然后和燕国百姓协商，为他们扶立一位新君，然后自己从燕国撤军。这样做的话，令各国撤兵还来得及。想吞并燕国，那是门都没有了。"

齐宣王之前不是问孟子齐桓晋文之道吗？孟子当时不愿意回答他的问题，因为孟子想引导他上王道，不想跟他谈霸道。而现在在燕国这件事上，孟子在这里回答他的，就是标准的齐桓晋文之道了。如果是齐桓公或者晋文公处理这件事，他们就一定会这么做的。不过齐宣王不仅听不懂王道，也不是霸道的料，他没法给天下诸侯当大哥。所谓霸道，不是你可以霸占别人的东西，而是**你能维护世界和平，为大家提供保护**。别的国家内乱，霸主的责任是出兵平乱，为他再立新君，稳定均势，而不是趁火打劫。大哥要罩着小弟们，谁要是欺负别人，大哥都能主持公道，扶弱锄强。如果自己吞并小弟，那还叫大哥吗？其他小弟还不得赶紧联合起来灭了你啊？

齐宣王不懂得收手，最后还是由赵国出手。赵武灵王把流亡在韩国的公子职请到赵，立为燕王，在燕国百姓的支持下，派将军乐池送回燕国，这就是燕昭王。燕昭王是赵国立的，他当然亲近赵国，痛恨齐国。三十年后，燕昭王为报齐灭国之仇，在乐毅的指挥下，统帅燕国及赵、秦、韩、魏五国联军攻打齐国，连下七十余城，使齐国只剩下即墨、莒这两座孤城。尽管最后依靠田单的火牛阵破敌复国，但齐国却从此衰落下去。

最后还是说回一个道理，就是儒家思想的基本原理：忠恕之道，己欲立立人，己欲达达人，己所不欲，勿施于人。在任何时候，你得先想着别人，要让别人活，你才能活。要让别人活得好，你才能活得好。不光是对"别人"如此，对血海深仇的敌人也是如此。

第一次世界大战之后，英、法、美三国逼着德国签下《凡尔赛和约》，承诺远远超出德国支付能力的战争赔款。当时的英国财政部官员，也就是后来成为人类历史上最伟大的经济学家之一的凯恩斯，参与了和约制定的谈判过程，他坚决反对如此严苛地对待德国。在和约签订后，凯恩斯迅速写了一本书《和平的经济后果》，批评《凡尔赛和约》的荒谬，说这是一份将德国百姓逼上绝路的和约。他说要德国赔多少，不是去计算你损失了多少，而是看德国有多大支付能力。而当时的德国，由于战败，输得底裤都没了，还需要战胜国借钱给他才活得下去。这份巨额赔款的和约，只会逼他违约，并带来可怕的后果。按照凯恩斯自己设计的和约方案，不仅要放弃（或尽量降低）对德国的赔款要求，而且战胜国要致力于帮助德国经济复苏，重新站立起来，共同恢复文明的秩序和繁荣。

结果被凯恩斯不幸言中，《凡尔赛和约》签订后德国果然违约，导致希特勒上台，第二次世界大战爆发。这和燕昭王报复齐国何其相似！

而二战后的处理，正是吸取了一战后《凡尔赛和约》的教训，也继承了凯恩斯对一战善后处理的精神，不仅没有战争赔款，而且有"马歇尔计划"复兴欧洲经济。德国和日本都在美国的帮助下成为这个星球上最富裕和文明的国家之一。推翻的只是统治者，拯救的是百姓，这就是孟子的战争思想。孟子不反战，而且支持发动干预他国内政的战争。但前提是，你要一心解放那暴政下的百姓，而不是为了自己的私利。这样坚持下去，全天下的人都想归附你，你就能以王道王天下。

## 原文

邹与鲁哄。穆公问曰："吾有司死者三十三人，而民莫之死也。诛之，则不可胜诛；不诛，则疾视其长上之死而不救。如之何则可也？"

孟子对曰："凶年饥岁，君之民老弱转乎沟壑，壮者散而之四方者，几千人矣；而君之仓廪实，府库充，有司莫以告，是上慢而残下也。曾子曰：'戒之戒之！出乎尔者，反乎尔者也。'夫民今而后得反之也，君无尤焉！君行仁政，斯民亲其上，死其长矣。"

## 华杉详解

哄，是战斗的声音。孟子是邹国人，邹国和鲁国发生冲突，邹穆公对孟子说："这次战斗，我们的官员死了三十三人，老百姓呢，袖手旁观，没有一个为国牺牲的！这些顽劣刁民，我真想杀了他们！但是杀谁呢？这又不像聚众滋事，我还能杀几个带头的。这种见死不救，说不上谁带头，也没法把那么多人都杀了。但要是不杀吧，就更加纵容了这种对政府官吏见死不救的行为，我看不下去！您说怎么办呢？"

邹穆公遇到的，是治理国家最失败的一种情况，叫"民心已不可用"。老百姓对政府，没有一点指望，也没有一点感情，政府有什么事要动员大家，根本动员不起来，以至于发展到政府官员在赴国难而死，而老百姓都袖手旁观、见死不救的地步。

孟子说："我们自己的百姓，为什么对自己的官吏见死不救呢？为什么对与敌国的交战袖手旁观呢？那一定是我们平时对待他们有问题！遇到灾荒年岁，您的百姓，年老体弱的，饿死而弃尸于沟壑之中；年轻力壮的，就四处逃荒，到其他国家要饭。这样的灾民，几近一千人吧！而这个时候，您的粮仓里有余粮，府库里有余钱。人人都盼着您能救助大家，让大家死中求生！而您呢？却是袖手旁观，见死不救。您的官吏中也没有谁站出来说话，给您打个报告，要求开仓放粮。这不是您和整个官僚阶层，都暴慢不仁、残虐下民吗？曾子说：'切切警醒啊！你怎么对待别人，别人就会怎么对待你！'施恩得恩，施怨得怨，国家对百姓的苦难袖手旁观，见死不救，不是一天两天了。百姓心中的怨气，一直没有机会发泄，这回碰上打仗，就也对政府官吏袖手旁观、见死不救一回，甚至还恨不得你多死几个呢！这叫一报还一报，怨不得百姓，还是要从自己身上找原因！

"如果您能够行仁政，真正关心百姓疾苦，您的心意就会传递给您的官吏，他们也会关心百姓疾苦，哪里有百姓在受苦，都来向您报告，马上想方设法救助。您对老百姓是真爱，官吏们也会对老百姓有真爱，老百姓自然也用真爱回报您和您的官吏，爱护他们的上级，情愿为他们的长官牺牲了。"

## 君子要独立于世，不要找靠山

**原文**

　　滕文公问曰："滕，小国也，间于齐、楚，事齐乎？事楚乎？"

孟子对曰："是谋非吾所能及也。无已，则有一焉：凿斯池也，筑斯城也，与民守之，效死而民弗去，则是可为也。"

**华杉详解**

滕国是周朝一个弱小的国家，地方大概就五十里而已。而周围的齐国、楚国，都是地方千里的大国，要灭滕国，就跟踩死一只蚂蚁一样。滕文公问孟子："滕国是个小国，夹在齐楚两个大国之间。我的外交政策，应该怎么选边站呢？我是服侍齐国呢？还是服侍楚国呢？"

孟子回答说："您提的问题呀，不是我的能力所能解决的。小国势弱力孤，似乎必须要找一个靠山，寻求保护。但是咱们夹在两个大国之间，跟楚国站一边，就得罪齐国；跟齐国站一边，就得罪楚国。这两国，都不是我们得罪得起的。凡是要依靠别人的，没法抉择；只有我自己能掌控的，才能努力去做。如果一定要我回答，我只有一个建议，就是深挖护城河，高筑城墙，与民共守。我们万众一心，如果有敌人打过来，全国百姓感激国君平时的恩德，就会誓死报效，就算危亡困迫，也不离去。这样上下相依，患难相保，国事就可为了。"

如果滕文公这话问的是苏秦张仪，他们一定制订出一大堆神机妙算来。到孟子这儿呢，什么计策也没有，这就是区别。孟子的话太本质了，价值观太正了，无论是国家，还是个人，都是这个道理，就是——

**不要找靠山！**

如果你找靠山，那么结果只有三种：要么他是座冰山，化掉了，你靠不上；要么他倒了，正好把你压死；要么他和别的山冲突，剐蹭一下，你第一个血肉横飞了。

所以君子要独立于世，要有自己独立的人格和价值，我有多大本事，就端多大饭碗，不要依附于权贵。

国家也是一样。滕国如果依附于楚国，一旦两个大国开战，滕国就得出粮出兵，或者借道，甚至战场可能就在滕国展开。楚国如果战胜，齐国和滕国仇就大了，指不定哪天找滕国出气；楚国如果战败，签和约的时候肯定第一个牺牲滕国利益。

所以跟谁都不能走得太近，你们都是我的大哥。但是你们也别想来惹我。

你们要吞并我，我当然挡不住，但我会战斗到最后一个人，你们自己算算账，要吞并滕国，可能代价太大有点不值得。

小国要想对入侵者有威慑力，靠什么？只有靠团结，团结又靠什么呢？靠好的政治，人人都觉得做一个滕国人是幸福的，是有尊严的，不愿意做一个齐国人或者楚国人，这国家就强了，虽小而强。这就是孟子给滕文公的理念。

## 与其焦虑自己控制不了的事，不如想想自身该做什么

**原文**

滕文公问曰："齐人将筑薛，吾甚恐。如之何则可？"

孟子对曰："昔者大王居邠（bīn），狄人侵之，去之岐山之下居焉。非择而取之，不得已也。苟为善，后世子孙必有王者矣。君子创业垂统，为可继也。若夫成功，则天也。君如彼何哉？强为善而已矣。"

滕文公问曰："滕，小国也。竭力以事大国，则不得免焉。如之何则可？"

孟子对曰："昔者大王居邠，狄人侵之，事之以皮币，不得免焉；事之以犬马，不得免焉；事之以珠玉，不得免焉。乃属其耆（qí）老而告之曰：'狄人之所欲者，吾土地也。吾闻之也：君子不以其所以养人者害人。二三子何患乎无君？我将去之。'去邠，逾梁山，邑于岐山之下居焉。邠人曰：'仁人也，不可失也。'从之者如归市。或曰：'世守也，非身之所能为也。效死勿去。'君请择于斯二者。"

**华杉详解**

滕文公问孟子："齐国要在薛地筑城，我非常恐惧，怎么办？"薛地离滕国很近，如果齐国在薛地筑城，当然会对滕国造成很大的军事压力，所以滕文公的焦虑是可以想象的。

孟子回答说:"以前周太王住在邠,狄人来侵略他,他就迁移到岐山了。这不是他觉得岐山那地方好,是因为邠待不下去了,不得已而走之。

"齐国要在薛地筑城,您问我怎么办,我也没办法,因为咱们也管不着齐国啊。但是我们自己做善事,像周太王那样,就算被别人撵得到处躲避,但是至诚无息,为善积德,后世子孙就能得以王天下。有德的君子创立功业,传之子孙,正是为了一代一代传下去。我这辈子没做到的,儿孙们接着来,我死了,我的精神却能传下去。至于能不能成功,那是天意,您怎么样去对付齐人呢?您对付不了,您能做的,就是把滕国搞好,对滕国百姓好!"

孟子的回答太伟大了。我们很多人,就是对自己根本掌控不了的别人的**事,焦虑着一万个怎么办**!却从来没有认真地去办自己该办的事。

我们再假定一下,假如滕文公问的是苏秦张仪,我敢打赌,他们一定能想出不止一条阴谋诡计,而且每一条都好使,都能让齐国不筑薛城。比如买通齐国哪个大臣,通过哪位王妃,散布什么谣言——《战国策》里,全是这一类阴谋诡计。在《孙子兵法》里,也有解决这类问题的套路,其中一条是"劳之",给他找点别的事干。韩国面对秦国的军事压力,就想了这么一招,派一个叫郑国的水利专家当间谍,拿了一个关中地区水利系统的规划方案,去给秦王献计献策,目的是让秦国青壮年都修水利去,就没法发动战争了。这样韩国就能获得喘息之机,整军经武。水利工程搞了一半,阴谋暴露了,秦王要杀郑国,郑国说:"虽然是韩王阴谋,但水利工程搞完,也是秦国万世之利啊!您让我修完它吧!"秦王同意了,工程胜利完成,秦王把他命名为"郑国渠",纪念总工程师郑国的功绩。从此关中大为富庶,秦国国力上了一个大台阶。韩国机关算尽,最后还是误了卿卿性命。

所有这些阴谋诡计,都不是本质。无非是运用"博弈论"的原理,把全部相关的和本来不相关的利益、利益方,全都整合到一个多方博弈的方案里来。而孟子不研究这个,不研究阴谋,因为他是行王道的。行王道的人,只按自己的原则去做,按大德大爱去做,他不跟你博弈。你如果设了计策跟他博弈,你会发现他不接你的招,因为他也不怕吃亏,又不在乎得失。你用利益博弈的逻辑,调动不了他。

滕文公又问:"滕国是个小国,尽心竭力去侍奉大国,仍然不免于灾祸,怎么办呢?"还是焦虑,恐惧,怎么办!

孟子继续跟他讲周太王的故事:"以前周太王在邠做国君,狄人打过来,太王奉上皮裘丝绸,他还是打来;再给他奉上名犬名马,他又打来;再奉上珍珠宝玉,他再打来。怎么办呢?没办法,咱们打不过他。太王就对父老乡亲们说:'我的财产都给狄人了,但是也买不来和平。狄人要的,是我的土地和百姓啊!土地也不过是养人之物而已,我听说,有德的君子不能为了养人之物反而害了人性命,那就舍本逐末了。我如果跟他们开战,你们家家父老兄弟都得死人,人死了,国家也还是保不住,何必呢?既然这样,还是我走吧,你们也不必担心我走了没有国君,没有政府维持秩序,就让狄人来做你们的国君,给你们建立一个新政府吧!'

　　"太王就带着家族,离开邠地,翻过梁山,到了岐山之下,建城安居下来。邠地的百姓都纷纷说:'这样仁德的人啊,我们不能失去他,还是要他做我们的国君!'于是纷纷举家迁来依附太王,跟赶集一样热闹。其他国家的百姓听说了,也要来投奔。太王的新国家,就迅速兴盛起来。

　　"当然,也有人会说:'这是祖宗传下的基业,祖先的坟墓在这里,不是我自己有权擅做主张放弃的,我宁肯献出生命,也决不放弃我的国家、我的土地、我的百姓。'

　　"您问我怎么办,就是上面说的这两种态度,您可以选择其一。"

　　孟子的话在两千多年后还光芒万丈,照亮整个天空!我们总在问怎么办,总在对根本没办法的事情问怎么办。

　　怎么办呢?你首先要学会接受,哪怕是接受失败,哪怕是接受死亡。

　　不要去对自己根本控制不了的事情焦虑恐惧,要想想自己到底该做什么,能做什么。

　　不要私心太重,老觉得这些东西是自己的,不能失去。要无我,想想别人需要什么,我能为大家做点什么,我能对社会有什么贡献。

　　万事最关键的是理念,是态度,而不是计策。可怜之人必有可恨之处,其可怜可恨,就是因为没有端正的态度,还天天在那儿筹划计策,最后无非是自取灭亡。

　　滕国应该怎么办?简单得很!就是合乎天道,造福一方。不管我能在这块土地待多久,也要让它成为百姓的理想国。如果哪天真的守不住了,要灭亡了,那我亡了就是。

有人说：哎呀这怎么行啊！国家亡就亡了？疯了吗你！

但你看那些说这样不行的，比如战国七雄，他们不也都亡了吗？秦国了不起，他把大家都灭了，可他的政权也只存在了十五年，还是亡了。什么是生命的价值？什么是国家的意义？什么是君王的使命？周太王已经回答了。孔子、孟子要恢复周礼，就是要恢复这样的价值观。什么叫圣人，周太王和周文王就是。

## 时刻保持警觉，疏远带来不利影响的人

**原文**

鲁平公将出。嬖（bì）人臧仓者请曰："他日君出，则必命有司所之。今乘舆已驾矣，有司未知所之。敢请。"

公曰："将见孟子。"

曰："何哉？君所为轻身以先于匹夫者，以为贤乎？礼义由贤者出。而孟子之后丧逾前丧。君无见焉！"

公曰："诺。"

**华杉详解**

嬖人，是亲幸之臣，不是担当大事的大臣，是陪国君玩的，侍候生活起居、娱乐文化的人。国君身边都有这样的人，否则生活太没意思了，成天修身、齐家、治国、平天下，总得放松一下。

嬖人跟国君很亲近，特别是在一块儿的时间多，所以往往对国君有很大的影响力。因为他不参与具体工作，在具体工作中没什么利益冲突，他的话往往会显得比较"客观"；因为他跟国君的感情深，他的话往往似乎"都是为国君好"。

但是，嬖人容易出两个问题，一是他其实深度参与政治。因为他与国君关系近，就容易被外面的大臣利用，他自己也容易以这种关系来谋求利益。比如李莲英和袁世凯的关系，袁世凯就能让用巨大的利益交换，让李莲英给他传递消息，帮他办事。

另一个问题在于，他可能确实忠心耿耿，不为了利益出卖君主的言行信

息，但是他"出于一番好心"，出于"实现自我价值"，要参与政治并发表意见。而他发表意见的方式就是"找不同"，发表出不同的意见，以显示自己存在的独特价值。而发表意见的角度往往还很"高尚"，所以君主更容易受他的影响。

所谓小人，并不一定都是存心要使坏的人，而是一些没见识的人。当君王为群小所围，智商就被拉低了。小人似乎不是利益相关方，他的意见是中立的。实际恰恰相反，他有一个最大的利益，就是能够改变君王的决定，能够决定大臣的命运，这样巨大的控制感和存在感，就是他的最大利益，这是人性。

为什么一部《资治通鉴》反反复复都是在讲亲贤臣，远小人？因为任何人都会受身边人影响，无一例外。很多老板自信不会受小人影响，但只要你是人，你身边的每一个人就都能影响你，你必须保持敏感，保持警醒，及时疏远会带来不利影响的人，及时退出会带来不利影响的群。

鲁平公的嬖人臧仓就改变了鲁平公的决定，改变了孟子的命运，也影响了鲁国的国运。

这一天鲁平公要出门，嬖人臧仓就问："主公您今天要去哪儿啊？车马都准备好了，管事的人还不知道您要去哪里。人君出门，非同小可，一定得提前通知有关部门，一来规划路线，二来安排保卫。现在您都要出门了，我们还不知道去哪儿，这临时安排不行啊！"

你看，关怀备至，说得非常有道理！

鲁平公说："我去拜访一下孟子。"因为孟子德高望重，所以特意亲自登门求教，不能把老师召来，那不礼貌。

臧仓一听，心想："什么玩意儿！还要我们国君亲自登门去拜访，他以为他是谁呀？"然后他对鲁平公说出一番话来："您不尊重自己的身份，降尊纡贵去见一个匹夫，为什么呢？他们跟您说孟子德高望重吗？要说德高望重，他儒家最讲究的就是礼仪吧！孟子母亲的葬礼，规格都超过了他父亲的葬礼，他这礼数对吗？我看哪，您不应该去见他！"

孟子父亲先去世，母亲后去世，他给他母亲办葬礼的时候，规格确实超过了父亲的葬礼，说起来次序似乎不太对。

臧仓跟鲁平公说话的口气非常理直气壮——君无见焉！您不要去见他！这口气的背后是一种底气，底气来自和君主的亲密关系；也有一种强烈的正义感,孟子不是什么好人;还有一种自信,我心底无私,有啥说啥,孟子跟我又没什么关系,我也不是针对他,去见他还是不去见他,都不会给我带来什么好处。这三条就是臧仓的"话语权力基础"。

那么臧仓有没有私心,有没有利益呢?私心很明确,利益也很简单,就是:你孟子什么玩意儿,那么牛气,还得我老板登门拜访,信不信我一句话就能灭了你!人生最大的快乐,一是掌握自己的命运,二是决定他人的命运。你孟子不是圣人吗?我就能决定你的命运!

公曰:"诺。"你说得对,我去见他干吗,我不去了。

你看,就臧仓这一句话,孟子就失去了和鲁平公见面的机会。

**原文**

乐正子入见,曰:"君奚为不见孟轲也?"

曰:"或告寡人曰'孟子之后丧逾前丧',是以不往见也。"

曰:"何哉君所谓逾者?前以士,后以大夫;前以三鼎,而后以五鼎与?"

曰:"否。谓棺椁(guǒ)衣衾之美也。"

曰:"非所谓逾也,贫富不同也。"

**华杉详解**

乐正子,是鲁国大臣,孟子的学生。大概是他把老师推荐给鲁平公的。他去觐见鲁平公,问:"不是都约好了吗?主公您怎么又不去见孟子了呢?"

鲁平公说:"有人跟我说,孟子母亲的葬礼规格超过了父亲的葬礼,我觉得他儒家既然讲究礼仪次序,那父母之恩是一样的,为什么他会厚母薄父呢?这样口是心非的人,不见!"

鲁平公的话体现出我们人人都有的巨大人性弱点,就是喜欢评判他人,找人家的毛病。找到一点点,就把别人彻底否定。这背后的心理,就是通过否定他人来抬高自己,找自己的道德优越感。"这种人,我才不跟他打交道呢!"这么一想,就觉得自己高尚了,心里洋溢着对自己的敬佩之情。

乐正子说:"您所说的母亲葬礼规格超过父亲,具体是指什么呢?是不是因为他父亲死的时候,是用士礼葬的,用了三个鼎来盛放祭品;他母亲死的时候,是以大夫之礼来葬的,用了五个鼎来盛放祭品。但他父亲死的时候,他还是个士,母亲死的时候,他是大夫了。这没什么问题啊!"

鲁平公说:"不是,我是指棺椁衣衾之精美。"棺,是放遗体的棺材;椁,是棺材外面再套一个大棺材,在椁里面会放上随葬品。

乐正子说:"这不是孟子对父母感情待遇不同,是前后贫富不同。孟子父亲死的时候,他还没什么钱;母亲死的时候,他已经很有钱了。有钱就办得好一点呗,哪里是厚母薄父呢!"

**原文**

乐正子见孟子,曰:"克告于君,君为来见也。嬖人有臧仓者沮君,君是以不果来也。"

曰:"行或使之,止或尼之。行止,非人所能也。吾之不遇鲁侯,天也。臧氏之子焉能使予不遇哉?"

**华杉详解**

克,是乐正子的名字。尼,是阻挡。

乐正子说服不了鲁平公,转头来见孟子,汇报说:"我跟鲁平公推荐了您,他已经安排好来拜访您了。但是,有一个叫臧仓的宠臣说您坏话,他又不来了。"

孟子说:"他要来,是某种东西在驱使他;他不来,是有某种东西在阻止他。表面上看是你要他来,臧仓不要他来,实际上都是天意时运使然。他真要来,臧仓挡不住;他不来,你也拉不动。所以不必怪臧仓,接受命运的安排,办不了的事,不办就是了。"

这就是孟子的态度,难道咱们还要再想怎么去跟鲁平公说吗?不用,把他放下就是。他要来的话,自然会来;他不来,咱们做自己的学问,以待天时,或者等待别的机会。

张居正补充说:圣贤是否出世而得用,关乎国家时运盛衰,盛则良臣遇明主,衰则上下双方都在,但就是对不到一块儿。这盛衰之间,就是国运治乱兴亡所系。所以君子小人的进退,都有天意,非人力可为。但是,士人君子可以讲天意，为人君者却不可以讲天意！因为你就是天，就是天意，就是天命，你的职责就是"造命者"。

我们读历史，就要把自己代入进去读。当时如果是你，你该怎么办？如果你是鲁平公，你去不去见孟子？一战后如果你主持制定《凡尔赛和约》，你怎么起草合同？

天大的事，无论关系着国家民族的命运，还是关系着全人类的未来，都是那一两个人在作决定。人类历史上有无数的偶然，无数愚蠢的判断和决定，如果能重新来过，都可以做得好一百倍。读历史，就是尽可能掌握人类成败经验教训的大数据，把这上下五千年、纵横八万里，以及曾经在这星球上生活过的一千亿人的经验教训，凝练成自己的修养智慧。

# 第三篇 公孙丑章句 上

## 管仲获得了机会，但是器局不够宏大

**原文**

公孙丑问曰："夫子当路于齐，管仲、晏子之功，可复许乎？"

孟子曰："子诚齐人也，知管仲、晏子而已矣。或问乎曾西曰：'吾子与子路孰贤？'曾西蹴然曰：'吾先子之所畏也。'曰：'然则吾子与管仲孰贤？'曾西艴（fú）然不悦，曰：'尔何曾比予于管仲！管仲得君如彼其专也，行乎国政如彼其久也，功烈如彼其卑也；尔何曾比予于是？'"

曰："管仲，曾西之所不为也，而子为我愿之乎？"

**华杉详解**

公孙丑问孟子："您如果在齐国当权，能恢复管仲、晏子的功绩吗？"

公孙丑是孟子非常重要的弟子，《孟子》一书的大部分内容都是他和万章记录的。但是这里他问的话，确实有点奇怪。孔子对管仲的态度很明确，一方面肯定管仲的功绩，说如果没有管仲，可能我们都被北方游牧民族征服了，中华文明都亡了；但是另一方面，他也批评"管仲之器小哉"，说管仲器局太小。

至于晏子，他与孔子是同时代人，坚决反对孔子的主张。当齐景公想用孔子，并且要封土地给他时，就是被晏子阻拦而没有实行。

《孟子》上文中有记载，齐宣王问孟子："齐桓晋文之事可得闻乎？"当时孟子就明确拒绝说，孔子的弟子们不讨论齐桓晋文之事。董仲舒注解这一段说，孔子的门下，五尺童子都耻于谈论春秋五霸，因为他们是先以诈取，然后主持一定程度的仁义，不是真正仁义之人。

孔孟对管晏的态度如此明确，公孙丑却问老师能不能赶上管晏，老师肯定要批评他了。

孟子说："你真是齐国人啊，就应该知道管晏。有人曾经问曾参的儿子曾西：'你和子路相比，谁强？'曾西回答说：'子路闻过则喜，见义必为，是我的先祖先父非常敬重敬畏的人，我怎么敢跟他比呀！'

"对方又问：'那您跟管仲比谁贤呢？'曾西马上就不高兴了：'你怎么拿我跟管仲比呢？他是什么人！大凡贤人大德而做不成功业的，主要是没有得到国君的信任和授权，或者时间有限。比如孔子，他没有做成大功业，是因为鲁君没能一心一意用他，没有把国政真正委托给他，而是在贵族们的利益斗争下，把孔子给排挤走了。而管仲获得的做事条件非孔子所能比，齐桓公对他完全信任和授权，他在齐国实际执政四十多年，他若真有为万世开太平的大智慧、大抱负、大情怀，就应该能做出一番传世基业。结果他干了些什么呢？所谓九合诸侯，不过是假仁义而成霸业而已；所谓的功勋，都是那么卑微鄙陋。我都耻于谈论他，你却要把我和他相比，真是对我的侮辱。'"

齐桓管仲的功业，无非是富国强兵。他们自己也穷奢极侈，尽情享乐。他们的心里，没有装着天下，没有装着百姓，没有设计制度文化，为万世开太平。他们的事业，也不过一世而息，没有能够世世代代地传下来，只不过是自己度过了幸福快乐的成功人生罢了。而且这度过幸福人生、得以善终的，也只有管仲，因为他死得早。而齐桓公呢，他是饿死的。齐桓公晚年病重，诸公子看他要死了，根本没人管他，只顾着相互攻打争位，他一个人叫天天不应，叫地地不灵，饿死在床上。死了也没人管，因为公子们都在忙于相互攻杀。齐桓公尸体腐烂生蛆，蛆都从窗户爬了出来。死后六十七天，继位争夺战结束，公子无亏获胜继位，才把他的尸体收敛了。一个人，混到连个守孝的儿子都没有的地步，他有什么仁德功业呢？

史书记载说，齐桓公没听管仲临死前"不要用易牙"的叮嘱，所以失败。他为什么宠幸易牙呢？因为有一次，齐桓公说没有吃过人肉，不知道是什么味道，是不是也像烤乳猪一样，要婴儿的肉才香啊？于是齐国名厨易牙，就把自己的儿子烹了给齐桓公吃。你看，齐桓公就是这样一个吃人恶魔，他和管仲搭档，搞经济、搞军事都搞得不错，然后他俩就尽情享乐。

前面说了，贤臣君子干不成大事业，主要是因为没有得到国君长期的任用和充分的授权。而管仲得到齐桓公的充分信任，执政四十年之久，也不过是开创了人亡政息的霸业。孔孟都羡慕管仲获得的机会，但痛惜他浪费了这机会，所以耻于与之相提并论，也不希望管仲的思想方法被国君们了解和吸取。

## 所有的成功只有一个路径

**原文**

曰："管仲以其君霸，晏子以其君显。管仲、晏子犹不足为与？"

曰："以齐王，由反手也。"

曰："若是，则弟子之惑滋甚。且以文王之德，百年而后崩，犹未洽于天下；武王、周公继之，然后大行。今言王若易然，则文王不足法与？"

曰："文王何可当也？由汤至于武丁，贤圣之君六七作，天下归殷久矣，久则难变也。武丁朝诸侯，有天下，犹运之掌也。纣之去武丁未久也，其故家遗俗，流风善政，犹有存者；又有微子、微仲、王子比干、箕子、胶鬲皆贤人也。相与辅相之，故久而后失之也。尺地，莫非其有也；一民，莫非其臣也。然而文王犹方百里起，是以难也。齐人有言曰：'虽有智慧，不如乘势；虽有镃基，不如待时。'今时则易然也：夏后、殷、周之盛，地未有过千里者也，而齐有其地矣；鸡鸣狗吠相闻，而达乎四境，而齐有其民矣。地不改辟矣，民不改聚矣，行仁政而王，莫之能御也。且王者之不作，未有疏于此时者也；民之憔悴于虐政，未有甚于此时者也。饥者易为食，渴者易为饮。孔子曰：'德之流行,速于置邮而传命。'当今之时,万乘之国行仁政,民之悦之,犹解倒悬也。故事半古之人,功必倍之,惟此时为然。"

**华杉详解**

前面公孙丑问孟子,如果有机会在齐国执政,能否重现管仲、晏子的功业。孟子说:管仲、晏子做的事,曾西都不屑而为,你问我愿不愿意,我还不如曾西吗?

公孙丑还是没听懂,追问道:"管仲相齐桓公,尊周攘夷,以为盟主,天下诸侯都听从他的号令。是管仲成就了齐桓公,让他成为天下霸主。而晏子相齐景公,对自己清廉正直,率先垂范;对内仁德爱民,改变了齐国的严刑峻法;对外和平共处,既不欺负弱小的国家,也能谈笑间折冲樽俎,让大国不敢挑战齐国,维护国家的安全和尊严。是晏子成就了齐景公,让他显明于当世,成为一代明君。这样的人,老师您难道还看不上,甚至耻于与之作比较吗?"

管仲和晏子,都是齐国最了不起的人。齐国人世世代代都想念他们,觉得如果还能有管仲晏婴再世就好了。他俩的思想和事迹,分别都有一本书记载,管仲有《管子》,可以说是一本古典经济学巨著,相当于亚当·斯密的《国富论》;晏子有一本《晏子春秋》,主要是记载他对内进谏齐景公和对外进行外交交锋的故事,尽显他的仁义、勇敢和机智。

孟子看公孙丑还是听不懂,就继续教他:"管仲成就了齐桓公的霸业,晏子成就了齐景公的显名,他们都有功于国家百姓。但是,他们的器局都不够,没有成就真正的王道,白白荒废了几十年的时间。如果我能执政于齐国,让齐王王天下,简直易如反掌。"

孟子的话说得非常明白,要以齐国王天下,甚至统一中国,简单得不得了,马上就可以去做。但是齐王为什么不做呢?齐王、楚王、秦王,为什么他们都不做呢?是因为两个不够,一是器局不够,看不见;二是心不正,只有自己的统治欲,没有那份为天下苍生开万世太平的心。

公孙丑说:"老师!您这样说,我更不明白了!您说,以周文王的仁德,那样行王道,而且还活了一百多岁,也没干成王天下的事业呀。然后传给周武王,又传到第三代周成王,才在周公的辅佐下成就了天下。您说如果让您执政,让齐国王天下简直易如反掌,但周文王却做了一百年也没做成,他难道不值得学习吗？"

这就是公孙丑看问题的方式：结果导向。你说周文王那个做法对，可他一百年也没干成，对在哪里呢？

两千多年后，我们还能看见身边无数的公孙丑，无论你跟他说什么，他都觉得不一定行，因为某某某就没干成；但是一旦看见别人干成了某事，所谓"找到了风口"，他就以为自己可以如法炮制。这是什么心态呢？就是一心追逐利益，只要结果，心却不正，没有追求，没有使命感、责任感。

一个人要做一件事，是靠使命感驱使，而不是被利欲牵引。付出努力，然后接受结果，哪怕是失败的结果。因为结果不可控，你不接受，也不能改变这个结果。所以，尽人事，听天命，才是正确态度。每天觉得这样没效果，那样没效果，最后就什么也不能坚持，什么也干不成。

所有的成功都是一个路径：使命驱动，专注坚持，时间积累，代代接力，百年基业。所以，公孙丑的话里还有一个毛病：不能等！周文王已经那么伟大了，他还说人家没做成。很多人就是这样，好像地球应该围着他转似的，一定要你给他出一个三年统一中国的绝招。

孟子接着说："我怎么能和周文王相比呢？我们拿当时的历史情况来看，从商汤到武丁，中间有太甲、太戊、祖乙、盘庚，六七代都是贤君圣主。天下人都归服殷商了，时间长了，根基就深厚，很难改变。到了武丁这一代，治理天下，驾驭诸侯，一切尽在掌握。到了纣王这一代，离武丁的年代也并不久远，世臣故家、礼义遗俗、前哲之流风、保民之善政都还在。纣王虽然荒淫，但微子、微仲、王子比干、箕子、胶鬲等一班有才有德的贤人还济济于朝堂。所以纣王又过了很长时间才亡国。

"当时的天下，没有一尺土地不是纣王所有，没有一个百姓不归纣王所管。周文王要从一个一百里的小国开始创立丰功伟业，这是巨大的挑战。

"齐国有句俗话：'纵有聪明，还得趁形势；纵有锄头，还得看农时。'以现在的形势，要实行王政就太容易了。就算在夏商周最兴盛的年代里，也没有一个诸侯国地盘能超过一千里的，现在齐国却有这么广阔的土地；鸡鸣狗叫的声音，从首都一直到四方的国界线，处处相闻，可见人口之稠密。齐国有这么多百姓，这么大的国土，国土不必开拓，人口不用增加，只要能够施行仁政来统一天下，就根本没有人能够阻止得了。而且，历史上还从来没有这么久都不出现统一天下的国君，各国统治者全是浑蛋；历史上也从来没有老百姓被暴政折磨得这样厉害过。那饿急了的人，你给他什么他都吃；他渴疯了的人，你给他什么他都喝。孔子说过：'德政的流行，比驿站的传递还快。'现在正是这样的时候，拥有万辆兵车的国家实行仁政，老百姓就好像倒挂着被人给解救下来一般。所以事半功倍，只有在这个时代才行。我说今天齐国王天下易如反掌，就是这个意思！"

孟子说得特别明白，道理简单得很！但是齐王也好，公孙丑也好，就是听不懂！为什么呢，一是器局不够，没那思想见识；二是为物欲所蔽，欲望遮蔽了他的眼睛，他看不见！

今天的世界也是一样，没有什么比诚信更一本万利。诚信之利，攻城略地，比流行感冒还快，快到你自己都挡不住自己。但是有人说："不行，今天中国就是这个现状，诚信吃亏。你想诚信，别人不跟你诚信，没办法。"说中国人不诚信的人，自己就是不诚信的人；说中国人素质低的人，自己就是素质低的人。孟子看见满满一屋子人利欲冲天，只要有利益，个个都愿意献出生命，可天下之利、万世之利，就摆在他面前，他却看不见！要么觉得你说的没用，要么说他做不到，要么说好是好，但不符合现实。这些人，终将一事无成。

## 孟子一句"不动心"，奠定了陆王心学的源头

**原文**

公孙丑问曰："夫子加齐之卿相，得行道焉，虽由此霸王，不异矣。如此，则动心否乎？"

孟子曰："否，我四十不动心。"

**华杉详解**

孟子说，如果齐王能信任他，施行他的政策主张，则让齐国王天下易如反掌。孟子把王道事业说得也太容易了。公孙丑就问："假如夫子您能成为齐国的卿相，得志行道，建功立业，小则称霸天下，大则成就王道。如果有这机会，

您会不会动心呢？"

这里的动心，应该说有三个意思：

第一，给你这个机会，说明天就把齐国交给你，你是否激动万分，夜不能寐？

第二，齐宣王三天两头找您论道，啥都请教您，您给他嘴皮都说破了，道理都讲白了，怎么做都一步步安排好了。而他却只是叶公好龙：老师您说的都对，但是我做不到，我有实际情况……你会不会动心动气，恨铁不成钢？

第三，他听了你的，让你来干。这等地位责任重大，也不会一帆风顺。当那阻挡改革的利益集团要跟您殊死一搏，你会不会也有疑惑恐惧，而动摇心志呢？

孟子说："不，我四十岁之后，就不动心了。"

这一句话，掀起了《孟子》全书的高潮，也奠定了陆九渊、王阳明心学的源头。

孔子说他四十而不惑，孟子说他四十而不动心。不惑，是脑子里明白；不动心，是情绪上平静。遇到不平之事，往往你脑子里都明白，但心里却不能平静！这就是"不疑惑易，不动心难"。

王阳明在第一次科举考试落第时说："我不以不得第为耻，我以不得第而动心为耻。"没考上不要紧，下回再来，但如果因为没考上而郁闷，影响心情，那就是修养不够。

### 原文

曰："若是，则夫子过孟贲远矣。"

曰："是不难，告子先我不动心。"

### 华杉详解

公孙丑说："哇！如果是这样，老师您比孟贲强多了。"

孟贲是个著名勇士、超级猛人，《东周列国志》说他"水行不避蛟龙，陆行不避虎狼，发怒吐气，声响动天"。他曾经在野外看见两头牛争斗，上去给牛拉架，一手抓住一头牛的角，把它们分开。一头牛服了，伏地不起，另一头牛还要拱。孟贲怒了，按住那牛头，右手一使劲，把那牛角拔了出来，那牛就死了。

还有一次,孟贲要坐船过河。船上人已经满了,他最后一个到,却要强行登船先渡。船人怒其不逊,用船桨敲打他的头。孟贲瞋目两视,发直目裂,举声一喝,波涛顿作。舟中之人,惶惧颠倒,都掉到河里去了。孟贲自己就登船而渡,到秦国去投奔秦武王。秦武王年少好强,喜欢勇士,看著名的孟贲来了,就要跟他比举重,比谁能举起鼎来。结果秦武王自己虽然举起来了,但体力不支,被鼎砸到,伤重而死。

公孙丑说孟子比孟贲还强,意思是说,孟贲是力气大,但也仅能举一器一物之重,而孟子能当大任而不动心,这不是一个境界的。

孟子回答说:"不动心,也没那么难,告子三十多岁就不动心了,比我还早。"

于是,作为《孟子》中的重要人物,告子在这里出场了。我们暂且先不谈他,因为后面专门有一章《告子》,记载他和孟子的辩论。

**原文**

曰:"不动心有道乎?"

曰:"有。北宫黝之养勇也,不肤挠,不目逃,思以一毫挫于人,若挞之于市朝,不受于褐宽博,亦不受于万乘之君;视刺万乘之君,若刺褐夫;无严诸侯,恶声至,必反之。孟施舍之所养勇也,曰:'视不胜犹胜也;量敌而后进,虑胜而后会,是畏三军者也。舍岂能为必胜哉?能无惧而已矣。'孟施舍似曾子,北宫黝似子夏。夫二子之勇,未知其孰贤,然而孟施舍守约也。昔者曾子谓子襄曰:'子好勇乎?吾尝闻大勇于夫子矣:自反而不缩,虽褐宽博,吾不惴焉;自反而缩,虽千万人,吾往矣。'孟施舍之守气,又不如曾子之守约也。"

**华杉详解**

公孙丑问:"修养不动心,有什么方法吗?"

孟子说:"有。先说说北宫黝是怎么修养勇气的。如果他的肌肤被刺,他不会动摇退缩;如果别人刺向他的眼睛,他也不会眨一下眼。因为他自恃其勇,绝不示弱于人。他的心里不是有大屈大辱才不肯接受,而是吃一点亏都不行!别人动了他一根毫毛，就好像在闹市中被人鞭打一样。他既不受辱于匹夫贱人，也不受辱于有一万辆兵车的君主。不论事大事小，无论对方是大人物还是小人物，只要他觉得对方羞辱了他，就一定要报复。对于刺杀有万辆兵车的诸侯国君，他也像杀一个匹夫那样毫不在乎。他不畏惧诸侯，受到辱骂，一定要骂回去。"

我们看北宫黝这人，他不是不动心，而是没心眼。一个没心眼的人，他的心怎么动呢？他不会权衡得失利弊，像韩信受胯下之辱那样的事，绝不可能在北宫黝身上发生，他是遇神杀神，遇佛杀佛。

"另一个勇士是孟施舍。他培养自己勇气的不动心之道又有所不同。他说：'战胜并不难，难的是敢战。我对于敌人，并不是有把握赢才不畏惧。当我遇到劲敌，哪怕眼看战胜不了他，我也会像能战胜他一样，没有惧怕之心，不计较强弱胜败。如果要先衡量敌我强弱，之后才跟进兵；要先算计到自己有把握赢，之后才敢合战，那你就会逡巡退缩，怎么打得了仗呢？我也并不是能每战必胜，我只是不以他三军为众，不以我孤身为寡，勇往直前，毫不畏惧而已。'"

从孟施舍的话来看，他是个勇士，但并不会打仗。《孙子兵法》讲究先胜而后战，就是不打无把握之仗。孔子也对子路说过"我不带不知道害怕的人上战场"。

孟子接着说："北宫黝、孟施舍的养勇，当然都能做到不动心，但要说他们内心的本质，却又有不同。孟施舍是以无惧为主，守的是自己，他的气象有点像曾子，平时凡事反求诸己，在自己身上找。而北宫黝呢，有点像子夏，他不能吃亏，专门盯着别人，不服别人，他要的是必胜。你说他俩谁更勇敢？谁更能不动心呢？我还是觉得孟施舍的心态更得要领，也更简单可行。因为北宫黝是盯着别人，盯着别人有时真是大可不必；而孟施舍是盯着自己，求自己则无往而不得自由。"

这里要细细体会一下，我是盯着别人，还是盯着自己？是老想着不能吃了亏，还是只关注自己，算自己的账，不算别人的账？

北宫黝和孟施舍都很勇敢，但在养勇上，还是有本质的差距。至于追求义理之勇，那他们又远远上不了台面了。

"以前曾子问过子襄：'你想要勇敢吗？我曾经听孔夫子说过，勇气有大小，那血气之勇只是小勇，没有价值，要勇就要那义理之大勇。当我和别人有冲突，我先反躬自问，检讨自己，如果理不在我这边，哪怕对方是弱小卑贱之人，我也不会去恐吓他，反而我还会害怕他，因为我理不直气不壮；如果我反躬自问，义理在我这一边，那么，对方就是有千万人之众，我也理直气壮，奋然而往，与之相抗而不惧！'这样的大勇，才是你该喜好的！

"所以北宫黝之勇是能守得自己的勇气，跟孟施舍有差距。孟施舍是像曾子一样反身循理，是真正的守约，是得了要领。"

孟子的不动心，也是从这个基础上守起，是在自己身上求。

## 我善养吾浩然之气

**原文**

曰："敢问夫子之不动心与告子之不动心，可得闻与？"

"告子曰：'不得于言，勿求于心；不得于心，勿求于气。'不得于心，勿求于气，可；不得于言，勿求于心，不可。夫志，气之帅也；气，体之充也。夫志至焉，气次焉；故曰：'持其志，无暴其气。'"

"既曰'志至焉，气次焉'，又曰'持其志，无暴其气'者，何也？"

曰："志壹则动气，气壹则动志也，今夫蹶者趋者，是气也，而反动其心。"

"敢问夫子恶乎长？"

曰："我知言，我善养吾浩然之气。"

**华杉详解**

公孙丑问："老师您的不动心，和告子的不动心，有什么区别呢？"

孟子先介绍告子的观点。告子说："不得于言，勿求于心；不得于心，勿求于气。"

这话什么意思呢？朱熹注解说："告子谓言有所不达，则当舍置其言，而不必反求其理于心；于心有所不安，则当力制其心，而不必更求助于气，此所以固守其心而不动之速也。"

说不清楚的东西，你就别碰它，不要说，也不要放在心上纠结。如果你做一件事心有不安，那就不要做，把心放下，不要给自己鼓气去做。这就是固守我的心、让心不动的速效方法。

孟子说："你看告子的态度，就可以知道，他能比我先做到不动心，因为他的认识论和方法论都和我不一样。他的不动心，是放下得简单直接。而我的看法和他不一样。"

孟子接着评论说："不得于心，勿求于气，那是可以的。但是，不得于言，勿求于心，那就不行！"

"不得于心，勿求于气"是对的。因为心为本，气为末，要抓住心这个根本，没抓住根本，就不要乱动气。

而"不得于言，勿求于心"是不对的。你言语上说不清楚的事，正要反求诸心，把道理想明白、弄清楚，然后才能说明白。如果你把它放下，那就是放弃，那就不是修心，是死心。心如死灰、没心没肺，怎么叫"不动心"呢？

"夫志，气之帅也；气，体之充也。夫志至焉，气次焉。"

志主宰人的身体，是气的将帅。气充满人的身体，而听命于志，是志的士兵。志到哪里，气就到哪里，志气虽有本末缓急，但其实不可偏废。

这里我们已经有了三个词：心、志、气。另外，《礼记》又说："气也者，神之盛也。"于是我们就有了这四个字：

心、志、气、神。

求之于心，坚定其志，充盈其气，如有神助！

网上有过一个视频，日本一个幼儿园上体育课，有个小男孩要跳木马，跳了好几次都跳不过去。老师带着小朋友们给他呐喊助威，但他还是一次次失败。老师把小朋友们从座位上喊起来，和那个跳木马的小男孩一起，手搭着肩围成一圈，一起呐喊。喊的或许是加油之类的吧。仪式完成后，小男孩重新回到起跑线，再一次冲刺，他跳过去了！

这个视频在网上疯传，大家纷纷惊叹"日本的民族性"。其实这不是"日本的民族性"，全世界都这样。日本文化本身就受到中国文化的影响，日本文化中最根本的东西，都是从中国学去的。

在《孙子兵法》里，这叫"治气"，而且要能治自己的气，还要能治敌人的气。要把我们的士气搞得高高的，把敌人的士气搞得低低的。中国历史上的治气第一高手是李世民。他与窦建德之战，用三千五百人对抗窦建德的十几万人，最后还是生擒了窦建德，这就完全是靠治气。

当时，李世民包围了王世充，窦建德出兵来救。李世民收到消息后，留四万人继续包围王世充，自己则带了三千五百人来战窦建德。他飞马先抢占了虎牢关，把窦建德挡在了关外。这时候，李世民的士兵们内心是恐惧的，毕竟是要用三千五百人打人家十几万人啊。李世民前脚占了虎牢关，窦建德大军后脚就到了。李世民衣不解甲，马不卸鞍，即刻亲自带五百兵马出战，趁窦建德立足未稳，先打一仗，打胜后占了便宜就走，回虎牢关，关门！

打这一仗，就是为了治气。在我，士气大振，觉得敌人没那么可怕；在敌，则士气受挫，觉得李世民真是战神啊，咱还真不一定赢得了他。

在西方将帅中最能治气的是拿破仑。《拿破仑文集》中收录了他每一场战斗开始前的演说："士兵们！"只要他一开始讲话，那一字一句就能让每一个士兵气血充盈，血脉偾张，遇神杀神，遇佛杀佛！

兵法的治气，是心志一体，志气一体，心有志，气有神。儒家讲治气，是要控制自己；兵家讲治气，是要鼓舞他人。一个是自我修养，另一个是领导力。

现在回过头来讲儒家的修养。

故曰："持其志，无暴其气。"

意思就是，要坚定自己的思想意志，不要滥用自己的意气情绪。

《吕氏春秋》说，持就是守，要持其志，就像曾子的"守义"和孟施舍的"守气"是不同的。自反而守，就是反求诸己，找自己的原因，守住自己，可喜则喜，可怒则怒，这就是义。而不能"暴其气"，不能把自己的喜怒加之于别人。

焦循的《孟子正义》注解说："言志所向，气随之，当正持其志，无乱其气，妄以喜怒加人也。"

这毛病我们都常有，就是把自己的喜怒加之于别人，特别是怒和怨。加给谁呢？当然是加之于我们最爱的人。因为你加之于别人，别人也不接招啊，只有相爱的人，才能相互伤害。

爱，就是一种合法伤害权。当我们相爱，就获得了残暴牌照，当我爱你，我就建立了爱的暴政，有权用尽一切来伤害你，把所有的恶、怒、怨、恨，和没法在别的地方释放的，都发泄给爱人。这个时候，气已经暴虐不堪，心早已乱了，志根本立不起来。又能怎么办呢？求气不能平，求志不能立，觅心不可得，说什么都白说。

我觉得，不要讲心，不要讲志，也不要讲气，特别是不要讲爱，只要落实行动就好。我愿意关心你，愿意照顾你，愿意为你穿衣打扮，愿意千金买你一笑，那才是珍贵的行动，才是温暖的人生，才活得像个人。

当我们把持不住心、志、气，那就落实一个行动，让行动带来改变。不是自己制订出完美的方案，然后让大家去执行，而是你要首先落实一个行动，这行动会带来变化。

《孟子》讲的心、志、气，确实太深了，不太好懂，更不知道怎么着手去修养。其实，**儒家有很明确的方法论——日用常行，就是事上琢磨、事上练，知行合一。心、志、气都不可靠，就靠手和脚，先做出一个行动！**

孟老师讲的，公孙丑也听得一半明白，一半糊涂。他就接着问道："您说，思想意志到哪里，意气情绪就到哪里；又说，要坚定自己的思想意志，但不要滥用自己的意气情绪。我听不懂啊！"

孟子说："思想意志和意气情绪，是相互影响的。思想意志专注在哪一方面，意气情绪自然就为之转移过去。反过来，意气情绪如果钻到某个东西里面去，不能自拔，思想意志也就为之动荡。就像跌倒和奔跑，虽是体气上专注于某一方面的震动，但也会影响到思想意志，造成心的浮荡。"

公孙丑仍然不得要领，问老师："敢问夫子恶乎长？"那老师您长于那个方面呢？

孟子说："我知言，我善养吾浩然之气。"我善于洞察别人的言辞，也善于养自己的浩然之气。

## 每一次思考都回到原点，都直接服务于最终目的

**原文**

"敢问何谓浩然之气？"

曰："难言也。其为气也，至大至刚，以直养而无害，则塞于天地之间。"

**华杉详解**

公孙丑问："敢问什么是浩然之气？"

孟子说："这真是难以言传！只能你自己去体会，我还真不知道怎么跟你说。"

朱熹注解说：浩然，是盛大流行之貌。气，本来就浩然充实于天地之间，也充盈于身体之内。但是，如果我们自己不懂得养气，就气馁了，气虚了。孟子就是善于养气，让气始终充盈。孟子说他能洞察他人的言辞，因为明了道义所在，所以对天下之事无所疑惑，因为"四十而不惑"，所以"四十而不动心"，心里不动如山。而浩然之气呢，是有道义相配，所以对天下之事，无所畏惧，能当大任而不动心。

心不动如山，身体里充盈着浩然之气，一切了然，无所疑惑，我心光明，无所畏惧，这就是后世王阳明心学的致良知。

不动心，是我心光明。浩然之气，是王道之气。

而告子的学问就相反，他的不动心，是冥然不觉，悍然不顾而已。用现在的话说，爱咋样就咋样，反正我不管，我不动心。

孟子接着给公孙丑讲解：这浩然之气啊，是至大至刚！

朱熹注解说：至大，是无可限量；至刚，是不可屈挠。浩然之气，是天地之正气，人本来就是靠它生存的，每个人都有，甚至可以说，每个人都一样多。只要你随时反躬自问，则得其所养；只要你没有做什么坏事来伤害它，那这浩然之气，就本体不亏，而充塞无间。

这一段真是朱熹解的，和王阳明说的"致良知"一模一样。把"养浩然之气"换成"致良知"，就是一个意思。

王阳明的致良知，就是每个人都有良知良能，生而知之，不学而能。后来为什么不会了呢，只是为私欲所蔽，自己把自己蒙蔽了。只要能不断擦亮自己的良知，回到原点，回到一张白纸，你就没什么疑惑纠结，没什么解决不了的事了。

陆九渊说："我在那无事时，只是一个无知无能的人。一旦到那有事时，我便是一个无所不知、无所不能的人。"这就是良知良能，也可以说就是浩然之气。

陆九渊这段话，有共鸣的朋友可以自己多体会一下。其实我们的很多工作连初中生都会，可为什么自己却不会了呢？就是因为学历太高了，思考回不去原点，回不到一张白纸了。如果你能修养成每一次思考都回到原点，每一次思考都直接服务于最终目的，一头是原点白纸，一头是最终目的，那就简单直接，无所不能了，这就是孟子所说的"易如反掌"。

我们再看看程颐怎么说的：

天人合一，本来就没有分别。浩然之气，是人的气，是我的气。所谓"养气"就是：只要你不要去伤害它，它就充塞于天地之间；而一旦为私心所蔽，那气一下子就泄了，就馁了，就小了。

浩，就是大的意思，浩气就是大气。而一有私心，就小气了。

程颐的讲解，也和王阳明的思想相同。

再看看谢良佐老师的讲解：

你一定要在心最正的时候，才能找到自己的浩然之气。浩然之气，就是正气。人的气什么时候浩然呢？在无亏欠时。

每个人都有正气，至少都有正气的时候。就像王阳明说的，每个人都有良知。哪怕是一个贼，你骂他是贼，他也不爱听，他不会觉得很光荣，他知道做贼是不好的，这就是良知。有这点良知，就有发扬光大的基础。我们都有正气凛然的时候，就在这时候抓住自己，不要把正气丢了，不要因为一点利益就给自己找理由，自欺欺人地干坏事，把气给馁了。

## 内心强大，一身正气，勇往直前，尽在浩然之气

**原文**

"其为气也，配义与道；无是，馁也。"

**华杉详解**

接着，孟子讲了养浩然之气的三大心法。我们先学第一条：

"其为气也，配义与道；无是，馁也。"

朱熹注：配，是合而有助之意；义，是人心之裁制；道，是天理之自然；馁，是饥饿乏力、气不充体之状。

浩然之气必须和道义相配，行事合乎道义，则一身正气得道义之助，行事勇决，无所疑惧。如果没有浩然之气，虽然一时的所作所为未必不出于道义，但正气不足，难免有所疑惧，就不足以有所作为了。

我希望各位读得慢一点，再慢一点，读一段想三遍，切己体察，事上琢磨。《孟子》真的不容易懂，也不容易写，不是因为学力不足、古文不通，而是德识不足、心性不够，因为《孟子》的每一句都是在问自己的内心。

再看看张居正的解读：

人要养成这至大至刚的浩然之气，充塞于天地之间。

你的一身正气充塞于天地之间，你就是顶天立地的汉子！如此刚大之气，不能无所附着，要与道义相辅而行。因为道义虽然在人心中，但道义自己行动不了，一定要充实这浩然之气，道义才行得出去。

如此，则见义当为的，奋然必为，对这事该不该做，心里的决定非常果决；见道所当行的，便挺然必行，而天理之自然，得以深造。这就是天地人的正气，浩浩荡荡，天人合一！你的浩然之气，得之于天地，又充实了天地。

这真是让人振奋，令人神往！

气因道义而发愤，道义因气而赞成，两相配合，无所疑惮。凡是利害祸福，出于道义之外者，皆不足以动其心矣。

我们每个人，都有正气，都讲道义。我还没遇到过一个不愿意讲道义的人，一个都没有。但是，一遇到利害祸福，往往就开始给自己找理由了。一有理由，就自欺欺人，理歪气壮，做出不道不义之事。这都是因为正气不足，邪气就外侵了。

所以，如果没有浩然正气，则体有不充，索然自馁。纵使要行乎道义，也逡巡退缩，且疑且惧，而不足以有所作为矣！

身体就是个皮囊，中医讲要气血充足，身体才好；儒家讲要养浩然之气，则我心光明，内心强大，一身正气，勇往直前。就如孟子所言，虽千万人吾往矣！

## 义在心之内，不在身之外

**原文**

"是集义所生者，非义袭而取之也。行有不慊（qiè）于心，则馁矣。我故曰'告子未尝知义'，以其外之也。"

**华杉详解**

这是孟子的养浩然之气"三大心法"的第二条：集义。和《中庸》里讲的"至诚无息"意思差不多。

慊，就是快意、满意。行有不慊于心，就是做了一件内心有愧的事。

孟子说，浩然之气，是由正义的、持续的积累所产生的，是不能间断的。

"非义袭而取之也"，意思是：不是偶然遇上一件仁义的事，就能奋发励志，得到浩然之气的。不管你曾经多么大仁大义，一旦做了一件内心有愧的不义之事，这浩然之气一下子就泄掉了，气馁了。

这样我们就理解了孟子的话："行一不义，杀一无罪，而得天下，仁者不为也。"不管多大利益，哪怕是得天下当皇帝的利益，但要我行一不义之事，杀一无辜之人去得到，我就不做。

这么大的利益也不动心？这真能做到吗？

这个只能自己去体会，别只把它当一句名言，拍案赞美，却根本不往自己心里去。要切己体察，事上琢磨，想一想自己会不会也那样去做。做，是为什么？不做，又是为什么？

理解不了，是因为价值观不一样。所谓坏人不知道好人有多好，好人不知道坏人有多坏，普通人也不能真懂得圣人在想啥。

朱熹注解说，集义就像积善，就是要自己做的每一件事都合乎道义，一旦做了一件不义之事，心里就有亏欠，气就软了。

义在心之内，不在身之外。所以孟子说，告子不懂得义，因为他把义看成是身外之物。

孟子说的集义，一件不义之事都不能做，类似《中庸》里说的至诚无息。无息，就是没有间断。至诚无息，只要不间断地积累，它的效验表征就显现出来，就能悠远而无穷，永续经营传承；就能博厚，厚德载物；就能高明，完全活在他人想象之外。人人都说你那个东西真没法学，学不会！

人有两种，一种人怕吃亏，吃了亏他睡不着觉，一定要找回来；另一种人呢，怕占人便宜，一旦觉得我可能占了别人便宜，就睡不着觉，一定要加倍补偿对方。

怕占便宜的人，他随时都在找亏吃。吃了亏，心里就垫了底，不小心占人便宜的风险就降低了，他也就心安了。

比如，公司里一个很受重用的员工走了，有的老板会很气愤：我这么培养你，给你那么好的待遇，你还背弃我。而另一些老板则会反躬自省，觉得员工被别的公司挖走了，那肯定是别人对他更好，给的待遇更高啊！他本来就可以有那更高的待遇，却在我这儿以较低待遇干了这么久，那岂不是我占了人家便宜？

孔子鼓励大家说：你不要怕自己层次低，不管是生知安行，学知利行，还是困知勉行，只要你去行了，结果都是一样的。困知勉行的结果，和生知安行的结果是一样的。不过，孟子说了，你不能追求结果，如果你追求结果，那你还是不能养成浩然之气。

## 必有事焉，勿忘勿助，不拔苗助长

**原文**

"必有事焉而勿正，心勿忘，勿助长也，无若宋人然。宋人有闵其苗之不长而揠之者，芒芒然归，谓其人曰：'今日病矣！予助苗长矣。'其子趋而往视之，苗则槁矣。天下之不助苗长者寡矣！以为无益而舍之者，不耘苗者也；助之长者，揠苗者也，非徒无益而又害之。"

**华杉详解**

事，就是用功。正，是预期其效，老是在问结果。必有事焉而勿正，就是只问耕耘不问收获，只管努力别问效果。朱熹解说："养气者，必以集义为事，而勿预期其效。"

张居正说：浩然之气，是由集义所生，不是义袭而取，是来源于日日事事不断的积累。要想浩然之气充足，必须从事于集义，等功深力到，就自然充足。切不可预先期必，一定要得到什么效果。

心勿忘，勿助长也。

时时刻刻都别忘了自己要做什么，每时、每刻、每事都只管照既定方针原则去做。但是，切不可躁进求速，使得本来光明正大之体，反遭矫揉扭曲之害。在每件事上，都不要忘了基本原则和既定方针，则浩然之气有所养。不要去违背规律帮助它生长，则浩然之气不会受伤害。

不要学那拔苗助长的宋人，担心禾苗不长，就去把苗子一棵棵拔高一些，拔得腰酸背痛，十分疲倦地回家对家人说："今天累坏了！我帮助禾苗生长了。"结果他儿子赶紧去一看，禾苗都枯槁了。

天下之不助苗长者寡矣！天下不拔苗助长的人太少了！

我们每个人都是这样。公司的考核指标KPI，大部分都是拔苗助长。包括各国刺激经济的政策，处处都是拔苗助长。管理学讲得很清楚，考核指标会带来指标制定者完全想不到的可怕后果，任何KPI都必然会带来拔苗助长。王阳明剿匪，第一条规定是严禁将领私自下乡剿匪，因为你给他制定一颗首级奖励多少钱的机制，就有将领会去剿一个村子，把老百姓人头拿回来说是土匪，找你领赏。这些管理经验，自古就有。

所以破案、剿匪、平叛，都是不可拔苗助长的事。其他如个人学习、公司管理的事，就更不用说了。其实日本人提出的方针管理就是孟子的思想，就是必有事焉，勿忘勿助。所有日本的管理思想与美国的不同之处，都是儒家思想。

认为培养浩然之气没有用而不去干的人，就好像种田的不去除杂草。

违背自然规律去求速效的人，就是拔苗助长。这种助长的行为，非但没有益处，还会害了他！

这一段，震烁古今。留下一个成语，我们小时候都学过，就是拔苗助长。但我们现在也每天都做着拔苗助长的事。我们的毛病都在这儿！该做的总是忘记，不去做；不该拔苗助长的，却每天都想拔！这个问题，王阳明讲得最透彻，他有一次说：

"最近来山里跟我讨论学问的人，有很多都谈到'勿忘勿助'的工夫很难！我就奇怪了，这么简单的事，难在哪里？对方说：'勿忘，是要忘记什么呢？勿助，又在什么地方勿助呢？搞不清楚，所以难！'"

于是王阳明说：那我们不谈勿忘勿助，我们只说"必有事焉"。必有事焉，就是时时刻刻去集义，集义就是致良知。时时刻刻下这"必有事"的工夫，一刻也不间断，一事也不违背。若是间断了，违背了，就是忘了，这时候就要勿忘。如果贪巧求速，老想下点快工夫，就是拔苗助长了，这时候就提醒自己勿助。所以一切工夫，专注于"必有事焉"。"勿忘勿助"，不过是给你提个醒。这是何等明白简易，洒脱自在！今天你不在"必有事焉"上下工夫，空悬个勿忘勿助，要找点事来勿忘，又要找点事来勿助，就像要煮饭，你锅里既不放米，又不放水，却满脑子惦记着添柴放火，那你要煮出个什么东西来？

张居正说，孟子一生的学问，都从集义中来。而告子的强制其心，正是宋人拔苗助长之害。

天下之不助苗长者寡矣！两千多年过去了，还是拔苗助长的人多！

## 诐辞、淫辞、邪辞、遁辞，言为心声

**原文**

"何谓知言？"

曰："诐（bì）辞知其所蔽，淫辞知其所陷，邪辞知其所离，遁辞知其所穷。生于其心，害于其政；发于其政，害于其事。圣人复起，必从吾言矣。"

**华杉详解**

前面孟子说："我知言，我善养浩然之气。"公孙丑先问了浩然之气，然后又问："什么是知言呢？"

孟子说："诐辞我知道他要掩盖什么；淫辞我知道他的心陷在哪个坑里，也知道他要陷害谁；邪辞我知道他在什么地方偏离了正道；遁辞我知道他理屈词穷之所在。"

诐辞、淫辞、邪辞、遁辞，下面我们一个个来学习：

一、诐辞。

诐，就是偏僻、偏曲。张居正讲解说，人之言语，都本于心中所想。如果他心里明乎正理而没有私心，那说出的话就平正通达，没什么毛病。如果心里有偏曲之见，或者有意要把某种偏见带给别人，那他就会只说一方面，而把另一方面掩盖起来不说，这就是诐辞，又称险诐之辞，很阴险。

焦循《孟子正义》举了一个险诐之辞的例子——雄鸡断尾。

春秋后期，周景王太子早夭，他立了子猛做继承人，但一边又想立另一个宠爱的庶子子朝。正犹豫中，一个跟子朝的幕宾来见他。

幕宾汇报说："刚才我在城郊看见一只公鸡，自己把自己的尾巴啄断了，我就问怎么回事。仆役回答说：'它怕自己被拿去做祭祀牺牲品，所以先自残。'我就想，这是牲畜的本性，它是怕自己长得太帅，被人供奉到神庙里去，尊为牺牲。但是人就不一样，把外人像牺牲一样尊崇是有问题的，但把自己人像牺牲一样尊崇就没问题。牲畜大概是讨厌被尊为牺牲，但人呢，就是要用自己喜欢的人像牺牲那样尊崇。"

绕这么半天，什么具体事也没说，他就是要给周景王施加一个影响，像电影《盗梦空间》一样，在周景王内心深处、思维底层植入一个想法。

周景王上钩了，下定决心立子朝为太子，开始布置给子猛"剪尾巴"，杀子猛的人。结果还没来得及动手，周景王自己先死掉了，子猛子朝争位，周朝大乱。

这老板越大，越容易掉人坑里，因为全天下智商最高的人，全都围在你周围，研究怎么给你挖坑。所谓纵横术，什么鬼谷子、苏秦、张仪，练的全是这诐辞、淫辞、邪辞、遁辞。纵横捭阖，捭阖就是开合。开合什么呢？就是掰开别人的嘴，闭上自己的嘴，在与人交谈时，或者拨动游说，或者闭藏观变，让对方掉自己坑里。

"诐辞知其所蔽"的"蔽"是遮蔽。《荀子》专门有一篇，叫《解蔽》，里面说："欲为蔽，恶为蔽，始为蔽，终为蔽，远为蔽，近为蔽，博为蔽，浅为蔽，古为蔽，今为蔽。凡万物异则莫不相为蔽，此心术之公患也。"蔽有人君之蔽，自己蒙蔽自己；有人臣之蔽，你的大臣蒙蔽你；有宾孟之蔽，幕僚顾问也蒙蔽你。所以，"圣人知心术之患，见蔽塞之祸，故无欲、无恶、无始、无终、无近、无远、无博、无浅、无古、无今，兼陈万物而中县衡焉。是故众异不得相蔽以乱其伦也"。

这样的圣人，就是孟子了，他不仅不受蒙蔽，而且一眼洞穿别人在哪儿蒙蔽他，想干啥。因为他是一张白纸，无欲、无恶、无始、无终、无近、无远、无博、无浅、无古、无今，所以，只要有一点杂质出现，马上就显现出来。这和王阳明说的"致良知"一样，也和"中庸之道"一样。不偏之谓中，不易之谓庸。中者，天下之正道，庸者，天下之定理。他生知安行，坦然中道，稍微偏离一点点，马上能觉察出来。

这又有点像丰田生产方式里说的"建立正常状态"。由于正常状态恒常不变，所以有一点点异常，就会马上显现，非常刺眼。但是，如果你自己心里没有原则，没有定见，随时随利欲而动，一直动来动去，那别人怎么动你，动了你哪里，你就觉察不到了。

所以，但凡被人蒙蔽的，都是自己心不正。你见利而趋，贪巧求速，就时刻准备着接受蒙蔽吧。

二、淫辞。

淫，就是过、过度、放荡。比如淫雨绵绵，就是雨太多了，老是不停。还有淫祀，就是非礼、过分、放荡的祭祀。周礼说："非其所祭而祭之名曰淫祀。"看到过一条社会新闻，说有个女孩子被好友邀请在婚礼上做伴娘，她要求女友签"禁止闹婚协议"，承诺婚礼不搞"闹洞房"，女友的婆婆就说她过分，不随乡入俗。这俗是什么俗？就是淫祀淫俗，淫而无礼，毁灭人伦。过分的是那婆婆，而不是伴娘。

张居正说："心中见理不透，为私欲所障蔽，那样说出的话就叫淫辞。我听了他的淫辞，就知道他心里哪儿被障蔽了。又或者是高谈阔论，放荡而无所归宿的，也是淫辞，这时他心中障蔽已深，为私欲所迷陷，我听了他的话，就知道他陷在哪里。"

程颐说："孟子的知言，是心与天道相通，所以能明辨是非，就好像心里有一杆秤，对方一说话，轻重马上就能秤出来。这种感觉，就好像你站在堂上，堂下的是非曲直，一目了然。但如果你自己也处在堂下众人之中，你就没这个辨别的能力了。"

张居正是大儒，是宰相，是帝国的实际控制人，他说的话，就是程颐描述的那种超然在上、俯目而视、一览无余的感觉。

焦循在《孟子正义》中讲了一个例子，他说，淫辞也是淫美不信之辞，淫辞的陷，不仅是自己陷进去不能自拔，也是陷害别人。比如晋献公宠爱的骊姬，为了废掉太子申生，让自己的儿子奚齐继位，对晋献公说："曲沃是晋国宗庙所在，不能没有一个儿子去镇守啊！最重要的地方应该派去最重要的人，唯有太子才配得上。更何况，这也是给太子增加政治资本，增加威望嘛。"晋献公不知道这是淫辞，觉得骊姬说得太对了，就把太子申生派去了。

骊姬再放出第二道淫辞，她对太子申生说，晋献公曾梦见申生逝去的母亲齐姜，让他速去曲沃祭祀一番，回来后把祭祀用的胙肉献给晋献公。太子申生于是到曲沃祭祀母亲齐姜，并将胙肉献给晋献公。

这时候，骊姬的第三道淫辞绝杀就出手了。她在申生献的胙肉中放了毒药，在晋献公吃之前，先把胙肉给狗吃，结果狗被毒死了。然后骊姬就哭哭啼啼地说："太子这样做，无非是担心我们母子。其实，我的孩子压根就没有争位的想法。您还是把我们母子打发到国外去吧,不要乱了国政!"

太子申生听说这消息,逃奔回曲沃。晋献公盛怒之下,杀了太子申生的老师杜原款。有人对申生说:"这明摆着是骊姬在陷害你,你跟主公说清楚不就得了吗?"可太子申生宁愿自己承受冤屈,他说:"我的父亲已经老了,唯独宠爱骊姬。可以说,骊姬已经是他生命最后的意义、人生最后的价值,没有骊姬,他就吃不香、睡不着。我如果告发骊姬,再惹得父亲对骊姬发怒,对父亲的打击就太大了。"

于是,申生就认命自杀了。

呜呼!好人不知道坏人有多坏,坏人不知道好人有多好,唯有圣人洞察一切,诐辞知其所蔽,淫辞知其所陷,邪辞知其所离,遁辞知其所穷。

三、邪辞。

邪辞,就是异端邪说,不合正道的言辞。孟子说:"邪辞,我知道他和正道的分歧之所在。"

张居正讲解说:"好为异说,新奇诡怪,与正论相悖的,叫作邪辞。这是人心被歧路所惑,就与正理判然离异了。"

人在贪巧求速的时候,就会走歧路。可以说,大部分成功学、所有的阴谋论,都是邪辞。真正的成功学,其实就只有四个字——滴水穿石!用《孙子兵法》的话来讲,所有的胜利都是压倒性的投入。在人生路上,所谓的压倒性的投入,就是指投入时间。所谓的"一万小时定律",就是说如果你在一个领域专注坚持地投入一万小时,就能滴水穿石,成为世界级专家。

除了"滴水穿石"之外,其他一切的成功学都是邪辞。你若相信有窍门,就是一厢情愿;你若想动手试试,就是拔苗助长。

那么,人为什么要讲邪辞呢?孟子说,对方一讲邪辞,他就知道对方在哪个路口上了歧路,开始偏离正道。这歧路的路口主要有两个,用王阳明的话来讲:一是贪巧求速,二是有胜心。

王阳明说:"其说本已完备,非要另立一说以胜之。"历代先贤大德,早已把道理讲得很明白、很透彻了。有人却非要说前人的理论过时了,要另立新说,胜过前人。于是就大放邪辞了。

邪辞的听众,通常比正理的听众多得多。因为讲正理的,来来回回就这四个字——滴水穿石。除此之外,没什么可教的了。于是同学们就都跑了,去听邪辞大讲堂了。邪辞大讲堂里讲的，主要就是以少胜多、以小博大、速战速决，比如"试论儒家思想与量子力学的关系"之类的"新知识"。

四、遁辞。

遁，是逃避。遁辞，就是躲躲闪闪的言辞。

张居正讲解道："说得不当，却支吾躲避，屡变以求胜的，叫作遁辞。此必其心屈于正理，自觉其穷极而难通故也。"

遁辞知其所穷，意思是：我一听他的遁辞，就知道他在什么地方理屈词穷。在哪里词穷，就是在哪里心穷了。

我们说"君子不辩"。《中庸》里也讲"博学、审问、慎思、明辨"。言下之意，君子要"辨"，但不要"辩"，要把真理越辨越明，而不是要辩个谁输谁赢。

这里的"学"和"思"，就是"如琢如磨"，自己下工夫；而"问"和"辨"，就是"如切如磋"，相互启发探讨。所以儒家讲学习进步，最重要的就是两件事——读书和交友。读书是博学慎思，交友是审问明辨。如果辩论变成了比赛，就有了胜心，我要辩倒你，你要辩倒我，双方的目标就相反了。那处于弱势的，眼看要输了，就支吾躲避，变换角度说法以求胜，这就成了遁辞了。

我们应该与人辨析，而不要辩论。要把自己的想法提供给对方批评矫正，并从他的话中学到对我有益的东西。同样，对方说得不对的，我也积极给他指出来。这样，双方的目的就一致了，都是为了获得真理。这样，就不会说出遁辞来。

这里我又要啰唆一句：能知道别人说了遁辞，这只是第二位的。更重要的是，我们自己绝对不说遁辞。要见贤思齐，从善如流，杜绝胜心。我们总是在学习如何辨别坏人，但其实更主要的是自己不要做坏人。我们不要理所当然地认为自己是好人，要知道自己也经常有坏的一面，要多多反躬自省。**不要去看那些标题叫《什么样的朋友值得交》的鸡汤文，而应该学习《如何做一个别人值得交的朋友》，这才符合逻辑。**

我们再来说说随处可见的辩论比赛。我始终觉得把辩论当比赛，不是好的学习导向，因为学习最重要的是放下胜心。

有一次，我在一个朋友的公司给他们的管理层讲课。我讲完后，我朋友对下面的人说："大家快提问，把华老师问倒！上次某某老总来，就被我们的同事问得下不了台！'"

然后我就陷入了一场舌辩群"儒"的比赛，各种邪辞、遁辞扑面而来。会后我问这位朋友："你既然请老师来讲课，课后就应该让大家分享一下都学到了什么，切己体察，事上琢磨，知行合一。为什么要把老师'问倒'呢？到最后，课上学到了啥没人记得，却都在津津乐道，那么厉害的人，还不是被我们问倒了！这意义在哪里呢？"他愣了一下，说没想过这个问题。

这就是胜心，这就是"辩论大赛"养成的思维习惯。

诐辞知其所蔽，淫辞知其所陷，邪辞知其所离，遁辞知其所穷。生于其心，害于其政；发于其政，害于其事。圣人复起，必从吾言矣。

孟子说，诐辞、淫辞、邪辞、遁辞，都是人心之病。如果施之于礼乐行政，则必然失其中道，有害于政治；如果把它体现在政策和行政措施中，则一举一动都不合情理，从而危害国家的各项具体工作。

## 大而化之之谓圣

**原文**

"宰我、子贡善为说辞，冉牛、闵子、颜渊善言德行；孔子兼之，曰：'我于辞命，则不能也。'然则夫子既圣矣乎？"

曰："恶，是何言也！昔者子贡问于孔子曰：'夫子圣矣乎？'孔子曰：'圣则吾不能。我学不厌而教不倦也。'子贡曰：'学不厌，智也；教不倦，仁也。仁且智，夫子既圣矣。'夫圣，孔子不居，是何言也！"

**华杉详解**

孟子本来就已是天下有名的善于言辞，他现在又说自己知言，能洞悉别人的话中之意、言外之音。

于是公孙丑就问他："在孔子的弟子中，宰我、子贡擅长用言辞使办事通达。尤其是子贡，不仅自己是成功的商人，是儒商始祖，而且又是安邦定国的柱石之臣，有很大的外交成就。另外的冉牛、闵子、颜渊三人，则是素有德行，擅长讲身心品德方面的道理。而孔子最厉害，这两种言辞能力他都有，但他却还说自己'不擅长辞命'。您看，连孔子都不敢当的，您孟老师却敢当，那您不就是圣人了吗？"

我们来简单讲讲子贡的雄言善辩和办事通达。当时，齐国要攻打鲁国，军队都已经动员好了。子贡为了保住鲁国，就要把这祸水引到别的地方去。于是，子贡紧急出使，先后游说了齐国、吴国、越国、晋国。他让齐国先按兵不动，然后吴国、越国组成的联军打败了齐国，接着，晋国又打败了吴越联军，重创了吴国。最后，越国又趁机灭掉了吴国。可以说，这个全中国妇孺皆知的勾践灭夫差的故事，背后的导演其实是子贡。子贡与吴国、夫差都没什么仇，他只是不想让齐国攻打鲁国。至于夫差因此而灭，只能说他自己倒霉。

子贡那么厉害，鲁国君臣都觉得他比孔子还有本事，可他不仅对老师顶礼膜拜，对颜回也是自愧不如。这是成功人士的性格，对自己比别人强的地方，一点也不关注；对别人比自己强的地方，高度关注，马上学习！

孟子听公孙丑问他是不是圣人，说："哎呀，这是什么话！圣人之名，别说我不敢当，孔子当年也不敢当啊！子贡曾经问孔子：'夫子您觉得自己是圣人吗？'孔子说：'圣人我不敢当。'"

到底什么是圣人呢？孟子后面有讲："大而化之之谓圣。"大而化之，就是他的思想品德之博大、广大、光大，大到能教化天下。孔子、孟子当然是圣人，他们的思想品德，不仅能教化当时的天下，而且教化了两千多年的天下。

"大而化之"现在被理解成粗枝大叶、马马虎虎，这也不知是从哪朝哪代哪个不学好的学生开始误传的，传了几百上千年，都传到字典里去了。字典里这样的"错误"有很多。之所以给"错误"二字打引号，是因为这也可以理解成是语言的变迁。维特根斯坦说过："词语的规则在语言游戏中建立，也在游戏中修改。"这"大而化之"的词语定义，就被修改了，这是圣人之道不传最重要的原因之一。所以我们要不断清扫垃圾、擦亮词语，光复圣人的思想，是为"为往圣继绝学"。

孔子很谦虚，他说："我不是圣人，我只是好学不厌烦，教导他人不倦怠罢了。"

子贡说:"一般人学习,开始时都能奋发努力,但没多久就厌烦了。夫子您能坚持学习不厌烦,说明您深知义理无穷,这可不是一般的智慧;而教导他人,诲人不倦,就是仁德。又有智慧又有仁德,您就是圣人呀!"

圣人之名,孔子不敢当,孟子更不敢当。不过后世有一个人,他却从小就立志要做圣人,而且长大后成功了!这个人就是王阳明。

要我说,孔子、孟子、王阳明都是圣人。因为"大而化之之谓圣",他们都是道大德宏,教化了全中国和整个东亚文化圈。

## 立德、立功、立言——是人生价值的标准

**原文**

"昔者窃闻之:子夏、子游、子张,皆有圣人之一体;冉牛、闵子、颜渊,则具体而微。敢问所安?"

曰:"姑舍是。"

**华杉详解**

公孙丑继续和孟子论圣人,他问:"以前我听人说,孔子的弟子们个个都学做圣人,但是学力不同,所得各异。比如子夏、子游得圣人的文学,子张得圣人的威仪,都有圣人的一部分。而冉牛、闵子、颜渊则气质不偏、义理完备,已经得到圣人的全体,但也都有自己的局限性,尚未大而化之。刚才老师您说自己不敢跟孔子比,那您和孔门这几位弟子比一下呢?您是处在哪个位置?"孟子回答:"咱们先不谈这个。"

孟子不愿意把自己和这几位孔门弟子相比较,也没说"我不敢和他们比,我不如他们"或是"我不如颜渊",他只是说"不谈这个"。

我们来体会一下公孙丑说的话。虽然我们都跟着同一个超级宗师学习,听的是同样的课,但因为各人的天赋、基因、努力不同,所以每个人所学到的也不一样。但每个人也都有自己长处,有自己比师父还强的地方。比如子贡,鲁国上下都认为他比孔子还强,因为他办事通达,这一点确实强过师父。但子贡

深知，自己只不过有经商从政的本事罢了，在学问上还差得远呢。所以他对师父更加恭敬，人前人后地把师父挂在嘴边。孔子也因为他的推崇，形象更加高大。可以说，子贡是推广孔子学问的最大贡献者，因为子贡的文治武功都摆在那儿，哪怕是不服孔子的无知之人，也不能不服子贡。

春秋时鲁国大夫叔孙豹称"立德、立功、立言"为"三不朽"。"太上立德，其次立功，其次立言"，这三立也是衡量一个人是否有价值的标准。要大而化之，首先是思想要大，品德要大，然后必须有言说传下来。就算禅宗说不立文字，也还是要靠文字来传，只不过它传的不是理论体系，而是案例故事。至于事功，可以有，也可以没有。创立犹太教的摩西，有很大的事功；而创立基督教的耶稣，就没有事功。

孔子也只做到立德、立言，而没有事功。他曾经得到在鲁国执政的机会，但是他失败了。子贡呢，立德、立言都有一点，虽说远远不在孔子那个层次。但子贡是有事功的，正因有事功，他说的话就有人听、有人信。他到处说师父是圣人，我崇拜师父。于是，别人就不敢不崇拜了。

子贡的事功，在当时看来，也是安邦定国的大功绩。但放到整个历史长河中去看，就不过是说客辩士的一点小小伎俩了。他的事功，和管仲就远远不在一个档次，更谈不上和周公这样真正的圣人比较了。关于这个，子贡自己也知道，所以他从来不把自己那点功劳当回事。

至于冉牛、闵子、颜渊，张居正说他们"气质不偏，义理完备，已经得到圣人的全体，但居于行迹，尚未广大"。尤其是颜渊，他对于义理精粗，不仅是得到老师的全体，甚至有超过老师的潜力，连孔子都佩服他。但是，他"居于行迹"，局限于生命之短暂，很早就去世了，没有能够实现大而化之。

那么，中国历史上，又有谁做到了立德、立功、立言呢？

首先，最无可非议的当然是周公。周公是孔子的偶像，孔子总是梦见他。他先是辅佐武王，完成建国大业，在武王去世后，又摄政辅佐年幼的成王，平定武庚之乱，安邦定国。更关键的是，他完善制定了周礼，可以说是中华文明的缔造者。在中国文化的形成、中国人性格的塑造上，他不仅比尧、舜、禹、汤、文王、武王都重要，甚至比孔子都重要。孔子是留下了《论语》，大家都知道；而周公却已经在我们的生物基因里，在我们的血脉里，大家都不知道。孔子说自己"述而不作"——没有创作什么，只是在叙述前人的思想罢了。这前人是谁？孔子说是"祖述尧舜，宪章文武"，也就是尧、舜、文王、武王，而把这些思想具体落实成就的人，就是周公。然后孔子再继承周公，把它们传下来，这就是"为往圣继绝学"。

周公之后，能做到"立德、立功、立言"三立的，王阳明算一个。他在立德、立言上，在思想上，可以说达到了孔孟同等的高度，又别有一番风景，大而化之，影响了中国、日本和整个东亚文化圈。而且王阳明的事功也很大，超过了子贡，但都是地方性的平叛事迹。他一直没能进中央工作，所以就没有治国平天下的事功了。

治国平天下的，只有周公和管仲。不过管仲不是儒家，孔孟都对他不满，因为觉得他有那么好的机会，却没有做到更好。孔子说"管仲之器小哉"，说他器局太小，只知道富国强兵、发展经济、称霸天下，却没能行王道，为万世开天平，所以人亡政息。管仲没能立德，但他立功立言都很大，留下一本《管子》，可以说是经济学巨著。

王阳明之后，谁还能立德、立功、立言？曾国藩算一个。曾国藩的功，比王阳明大，比管仲、周公小。他的德和言，与王阳明有很大差距，但他有点像之前讲的冉牛、闵子、颜渊，因为自己素有德行、有体会，所以"说着身心上的道理，便亲切有味"。曾国藩留下一本《曾国藩家书》，就是亲切有味的身心上的道理。

若是问我，中国历代圣人谁对我的影响最大？其实孔子、孟子、王阳明、曾国藩都有。但就实际行动和工作生活的习惯来讲，基本上曾国藩怎么说，我就怎么做，确实亲切有味。

## 圣之清者、圣之任者、圣之时者，孔子兼有之

**原文**

曰："伯夷、伊尹何如？"

曰："不同道。非其君不事，非其民不使；治则进，乱则退，伯夷也。何事非君，何使非民；治亦进，乱亦进，伊尹也。

可以仕则仕，可以止则止，可以久则久，可以速则速，孔子也。

皆古圣人也。吾未能有行焉；乃所愿，则学孔子也。"

**华杉详解**

公孙丑继续问："老师您对伯夷和伊尹怎么看呢？"

孟子回答说："他们俩的道不同，不是一回事。伯夷是择君而事，择民而使。他认为不配做他的君王的，就不去侍奉；他认为不是他的子民的，就不去治理。遇到明君治世，他就出来做事；遇到昏君乱世，他就避世隐居。"

伯夷、叔齐兄弟，是孤竹国（今天的秦皇岛）国君的儿子。伯夷是兄，是法定继承人，但父亲喜欢叔齐，遗命叔齐继位。叔齐认为君位是哥哥的，拒绝继承。伯夷认为既然父亲都传给弟弟了，他也不能要，于是干脆就跑了，自我流放。叔齐一看哥哥跑了，也跟着跑了。国人没办法，就立了老三做国君。这就是"非其民不治"。

伯夷叔齐两人去投奔周文王，抵达周国时，文王已死，正赶上武王出师伐纣。两人便上前阻拦，说以臣伐君、以下犯上，是不可以的！结果被武王的卫士拖开了。周灭商以后，伯夷叔齐发誓不食周粟，在首阳山采食野菜，最终饿死。这就是"非其君不事"。

而伊尹就不同了。孟子说："伊尹任何君主都可以侍奉，赶上哪个君主，就侍奉哪个君主；任何百姓都可以使唤，能使唤上谁，就使唤谁。遇到明君治世，他当然出仕做官；遇到昏君乱世，他一样当官做事。慨然自任，以救世安民为心，舍我其谁，这就是伊尹。"

伊尹的本事当然比伯夷大多了，完全不可相提并论，他的经历也非常传奇。他先后侍奉过夏桀和商汤，后来辅佐商汤灭了夏桀。商汤去世后，他又做了商朝四任君主的执政大臣。其中商汤的长孙太甲在位的时候，因为太甲无道，他能将身为国君的太甲软禁三年，让他悔过。等太甲改邪归正，伊尹才把他放出来，把君权还给他。之后，太甲成为一代明君。

所以孟子说伊尹是"圣之任者也"，就是以天下为己任，谁当国君都无所谓，反正我来干。国君不好，我还能把他给教导好了。伊尹做到的事，就是周公也不可想象。成王稍微不高兴，周公也恐惧流涕，不管成王对不对，他可不敢教训成王。而伊尹却能教训太甲。

伊尹非常长寿，活了一百多岁，太甲死后他才死。伊尹死后，太甲的儿子沃丁，以天子之礼把伊尹葬在商汤墓旁，以表彰他对商朝做过的巨大贡献。完全没有认为他凌驾于君王之上，无人臣礼。张居正也曾经像伊尹一样，有比皇帝还大的权威，是帝国的实际执政者。甚至，他几乎也能行伊尹、霍光之事，主持皇帝废立。但他死后，却被万历皇帝清算。张居正在给小皇帝讲解这一段时，恐怕也以伊尹自认，但他并没能教好万历，自己修养也不够。

孟子说完伯夷和伊尹，接着说孔子：

"伯夷是圣之清者，只要有一丁点儿达不到他的标准，他都不干，以至于不食周粟，最后饿死，这样的'清'是偏于狭隘的。伊尹是圣之任者，不管什么情况，他都一定要干，这就难免有迁就妥协。只有孔子，元神不滞，变化无方，积极进取，又顺其自然，可以做官就做官，应该辞职就辞职；可以久留就久留，应该离开就马上离开。孔子未尝没有伯夷的清，但他并不清高偏狭；未尝没有伊尹的任事能力，但他并不非要实现事功不可。把自己的学问留下来，传下去，成为万世之宗，这是孔子之道。伯夷、伊尹、孔子，都是古代的圣人，我都做不到。但是如果一定要去做，我愿意学孔子。"

这里讲到了清者、任者、时者之分，大家可以体察一下，自己是哪一种。

## 养浩然之气要靠集义，行一不义就前功尽弃

**原文**

"伯夷、伊尹于孔子，若是班乎？"

曰："否。自有生民以来，未有孔子也。"

曰："然则有同与？"

曰："有。得百里之地而君之，皆能以朝诸侯，有天下；行一不义，杀一不辜，而得天下，皆不为也。是则同。"

曰："敢问其所以异？"

曰："宰我、子贡、有若，智足以知圣人，污不至阿其所好。宰我曰：'以予观于夫子，贤于尧、舜远矣。'子贡曰：'见

其礼而知其政，闻其乐而知其德；由百世之后，等百世之王，莫之能违也。自生民以来，未有夫子也。'有若曰：'岂惟民哉？麒麟之于走兽，凤凰之于飞鸟，泰山之于丘垤（dié），河海之于行潦（lǎo），类也。圣人之于民，亦类也。出于其类，拔乎其萃。自生民以来，未有盛于孔子也。'"

### 华杉详解

公孙丑接着问："伯夷、伊尹和孔子都是圣人，他们的人品，是不是都等量齐观而没有高下之分呢？"

孟子说："不是。虽然都是圣人，但他们的分量大小不同。论道德事功，自从有人类以来，还没有赶得上孔子的。"

公孙丑听孟子说伯夷、伊尹和孔子不同，就问："那他们总有相同的地方吧？"

孟子说："有！如果给他们一百里的地方为君，这三人都有经天纬地之才、济世安民之略，能朝服诸侯，一统天下。因其道德之盛，天要降大任给他，人要归服于他，他自然能得人心，得天下。但是，他们都没有一丝一毫的私心，如果要行一不义、杀一无辜而得天下，他们三个人都一定不会去做，这就是他们相同的地方。"

"行一不义，杀一无辜而得天下，皆不为也"，这是圣人的基本条件。因为圣人首先是诚意正心，其心之正，必不苟取而贪得。

这也是前面孟子讲的，养浩然之气要靠集义，行一不义，这浩然之气就前功尽弃了。你以为行一不义而得天下，利益很大，但是对于圣人来说，对于孟子来说，行一不义就失去了浩然之气，失去了自己的人生价值。连活着都没意义了，还要天下干什么？

公孙丑说："我明白了，行一不义，杀一无辜而得天下，皆不为也，这是伯夷、伊尹、孔子相同的地方。那么，他们不同的地方又在哪里呢？"

孟子说："孔子和其他圣人不一样，这不是我一个人说的，以前孔门弟子也都说过。宰我、子贡、有若三人，识见高明，其智慧足以深知圣人，凡是他们所赞扬的，一定每一条都有依据。即便他们是学生，也不会因为巴结老师，投老师所好而说一些奉承的虚话。所以我说孔子的优异，也取信于这三个人的评价。"

首先是宰我说的:"自古圣人,以尧舜为首,但是在我看来,夫子比尧舜贤德多了!"

为什么呢?尧舜以道治天下,功在一时;而孔子祖述尧舜,宪章文武,推崇尧舜之道以删述六经,垂教万世。以一时之功和万世之功相比较,孔子不是比尧舜还贤吗?所以尧舜都是一世之君,孔子却为万世推崇,做了两千多年"素王"。

接下来是孔门另两位弟子的话。子贡说:"自古圣人,世代久远,则其所行之政、所存之德,都模糊不清,没法知道了。但是,民间还保留了他流传下来的礼仪和音乐。通过礼仪和音乐,就可以推知他当时的政治理念和行政风格。我就通过礼仪音乐来推知前代一百世的君王,每一位都不能违背孔子之道。所以从有人类以来,还没有一个能赶得上孔子他老人家的。"

有若说:"难道只有人类有高下之分吗?麒麟之于走兽,凤凰之于飞鸟,泰山之于土堆,河海对于小溪,何尝不是同类。圣人对于百姓,也是同类,只是出乎其类,拔乎其萃,大大高出了他那一类。自从有人类以来,还没有能超过孔子的!"

到这里,孟子从知言、养浩然之气,到不动心之原,最后表明尊崇孔子。因为当时各国诸侯都想争霸,都想学齐桓晋文之道,孔子的学问没人关心了。所以孟子要重新擦亮孔子的思想,辨明王道霸道的大端。

焦循在《孟子正义》里作了总结:

《吕氏春秋》说:"人同类而智殊。"圣人在人类之中,本是卓然绝异于凡俗,出乎其类,拔乎其萃,而孔子在卓绝之中,尤为盛美,此所以异于伯夷、伊尹者也。前面说北宫黝、孟施舍、告子"不知求心,不知集义",一定要回归曾子的"日三省吾身"。反省自己,自反而缩,理直气壮,虽千万人吾往矣,则得百里之地为君,也能朝诸侯而有天下;自反而不缩,理不在自己这一方,行一不义、杀一无辜而有天下,则不为。所以伯夷、伊尹、孔子都是自反而配道义之人,这一点是一样的。

但是,伯夷的"非其君不事,非其民不使",偏于清;伊尹的"何事非君,何使非民",专于任。专于任,抓着不放手,就可能走向北宫黝、孟施舍;专于清,就可能走向告子。所以,要既能"集义"又能"量时合宜",就要把握孔子的"可仕可止，可久可速"。《易经》说："大中而上下应之。"这是"以志帅气"的学问。分阴分阳，柔和刚交替使用，通其变化而百姓不会倦怠，神而化之使百姓相得益彰，这是"可仕可止，可久可速"的学问。至于通变神化，而集义之功，极于精义，这是伏羲、神农、黄帝、尧、舜、文王、周公一路传下来的，而孔子将之收集整理完备，再由孟子传承下来。能有这样的修养，则诐辞、淫辞、邪辞、遁辞，那些似是而非的四大恶言，就不会动摇你的心志。

圣人量时而行，而贤者道路偏狭。这需要大家反复体会，熟稔于心。

## 王道虽然来得慢，但是传承得久

**原文**

　　孟子曰："以力假仁者霸，霸必有大国；以德行仁者王，王不待大。汤以七十里，文王以百里。以力服人者，非心服也，力不赡（shàn）也；以德服人者，中心悦而诚服也，如七十子之服孔子也。诗云：'自西自东，自南自北，无思不服。'此之谓也。"

**华杉详解**

这段可以说是《孟子》全书中比较核心的内容了。因为王道霸道的分野，就是孟子提出来的。你是行王道还是行霸道？这已成为中国人自古以来永恒的问题。哪怕是今天我们经营企业，还是要讲经营的王道。

王，是天下之王。霸，是诸侯之长，其势力强大，足以把持天下。孟子说，依仗实力，然后假借仁义之名以号召征伐的，可以称霸诸侯。齐桓公、晋文公，是霸道的"历史原型人物"，后世的曹操，挟天子以令诸侯，就是典型的霸道。霸必有大国，要行霸道，必须有实力。地方千里，带甲十万，有多大实力，才能霸多大地盘。而王道则不同，王道不需要地盘。商汤起家是七十里土地，周文王起家是一百里。虽然国家都很小，但因为施行仁政，使得天下归心，所有的百姓都想加入他们的国家。

依仗实力来使人服从的，人家不会心服。"力不赡也"的"赡"，是足够，意思就是力量不够，所以不敢违抗你。而以德服人才会让人心悦诚服，就像孔子的七十多个弟子服孔子一样。《诗经》上讲："自东自西，自南自北，无思不服。"就是这个意思。

张居正讲解说，王道、霸道的区别，关键在心术。依仗土地甲兵之力，假托于救世安民之事，做的事情虽然是为天下之公，但内心都是为了自己的私欲，这就是霸道；王道则不同，大公无私，至正之德，行救世安民之仁，心是实心，政是实政，其至诚足以让人感动，其善政又足以招徕天下之百姓和贤才，所以他不需要土地之广，甲兵之盛，自然天下悦服，朝诸侯而有天下。

商汤、周文王，都不是从七十里、一百里，就一下子拥有了天下。而是由一个仁政的超级磁场，不断地吸附周边诸侯。准确来说，是文王的爷爷周太王，从一百里起家，到文王去世的时候，周国已经三分天下有其二，商只拥有国都周围及东方诸侯罢了。所以武王伐纣，是摧枯拉朽。

孟子一生推行王道，可没有一个诸侯国君听他的，最后胜出的是秦国。那秦国是不是霸道呢？不是。齐桓公、晋文公，那是霸道，尊王攘夷，维持国际秩序。霸道是维持秩序的国际警察。而秦国的目标是吞并全中国，霸道根本不能满足他的胃口。

秦朝的建国大业，是从秦孝公重用商鞅开始的。当时，商鞅入秦，通过秦孝公的宠臣景监，觐见秦孝公，第一次跟秦孝公谈尧舜的帝道，秦孝公完全听不进去，听得打瞌睡，之后骂景监：你推荐的什么玩意儿！商鞅申请第二次机会，谈商汤、文王的王道，还是听不进去。第三次，谈春秋五霸的霸道，秦孝公听着有点意思，跟景监说，你推荐的这个人还不错，但是并没有用商鞅的意思。商鞅听到秦孝公的反应后，对景监说："我明白了，再给我一次机会！"这一次，连谈了几天，秦孝公兴奋得把坐垫一个劲儿地往商鞅身边挪。

事后景监问商鞅：你跟我们国君说了些什么，弄得他这几天这么兴奋！

商鞅说："我劝大王采用帝王治国的办法，建立夏、商、周那样的盛世，可是大王说：'时间太长了，我不能等，何况贤明的国君，谁不希望自己在位的时候名扬天下，怎么能叫我闷闷不乐地等上几十上百年才成就帝王大业呢？'所以，我帝道、王道、霸道都不谈，谈富国强兵的强道，他才特别高兴。然而，这样也就不能与殷、周的德行相媲美了。"

这里很有意思了！我们来比较一下商鞅和孟子。

齐宣王问孟子："齐桓、晋文之事可得闻乎？"孟子直接就拒绝回答了，说："孔子的门生不谈齐桓晋文之事。"孟子的口袋里，只有一个救天下的处方，谁按这个方子来，他就侍奉谁；没人按这个方子来，就传诸后世。

而商鞅口袋里啥处方都有，帝道、王道、霸道、强道。如果秦孝公连"强道"都不听，我估计他还有别的处方。他只看"**客户的需求**"，因为他的目的是自己的功名利禄，而孟子的目的是救天下。

至于王道，秦孝公是根本听不懂，那他为什么对霸道也没兴趣呢？因为霸道要以力假仁，要锄强扶弱，这个秦孝公也不愿意干，他是既要锄强，也要锄弱，全给他锄了。所以他要的是强国之道。背后深层次的原因是，他嫌王道霸道都来得太慢！

两千多年后，这个问题还摆在每一个领导者、经营者面前——行王道来得太慢！

孟子说："当今之世，行王道而有天下，如反手尔，解民于倒悬，易如反掌。"他认为行王道来得很快，但没有一个诸侯同意。我们看看周文王行王道有多慢。从他的爷爷周太王为避戎狄攻击迁到岐山下开基创业，一百里地起家，到武王伐纣统一天下，一共是四代人，之后享国八百年。这是王道范本。

孟子算的账很清楚，现在你们都有地方千里，带甲十万的实力，全天下的诸侯都是坏人，只要有一个好人，有一个行王道的，那天下归心还不是风卷残云、易如反掌吗？

可惜没人听得懂，张居正点明了原因——心术不正。没有那心，如何听得懂那话！秦孝公想要快，于是行强道，结果呢？从秦孝公继位，到秦始皇完成建国大业，一共七代人，一百四十一年，之后呢？秦朝只存在了十四年就灭亡了。秦孝公的强道，不过是过把瘾就死。

## 不是在危机时改革，而是在闲暇时改革

**原文**

孟子曰："仁则荣，不仁则辱。今恶辱而居不仁，是犹恶湿而居下也。如恶之，莫如贵德而尊士，贤者在位，能者在职；国家闲暇，及是时，明其政刑。虽大国，必畏之矣。《诗》云：'迨天之未阴雨，彻彼桑土，绸缪牖户。今此下民，或敢侮予？'孔子曰：'为此诗者，其知道乎！能治其国家，谁敢侮之？'今国家闲暇，及是时，般乐怠敖，是自求祸也。祸福无不自己求之者。《诗》云：'永言配命，自求多福。'《太甲》曰：'天作孽，犹可违；自作孽，不可活。'此之谓也。"

**华杉详解**

张居正讲解说：人之常情，都是好荣而恶辱。但荣辱无常，都是自己招来的，关键全在于自己的仁与不仁。如果你修德行善，事事都出于仁心，则身名尊贤，哪怕没想要什么尊荣，也自然就尊荣了；如果你骄奢淫逸，事事都出于不仁，则身危国乱，哪怕不想招辱，最后奇耻大辱也都会找上你。

历代倒台的国君大臣无数次说明了这个道理。张居正自己虽得以尊荣善终，但他死后，也给他的后人招来了奇耻大辱。

人人都不想招辱，却常常自处于不仁之地，行不仁之事。这就好像一方面厌恶潮湿，一方面又自处于低洼之地，又怎能免于潮湿？

假如人君真的不想招辱，就要去不仁而就仁，不自恃身份贵重，而贵重道德，尊贤礼士。士之贤而有德的，给他布列在位，匡正君王的过失，改善民间的风俗；士之能干有才的，使之分任众职，提高行政效率，建立事功。

我们用人，总说德才兼备。孟子在这里给了一个建议："贤者在位，能者在职。"张居正讲解说，贤德者要匡正君王的过失，引导全国的风气。在企业里，贤德者要能批评老板，能引导企业文化。老板不能自恃自己身份尊贵，你

用的人是来匡正你自己的，要把自己身份放低，不要像个土皇帝。

下面这句"国家闲暇，及是时，明其政刑。虽大国，必畏之矣"又是关键，在国家闲暇，没有内忧外患，日子最好过的时候，要修明政治法典。这样，纵使是强大的邻国也一定会畏惧它了。

我们总是危机倒逼改革。在日子好过的时候，都忙着享受好日子，谁也不想改；只有等到不行了，过不下去了，才统一思想，说要改革，到这时候，往往就改不动了，来不及了。企业也是一样，一定要在最赚钱的时候开始下一次变革，如果等到经营不行了，再急急忙忙要"转型"，你手里已经没有资源了。任正非也说，搞精益、提高效率，就要在盈利最好的时候开始搞。企业经营有一个"第二曲线"理论，就是要在你的增长曲线斜率最高的时候，就布局下一条增长曲线、下一个发展范式。

"迨天之未阴雨，彻彼桑土，绸缪牖户。今此下民，或敢侮予？"这一句出自《诗经·鸱鸮》，鸱鸮（chī xiāo）是一种鸟。桑土，土念dù，也写作桑杜，指桑树的树根或树皮。绸缪，是缠结。鸱鸮鸟说："趁着天还没有下雨，我先剥一些桑树皮，把门儿窗儿都修理好，下面的人啊，看谁还能把我欺！"鸟窝修结实了，就不怕下面的顽童弹弓打上来，但修整鸟窝，得在天气好的时候进行，这就是未雨绸缪。等到屋漏偏逢连夜雨，就来不及了。

孔子赞赏说："能写出这诗的人，真是懂得道理啊！这样的人来治理国家，谁敢欺负他！"

下面的"般乐怠敖"。般乐，是乐而忘返；怠，是惰慢；敖，是恣肆。这句话的意思是：如今国家太平安乐，在这个时候，松懈享乐，般乐以纵欲，怠敖以偷安，那就是自己在求祸啊！励精图治，正要在安宁无事之时，深虑远求。若是等到扰攘多事之秋，处处救急救火，哪里来得及！人生祸福，都是自己招来的。

《诗经》大雅文王篇又有一句诗："永言配命，自求多福。"永言，就是念念不忘、常常思念的意思。为人君者，若知道天命之重，就要修德行仁，反躬自问，时时自省，与之配合，不敢违背，如此则天心降鉴，福寿无疆。这多福都是他自己求来的。

《商书·太甲篇》说："天作孽，犹可违；自作孽，不可活。"反过来说，天降的灾祸可以躲避，自己造的罪孽逃也逃不掉！

孟子此章，讲论祸福，大旨以修德为要。天命无常，唯德是辅。

## 用人的理想状态：野无遗贤，朝无幸位

**原文**

孟子曰："尊贤使能，俊杰在位，则天下之士皆悦，而愿立于其朝矣；市，廛（chán）而不征，法而不廛，则天下之商皆悦，而愿藏于其市矣；关，讥而不征，则天下之旅皆悦，而愿出于其路矣；耕者，助而不税，则天下之农皆悦，而愿耕于其野矣；廛，无夫里之布，则天下之民皆悦，而愿为之氓矣。信能行此五者，则邻国之民仰之若父母矣。率其子弟，攻其父母，自生民以来未有能济者也。如此，则无敌于天下。无敌于天下者，天吏也。然而不王者，未之有也。"

**华杉详解**

这是孟子陈述他理想中的王政。首先是用人。

张居正解读：贤能之人，是国家所赖以辅治者，若弃而不用，则豪杰解体，人心尽失。所以对于贤而有德的人，要隆重有礼而尊敬之；对于能干有才的人，要因其才干而任用之。这样才德出众的人，能济济在位，而不肖者不得参与其间，则野无遗贤，朝无幸位。天下之士，凡以俊杰自恃的，心中喜悦，都要来投奔。

张居正讲出了用人的理想状态：野无遗贤，朝无幸位。有才德的，没有一个漏掉的；没才德的，没有一个在位的。

接着说财税政策。首先是市场管理。

廛，是指城市平民的房地；市廛，是集市里的货仓，或者堆货的空地。廛而不征，就是给商人堆放货物的场地，但是不收税。法而不廛，就是如果商人的货物滞销，卖不出去，就依法由政府征购，不让它长久积压。这样，天下的商人都愿意到这个市场上来做生意了。

然后再说自由贸易。

讥，是稽查。关卡只稽查有没有违法的人或奸细，不对来往客商的货物抽取关税，则天下的商人都愿意来做生意了。

接着讲农业政策。

孟子的意思是要恢复周朝的井田制。井田制的标准，是方方正正九百亩，中间一百亩公田，周围八百亩私田。八家人居住，各自耕种自家的一百亩，再共同助力耕种公家的一百亩。这公家，不是天下为公的公，是公卿大夫的公。收成的分配，公田的收成归公家，私田的收成归自己家，不另外收税，这就叫"助而不税"。

助而不税的助，也不光是农民助公家，公家也要助农民。公家有完备的农业技术官吏系统，颁布农历，指导农时，改良土壤，选择谷种，辅导监督。总之是农民出力，公家出地、出谷种、出技术支持、出管理统筹。公家的工作也不少，相当于现在的农业局、农科所，责任都要担起来。

后来，贵族大夫们越来越懒，只顾享受生活，农政废弛。时间一久，农民智慧日开，种田能手也多了，私田的收成越来越好，公田的收成越来越差。贵族们一看，算了，不要公田了，干脆都分给你们各家自己耕种，全部改成了"履亩而税"，也就是按收成比例征税。

孟子接着说房产税。

廛，是城市里的民居。夫里之布，指夫布和里布，布就是钱。什么是夫布呢？政府工程征召劳役，你若不去，就要出钱。在周礼中，夫布的理念，主要是针对无业游民的，"凡无职者出夫布"，而城市里的市民只要有工作，已经纳税，就不需要再出夫布了。什么是里布呢？里布就是房产税，原意是惩罚不种桑麻的。"凡宅不毛者里布"，这里的"毛"是指经济作物，只要你有宅基地，屋前屋后按规定是要种桑麻的，你不种，让地荒着，或者修花园做游乐观赏之地，那政府就要对你进行惩罚性征税，这相当于一种富人税、奢侈税。但到了后世，就发展成只要有房就要征收房产税。所以孟子建议取消。

没有徭役钱，没有房产税，那全天下的百姓都很喜悦，都想移民到你的国家了。氓，是"亡"加"民"，亡是离开，氓就是移民。

所谓王天下，就是近悦远来，吸引人才，吸引移民。人口即国力。

孟子说，如果能按我说的这五条去做，那邻国的百姓，就会像对待自己的父母一样仰慕我们的国君。如果他们的国家要发兵攻打我们,就像是率领儿女去攻打他们的父母,这样的事,从有人类以来,还没有成功过。如此,则无敌于天下了。无敌于天下,就是"天吏",如此还不能统一天下的,历史上还没有过。

## 孟子的"四端论"就是王阳明"致良知"学说的基础

**原文**

孟子曰:"人皆有不忍人之心。先王有不忍人之心,斯有不忍人之政矣。以不忍人之心,行不忍人之政,治天下可运之掌上。"

**华杉详解**

不忍之心,是怜悯心、同情心、良心,每个人都天生有怜悯同情他人的心,但往往为物欲所蔽,自己把自己蒙蔽了,良心坏了。唯有古代的圣人、先王满腔都是不忍之心,发散出来,就是不忍人之政策。不忍心百姓生活无着,就制定井田制,规划田宅、桑麻和养殖,以厚民生;不忍心子弟得不到教育,就设学校,明教义,培养人才。这些都是真心使然,没有虚伪矫情的。

有这份不忍之心,就推行这个政策;推行这个政策,又本于不忍之心;由此老吾老以及人之老,幼吾幼以及人之幼,天下虽大,此心治之有余,就如运于掌上一般。

与不忍之心相对立的,是私心。私心太重,则不忍之心愈小;没有私心,则不忍之心愈大。能随时擦亮、放大自己的不忍之心,多想着别人,则与天地同流。

**原文**

"所以谓人皆有不忍人之心者,今人乍见孺子将入于井,皆有怵惕恻隐之心;非所以内交于孺子之父母也,非所以要誉于乡党朋友也，非恶其声而然也。"

**华杉详解**

要证明人人皆有不忍之心，一定要找一个没有任何准备的突发事件，看一个人即时的反应，最不假思索、条件反射的反应，就是他的本心、真心。举个例子，当你突然看见一个小孩子在井口边往下探望，眼看就要掉下井去，这时候，任何人都会有怵惕恻隐之心。怵惕，是惊动的模样；恻，是伤之初；隐，是痛之深。就是说，你一定会觉得触目惊心，马上要冲上去拉住他。这样的举动，就是一个本能的行动反射。不是为了结交那小孩子的父母，也不是为了要乡党们夸我见义勇为，也不是为了避免大家说我见死不救，坏了我的名声。

可见，不忍之心人人都有。哪怕是一个逃犯，他看见小孩子要掉到井里去了，也会去拉他一把。这个井边小孩的假设，王阳明也经常引用来作为他"致良知"理论的例子，人人皆有良知，在这一刻就能体现出来。发现自己的良知，擦亮它，放大它，则我心光明，与天地同辉。

孟子在见齐宣王时，曾经用他不忍心杀那祭祀用的牛来启发他，也是想让他放大自己的不忍之心。他不忍心看见那牛死，而他的百姓天天在死，他却没看见，没感觉。

**原文**

"由是观之，无恻隐之心，非人也；无羞恶之心，非人也；无辞让之心，非人也；无是非之心，非人也。恻隐之心，仁之端也；羞恶之心，义之端也；辞让之心，礼之端也；是非之心，智之端也。人之有是四端也，犹其有四体也。有是四端而自谓不能者，自贼者也；谓其君不能者，贼其君者也。凡有四端于我者，知皆扩而充之矣，若火之始然，泉之始达。苟能充之，足以保四海；苟不充之，不足以事父母。"

**华杉详解**

这里孟子提出了著名的"四端"。端，是萌芽，是头绪，是基础。

一是恻隐之心，人看见小孩要掉到井里去了，怵惕恻隐之心马上就会自然生发出来。所以好生恤死，是人之常情，如果可伤可痛的事发生在眼前，他却无动于衷，那就不是人。

二是羞恶之心，如果自己做了不好的事，总会觉得羞耻；别人做了不好的事，总会觉得厌恶。此心也是人人皆有，没有就不是人。就算有自己不知道羞耻的，也知道要厌恶别人，那还是有是非观念。如果完全没有羞恶之心，那也不是人。

三是辞让之心，理所当辞让于他人的，都要晓得推让。该拿的、不该拿的都心安理得往自己家里搬的，那也不是人。

四是是非之心，人人都该知道什么是善，什么是恶，不知道的就不是人。王阳明举过一个例子，一个贼被抓住了，你骂他是个贼，他也不爱听。没有人会觉得做贼很光荣。这就是是非之心，就是良知。

恻隐之心，就是仁之端，仁的萌芽；羞恶之心，是义之端，义的萌芽；辞让之心，是礼之端，礼的萌芽；是非之心，是智之端，智的萌芽。

仁义礼智，人人身上都有，就像人的四肢一样。如果有这四个萌芽，还觉得自己不行，那就是自暴自弃。如果认为他的君主不行，那就是暴弃他的君主。所以有这四种萌芽的人，要懂得把它们扩充起来。就像刚刚点燃的火，不可扑灭；就像那刚刚涌出的泉，不可壅塞。发现自己仁义礼智的萌芽，充满以极其量，则仁无所不爱，义无所不宜，礼无所不敬，智无所不知，举四海之大，都在我心中，足以安定天下。如果不充满它，则仁义礼智皆非我所有，就算瞻仰父母都做不到，还谈什么天下呢？

孟子的"四端论"，就是王阳明"致良知"学说的基础，小孩子要掉井里的案例，也是王阳明引用得最多的。如何抓住自己的恻隐之心、羞恶之心、辞让之心、是非之心，不断放大自己的仁、义、礼、智呢？孟子和王阳明讲的，都是一个心理学的原理：**专注就能放大**。专注于仁，就放大了仁；专注于义，就放大了义；专注于礼，就放大了礼；专注于智，就放大了智。我们平时碰到的所有问题，都是太专注于自己的私心所致，专注于自己的"意必固我"，就出问题了。这一节要反复体会！该专注的地方，死死抓住；不该专注的地方，不要太专注。

## 习于仁，善端日长，就能生长出仁心仁术来

**原文**

孟子曰："矢人岂不仁于函人哉？矢人唯恐不伤人，函人唯恐伤人。巫匠亦然。故术不可不慎也。孔子曰：'里仁为美。择不处仁，焉得智？'夫仁，天之尊爵也，人之安宅也。莫之御而不仁，是不智也。不仁、不智，无礼、无义，人役也。人役而耻为役，由弓人而耻为弓，矢人而耻为矢也。如耻之，莫如为仁。仁者如射：射者正己而后发；发而不中，不怨胜己者，反求诸己而已矣。"

**华杉详解**

矢，是箭；矢人，是造箭的人。函，是铠甲；函人，是造铠甲的人。巫，是巫医，祈禳治病的人。匠，是木匠，做棺材的人。

孟子说："恻隐之心，人皆有之。但是，你看那造箭的人难道比造铠甲的人更残忍些吗？造箭的人，唯恐他的箭不利不能伤人；造铠甲的人，唯恐他的甲不坚固以至于伤人。巫医和木匠也是这样。巫医唯恐他的巫术医术不能救人命；而木匠则利人之死，他的棺材才卖得出去。那木匠就比巫医残忍些吗？可见选择职业对于人来说，关系甚大。习于仁，则有仁人之心，善端日长；习于不仁，则有不仁之心，恶念日增。

"孔子说：'习俗能改变一个人，居住在有仁德的地方才是好的。如果有人选择住处，不住在有仁德的地方，选择职业不处于仁心仁术，则本心之明已失，怎么能算有智慧呢？'

"仁是天所赋于之善，是天爵，天最尊贵的爵位。心处于仁，就好像住在最安稳的住宅。如果没有人来阻挡你，你就不仁，那没有比这更愚蠢的了。

"仁义礼智，是人之四德，如果选择职业处于不仁，则物欲日蔽，本心日昏，沦为不智。不智则不知礼义为何物，动则越礼，行则背义，这又沦为无礼

无义了。仁义礼智都没了，则人道已丧，沦为卑贱之地，为他人役使。被人役使，自己又心不平，耻于被人役使，就像造弓的人耻于造弓，造箭的人耻于造箭。如果你觉得羞耻，不如为仁以自强。

"行仁的人就好像比赛射箭一样，内正其志，外正其身，然后发射。如果没有射中，也不去怪别人射中了，而是要反求诸己，在自己身上找原因。"

孟子用不同职业来比较仁与不仁，不一定恰当，但道理是清楚的。不管我们从事哪个行业，都要用仁心仁术来要求自己，**真人真心真本事，真正为顾客创造价值，为社会解决问题。**这样想来，做棺材的木匠也未必利人之死，而是能给死者以尊严，给家属以安慰。

曾经看到过一篇报道，讲日本千叶县鸭川市的龟田医院，创新了一个"离天堂最近的太平间"，将太平间设置在医院最顶层的海景大厅，逝者去世后，遗体不是被推到阴森的地下室，而是被安置到顶层，装潢更像是一座教堂的"灵安室"。这不仅能给逝者提供一个温馨、光明的环境，家属也可以在庄严的氛围下和遗体告别。

这就是习于仁。而善端日长，就能生长出这样的仁心仁术来。

## 君子之德，最高境界是与人为善

**原文**

孟子曰："子路，人告之以有过，则喜。禹闻善言，则拜。大舜有大焉，善与人同，舍己从人，乐取于人以为善。自耕稼、陶、渔以至为帝，无非取于人者。取诸人以为善，是与人为善者也。故君子莫大乎与人为善。"

**华杉详解**

这里讲德行的三个境界：闻过则喜、闻善则拜、与人为善。

子路在第一个境界——闻过则喜。子路是勇于自修自正的人，心里唯恐自己有什么错误。自己不知道，有人给他指出来，他就特别高兴，欣然接受，心里很感激，庆幸可以改正。

大禹在第二个境界——闻善则拜。他是不自满的人，心里唯恐有什么善言不知道，有什么该做的事还没做，所以一听到善言建议，就肃然拜受，心里很感激，庆幸可以去做。

但是，子路之喜，是盯着自己身上找问题，还未能忘我；大禹之拜，是看见善言善行在别人身上，还未能忘人。至于大舜，其境界就大于子路和大禹，他看见善，认为善是天下公共的道理，不是一人之私物，既不把它当成自己的，也不把它当成别人的，而是与人共有其善，同行其善。如果看见自己的做法不好，别人的好，就马上舍己从人。

舍弃自己的思想，吸取别人的做法，完全没有一丝一毫的勉强，人己两忘，形神俱化，这就叫善与人同。

这里很关键。平时我们爱听的都是"与众不同"，都想做一个与众不同的人。学人家一点东西，非要把它"消化吸收，变成自己的东西"，夸一个人有学问，都说他"有自己的东西"。

**这就是病，就是病根，见不得别人，忘不了自己。**

大舜把这个问题说透了，善为天下公，一件事情只有一个道理，正确答案只有一个，你接触到了，总是从别人身上接触到的，马上就做，别把它当自己的或别人的，只要和他一样去做就是了。

大舜从种庄稼、制陶器、打鱼，到成为天子。做农民，做陶工，做渔夫，做天子，没有一件事不是跟别人学的。取人之善，为之于己，这就是"与人为善"。

这里要厘清又一个重大的"词典错误"：与人为善，不是对别人好。与，是善与人同的与。与人为善就是，看见别人有好的思想、好的做法，我马上向他看齐，和他一样。圣人之心，至公至虚。至公，则善为天下公，他身上这善，也不是他的私物，是天下公共的道理，我取之有理；至虚，则人己两忘，我既不羞耻自己怎么跟他学，也不觉得自己是在学他，我只是在他这里发现了天下公共之善，也为天下行这公共之善。

人常犯的毛病，是以聪明自用，夸别人的时候会说："我看得上的人，还真不多！您算是一个！"这话就是毛病。既不能忘我，又不能忘人，这样就不难与人为善了。

孟子说，君子莫大乎与人为善。君子之德，没有比善与人同、与人为善更伟大的了。

## 只有放弃管不了的，才能去管更大的事

**原文**

孟子曰："伯夷，非其君，不事；非其友，不友。不立于恶人之朝，不与恶人言；立于恶人之朝，与恶人言，如以朝衣朝冠坐于涂炭。推恶恶之心，思与乡人立，其冠不正，望望然去之，若将浼（měi）焉。是故诸侯虽有善其辞命而至者，不受也。不受也者，是亦不屑就已。柳下惠不羞污君，不卑小官；进不隐贤，必以其道；遗佚而不怨，厄穷而不悯。故曰：'尔为尔，我为我，虽袒裼（xī）裸裎（chéng）于我侧，尔焉能浼我哉？'故由由然与之偕而不自失焉，援而止之而止。援而止之而止者，是亦不屑去已。"

孟子曰："伯夷隘，柳下惠不恭。隘与不恭，君子不由也。"

**华杉详解**

这里讲两位性格比较极端的圣人：一个是伯夷，圣之清者；一个是柳下惠，圣之和者。

伯夷，是把清高做到了极致，上挑君，下挑友。非可事之君不事，非可交之友不交。国君有不善的，他不肯立在他的朝堂上；国人有不善的，他都不肯跟人家讲话。如果立于恶人之朝，与恶人说话，他就像穿了朝衣朝冠坐在泥沼或炭灰之上，浑身不自在。内心专注在厌恶这些恶人恶事上，就放大了这心，推广开来，哪怕和一个帽子没戴正的乡民站在一起，他也受不了，觉得人家无礼，眼睛望望然就走开，好像怕自己也沾染上肮脏似的。

伯夷有贤名，有一些诸侯国希望他去做官，派了善为辞命的使臣来请他，但他不去。为什么呢？他不食周粟，连周武王、周公他都看不上，又怎么会接

受其他诸侯国君呢？在他心里，天下根本无可事之君，无可立之朝，所以不肯降志辱身，不肯和光同尘。

肯和光同尘的，就是鲁国的柳下惠了，他是另一个极端。柳下惠不羞污君，不卑小官。他觉得天下乌鸦一般黑，你黑不黑，我无所谓，只要给我机会，我就做事，再小的官他也不觉得失了身份，反正是为老百姓做事。他做官的原则是"进不隐贤，必以其道"。

进不隐贤，是推贤让善，不隐他人之贤，不断地把好人能人往上推；必以其道，是以直道事人，一定要按原则办事。你可以不用我，但你只要用我，我就要按原则办事。即便被人遗弃而身处困穷，也不怨不尤。

对于自己总是与恶人共事，柳下惠说："他是他，我是我，清者自清，浊者自浊。他就算赤身露体站在我身边，跟我又有什么关系，怎么能玷污我呢？"

柳下惠也有贤名，其他国家的也派使臣来请他，说："你在鲁国不得志，到我们这儿来吧，我们给你做大官，做大事。"但他一概拒绝，他说："以直道事人，按原则办事，到哪儿都会被排挤的。他们今天高接远迎来请我，明天对我的态度也会和这里没什么区别，我又何必离开父母之邦？"

所以他不管跟什么人，都能很高兴地和他一起共处共事，一点也不失常态。几乎是招之即来，挥之即去。

孟子说，伯夷太狭隘，柳下惠又太不严肃，狭隘和不严肃，都是君子所不取的。

孟子之前就评论过四大圣人，伊尹是圣之任者，伯夷是圣之清者，柳下惠是圣之和者，孔子是圣之时者，而他愿意学孔子。这里是专门就伯夷和柳下惠作了详细评述。

我们很容易犯伯夷的毛病，就是好评判他人，一评判，就把人家给否了。觉得天下除了自己，没有一个好人，于是就不能容众接物。柳下惠呢？有人说他和光同尘太过，就容易同流合污。我倒觉得他没有同流合污的问题，他真的是清者自清，一旦到了要合污的界限，他就自动切断了。但是他这样的态度，容易被人轻视，不能更加主动地有进有退，发挥出自己更大的作用。他的眼光看得太近、太细、太具体，只看着身边的群众，一个也不放弃，一刻也不放手，而没有去看全国或者全天下的百姓。所以孟子愿意学孔子做"圣之时者"，只有放弃管不了的，才能去管更大的事。

# 第四篇 公孙丑章句下

## 天时不如地利,地利不如人和

**原文**

孟子曰:"天时不如地利,地利不如人和。三里之城,七里之郭,环而攻之而不胜。夫环而攻之,必有得天时者矣;然而不胜者,是天时不如地利也。城非不高也,池非不深也,兵革非不坚利也,米粟非不多也;委而去之,是地利不如人和也。故曰:域民不以封疆之界,固国不以山溪之险,威天下不以兵革之利。得道者多助,失道者寡助。寡助之至,亲戚畔之;多助之至,天下顺之。以天下之所顺,攻亲戚之所畔,故君子有不战,战必胜矣。"

**华杉详解**

天时、地利、人和,这在当时已经是常用的成语。《荀子·王霸》中说:"农夫朴力而寡能,则上不失天时,下不失地利,中得人和而百事不废。"此处讲的天时是农时,地利是长庄稼的地力。而孟子这里讲的是战争。《孙子兵法》里有同样的论述,讲判断双方的胜算,要比较五件事:道、天、地、将、法。"道者,令民与上同意也。故可以与之死,可以与之生,而不畏危。"天就是天时;地就是地利;道、将、法,都是人和。道,是上下一心;将,是将领;法,是军法,是管理水平。

天时,一是天下大势,顺天应人,二是季节和气象条件。得天时不如得地利。比如，一个小小的城郭，每边长只有三里，外郭也只有七里，在长期的围攻中，一定有合乎天时的战机，可是却一直不能取胜，可见天时不如地利。有一个最极端的战例：宋末元初，重庆的钓鱼城，凭借地利守了三十六年，最后还是谈条件投降的，否则根本攻不进去。

再比如，对于守城者来说，城墙不是不高，护城河也不是不深，兵器和甲胄也不是不坚利，粮食储备也不是不多。但是敌人一来，大家就弃城逃走，那就是人心不齐。所谓地利不如人和。

所以孟子说："国家所重，唯在民心。"人君要限制居民，不在于封疆境界；要固守社稷，也不在于山川险阻；要战胜攻取，威服天下，也不在于兵甲坚利。诚能行仁义之道，则民心有所固结，上下一心，个个乐于效力，扶助你的人就多；如果不行仁政，一味自私自利，则民心无所固结，无不幸灾乐祸，涣然瓦解，扶助你的人就少。寡助之君，到了极点，则众叛亲离，连他的亲戚都反对他；多助之君，到了极点，则近悦远来，全天下的人都要来帮他。这样一来，以天下都愿意跟从的力量，来攻打连亲戚都反对的人，那悬殊该有多大！所以仁义的君主不用战争，如果非要战，也一定是取胜的。

当时战国的君主，都是以天时地利为重，而不知道爱恤百姓。钱穆《国史大纲》考证说，那时候最流行的是什么呢？是迁都！把国都迁到最具地利之处，以争天下之形势。魏惠王改称梁惠王，就是因为他把国都迁到了大梁。《史记》说他迁都是为了避秦国锋芒，不过钱穆考证说他是为了统一三晋。另外，赵国先从晋阳迁中牟，然后又迁邯郸，志在灭中山以抗齐燕；韩国从平阳迁阳翟，再迁新郑，志在包汝、颍以抑楚、魏。秦国从雍迁到咸阳，以便东侵。所以孟子苦口婆心地说，你们这些国君关注的都不是本质，唯有仁义才是无敌的，可惜没人听得进去。

我们学习天时不如地利，地利不如人和，当知个人能直接掌控的力量有限，**争天时、争地利都是为了掌控更多，而求人和是在"失控"的条件下获得全世界的力量，让更多人有帮助你的主观意愿。**你若问孟老师，如果我行仁义，却没你说的那个效果，那怎么办？这又是另一个维度的问题了。这个问题孔子回答过："求仁得仁，又何怨？"

## 用师者王，用友者霸，用徒者亡

**原文**

孟子将朝王，王使人来曰："寡人如就见者也，有寒疾，不可以风。朝，将视朝，不识可使寡人得见乎？"

对曰："不幸而有疾，不能造朝。"

明日，出吊于东郭氏。公孙丑曰："昔者辞以病，今日吊，或者不可乎？"

曰："昔者疾，今日愈，如之何不吊？"

**华杉详解**

孟子正要出门去朝见齐宣王，齐宣王派使臣来说："我本应该来见您，但是感冒了，不能吹风。如果你肯来朝，我便临朝见你。不知道能让我见到你吗？"

孟子听了使臣的话，见齐宣王托疾不来，要召他去。虽然本就要去的，但这么一召，他反而不去了，说："不幸得很，我也生病了，不能上朝。"

这是为什么呢？因为孟子在齐国的身份，是请来的王者之师，不是臣子，所以他和齐宣王之间的礼节，纵然不是师生之礼，那至少也是主宾之礼，而不是君臣之礼。宾师可以去朝见君王，但是不可以应召，应召而去，那就是臣子，那说话的位势、分量都低了。说话没分量，说了也白说，所以他不能去，想去也不能去，因为去了不如不去。

第二天，孟子要去东郭大夫家吊丧。公孙丑说："老师昨天才跟齐王说您病了，今天就活蹦乱跳出门活动，不太好吧！"

公孙丑没理解孟子的意图。孟子称病不去，正愁齐宣王不知道他是装病。只要齐宣王知道他是装病，便知道自己错在哪里，也知道孟子要什么。如果齐宣王不知道，那这病不就白装了？所以孟子才要大张旗鼓地参加公开活动，让齐宣王知道他没病。而公孙丑却不懂，孟子也没法跟他说，就拿话给他堵回去:"昨天生病是昨天,今天好了还不行吗?为什么不能去吊丧?"

为什么孟子不能跟公孙丑明说呢?因为只可意会,不能明说。说出来,就真的是冒犯齐王了。但是,孟子不说,徒弟们不懂,就惹出后面的事情来。

**原文**

王使人问疾,医来。

孟仲子对曰:"昔者有王命,有采薪之忧,不能造朝。今病小愈,趋造于朝,我不识能至否乎?"

使数人要于路,曰:"请必无归,而造于朝!"

**华杉详解**

齐宣王那头,听说老师病了,就派医生来探视。医生到了孟子家,却听说孟子去了东郭大夫家。眼看孟子的计划就要实现了,只要医生回报说孟子出门了,齐宣王就会知道,哦,原来他没病,是不肯应召。

但又有一个不懂事的出手了,这个人是孟仲子,大概也是孟子的门人弟子,也有人根据他的名字猜测他是孟子的弟弟。孟仲子看谎言被识破,慌了,就圆谎说:"昨天有王命让老师去上朝,但老师生病了,没能去。今天病好些了,就赶紧上朝去了,现在应该在路上,我不知道到了没有。"

孟仲子这头打发了医生,那头就赶紧派了好几个人上街去堵孟子,跟孟子汇报情况,说:"您一定不要回家,赶紧去上朝!我已经让医生禀告齐王,您在上朝的路上了!"

**原文**

不得已而之景丑氏宿焉。

景子曰:"内则父子,外则君臣,人之大伦也。父子主恩,君臣主敬。丑见王之敬子也,未见所以敬王也。"

曰:"恶!是何言也!齐人无以仁义与王言者,岂以仁义为不美也?其心曰'是何足与言仁义也'云尔,则不敬莫大乎是。我非尧舜之道,不敢以陈于王前,故齐人莫如我敬王也。"

**华杉详解**

孟子以道自重之意，本想警悟齐王，但自己门人弟子都不能理解，如何能传达到齐宣王那里去！一台好戏，给两个笨徒弟演砸了，越描越黑，孟子也没招了。上朝？他不愿意去。回家？那边让他千万别回。他也不能跟弟子们明说，因为故意不去这事只能齐宣王自己去理解，如果孟子明说是故意装病不去，这话传开去，那又是无礼了。

没办法，孟子顺道就到景丑大夫家投宿。

景丑知道孟子不应召这事，就批评他说："人之处世，内而家庭，则有父子，外而朝廷，则有君臣，这是人伦之大者。父子以情相爱，故主于恩；君臣以礼相待，故主于敬。我看见咱们齐王，对老师您真的是很尊敬，但是却没看见老师您对我们齐王尊敬啊！"

孟子说："哎！您这是什么话！我看整个齐国，没有比我更尊敬齐王的人了！人臣敬君，不在于礼仪上周旋，而在于大道理上明白。整个齐国，没有一个人跟齐王讲仁义之道的。是他们都认为仁义不美好吗？非也！他们心里都在对自己说，齐王只知道功利，他根本不配也不会听取仁义之道！内心对君王道义上的否定，这才是最大的不敬！而我呢，非尧舜之道我是不会跟齐王说的。所以我说，最尊敬齐王的是我。您不知道事君之大道，所以才会说我不尊敬齐王。"

**原文**

景子曰："否，非此之谓也。礼曰：'父召无诺；君命召不俟驾。'固将朝也，闻王命而遂不果，宜与夫礼若不相似然。"

曰："岂谓是与？曾子曰：'晋楚之富，不可及也；彼以其富，我以吾仁；彼以其爵，我以吾义，吾何慊乎哉？'夫岂不义而曾子言之？是或一道也。天下有达尊三：爵一，齿一，德一。朝廷莫如爵，乡党莫如齿，辅世长民莫如德。恶得有其一以慢其二哉？故将大有为之君，必有所不召之臣；欲有谋焉，则就之。其尊德乐道，不如是，不足与有为也。故汤之于伊尹，学焉而后臣之，故不劳而王；桓公之于管仲，学焉而后臣之，故不劳而霸。今天下地丑德齐，莫能相尚，无他，好臣其所教，而不好臣其所受教。汤之于伊尹，桓公之于管仲，则不敢召。管仲且犹不可召，而况不为管仲者乎？"

**华杉详解**

景丑说："不，我不是说这个。礼经上说：'父亲召唤，要唯而不诺。'缓应曰诺，疾应曰唯。意思就是，要'唯'一声，马上起身就去，而不能说'诺，马上就来'。而君王召唤，也是不等车驾，起身就走。这都是礼节。这回您本来自己要上朝的，听到齐王召唤，反而不去了，这于礼不合吧？"

孟子说："哦，原来您是说这个。闻命而趋，是臣子事君的常礼，以道自重，是君子立身之大节。以前曾子说过：'晋楚两国的财富，我们是赶不上的。但是，他有他的财富，我有我的仁，不禄而富；他有他的爵位，我有我的义，不爵而贵。我有什么不满足的呢？'如果没有道理，曾子能说这话吗？天下所尊的，大概有三样：爵位、年齿、品德。朝廷尊崇的是爵位；乡党尊重的是年齿；辅佐一世，治国安民，尊重的是品德。齐王虽然爵位至尊，但是在三尊里面，论齿论德，我占了两条，他怎么能凭着一条来轻慢我的两条呢？

"凡是大有作为的君王，一定有不应召的臣子。我不应召，不是为了自己托大，而是要齐王懂得屈己下贤，隆礼待士，欲有所商榷，一定自己枉驾就见，亲访其谋。没有这样尊德乐道的态度，就不足以有所作为。

"所以商汤对待伊尹，是先向伊尹学习，然后再以他为臣，于是商汤几乎不费力气而王天下。齐桓公对待管仲，也是先向管仲学习，然后再以他为臣，也几乎不费力气而霸诸侯。今天的天下，各国土地大小都差不多，行为作风也差不多，谁也不能超出于别国之上。其原因就是，各国君主都喜欢用那些听从自己的人为臣，而不用能够教导自己的人为臣。商汤对于伊尹，齐桓公对于管仲，都不敢召唤。管仲都不可以被召唤，何况连管仲都不愿意做的我呢？"

孟子讲的依然是曾子说过的道理："用师者王，用友者霸，用徒者亡。"把臣子当老师用，能王天下；把臣子当朋友用，能霸诸侯；把臣子当马仔，呼来喝去的，就会自取灭亡。

## 孟子之高洁，是君子不可以货取

**原文**

陈臻问曰："前日于齐，王馈兼金一百而不受；于宋，馈七十镒（yì）而受；于薛，馈五十镒而受。前日之不受是，则今日之受非也；今日之受是，则前日之不受非也。夫子必居一于此矣。"

孟子曰："皆是也。当在宋也，予将有远行，行者必以赆（jìn），辞曰：'馈赆。'予何为不受？当在薛也，予有戒心；辞曰：'闻戒，故为兵馈之。'予何为不受？若于齐，则未有处也。无处而馈之，是货之也。焉有君子而可以货取乎？"

**华杉详解**

陈臻，是孟子的弟子。兼金，是成色好的金子，价值是普通金子的两倍，所以叫兼金。镒，是二十两。赆，是临别送给远行人的路费。

陈臻问孟子："过去在齐国，齐王送您二千两上等的金子，您不接受。后来在宋国，宋君送您一千四百两，您接受了。到薛邑，送您一千两，您也接受了。如果在齐国不接受是对的，那么在宋国、薛邑接受就是错的；如果在宋国、薛邑接受是对的，那在齐国不接受就是错的。老师一定有一头是错的。"

孟子回答说："都是正确的。推辞或接受他人的馈赠，是君子立身之大节，应辞应受，只看道理上如何。君子居人之国，交之以道，接之以礼，若别人有馈赠，峻然拒绝，绝人于己，也是不对的。在宋国的时候，我将要远行。对远行之人，馈赠路费，这是礼之当然，所以宋君说：'送些盘缠吧。'我应该接受。

"在薛邑，听说路上有危险，我有戒备之心，要加强警卫。因此他说：'听说您需要加强警卫，送点钱给您买兵器吧。'我也应该接受。我在他的地盘，他本来就有提供资源和保护的礼义，我为什么要拒绝呢？

"所以在宋在薛，其馈赠都出之有名，合乎礼仪。而在齐国就没什么理由，无缘无故送钱给我，这不是等于收买我吗？君子怎么可以被收买呢？小人见利而动，给钱就来，但君子不可以。所以我不接受他的钱。"

孟子不收齐宣王的钱，因为齐王没有听他的话，没有用他的政策。孟子若拿了他的钱，就不是为天下、为齐国谋福利，而是为自己谋利禄了。所以你不听我的，我一分不取，走了就是。孟子之高洁，和商鞅见秦孝公真是天壤之别。商鞅是只要您能用我，给我利禄，我什么招都有，哪一招合您胃口，就给您哪一招，从帝道、王道、霸道一直提案到强道，最后成功把强道卖给了秦孝公。这叫什么呢？这叫"学成文武艺，货于帝王家"。而孟子呢，口袋里只有一个王道，你不接受就算了，这叫"君子不可以货取"。

## 占了位置拿了酬劳，就要干事

**原文**

孟子之平陆，谓其大夫曰："子之持戟之士，一日而三失伍，则去之否乎？"

曰："不待三。"

"然则子之失伍也亦多矣。凶年饥岁，子之民，老羸转于沟壑，壮者散而之四方者，几千人矣。"

曰："此非距心之所得为也。"

曰："今有受人之牛羊而为之牧之者，则必为之求牧与刍矣。求牧与刍而不得，则反诸其人乎？抑亦立而视其死与？"

曰："此则距心之罪也。"

他日，见于王曰："王之为都者，臣知五人焉。知其罪者，惟孔距心。"为王诵之。

王曰："此则寡人之罪也。"

**华杉详解**

平陆,是齐国的城邑。平陆大夫,名字叫孔踞心。孟子在齐国各地考察,大概也是奉齐王之托"老师您帮我各处看看"。

孟子到了平陆,对孔踞心说:"您这持戟的兵士,如果一天三次失伍,要开除他不?"伍,是班次。失伍,就是不在班次里面,失职了。

孔踞心说:"怎么会给他三次机会?一次失职就要处罚了。"

孟子说:"那我看您的失职之处也不少啊!凶年饥岁,您这平陆的百姓年老体弱抛尸露骨在山沟里的,年轻力壮逃荒四方的,就几近一千人。"

这老百姓怎么会饿死呢?不是他自己种的粮食不够吃,而是政府横征暴敛太过,年年都要发动战争,征兵征夫,大量消耗粮食,老百姓就只能饿死了。

孔踞心当然明白这道理,所以他说:"这是体制问题,不是我个人所能改变的。仓廪府库,上头没有命令,我不能开仓赈济。国家要求的赋税征输,上头有命令,我也不能缓收。我只是奉命从事,哪能自作主张呢?"

孔踞心这么一说,是诿罪于上了。他只是执行者,坏事都不是他干的。

孟子就说:"按你的说法,这都是君上的主张,由不得你。那你也明白受人之托、忠人之事的道理吧?君上委托你在平陆做什么呢?肯定不是委托你在这儿看着老百姓饿死吧。譬如现在有一个人,接受了别人委托的牛羊,替人放牧,那他一定要替牛羊找到牧场和草料吧。如果自己没本事找到牧场和草料,他是该把牛羊退还给主人呢?还是坐在那里看着牛羊饿死呢?"

孟子的道理非常清晰,这也是历代圣贤反复讲的:**占了位置拿了酬劳,你就要干事;干不了事,你就不要坐那位置,不要拿酬劳。**

你在这儿做官,就要为一方百姓负责。负不了这责,你可以不做这个官。贪图禄位,硬要占着这个位子,看着百姓饿死,这怎能说不是你的错?孟子说的态度,就是前面讲过的柳下惠的态度。柳下惠若看见百姓要饿死了,他就一定会开仓赈济,上头的赋税征输他就一定会要求缓一缓,如果上头不同意,那可以撤我的职,但我是一定要这么干的。

孔踞心哑口无言,承认道:"这个是我的罪过了。"

孟子走了一圈,回到王宫,对齐王说:"现在齐国当官食禄的人也不少!但是能尽忠补过的,就不多了。为您担任地方长官的,我也见了五个人。这五个人当中,能知道自己过错的,只有孔踞心一人而已!"于是把他和孔踞心的对话,跟齐王复述了一遍。

齐王听了也觉得惭愧,说:"唉!这是我的罪过啊!"

齐王心里啥都明白,他若能行仁政,平时轻徭薄赋,灾荒年间又能开仓赈济,那么地方官自然会奉行,哪会让百姓饿死呢?都是他"寡人有大欲",要吞并诸侯,称霸天下,才拼命刮地皮、要资源,弄得百姓流离失所。

孟子一席话,让齐国君臣都自认其罪,也是了不起。如果齐王能扩充此心,损上以益下;齐国的大夫能仰体君心,各修职以养民,那齐国不就大治了吗?

但是这一切并没有发生。因为要提高百姓收入,就要减少齐王收入。钱只有那么多,就是分配的问题。一到了利益关口,齐王又是英雄难过利益关了。孟子触及了齐王的灵魂,居然让齐王认错了。但孟子也触及不动齐王的利益,他还是将错就错,继续错上加错。

## 仕为行道,道不行,义不可以素餐

**原文**

孟子谓蚳鼃(chí wā)曰:"子之辞灵丘而请士师,似也,为其可以言也。今既数月矣,未可以言与?"

蚳鼃谏于王而不用,致为臣而去。齐人曰:"所以为蚳鼃,则善矣;所以自为,则吾不知也。"

公都子以告。曰:"吾闻之也:有官守者,不得其职则去;有言责者,不得其言则去。我无官守,我无言责也,则吾进退,岂不绰绰然有余裕哉?"

**华杉详解**

蚳鼃,是齐国大夫。灵丘,是齐国城邑。士师,是掌管刑罚的官,也有谏诤的职责。蚳鼃辞去灵丘大夫的职位,自己请求做士师,因为他想接近齐王,以谏诤政策和刑罚不合理的地方。但是他在士师的位子上干了几个月,也没找到合适的时机说话。孟子看出蚳鼃的意图,就激他:"你辞去外邑大夫的职位,自请为士师，好像是对的，是为了可以进言。在下面做官，就该看到很多下情不能上达之处。到了国君身边，更有忠言进谏之责。现在你来了几个月了，下情有什么国君不知道的，也没听见你汇报；国君做得有什么不对的，也没听见你批评。难道齐王对下面的糟糕情况都了解了吗？难道你这几个月看到齐王做的每一件事都对吗？就没有一件值得你说的？"

蚳鼃得到孟子的鼓励，也耻于自己的失职，就去向齐王进谏。结果齐王不听，蚳鼃就辞官离去了。

《礼记》上有规矩："为人臣之礼，不显谏，三谏而不听，则逃之。"不显谏，就是不要公开批评君主，要私下批评，给君主保留脸面，也避免给自己招祸。但是，如果三次进谏都不听，就应该离开。为什么呢？仕为行道，道不行，义不可以素餐。当官任职，是为了发挥自己的价值，如果不能发挥，只是在这里"听话"地混碗饭吃，那就是尸位素餐的不义之事。进谏三次，就算尽到义务了，君主若不听，就该走了。

蚳鼃走了。齐国就有人说风凉话："孟老师对蚳鼃的要求倒是挺高的，只是不知道他对自己有什么要求啊？"言下之意，你孟子一番话把蚳鼃给说走了。你自己呢？你的话齐王也没听，你怎么不走啊？

弟子公都子就把这话传给孟子。

孟子说："君子出处进退，各自有一种道理，齐人怎么能够了解我呢？有固定职务的，如果不能尽其职责，就可以不干；有进言责任的，如果言不能听，计不能从，也可以不干。而我呢？既没有固定的职务，也没有进言的责任，我的进退，就宽舒得有无限的回旋余地。"

孟子一度对齐王抱有很大的期望，所以他非常谨慎地处理和齐王的关系。一是一定要取得王者师的地位，有说话的分量，所以齐王召他，他就不去，一定要齐王来拜访他；另外，他也不受齐王的俸禄，不做齐王的臣子，送他金子，他也不要，保持自己的超然地位。仕为行道，道不行，义不可以素餐。孟子在齐国待了好多年，就是为了让齐王行王道。若齐王真能行王道，他或许就会在齐国做官；若齐王不行王道，他就以宾师的身份继续启发齐王。这就是他给自己设计的回旋余地。

**原文**

孟子为卿于齐，出吊于滕，王使盖大夫王驩（huān）为辅行。王驩朝暮见，反齐滕之路，未尝与之言行事也。

公孙丑曰："齐卿之位，不为小矣；齐滕之路，不为近矣，反之而未尝与言行事，何也？"

曰："夫既或治之，予何言哉？"

**华杉详解**

孟子在齐国做客卿。滕国有丧事，齐王派他出面去吊唁，又派了盖邑大夫王驩做副使，跟他一起去。这王驩是个佞臣，孟子看不上他的为人，也不愿意跟他有交集，所以和王驩一起往返滕国，朝暮相见，也只是勉强应酬，没有谈一句公事，更别说交流思想了。公孙丑看老师表现异于平时，就问："王驩是盖邑大夫，也是齐卿的级别，不是小官了，并非不值得交流的人；在齐国滕国之间往返，路途时间都很长，也不是没交流机会——老师您却一句话都不跟他说，这是为什么呢？"

孟子认定王驩是个坏人，无论跟他说什么都是白费的，反而起副作用，所以他不说。但是他也不能把这缘故说给公孙丑听，万一这话传出去，就会得罪王驩，伤害到自己。孟子就回答："说什么呢？没什么公事需要说啊，来回一切路程和礼仪，有司都安排好了，我需要说什么呢？"

**原文**

孟子自齐葬于鲁，反于齐，止于嬴。

充虞请曰："前日不知虞之不肖，使虞敦匠事。严，虞不敢请；今愿窃有请也：木若以美然。"

曰："古者棺椁无度，中古棺七寸，椁称之。自天子达于庶人，非直为观美也，然后尽于人心。不得，不可以为悦；无财，不可以为悦。得之为有财，古之人皆用之，吾何为独不然？且比化者无使土亲肤，于人心独无恔（xiào）乎？吾闻之：君子不以天下俭其亲。"

**华杉详解**

孟子在齐国,他的母亲也跟着他住在齐国。母亲去世后,孟子将她归葬于鲁国。安葬好母亲,孟子返回齐国,在嬴留宿。孟子的弟子充虞就问:"承蒙您看得起我,让我来监理棺椁的制作工作。当时大家都很忙碌,我有话没敢问。今天斗胆请教老师,我觉得棺木似乎太豪华了。"

棺,是放置遗体的;椁,是外棺,就是套在棺材外面的大棺材。棺和椁之间,可以放一些死者的遗物和陪葬品。

孟子回答说:"上古时期对棺椁没有什么规定,到了中古的时候,才规定棺木厚七寸,椁和棺相称就可以了。从天子到庶人,对棺椁也并不追求豪华,而是尽自己的一份心就可以了。如果受规定限制,不能用上等的木料,当然不称心;或者法规允许,但自己没有财力,做不到,那也不称心。现在既没有法规限制我,我的财力也足够,古人都这样做了,我为什么不能这样做呢?让逝者的肌肤不要挨着泥土,人子之心不就欣慰了吗?我听说啊,在任何情况下,都不应该在父母身上省钱。"

孟子和母亲感情很深,我们都熟悉孟母三迁的故事,孟子从小就是在母亲的教导下成长起来的。所以母亲去世,孟子无以表达,唯有尽其财力厚葬母亲。但孟子葬母的奢侈排场,他的弟子们都觉得过了,也成为其他人攻击他的口实。

# 君子之过,如日月之食

**原文**

沈同以其私问曰:"燕可伐与?"

孟子曰:"可。子哙不得与人燕,子之不得受燕于子哙。有仕于此,而子悦之,不告于王而私与之吾子之禄爵;夫士也,亦无王命而私受之于子,则可乎?何以异于是?"

齐人伐燕。或问曰:"劝齐伐燕,有诸?"

曰:"未也。沈同问:'燕可伐与?'吾应之曰:'可。'彼然而伐之也。彼如曰:'孰可以伐之?'则将应之曰:'为天吏,则可以伐之。'今有杀人者,或问之曰:'人可杀与?'则将应之曰:'可。'彼如曰:'孰可以杀之?'则将应之曰:'为士师,则可以杀之。'今以燕伐燕,何为劝之哉?"

**华杉详解**

燕王子哙惑于邪谋,将燕国国君之位禅让给相国子之,造成燕国大乱。齐国大臣沈同就以私人身份来问孟子:"燕国可以讨伐吗?"

孟子回答说:"可以讨伐。子哙的燕国国君之位,是周天子授予,又从他的先君一代代传下来的,他无权私自将君位授给相国子之。子之也不能私自从子哙那里接受君位。这就好比有一个人,你很喜欢他,但你不能把国王给你的职位俸禄都让给他。他呢,也不能没有国王的任命,就从你这儿接受职位俸禄。子哙和子之私相授受,就与此没有分别,这怎么可以呢?"

齐国果然伐燕。有人就来问孟子:"齐国讨伐燕国,听说您曾经赞同并劝说过,有这事吗?"

此时,齐国已占领燕国,但并没有为燕国主持公道、维持秩序,而是掠夺燕国的财富,而且想吞并燕国。孟子回答说:"我说燕国可以讨伐,可没说像齐国如今这样去讨伐。沈同问燕国可不可以讨伐,我说可以,他就去伐了。他并没有问谁可以讨伐燕国。如果他问我谁可以讨伐燕国,我就会回答说只有替天行道、诛讨有罪的天吏才可以。讨伐燕国,处罚子哙和子之,为燕国百姓另立新君,平定秩序,然后退兵回国,这才是我说的讨伐。就好像有人杀了人,你问这杀人犯该不该杀,我当然回答该杀。但你若继续问谁可以杀他,我就会回答说只有掌管刑罚的官员可以去杀他,而不是你可以随便杀他。如今让和燕国一样暴虐的齐国去讨伐燕国,这样的事我怎么会劝他去做呢?"

**原文**

燕人畔。王曰:"吾甚惭于孟子。"

陈贾曰:"王无患焉。王自以为与周公孰仁且智?"

王曰:"恶!是何言也?"

曰:"周公使管叔监殷,管叔以殷畔。知而使之,是不仁也;不知而使之,是不智也。仁智,周公未之尽也,而况于王乎?贾请见而解之。"

见孟子问曰:"周公何人也?"

曰:"古圣人也。"

曰:"使管叔监殷,管叔以殷畔也,有诸?"

曰:"然。"

曰:"周公知其将畔而使之与?"

曰:"不知也。"

"然则圣人且有过与?"

曰:"周公,弟也;管叔,兄也。周公之过,不亦宜乎?且古之君子,过则改之;今之君子,过则顺之。古之君子,其过也,如日月之食,民皆见之;及其更也,民皆仰之。今之君子,岂徒顺之,又从为之辞。"

### 华杉详解

前文记载过孟子和齐宣王关于伐燕的对话。刚刚把燕国拿下的时候,齐宣王很得意,孟子就劝他要以燕国百姓的福祉为标准,以燕国百姓高不高兴、答不答应,来决定齐国对燕国的政策。可齐宣王没听进去,之后周边各诸侯国都厉兵秣马准备伐齐救燕,在齐宣王犹疑之时,孟子又劝齐宣王为燕国另立新君,全身而退,可齐宣王还是依依不舍,不甘心、不作为。终于燕国百姓揭竿而起,反抗齐国。齐宣王被迫退兵。

这一切都被孟子说中了。宣王就很惭愧,说:"哎呀!我没脸去见孟老师了。"齐国大夫陈贾就说:"齐王您不要自责。您觉得您和周公比,在仁和智方面,谁更强些呢?"

齐王说:"这是什么话!我哪敢跟周公比啊?"

陈贾说:"是啊,你看,周公让管叔监视殷国,结果管叔居然和殷国联合叛变。如果周公知道他要叛变,却派他去,那是不仁;如果周公不知道他要叛变,那就是不智。这仁和智,周公都没能全做到,何况大王您呢?您怎么知道燕国人要反叛啊？我去跟孟子谈谈，向他解释解释。"

陈贾说的，是周武王灭纣之后，将纣王的儿子武庚立为诸侯，统领殷朝遗民，同时把弟弟管叔、蔡叔、霍叔封在武庚周边，监视武庚。周武王去世之后，周公摄政。管叔认为周公想要对成王不利，自取天子之位，并且管叔认为这位子应该是自己的，因为他是周公的哥哥。于是他就和蔡叔联合武庚和东方诸侯作乱。后来周公东征，平定叛乱，管叔兵败被杀。

齐宣王好不容易有点悔悟知错，陈贾就拿周公管叔的案例来为他开脱，这就是奸臣小人了。

陈贾准备了一箩筐话来找孟子，说："孟老师认为周公是什么人呢？"

孟子说："那当然是圣人啊！"

"那周公让管叔监视殷国，结果管叔却联合殷国叛变，有这事吗？"

"有啊。"

"那周公知道管叔要叛变吗？"

"那当然不知道了。"

"这么说，圣人也难免有过错了？"

孟子听明白了他的来意，说："周公是弟，管叔是哥，弟弟不知道哥哥要叛变，这不是很合乎情理的吗？再说了，古代的君子，有过错就能改正；今天的君子呢，有过错就将错就错！古代君子的过错，就像日食月食，当他犯错的时候，大家都看得一清二楚，当他改正的时候，万众仰望。而今天的君子呢，不仅将错就错，还弄出一堆道理来为自己辩护！"

君子之过，如日月之食。这话出自《论语》，原话是子贡说的。

子贡曰："君子之过也，如日月之食焉：过也，人皆见之；更也，人皆仰之。"

因为你是大人物，你的位置高，所以一举一动，万众瞩目。当你犯错的时候，就像太阳遇到日食，月亮遇到月食，大家都看得一清二楚。但这也没关系，谁不犯错呢？错了，就老老实实承认，大大方方改正，就像日食月食结束后重新放出光芒，你改过的过程和结果，也是万众仰望。

## 孟子离开齐国

**原文**

  孟子致为臣而归。王就见孟子,曰:"前日愿见而不可得;得侍同朝,甚喜;今又弃寡人而归,不识可以继此而得见乎?"

  对曰:"不敢请耳,固所愿也。"

  他日,王谓时子曰:"我欲中国而授孟子室,养弟子以万钟,使诸大夫国人皆有所矜式。子盍为我言之?"

  时子因陈子而以告孟子,陈子以时子之言告孟子。

  孟子曰:"然,夫时子恶知其不可也?如使予欲富,辞十万而受万,是为欲富乎?季孙曰:'异哉子叔疑!使己为政,不用,则亦已矣,又使其子弟为卿。人亦孰不欲富贵?而独于富贵之中有私龙断焉。'古之为市也,以其所有易其所无者,有司者治之耳。有贱丈夫焉,必求龙断而登之,以左右望,而罔市利。人皆以为贱,故从而征之。征商自此贱丈夫始矣。"

**华杉详解**

孟子在齐国为卿,本欲行王道于齐国,但是齐王始终不采纳他的政策。他终于绝望,决定辞官回乡。齐王见孟子要走,亲自登门挽留,说:"之前夫子您没到齐国来,我想见您也见不着。后来您终于来了,让我能侍于贤者之侧,满朝文武,也都很欢喜。今天您看我不足有为,又弃我而去,不知道这一别之后,还能再见到您吗?"

孟子的主张,齐王虽然做不到,但是心里还是敬重孟子,知道孟子说得有道理,所以看见孟子要走,心里也很难过,好德之心也不可谓不诚,只是不能知行合一。

孟子也很伤感,说:"我只是不敢请求罢了,我也希望能再见到您。"

齐王的态度让孟子有了期待,他希望齐王回心转意,能行王道,救天下。

所以孟子要走的行动也就放慢了。

齐王也琢磨出一个让孟子留下的方案，决定让大夫时子去给孟子传话，他对时子说："我想在'中国'——国都中间，士民凑集的中心地带——给孟子盖一所房子，让他和他的弟子们居住，每年给他万钟之禄，这样我的诸大夫及国人，都能随时领略孟子的风采，受到他的熏陶，人人得以尊敬而效法。你去把我的意思告诉孟老师，看能挽留住他吗？"

齐王的提议，时子也不好意思直接跟孟子说，于是找了孟子的弟子陈臻，让陈臻去跟孟子说。

孟子一听齐王这不靠谱的提议，彻底绝望了。仕为行道，道不行，义不可以素餐。孟子要留下，只有一个理由，就是齐王行他的王道，除此之外，没有任何留下的理由，还谈什么房子钱财呢？孟子说："齐王也是诚心诚意留我，但是我应该走。时子知道我留下有什么不妥当吗？如果我想发财，之前做卿的俸禄是十万钟，现在我何必辞去十万钟的职位，接受一万钟的俸禄，养起来什么也不干，这是致富之道吗？"

齐王想得简单，你不愿意干，我把你养起来，不用你干活，行不？而孟子的想法是，你不按我的思想干，我就没价值，没发挥作用，那我就不能尸位素餐，我就必须离开。所以两人的价值观完全不一样，到最后也还是说不到一块儿。

孟子接着说："我既然已经辞去卿位，又换个方式留下来，这和当年子叔有什么区别？当年季孙批评子叔：'子叔的为人真是怪哉，他自己居位为政，不能见用于其君，那全身而退就是了。可他倒好，自己虽然退了，却又让他的子弟们去做官，代他秉政，满朝都是他的人。他不过是志在权势富贵而已。谁不想富贵？但是你不能为一己之私，把富贵机会都垄断了。'"

孟子若按齐王的设想留在齐国，有那国师的地位，即使他不做官，他的弟子们也必然给齐王请去做官，这样就成了一股政治势力，却又不能实施他的政治主张。若能实施他的政治主张，他自然自己来干；若不能实施他的政治主张，弟子们却成了一股政治势力，那不就是利益集团吗？孟子一生追求治国平天下，如果最后成了一个利益集团的领袖，他怎么接受得了呢？

"什么叫垄断呢？古时候的市场是聚集民间的货物，让大家彼此交换的。以其所有，易其所无，两平交易，各得其所。那有司的市场管理人员，不过是替大家平物价、理纠纷、以法治之而已。开始的时候，并未征税。后来有一等卑鄙汉子，他一定要登上高处，左边望望，看哪一项可以囤积，右边望望，看哪一项可以兴贩，恨不得把这市中财利一网打尽，不肯放过一点。于是人人都贱恶他，说该收他的税。征收商人的税，就是从这个卑鄙汉子开始的。"

孟子已经说得很明白了，他若不能行道，却还待在齐国，获取那国师的地位，就是利益场上谋求垄断的卑鄙汉子了。于是，孟子走了。

**原文**

孟子去齐，宿于昼。有欲为王留行者，坐而言。不应，隐几而卧。

客不悦曰："弟子齐宿而后敢言，夫子卧而不听，请勿复敢见矣。"

曰："坐！我明语子。昔者鲁缪公无人乎子思之侧，则不能安子思；泄柳、申详，无人乎缪公之侧，则不能安其身。子为长者虑，而不及子思，子绝长者乎？长者绝子乎？"

**华杉详解**

孟子离开齐国，返回家乡邹国，晚上在昼邑歇息。齐国有个人知道齐王在挽留孟子，又看孟子走得慢，认为可留，就自己跑来，希望立一功，说服孟子留在齐国。他既没有奉齐王的王命，又跟孟子没什么交情，对孟子的思想也没什么认识，就这样冒冒失失地来，以愚喻智，不自量力。所以任他在那儿坐着叨咕，孟子也不搭理他，就靠着茶几，打起瞌睡来。

这人就不高兴了，自己本想书写一段佳话，结果被这样对待。他对孟子说："老师您的去留，对于齐国来说举足轻重。我为了准备见您，提前一天斋戒，整洁身心，然后才敢来跟您说话。而您却躺着装睡，明示拒绝，这也太不尊重人了！弟子就此告辞，以后再也不敢来见了！"

孟子说："你坐下来，我明白告诉你。以前鲁缪公是怎样对待贤者的呢？当时子思是鲁国第一贤者，鲁缪公深知其贤，以师道尊之，常使人侍候起居，通其诚意，所以子思能留在鲁国为臣。如果鲁缪公没有派人在子思身边，他便不安心，同时也怕子思不安。泄柳、申详，也是鲁国贤臣，但没有达到子思那个程度，鲁缪公对他们的尊重照护，当然不如子思。但是，也有那些在鲁缪公身边推荐贤士的近臣,为他们维持调护,让他们也能安心安身做事。如果没有国君身边尊贤好德的近臣,则国君敬贤之心、尊贤之礼,有时而衰。或者偶尔有些误会,伤了感情,他二位受不了,可能也走了。可见要留住贤者,上要有好贤之君,尊崇听信,寄之以腹心;下要有荐贤之臣,弥缝匡赞,通之以情意。你今天来,是奉王命,代表那好贤之君来见我呢?还是说你是那荐贤之臣,能在国君身边发挥影响呢?你不能去劝说齐王改变态度,却自己跑来拿空话留我,这算什么呢?你替我这个老头考虑考虑,你什么都做不到,连子思怎么被鲁缪公对待都想不到,是你跟我决绝呢,还是我跟你决绝呢?"

张居正讲解说,君明臣贤,需有三个条件:一是为臣者以道自重,你坚持你的道理,坚持你的价值,则君王也尊重你;二是君王忘势而下交,忘掉自己的权势,向下结交;三是左右贤者,秉公推荐。人人都会受身边人的影响,如果君王的近臣不贤,则外面的贤人也进不去。

所以身边人很重要。

**原文**

孟子去齐。尹士语人曰:"不识王之不可以为汤武,则是不明也;识其不可,然且至,则是干泽也。千里而见王,不遇故去。三宿而后出昼,是何濡滞也?士则兹不悦。"

**华杉详解**

孟子离开了齐国,但是慢慢吞吞,在昼邑还歇了三晚才走。齐国有个人叫尹士的,就跟人讥讽议论说:"孟子不知道齐王做不成商汤、周武王的事业,这是他智不足以知人;知道齐王不行,还要来,那是志在求利禄。来了,看见道不能行,要走又依依不舍,在昼邑住了三天,还是舍不得!我看不惯这种人!我不高兴!"

张居正在讲解尹士的话时,提出了一个君子去就的道理,叫"难进易退"。什么意思呢?进必择君而仕,为行道,不为利禄,要遇到愿意行你的道的君王很难,这叫"难进";一旦道不能行,即刻就退,不要尸位素餐,这叫"易退"。如果道不能行,还不退,那就是贪图利禄,白吃白拿。马云说过:最恨那些成天批评公司,又不辞职的人。就是这道理。

尹士的意思，就是说孟子退得太慢。他这种反应很典型。我们都常犯这个毛病，就是喜欢评判他人，而且所谓的评判主要是批评。发掘人家一点行为表现，就自己加以解释，就"看不惯"。这都是为了表现出自己的高洁，把自己放到一个道德制高点，就宣布看不上别人。

**原文**

高子以告。

曰："夫尹士恶知予哉？千里而见王，是予所欲也；不遇故去，岂予所欲哉？予不得已也。予三宿而出昼，于予心犹以为速。王庶几改之。王如改诸，则必反予。夫出昼而王不予追也，予然后浩然有归志。予虽然，岂舍王哉？王由足用为善。王如用予，则岂徒齐民安，天下之民举安。王庶几改之，予日望之。予岂若是小丈夫然哉？谏于其君而不受，则怒，悻悻然见于其面。去则穷日之力而后宿哉？"

尹士闻之曰："士诚小人也。"

**华杉详解**

孟子的弟子高子，就把尹士的话传给了孟子。

孟子说："难进易退，道理也对。但是忧国忧民，委屈从容，也有出于常情之外者，尹士哪里能明白我的心迹呢？当初我不远千里来见齐王，这是我的希望，不管齐王能不能成为商汤、周武，只要能用我，也可有一番作为。后来道不能行，不得已而去。这是我希望的吗？非也。没错，我在昼邑住了三晚，我还想住四晚、五晚！希望齐王能回心转意。人情总有暂蔽而复明，或者始过而终改，齐王如果知道既往之失，痛加省改，则以为王道可行，我的话可信，那就会派人来追我回去。但是齐王的使臣始终没有来。如果我离开昼邑，齐王还没有来追，我才会无所留念，浩然长往，不再停留。

"虽然是这样，我难道就愿意舍弃齐王吗？齐王就算不能成为商汤、周武，或如他自己所说，有好勇、好货、好色三样毛病，但是他的不忍之心，若能充实广大，仍可以保民，犹足以引以为善。齐王如果能用我，不只是齐国之民能安，天下之民皆能安。我今天即便已经离去，还是会每天盼望着齐王什么时候能改。我难道是那气量狭窄的小丈夫吗？进谏于君，不被接受，就要勃然大怒，满脸不高兴，一旦离开，就非得走到精疲力竭才留宿吗？"

尹士听到孟子的回应，悔悟说："我真是以小人之心度君子之腹了。"

**原文**

孟子去齐。充虞路问曰："夫子若有不豫色然。前日虞闻诸夫子曰：'君子不怨天，不尤人。'"

曰："彼一时，此一时也。五百年必有王者兴，其间必有名世者。由周而来，七百有余岁矣。以其数则过矣，以其时考之则可矣。夫天，未欲平治天下也；如欲平治天下，当今之世，舍我其谁也？吾何为不豫哉？"

**华杉详解**

孟子离开齐国，大概一路上兴致不高，弟子充虞就问："老师好像不开心啊？之前我听老师说，君子之心，自得自足，就是不得于天，也不怨天；不合于人，也不尤人。现在老师不遇于齐，闷闷不乐，似乎有点怨尤的样子。"

孟子说："此一时，彼一时也。不怨不尤这两句，是我平时经常诵读的孔子的话。当初没有出来做事，只是在家做学问，居仁由义，欣然自乐。现在希望出来得君行道，辅世安民，但是始终得不到施展，则上畏天命，下悲民苦，心中自然沉重。这不是怨天尤人，是悲天悯人。

"我为什么不开心呢？在这大变革的时代，没有找到仁君圣主，我的道不能行，总有些不能释然吧。大概这圣君贤相要相遇，也实在是很难！不过呢，也该到时候了！我听说，五百年必有一位圣君兴起，也必有一位名世之才来辅佐他！从周朝以来，已经七百多年了。论年数，已经超过了五百。论时势，正是天下乱极思治的有为之时。我寻寻觅觅，终于找到一个齐王，觉得他的国家实力和不忍之心，都足以为善，但结果又不遇而去，心里当然觉得失落啊！

"我想这是上天的安排吧！大概上天还没有想要平治天下。如果要平治天下的话，虽然我不知道那位五百年出一个的仁君圣主是谁，但是，能辅佐他的名世者，当今天下，除了我还能有谁！我有什么不开心的呢？"

名世者，又称命世者，连起来就是命名世者，也就是可以命名一个时代的人。比如"邓小平时代",邓小平就是名世者。孟子要开创孟子时代,"如欲平治天下,当今之世,舍我其谁",这就是他胸怀天下的雄心壮志。

**原文**

孟子去齐,居休。

公孙丑问曰:"仕而不受禄,古之道乎?"

曰:"非也。于崇,吾得见王。退而有去志,不欲变,故不受也。继而有师命,不可以请。久于齐,非我志也。"

**华杉详解**

孟子离开齐国,走到休邑,公孙丑又问了老师一个问题:"老师您在齐国为卿,接受了卿位,却不接受俸禄,这是为什么?是合乎古道吗?"

孟子回答说:"不是的,和古道没关系。我刚到齐国的时候,在崇邑见到齐王,交谈下来,觉得他不能施行我的主张,当时就已经有了退意,但还抱有一线期望,所以留了下来。虽然如此,但离开的意思并未改变,所以没有接受他的俸禄,这样自己就有去留进退的自由。后来准备放弃,想离开了,正碰上齐国又发生战事,兵凶国危的时候,我提出要走,给人家添乱,也不太好,所以又拖延了些日子。长久留在齐国,不是我的心愿。"

自此,孟子的齐国故事结束了。

# 第五篇 滕文公章句上

## 没有什么事做不到,主要看领导的率先垂范

**原文**

滕文公为世子,将之楚,过宋而见孟子。孟子道性善,言必称尧舜。

世子自楚反,复见孟子。孟子曰:"世子疑吾言乎?夫道,一而已矣。成覸(jiàn)谓齐景公曰:'彼,丈夫也;我,丈夫也。吾何畏彼哉?'颜渊曰:'舜,何人也?予,何人也?有为者亦若是。'公明仪曰:'文王,我师也。周公岂欺我哉?'今滕,绝长补短,将五十里也,犹可以为善国。《书》曰:'若药不瞑眩,厥疾不瘳(chōu)。'"

**华杉详解**

滕国,在现在的山东境内,国家很小,始祖是周文王的第十四子姬绣。因为挨着鲁国,而鲁国的始祖是姬绣最强的哥哥周公,所以一直以鲁国为宗主国。

滕文公在做世子(也就是太子)的时候,就仰慕孟子。有一次他奉命出使楚国,听说孟子在宋国,就经过宋国去见孟子。他是一国储君,又急于见贤,说明他心中有入圣的萌芽。所以孟子就启发他,开口就说性善,言必称尧舜。

人之初,性本善。《中庸》的第一句也说:"天命之谓性,率性之谓道,修道之谓教。"性,是人禀赋于天而生长之理,浑然至善,未尝有恶。每个人初

时都是至善，都与尧舜无异，但众人逐渐为私欲所蔽，从而一点点失去了善。尧舜因为无私，所以能"率性"，不断充实广大其善，遂成王天下、平天下之功。善是在自己身上的，不假外求，所以人人皆可以为尧舜。

凡是说善恶，一定是先有善后有恶；说吉凶，一定是先有吉后有凶；说是非，一定是先有是后有非。恶、凶、非，都是后面自己召来的。人若不做坏事，就没有恶、凶、非。

后来，世子从楚国完成使命回程，途中又到宋国见孟子。因为他上次听孟老师说得似乎很有道理，但是太高大上，太难落地，所以想来请教有没有更接地气的方法。

这修行做圣人怎么接地气呢？儒家讲人人皆可为尧舜，人人皆可为圣人，有着很具体的入手方法：不是去期待我什么时候能像圣人那样立功、立德、立言，而是就在日用常行、待人接物之中，每处理一件小事，哪怕是砍柴做饭、端茶倒水，都要想一想，如果是圣人，他会怎么说怎么做，那我就也这么说这么做。这样，自然会在对方身上有反馈。如果一件事，哪怕是圣人孔子来面对，他的处理方式也"不过如此"，和我一样，那么，在这件事上，你就是圣人了。这就是人人皆可为圣人的修行心法。

孟子见世子回来，知道他没搞懂，就说："世子此来，莫非是上次听了我的话，有所疑惑吗？这天下的道理呀，就只有一个而已！如果说尧舜之道，尧舜能做到，而我却做不到，难道是尧舜有一个道理，其他人又有另一个道理吗？"

天命之谓性，率性之谓道。天下只有一个道理，正确道路只有一条，而不是你有你的路，我有我的路。就像托尔斯泰说的："幸福的家庭都是相似的，不幸的家庭各有各的不幸。"我们也可以说，幸福的国家都是相似的，不幸的国家各有各的不幸；幸福的企业都是相似的，不幸的企业各有各的不幸。

"当初齐国勇士成覸对齐景公说：'他是大丈夫，我也是大丈夫，我怕他作甚？'颜渊说：'舜是什么人？我是什么人？大家既然都是人，我也能立志有为。他怎么做，我就怎么做，这有何难！'鲁国贤人公明仪说：'周公经常说文王是他的老师。周公肯定不会骗我吧！那我就也以文王为师、为模范去做事！'

"世子不必有疑虑,看看成𬱖、颜渊、公明仪,你也可以像他们一样立志。商汤起家是七十里之国,文王起家是一百里之国。滕国虽小,长短折算下来,也有方圆五十里的土地,仍然可以行仁政而成良善之国。"

国家小没什么,咱们可以自己打造一个理想国,这是完全取决于自己的。咱们小国又不用像大国那样操心征服别人,更可专心行善呢!

《书经》上说:"若药不瞑眩,厥疾不瘳。"意思是:如果药吃下去,没有一番瞑眩反应,没有腹内烦乱一番,那病是好不了的。要行仁政,也必然要经历国内一番折腾,利益重新分配。为人君者,当然要有强大的意志力,去准备迎接挑战,忍人所不能忍,容人所不能容,这样才能做得到!

**原文**

滕定公薨,世子谓然友曰:"昔者孟子尝与我言于宋,于心终不忘,今也不幸至于大故,吾欲使子问于孟子,然后行事。"

然友之邹问于孟子。

孟子曰:"不亦善乎!亲丧,固所自尽也。曾子曰:'生,事之以礼;死,葬之以礼,祭之以礼,可谓孝矣。'诸侯之礼,吾未之学也。虽然,吾尝闻之矣:三年之丧,齐(zī)疏之服,飦(zhān)粥之食,自天子达于庶人,三代共之。"

**华杉详解**

齐,是缝边;疏,是粗布。丧服的上衣叫衰,下衣叫裳。疏衰裳齐,就是粗布衣服,缝上衣边。比较稠的粥叫飦,比较稀的粥叫粥,飦粥泛指粥。吃粥,也是表示食不甘味,吃不下美食。

滕文公的父亲滕定公薨逝,滕文公去找然友。然友,是滕文公的傅,就是辅佐教导他的老师。他对然友说:"以前孟子在宋国跟我有一番谈话,我至今念念不忘。如今遭遇父丧的大变故,我想请您去问问孟子的意见,我再决定该怎么做。"

于是然友就到邹国去问孟子。

孟子说:"方今王道沦丧,礼崩乐坏,世子独有慨然复古之心,这真是好事!人子遭遇父母之丧,哀痛迫切,至情至性,只是竭尽自己的心,不肯有丝毫亏欠而已，别人不可强求，也不能阻拦。曾子曾经说：'父母在世时，有奉养之礼；父母去世时，有安葬之礼；祭享之时，有祭祀之礼。自始至终，礼无不尽，就是心无不尽，这就是孝了。'诸侯之礼，我没有专门学过。但是我听说，人生下来，要三岁才能免于父母的怀抱，所以父母去世，子女也要为父母服丧三年。这三年，穿的是粗布缝边的丧服，吃的是粥。从天子到庶人，都是这个理。"

**原文**

然友反命，定为三年之丧。

父兄百官皆不欲，曰："吾宗国鲁先君莫之行，吾先君亦莫之行也，至于子之身而反之，不可。且《志》曰：'丧祭从先祖。'曰：'吾有所受之也。'"

谓然友曰："吾他日未尝学问，好驰马试剑。今也父兄百官不我足也，恐其不能尽于大事，子为我问孟子！"

**华杉详解**

然友回国，把孟子的话告诉滕文公。滕文公就下了决心，仁政就从这三年之丧开始。于是就把这事定下来，宣布了。这一宣布在滕国引起了轩然大波。因为要行三年之丧的可不只是他一个人，而是大家都要跟着。同姓老臣和百官都不愿意，反对说："我们的宗主国鲁国的先君，都没有这样做；我们自己的祖先滕定公，当初服丧时也没有这么做。到您这一代却要改变祖先的做法，这是不应该的。《志》上面说：'丧祭之礼，一律遵从先祖的规矩。'我们从这一传统继承下来，您怎么能一个人改了规矩呢？"

三年之丧，是周公定的，后来荒废了。滕国的贵族官吏们，说要守祖先的规矩。他们说到鲁国的先君，但却不追溯到第一任君主周公，而是只看到后面已经改了祖先规矩的人。

滕定公见群臣不听从自己，倒也没有怪大家，而是反躬自省。他对然友说："我以前不是一个好学问的形象，成天张罗的就是骑马射箭、游戏驰骋，所以家里的叔伯兄弟和朝廷百官都对我不满意，不相信我能成大事，也不相信我真能守三年之丧。您再去帮我问问孟子，我该怎么办？"

**原文**

然友复之邹问孟子。

孟子曰:"然,不可以他求者也。孔子曰:'君薨,听于冢宰,歠(chuò)粥,面深墨,即位而哭,百官有司莫敢不哀,先之也。'上有好者,下必有甚焉者矣。'君子之德,风也;小人之德,草也。草尚之风,必偃。'是在世子。"

**华杉详解**

于是然友又到邹国问孟子。

孟子说:"世子见群臣不从,能反躬自省,在自己身上找原因,这是非常好的。送终之礼,实起于哀痛迫切之至情,人皆有此心,这是不可以他求的,完全在于尽自己的心而已。孔子曾举古礼说:'君父薨逝,做世子的不理朝政,以百官之事听于大臣之长。自己则居次守丧,喝粥,面容毁悴以至于有深黑之色,即临孝子之位,朝夕哭泣,则大小官吏无不悲哀。这都是因为太子带领的缘故。'在上位的人如果有什么喜欢的,在下位的人一定会加倍模仿。'君子之德,就像风;小人之德,就像草。风往哪边吹,草就往哪边倒。'所以这件事情完全取决于世子。"

**原文**

然友反命。

世子曰:"然!是诚在我。"

五月居庐,未有命戒。百官族人可谓曰知。及至葬,四方来观之,颜色之戚,哭泣之哀,吊者大悦。

**华杉详解**

然友回来复命。

滕文公说:"孟老师说得对,这件事完全在于我!"

于是,滕文公遵从诸侯五月而葬之礼,搭了一个草棚做丧庐,在丧庐里住了五个月,没有发布任何命令,一切政事谓之冢宰。五个月下来,百官和族人都有感悟，觉得他很知礼。到了下葬的时候，四方诸侯使臣和百姓都来观礼。见到他颜色的悲戚、哭泣的哀痛，所有人没有不心悦诚服的。

没有什么做不到的事，主要看做领导的能不能率先垂范。领导能做到，大家就都能做到。

## "为富不仁，为仁不富"是不可能的

**原文**

滕文公问为国。孟子曰："民事不可缓也。诗云：'昼尔于茅，宵尔索绹（táo），亟其乘屋，其始播百谷。'民之为道也，有恒产者有恒心，无恒产者无恒心。苟无恒心，放辟邪侈，无不为已。及陷乎罪，然后从而刑之，是罔民也。焉有仁人在位，罔民而可为也？是故贤君必恭俭礼下，取于民有制。阳虎曰：'为富不仁矣，为仁不富矣。'"

**华杉详解**

滕文公一继位为滕国国君，就立即礼聘孟子到滕国，希望有一番作为。孟子一到，滕文公便向他请教怎么治理滕国。孟子说："民事不可缓也。"民事就是农事，意思是说，第一要务是抓农业生产。国以民为重，民以食为天，所以首先要抓农业生产，让百姓有饭吃。

《诗经》说："昼尔于茅，宵尔索绹，亟其乘屋，其始播百谷。"

意思是：乘此农闲冬季，白天去取茅草，晚上绞缠绳索，急忙升顶修盖，日夜不要停歇。来春又要播种，没有时间建屋！

可见，农民对农事抓得很紧，没有一日不勤于耕种，没有一念不想着收成。人君只要想到这种情状，心里能不装着百姓，以他们的农事为重吗？

为什么要以农事为重呢？"民之为道也，有恒产者有恒心，无恒产者无恒心。苟无恒心，放辟邪侈，无不为已。及陷乎罪，然后从而刑之，是罔民也。焉有仁人在位罔民而可为也？"这一番话，之前孟子跟齐宣王说过，如今又跟滕文公说了一遍。

老百姓的生存之道，是有屋有地，地里有粮食，屋前屋后有桑麻。衣、食、住都有固定的产业收入，则相生相养，不去作恶，恒有善心，有固定的道德观念、行为准则。如果没有这产业收入，则朝不保夕，没有安全感，于是就没有固定的道德观念、行为准则，就会胡作非为，违法乱纪，什么坏事都干得出来。如果你平时不关心他的生产生活，甚至夺去他的生产生活，等他犯了罪，你又用刑罚去处罚他，这等于是你在陷害他。哪有仁人在位，却干出陷害百姓的事来的呢？

所以百姓有无恒产所系，衣食住行有没有保障，是治国的重中之重。孟子说："古之贤德君主，持己谦恭，不敢以贵而骄；自奉节俭，不敢以富而侈。唯其谦恭，故能以礼接下，托之以腹心，视之如手足，唯恐一时侮慢，有时臣子之心；唯其节俭，所以取民有制，轻徭薄赋，赋税没有额外的征收，徭役不会临时扰民，唯恐有一时的烦扰，伤了民生民力。"

阳虎说："为富不仁矣，为仁不富矣。"

阳虎，是鲁国权臣，孔子同时代人，也跟孔子打过交道。阳虎是个"反面人物"，孟子这里引用他的话，当然也是反话。

阳虎的这段话，是把国君的利益和百姓的利益对立起来了。他说，国君要富，就不能行仁政，就必须横征暴敛；国君要行仁政，轻徭薄赋，那你就要准备自己受穷。薄赋，就是想收的钱不收了；轻徭，就是想盖的宫殿也不能征民夫来盖了。

所以"为富不仁"的本意，不是讲富人经商办企业创造财富，而是讲国君收税分配财富。而孟子是不认同阳虎观点的。孟子认为要藏富于民，民富，君自然就富。没有百姓很富，而国君一个人穷这样的事。

## 夏商周三代的田税制度——贡助彻

**原文**

"夏后氏五十而贡，殷人七十而助，周人百亩而彻，其实皆什一也。彻者，彻也；助者，藉也。龙子曰：'治地莫善于助，莫不善于贡。'贡者，校数岁之中以为常。乐岁，粒米狼戾，多取之而不为虐，则寡取之；凶年，粪其田而不足，则必取盈焉。为民父母，使民盻盻（xì）然，将终岁勤动，不得以养其父母，又称贷而益之，使老稚转乎沟壑，恶在其为民父母也？夫世禄，滕固行之矣。《诗》云：'雨我公田，遂及我私。'惟助为有公田。由此观之，虽周亦助也。"

**华杉详解**

这是孟子给滕文公讲夏商周三代的税收制度——贡助彻。贡，是规定每年上缴固定的数额。助，就是藉（借），指人们相互借力相助。彻，是通融钧一，按照天下之通法，抽取规定比例。

夏朝的税收制度，是每一丁分田五十亩，征收其五亩之租。

商朝开始实行井田制，以田六百三十亩划为九区，每区七十亩，中间为公田，其外八户人家各分一区七十亩。八家人除了各自耕种自己的私田外，还一起耕种公田，公田的收成归国家，私田的收成归自己，对私田不再另外收税，这就叫助法。

到了周朝呢，每一丁授田一百亩，不分公田私田，一律抽取收成十分之一的固定比例。

可见夏商周的税赋，大概都是十分之一。商朝算下来是九分之一，贡助彻具体是怎么实施的，现在已不可考，史学界的争论也很多。

龙子是古之贤人，具体事迹不可考。他说："田税最好的是助法，最糟糕的是贡法。"为什么呢？贡法是根据历年收成算一个固定的平均数。在丰年的时候，谷粒撒得满地都是，多收一点也不算虐害，但实际还是只收那么多；但到了灾荒年间，收获甚至都不够第二年肥田的费用，却还是要收足那个常数。丰年寡取，百姓不记你的恩；荒年足取，却让百姓盼盼然仇视你。整年辛苦劳动，却连养活爹娘都不够，还要借贷来交税，终于一家老小抛尸在山沟里。治国者作为民之父母的作用又在哪里呢？

贵族有世禄，这在滕国也实行了。世禄，是人臣有功于国，成为贵族，则子子孙孙都食禄。先王制定世禄之制，是世禄养贵族，井田养百姓，和井田制互为表里。贵族吃公田的，老百姓吃私田的。这样收成多时大家都多，收成少时大家都少，不要你只管自己要固定的，不管百姓死活。诗经里，《周诗·大田篇》说："愿天下雨先浇公田，再到我家私田。"可见周朝也是实行助法，而且百姓非常拥戴啊！

## 夏商周三代的教育制度

**原文**

"设为庠、序、学、校以教之。庠者养也，校者教也，序者射也。夏曰校，殷曰序，周曰庠，学则三代共之：皆所以明人伦也。人伦明于上，小民亲于下。有王者起，必来取法，是为王者师也。《诗》云：'周虽旧邦，其命维新。'文王之谓也。子力行之，亦以新子之国。"

**华杉详解**

孟子接着说夏商周三代的教育制度。

庠、序、学、校。庠，是养，取养老之意；校，是校正、教导，教民以义；序，是排序，习射礼，序贤。这些都是乡里的学校。乡学，夏朝叫校，商朝叫序，周朝叫庠。学则是三代都有。也有人说，学是国学、大学，庠序校是乡学、小学。

学校教育的意义，在于讲明人伦之理，以厚风俗。父子有亲、君臣有义、夫妇有别、长幼有序、朋友有信，这五样人伦大义，如果教化不明，则争端之乱起。

如果能恢复三代的轻徭薄赋，又能兴办教育、施以教化，这就是孔子说的"富之，教之"了。滕国若能如此，他日有别国的王者受命而起，也一定会来滕国学习。纵然滕国是小国，不能兴起而王天下，但也足以为王者之师了。

孟子是在鼓励滕文公。强国太多，而滕国太小，即便不敢有王天下之想，但也可以给未来的理想社会做一个示范区。

《诗经·文王》中说："周虽旧邦，其命维新。"意思是，周虽是旧国家，但天命却是新授，国内亦有新气象。新在哪儿呢？就新在周文王。他修德行仁，新其国而王天下。孟子鼓励滕文公：如果您能身体力行，也能让滕国焕然一新！

**原文**

使毕战问井地。孟子曰："子之君将行仁政，选择而使子，子必勉之！夫仁政，必自经界始。经界不正，井地不均，谷禄不平，是故暴君污吏必慢其经界。经界既正，分田制禄可坐而定也。"

**华杉详解**

毕战，是滕国大夫。滕文公派毕战来请教孟子井田制怎么施行。

孟子说："你的国君将要施行仁政，而先王之仁政，莫大于井田。他派你来问我，你一定要好好干！治地分田，首先要有个分界线，所以仁政首先要从分田地的经界开始。通水道有沟渠，正阡陌有道途，定疆界有封土堆，也可以植树木，这些都要一一经画明白，不能模糊。如果经界不正，井地就不均匀，赋税出于公田，就没法公平合理，暴虐的君王和贪官污吏就会打破界限，兼并掠夺。只要经界划清楚了，哪是公家的，哪是私人的，全都一清二楚。分配百姓的田地，制定官吏的俸禄，就可以毫不费力地决定了。"

**原文**

"夫滕，壤地褊小，将为君子焉，将为野人焉。无君子，莫治野人；无野人，莫养君子。"

**华杉详解**

滕国虽土地狭窄，但也是一个完整的国家，也有食禄于朝、为君子的官吏，和耕田于野、为"野人"的劳动百姓。没有官吏，就没人管理劳动百姓；没有劳动百姓，就没人生产来养活官吏。官吏和劳动百姓，都是国家必不可少的。所以分田、制禄，要让两个阶层有清晰合理的财富分配，这是治国的第一要务。所以说，行仁政要从分经界开始。

**原文**

"请野九一而助，国中什一使自赋。卿以下必有圭田，圭田五十亩。余夫二十五亩。死徙无出乡，乡田同井，出入相友，守望相助，疾病相扶持，则百姓亲睦。方里而井，井九百亩，其中为公田。八家皆私百亩，同养公田；公事毕，然后敢治私事，所以别野人也。此其大略也，若夫润泽之，则在君与子矣。"

**华杉详解**

在远郊的郊野，实行九一而助的助法，就是井田制。把一里见方之地，用"井"字划为九块，一共九百亩。周围八块是私田，每家一百亩，由各家自己耕种；中间一百亩为公田，是供给国家的，由八家人共同耕种。凡是耕耘或收获之时，都要先公后私，先一起完成公田的劳动，再各自去干自己家的。这样算下来，九块田中一块归公家，相当于征收了九分之一的税，所以叫九一而助。

而在国都的周围，因为村庄稠密，房屋众多，没有那么大块的土地可以划井田，于是就行什一之法。一夫给一百亩地，抽取他十分之一的收成。

公卿以下的官吏，没有世禄，收入微薄，就再给他增加五十亩的圭田，就是祭祀用的田，或者叫养廉田。总之是保障官吏的收入。

余夫二十五亩，是给老百姓增加的田地。一夫，可能上有父母高堂，下有妻子儿女，给他分一百亩地。如果他还有一个弟弟，年满十六岁，但没有成家,这就叫"余夫",要再给这个弟弟分二十五亩田。等他长大成人,自己成家了,再分家出去,也分一百亩田给他。

这样划分清楚,各自相安。无论埋葬或搬家,都不离开本乡本土。同一井田的各家,平时出入,互相友爱,防御盗贼,守望相助,一有疾病,互相照顾。这样,百姓也就亲爱和睦了。

孟子最后说:"我说的这些也只是一个大概,由于年代久远,已不可细考。随着时势变化,今日土地的地形、肥瘦也已有不同。具体怎么与时俱进,就在于滕君和你了。总之井田制的指导思想,是要经界清晰,哪些是公家的,哪些是私人的,哪些情况是需要照顾的,都非常清楚。取民有制,轻徭薄赋,使百姓足,国家也足。"

## 圣人心忧天下,但不是事事都要忧

**原文**

有为神农之言者许行,自楚之滕,踵门而告文公曰:"远方之人闻君行仁政,愿受一廛而为氓。"

文公与之处。其徒数十人,皆衣褐,捆屦,织席以为食。

**华杉详解**

听说滕文公要行仁政,很多人纷纷来投奔。其中有个人叫许行。春秋战国有诸子百家,张居正说这个许行属于"农家"。因为炎帝神农氏开创了耕稼之术,许行就开创了一个学派,托言他的理论是神农传下来的,以惑人心,其实是异端邪说。他投奔到滕国来,也是想传播他的学说。

许行就登门拜访,说:"我是远方之人,听说您行仁政,希望能得到一处住所,做您的百姓。"滕文公一看,人家慕教化而来,怎么能拒绝呢?就给了他一处房子,让他和弟子们居住。

于是,许行就带了几十个徒弟,穿着粗布衣服,每天打草鞋、编席子,卖了谋生,以明自食其力。这是一种行为艺术、一种广告仪式,是做给人看的。

**原文**

陈良之徒陈相与其弟辛，负耒耜而自宋之滕，曰："闻君行圣人之政，是亦圣人也，愿为圣人氓。"

**华杉详解**

楚国还有一个儒者，叫陈良。他带着徒弟陈相、陈辛兄弟俩，从宋国带着农具也来到滕国，对滕文公说："听说您要行圣人的仁政，那您就是圣人了，我愿意做您的百姓。"

这陈良和许行不一样。陈良是真心归附，而许行是来伺机兜售他的学说的。我们现在也经常遇到这种情况。你有学问、有名气，就有很多人来拜访你。这些人当中，有的人是真心欣赏你，希望见到你本人，听到你说话，学到你的思想。而另一些人呢？他只是来会一会你，跟你过过招，甚至想来改造改造你。这许行，就是准备来改造滕国的。

**原文**

陈相见许行而大悦，尽弃其学而学焉。

陈相见孟子，道许行之言曰："滕君则诚贤君也；虽然，未闻道也。贤者与民并耕而食，饔（yōng）飧（sūn）而治。今也滕有仓廪府库，则是厉民而以自养也，恶得贤？"

**华杉详解**

第一个被改造的人，就是陈良的徒弟陈相。陈相见到许行，听到他的思想后，如痴如醉，五体投地，把师父陈良教的儒家学说全都抛在脑后，于是就跟了许行。改换师门之后，他就来找儒家的第一人孟子挑战。他把许行的言论告诉孟子：

"滕君在战国之时，能慨然有志于圣人之政，也算是贤君吧，但是他还不是真懂得大道，不足以治国啊！因为真正的贤君，宁肯劳动自己来养活百姓，绝不肯劳动百姓来养活自己。所以会和百姓一起劳动，一起耕种，自食其力。早餐晚餐都自己做。而今天的滕国像什么样子呢？有仓廪以存粮食，有府库以存货财,都是取民脂民膏来奉养统治阶级。这样害及于民,利归于上,自己连耕种煮饭都不会,怎么能说他是贤君呢?"

这许行不是来投奔仁君圣主的,而是来发动革命的。他来到滕国后,就带着几十个徒弟开始传播他的理论,反对滕文公。

这些理论很能蛊惑人心,也可以说是一种"思想原型"。

人们为什么容易接受这种思想呢?一是,人人都觉得自己吃亏了,都有"不公平幻觉";二是,只要是对别人提出道德上的高要求,总能得到共鸣,因为人在要求别人的时候,也能得到"道德优越感幻觉"。这两种幻觉最能蛊惑人。

### 原文

孟子曰:"许子必种粟而后食乎?"

曰:"然。"

"许子必织布而后衣乎?"

曰:"否,许子衣褐。"

"许子冠乎?"

曰:"冠。"

曰:"奚冠?"

曰:"冠素。"

曰:"自织之与?"

曰:"否,以粟易之。"

曰:"许子奚为不自织?"

曰:"害于耕。"

曰:"许子以釜甑爨(cuàn),以铁耕乎?"

曰:"然。"

"自为之与?"

曰:"否,以粟易之。"

**华杉详解**

孟子问陈相:"你那位许老师说国君也该参加生产劳动,那他自己也一定要先种庄稼之后才吃吗?"

回答说:"当然。"

"那他也要自己织布,之后才穿衣服吗?"

"不,他只是穿粗布衣服。"

"他戴帽子吗?"

"戴。"

"戴什么帽子?"

"白绸的帽子。"

"是他自己织的吗?"

"不,是用谷米换来的。"

"他为什么不自己织呢?"

"因为妨碍农活。"

"他自己用锅做饭吗?自己用锄头耕田吗?"

"对。"

"那锅都是自己做的吗?铁都是自己打的吗?"

"不,是用谷米换来的。"

孟子一句句地追问。闹了半天,这许行的自食其力、自己劳动,也只是耕种煮饭而已,织布、打铁、制陶他也都不会,还得靠别人。

**原文**

"以粟易械器者,不为厉陶冶;陶冶亦以其械器易粟者,岂为厉农夫哉?且许子何不为陶冶,舍皆取诸其宫中而用之?何为纷纷然与百工交易?何许子之不惮烦?"

曰:"百工之事固不可耕且为也。"

**华杉详解**

孟子说:"农夫用谷米换取锅甑和农具,没有损害陶工铁匠的利益。陶工铁匠拿锅甑农具交换农夫的谷米,也没有损害农夫的利益。许老师说,样样事情都应该自力更生，那他怎么不自己制陶打铁呢？所有东西都从自己家里拿，岂不更方便？为什么许老师还要一样一样地和别人交换，弄得这么麻烦呢？"这里的"宫中"，就是指自己家。

陈相理屈词穷，辩解说："各种工匠的工作，本来就不是一边耕种一边能干得了的。"

农民做不了制陶打铁的活，陶工铁匠也不耕种，那为什么国君还要亲自去耕种呢？许行的道理，就这么不值一辩。但是没有人辩的时候，他照样能蛊惑人。

**原文**

"然则治天下独可耕且为与？有大人之事，有小人之事。且一人之身，而百工之所为备，如必自为而后用之，是率天下而路也。故曰，或劳心，或劳力；劳心者治人，劳力者治于人；治于人者食人，治人者食于人；天下之通义也。"

**华杉详解**

孟子接着说："制陶打铁，都不是一边耕种一边干得了的，那管理国家的事，就是可以一边耕种一边干的吗？社会本来就有分工，有官吏的工作，也有小民的工作。人的生活中需要各种工匠的制成品，如果都要自己生产，那全天下的人都将疲于奔命，不得休息。所以说，有人劳动脑力，有人劳动体力。脑力劳动者管理人，体力劳动者被管理。被管理者养活别人，管理者被人养活，这是通行天下的原则。"

**原文**

"当尧之时，天下犹未平，洪水横流，泛滥于天下，草水畅茂，禽兽繁殖，五谷不登，禽兽逼人，兽蹄鸟迹之道交于中国。尧独忧之，举舜而敷治焉。舜使益掌火，益烈山泽而焚之，禽兽逃匿。禹疏九河，瀹济漯而注诸海，决汝汉，排淮泗而注之江，然后中国可得而食也。当是时也，禹八年于外，三过其门而不入，虽欲耕，得乎？"

**华杉详解**

"你们许老师说,古代圣人是和老百姓一起耕种劳动的。我告诉你,自古就没有这回事!在尧的时代,天下还不安定,洪水横流,四处泛滥,草木繁茂,谷物却没有收成。禽兽成群地繁殖,到处危害人类。尧作为天子,责任都在他身上,他为此忧虑,到处访求人才,把舜选拔出来治理天下。尧以天下之忧而忧,舜又以尧之忧而忧。舜先派伯益掌管火政,将山野沼泽的草木烧毁,把禽兽赶跑。再派大禹,疏通九河,治理济水漯水,引流入海,挖掘汝水汉水,疏通淮水泗水,引流入长江。洪水退去后,再规划沟渠,建立灌溉和排水系统。从此,山野沼泽成为耕地,中国人才可以耕种,解决了吃饭问题。大禹治水,八年在外,三过家门而不入,你说他应该和老百姓一起种地,这可能吗?"

**原文**

"后稷教民稼穑,树艺五谷;五谷熟而民人育。人之有道也,饱食、暖衣、逸居而无教,则近于禽兽。圣人有忧之,使契为司徒,教以人伦:父子有亲,君臣有义,夫妇有别,长幼有序,朋友有信。放勋曰:'劳之来之,匡之直之,辅之翼之,使自得之,又从而振德之。'圣人之忧民如此,而暇耕乎?"

**华杉详解**

"大禹把耕地搞好了,还得有人来教大家种地呀!于是,他又命弃为后稷之官,总管农业,教导百姓耕种庄稼、栽培谷物的技术。终于五谷成熟,天下百姓都家给人足,相生相养,人口也繁盛了。但是,人之为人,如果只是吃饱穿暖、住得安逸,却不接受教育,那也和禽兽差不多!于是圣人又忧虑了,他任命契为司徒,负责教化百姓,让百姓懂得人伦大道——父子有亲,君臣有义,夫妇有别,长幼有序,朋友有信。放勋就是尧,他嘱咐契说:'慰劳他们,诱导他们,纠正他们,辅助他们,保护他们,让他们各得其所,自己找到真理,然后再加以提携和教诲。'圣人为老百姓操了这么多心,他还有工夫耕种吗?"

**原文**

"尧以不得舜为己忧，舜以不得禹、皋陶为己忧。夫以百亩之不易为己忧者，农夫也。分人以财谓之惠，教人以善谓之忠，为天下得人者谓之仁。是故以天下与人易，为天下得人难。孔子曰：'大哉尧之为君！惟天为大，惟尧则之，荡荡乎民无能名焉！君哉舜也！巍巍乎有天下而不与焉！'尧舜之治天下，岂无所用其心哉？亦不用于耕耳。"

**华杉详解**

"圣人心忧天下，但不是事事都要忧。尧以找不到舜这样的人才为忧。舜呢？以洪水泛滥，找不到禹这样的治水人才为忧；以法治不行，找不到皋陶这样的司法官为忧。至于自己的一百亩地耕种得好不好，那是农夫之忧，而不是天子要操心的事。

"尧舜之忧，唯在得人。忧人之贫，分钱财接济他，叫惠；忧人愚昧，以善道教导他，叫忠。但天下之大，你的钱分得过来吗？你能自己一个个去教吗？所以，治天下之人，唯在于选拔人才！为天下得人者，那才叫仁！就算你有让国之贤，把天下让给别人，那也是很容易的，因为这样你就不用承担责任了。只有为天下得人才，把天下治理好，那才是真难！孔子说：'尧作为天子，真是伟大啊！唯天道为大，而尧能以天道为准则。其德荡荡乎广远，百姓都找不到词语来赞美他！舜作为天子，也是伟大啊！其德巍巍乎高大，虽富有天下，却像与己无关一般，一心只以天下为忧！'尧舜之治理天下，难道不是尽心竭力吗？只是不用在耕种上面而已。"

**原文**

"吾闻用夏变夷者，未闻变于夷者也。陈良，楚产也，悦周公、仲尼之道，北学于中国。北方之学者，未能或之先也。彼所谓豪杰之士也。子之兄弟事之数十年，师死而遂倍之！昔者孔子没，三年之外，门人治任将归，入揖于子贡，相向而哭，皆失声，然后归。子贡反，筑室于场，独居三年，然后归。他日，子夏、子张、子游以有若似圣人，欲以所事孔子事之，强曾子。曾子曰：'不可；江汉以濯之，秋阳以暴之，皜皜（hào）乎不可尚已。'今也南蛮鴃（jué）舌之人，非先王之道，子倍子之师而学之，亦异于曾子矣。吾闻出于幽谷迁于乔木者，未闻下乔木而入于幽谷者。《鲁颂》曰：'戎狄是膺，荆舒是惩。'周公方且膺之，子是之学，亦为不善变矣。"

**华杉详解**

孟子说完这番道理，接着教训陈相："我听说过从野蛮走向文明的，却没听说过从文明倒退回野蛮的。你的师父陈良是楚国人，悦服周公、孔子之道，所以到北方来学习，但就连北方的学者都有好多赶不上他的。他真是豪杰之士啊！你们兄弟俩，跟了师父几十年，可师父刚死，尸骨未寒，竟然就马上背叛了他！以前孔子去世，他的弟子们都守孝三年。三年之后，大家收拾行李准备回去，走到子贡的住处作揖告别，相对而哭，泣不成声，然后才离开。门人对老师的追思，就是这般。而子贡又独自返回老师的墓地，筑庐而居，又守了三年孝才回家。子贡对老师的追思，又是如此。

"过了些日子，子夏、子张、子游想念老师的音容笑貌，认为有若长得有点像孔子，就想推举有若为师，希望像尊敬孔子一样尊敬他，以慰思慕之意。再者孔门当时没有领袖，同学们都要散了。但曾子对此不接受，他们就去说服曾子，要勉强他同意。曾子说：'不可！我们尊师，是尊其道德，而不是形似。老师的道德洁白无瑕，就像用江汉之水洗过、在太阳下暴晒过，真是洁白得无以为加了。老师是无法超越的，也是无可替代的。'

"有若是圣人门生，又长得跟圣人相似，曾子都不愿意尊他为师。如今像许行这样的人，长着鸟舌，说着鸟语，来非议我们的先王之道，你竟然就背叛自己的师父去跟他学了。你和曾子的差距也太大了！就拿一只鸟来说，我只听说过弃暗投明，从阴暗的山谷飞向高大的乔木的，还没听说过弃明投暗，从高大的乔木飞到幽暗山谷里去的。《鲁颂》歌颂周公说：'周公辅佐王室，于戎狄则击而逐之，于荆舒则伐而惩之。'像楚国这样的野蛮国家，连周公都要攻打它，你却要向它学习，那你不是越变越坏吗？"

**原文**

"从许子之道，则市贾不贰，国中无伪，虽使五尺之童适市，莫之或欺。布帛长短同，则贾相若；麻缕丝絮轻重同，则贾相若；五谷多寡同，则贾相若；屦大小同，则贾相若。"

曰："夫物之不齐，物之情也；或相倍蓰（xǐ），或相什百，或相千万。子比而同之，是乱天下也。巨屦小屦同贾，人岂为之哉？从许子之道，相率而为伪者也，恶能治国家？"

**华杉详解**

对于"君子不事耕种"这件事，陈相被孟子说得无言以对，于是他又说起别的理论来："根据许老师的学说，市场上的货物，定价应该没有贵贱之分，一国之人无可欺诈，即使是五尺童子到市场上，也没有人骗得了他。天下物品就是因为分了等级，所以就起了争端。应该不论精粗，一概定价。布匹丝绸只论长短，长短相同，价格就一样；麻线丝绵只论轻重，轻重相同，价格就一样；五谷粮食只论斗斛，多少一样，价格就一样；鞋子只论大小，大小一样，价格就一样。"

孟子回答："各种东西质量不同，是物之天性，天之所生，地之所养，人之所为，各个都不一样，其精粗美恶，价格悬殊，可能差一倍，可能差五倍，也可能差十倍、百倍、千倍、万倍。你硬要让他都一个价钱，这是要天下大乱啊！好的坏的都一样价钱，那谁肯做好的呢？你也说鞋子大小一样，价格就该一样，证明你还知道大小有别。物之有精粗美恶，和有长短大小是一个道理，如果大鞋子小鞋子价钱也一样，还有人做大鞋子吗？如果听了你那许老师的道理，那全天下都争着粗制滥造来互相欺骗，哪里还有童叟无欺的社会？不过是所有人都一起走向虚伪罢了！这样怎么能治理国家！"

## 爱应该要推己及人，由近及远

**原文**

墨者夷之，因徐辟而求见孟子。

孟子曰："吾固愿见，今吾尚病，病愈，我且往见，夷子不来！"

**华杉详解**

春秋战国时代，诸子百家各逞其学说。上一节，孟子刚批评完农家许行的荒谬，这一节，墨家又来挑战了。墨家的信徒夷之，托了孟子的弟子徐辟的关系来求见孟子。孟子称病不见，但是又不给他把路堵死，说："我本来愿意见他，但是我现在病着，等我病好了，我去见他，他不必来。"孟子这是放他一放，看他心诚不诚，若诚心求教，倒可以教他。

**原文**

他日又求见孟子。孟子曰："吾今则可以见矣。不直，则道不见；我且直之。吾闻夷子墨者。墨之治丧也，以薄为其道也。夷子思以易天下，岂以为非是而不贵也？然而夷子葬其亲厚，则是以所贱事亲也。"

**华杉详解**

过了些时日，夷之又来求见，让徐辟传话。孟子说："现在可以见了。不过，要见面，咱们就要说直话，不然真理就表现不出来。我且直言相告吧，我听说夷之是墨家，你去问问他，墨家治丧以薄葬为道。夷之想以薄葬之风来改革天下，那么他是不是认为，不薄葬就是不足为贵的？可他埋葬自己的父母却相当丰厚，那他不是以他轻贱否定的东西来对待他父母了吗？"

墨家批评儒家最多的就是厚葬，而儒家批评墨家最多的是兼爱。兼爱的意思是爱无等差，也就是爱所有人都一样。这在儒家看来是灭绝人伦，因为爱的源头、爱的方法都在父子人伦之中，人肯定是先懂得爱自己的亲人，然后才懂得去爱别人。如果一个人爱自己家人和爱别人都一样，那儒家就说他是禽兽了。

墨家因为提倡兼爱，所以对自己的亲人反而比较刻薄，葬礼也一切从简。夷之是墨家，但是他在葬自己父母的时候，却不忍心太薄，所以他心里还不是一个彻底的墨家。孟子也正是看到这一点才愿意见他，也从这一点开始启发他。

**原文**

　　徐子以告夷子。夷子曰："儒者之道，古之人'若保赤子'，此言何谓也？之则以为爱无差等，施由亲始。"

　　徐子以告孟子。孟子曰："夫夷子，信以为：人之亲其兄之子，为若亲其邻之赤子乎？彼有取尔也。赤子匍匐将入井，非赤子之罪也。且天之生物也，使之一本，而夷子二本故也。"

**华杉详解**

徐辟把孟子的话告诉夷之，夷之回答说："墨子之道，主于兼爱，就是要把自己的父母看得和他人一样，不分厚薄，一样地去爱。儒家也未必没有兼爱的思想啊！《周书》上就说'若保赤子'——古代君王爱护百姓，就跟爱自己的婴儿一般，这话什么意思呢？百姓都是我的孩子，那不也是兼爱吗？所以说爱无差等。只是我在实施的时候，从自己的父母开始罢了。我厚葬自己的父母，也要推之以行天下，并没有厚此薄彼啊。"

夷之这话，已经是遁辞了。墨家两大观念，一是薄葬，二是兼爱。孟子问他厚葬的事，他却以爱无等差来回答。他要把厚葬推行天下，已经违背墨家的思想了。

孟子倒也不跟他纠缠这个，而是顺着他的爱无等差说开去："夷子真的认为，人们爱自己的侄儿和爱邻居的孩子是一样的吗？夷子拿一个'若保赤子'就想证明儒家也是爱无等差吗？周书说的'若保赤子'，跟爱无等差有什么关系？看见一个婴儿，爬到那井口要掉下去，任何人不管这婴儿是谁的孩子，都会出手把他拉回来。这个例子是用来讲人皆有恻隐之心，而不是说对谁的孩子都一样去爱。而《周书》里说'若保赤子'，是指小民无知犯罪，就像婴儿无知爬到井口要掉下去。这并不是婴儿的罪，同样，小民犯罪也不是小民的罪，而是为政者的罪。因为你不能让他安居乐业，不能教化他们学好，而是横征暴敛，让他们流离失所，那他自然要铤而走险，作奸犯科。他们犯了罪，你又用刑罚去处罚他，这就是暴政。

"天生万物，都只有一个根本。这个根本，就是自己的父母、自己的家庭。儒家说：'老吾老以及人之老，幼吾幼以及人之幼。'各自本于自己的父母、自己的孩子，再推己及人，由近及远。但这近和远、自己和别人，自然是有分别的。按夷子的说法，就不是一个根本，而是两个根本了。什么东西有两个根呢？"

我们现在也能经常看到这样的例子，放着自己家人不管不顾，专门省吃俭用去照顾别人。我们愿意去宣传、敬仰这样的人，但是扪心自问，我们愿不愿意像他那样去做呢？不，我们不愿意，做不到。儒家非常反对这样的人，因为人一定是先爱自己的家人，再去爱别人。个人如此，国家也如此，比如某国内乱，我们的政府去紧急撤侨，是先撤中华人民共和国公民，还是不分国籍一起撤？当然是先保障我们自己的同胞，然后还有资源，才管别人。

儒家的根本价值观，是推己及人，由近及远。

如果是提要求，要先要求自己，再要求别人。所谓行有不得，反求诸己，原因都在自己身上找。修身、齐家、治国、平天下，也是推己及人，由近及远，从自我修身一直到全天下。

如果要考虑别人，那也是在自己身上找。孔子说"吾道一以贯之"，这个一以贯之的道，是忠恕之道。己欲立而立人，己欲达而达人，是忠道；己所不欲，勿施于人，是恕道。都是要从自己身上找别人的需求。

如果要爱别人，则老吾老以及人之老，幼吾幼以及人之幼。

**原文**

"盖上世尝有不葬其亲者。其亲死，则举而委之于壑。他日过之，狐狸食之，蝇蚋（ruì）姑嘬（chuài）之。其颡（sǎng）有泚（cǐ），睨而不视。夫泚也，非为人泚，中心达于面目。盖归反蔂（léi）梩（lí）而掩之。掩之诚是也，则孝子仁人之掩其亲，亦必有道矣。"

徐子以告夷子。夷子怃然为间曰："命之矣。"

**华杉详解**

孟子接着说葬亲的事："大概上世太古之时，也有不安葬亲人的。父母死了，就扛起来丢在山沟里。几天后从那儿经过，看见亲人的尸体在被狐狸撕啃，被蚊蝇昆虫叮咬，他的脑门就沘沘地流下汗来，不敢直视。这汗不是流给别人看的，而是内心的悔恨在外貌上流露出来。于是赶紧回家，取来盛土的筐和铁锹，把尸体埋葬了。后世埋葬之礼，大概就由此而起，为了表达对逝去父母的爱，为了尽自己的心，慢慢地一步步发展成礼仪规制，这自然有他的道理。"

徐辟把孟子的话告诉夷之，夷之茫然自失了一会儿，说："他教育了我！"

# 第六篇 滕文公章句下

## 守住规定状态，就能发现异常

**原文**

陈代曰："不见诸侯，宜若小然；今一见之，大则以王，小则以霸。且《志》曰'枉尺而直寻'，宜若可为也。"

**华杉详解**

陈代是孟子的弟子，他看老师成天在家待着，以道自重，不肯屈身去见诸侯，就想劝老师主动出击。他对孟子说："君子以行道济世为急务，必得君而事，才能施展。现在老师您不肯往见诸侯，似乎是为守小节而误了大义。如果您肯主动去求见，一定能得到尊礼而重用，能辅佐君王，大则成王天下，小则成就霸业。而且《志》上面说'枉尺而直寻'，尺是一尺，寻是八尺，做人要能委屈自己，你屈的是一尺，但因此而得到八尺的伸展，这好像是可以尝试的！"

**原文**

孟子曰："昔齐景公田，招虞人以旌，不至，将杀之。志士不忘在沟壑，勇士不忘丧其元。孔子奚取焉？取非其招不往也。如不待其招而往，何哉？"

**华杉详解**

孟子说:"以前齐景公田猎,派人拿着旌节(带羽毛的旗子)去召虞人(负责守猎场的吏),让他送弓箭来。结果虞人不来。齐景公就把他抓起来,要杀他。虞人说:'人君召唤臣下,各有信物。这旌节是召唤大夫用的,召唤虞人应该用皮冠才是。这信物不对,就好像兵符对不上,命令就是无效的,我怎么能来呢?'

"孔子听说了这件事,赞叹这虞人说:'世间有一等志士,常思固守贫穷,就算死无棺椁,弃在沟壑,也不怨恨;有一等勇士,常思捐躯救国,就算战斗而死,不保首领,也不顾避。这就是虞人。'孔子为什么对虞人这么赞美呢?就是因为,只要召唤他的信物不对,他就守死也不肯去。现在假如我不待诸侯召唤就自己跑去,那又算什么呢?"

虞人说的道理非常深刻,用我们今天管理学的话说,任何一个细节,都要守住"规定状态"。大家都守规定状态,就能"发现异常",只要一个细节不在规定状态,就肯定是出了什么事,马上就要查。齐景公召唤虞人,却用了错误的信物,虞人自然会怀疑,那召唤他的人是不是齐景公,很可能已经发生了谋反的事,所以虞人不能擅离职守,不能从命而去。

守住规定状态,在管理上是质量问题,更是安全问题。孟子下面说的例子,也是安全问题。

**原文**

"且夫枉尺而直寻者,以利言也。如以利,则枉寻直尺而利,亦可为与?昔者赵简子使王良与嬖奚乘,终日而不获一禽。嬖奚反命曰:'天下之贱工也。'或以告王良。良曰:'请复之。'强而后可,一朝而获十禽。嬖奚反命曰:'天下之良工也。'简子曰:'我使掌与女乘。'谓王良。良不可,曰:'吾为之范我驰驱,终日不获一;为之诡遇,一朝而获十。诗云:不失其驰,舍矢如破。我不贯与小人乘,请辞。'御者且羞与射者比;比而得禽兽,虽若丘陵,弗为也。如枉道而从彼,何也?且子过矣:枉己者,未有能直人者也。"

**华杉详解**

孟子接着说："你说枉尺而直寻，是讲利益。如果真要讲利益的话，那委屈八尺来得一尺，是不是也可以去做呢？那也有一尺的利益嘛。以前赵简子给他宠幸的嬖臣奚派去了一个善御的车夫，叫王良，让他给奚驾车打猎。结果打了一天，一只野禽也没打着。奚回来跟赵简子说：'这车夫不行！'有人把这话传给了王良。王良说：'请让我再试一次。'奚一开始不要他，但在王良的坚决要求下，勉强同意了。第二天再上猎场，才一个上午，就打了十只野禽！奚回来赞叹说：'王良是天下最优秀的车手！'赵简子说：'好啊！那以后就让他替你驾车吧！'王良接到命令后却不干，坚决不给奚做车夫。他说：'驾车的规矩，是循着正路驱驰，而射猎的人左右迎射。这样，驾车的专心驾车，射猎的专心射箭，两人之间不需要相互配合。但是奚这个人射箭不行！我按规矩来驾车，他一只也射不中！他只有正对着目标迎头射去，才能射中。所以我就必须不按规范路线行驶，看见野禽飞起来，就要驾车迎上去，然后他再迎头一射，才能射中。《诗经》上说："驾车的只管不失规范地奔驰，射猎的左右开弓一箭中的。"要在车的奔驰中射左右的动物，对射手要求是很高的。像奚这种射法，我就得驾车到处乱窜，万一翻车了怎么办？我不习惯给这样的小人驾车，请辞！'

"可见王良作为善御者，都能这么坚持原则，以和坏的射手合作为耻。哪怕破坏规矩之后，可得到堆积如山的猎物，他也不会去做。那么我委屈自己的志向和主张去侍奉诸侯，又是为什么呢？

"而且你错了，君子不可枉己从人。连自己的原则都可以放弃的人，没有能匡正别人、让别人正直的。"

君子之道，是当发现别人对而自己不对时，要舍己从人；而当发现别人不对而自己对时，不可枉己从人。

## 富贵不能淫，贫贱不能移，威武不能屈，此之谓大丈夫

**原文**

景春曰："公孙衍、张仪岂不诚大丈夫哉？一怒而诸侯惧，

安居而天下熄。"

孟子曰:"是焉得为大丈夫乎?子未学礼乎?丈夫之冠也,父命之。女子之嫁也,母命之,往送之门,戒之曰:'往之女家,必敬必戒,无违夫子!'以顺为正者,妾妇之道也。居天下之广居,立天下之正位,行天下之大道。得志,与民由之;不得志,独行其道。富贵不能淫,贫贱不能移,威武不能屈,此之谓大丈夫。"

**华杉详解**

景春,是纵横家的信徒。战国时列国纷争,游说之士以纵横捭阖之术窃取权势,震耀一时。公孙衍、张仪就是当时两大纵横家。公孙衍主合纵,张仪主连横,两人是对手。这个景春就对公孙衍、张仪崇拜得不得了,他对孟子说:"公孙衍、张仪真是大丈夫啊!他们若一生气,后果很严重,能动用大国之兵,让天下诸侯都战栗;他们若安居无事,那全天下都安宁。以一人之喜怒,就能影响天下之安危,这是何等气焰!这不是大丈夫吗?"

景春只是看见二人的权势,就把他们当大丈夫。他不知道在孟子的眼里,权势大的并不算大丈夫。圣贤之所谓大丈夫,更超越权势之上。

孟子回答:"你认为这就是大丈夫吗?大丈夫之道和妾妇不同。丈夫成年,行加冠之成人礼的时候,父亲会教诲他。女子成年出嫁时,母亲会教诲她,送她到门口,对她说:'到了夫家,一定要敬谨戒慎,唯丈夫之命是从,不可违背。'以顺从为正,这是为人妾妇的道理。那公孙衍、张仪,虽是声势权力炫耀一时,也不过是狐假虎威,揣摩国君之好恶而顺从其意而已。以三寸不烂之舌,找到自己意图与国君好恶的交集,煽风点火,借刀杀人,这是顺从国君的妾妇之道而已,哪里是大丈夫之道呢?

"大丈夫之道,第一是仁。仁,乃天下之广居,大丈夫首先要居身于仁,存心以仁,兼容并包,无丝毫之狭隘。第二是礼。礼,是天下之正位,要持身以礼,大正至中,无一毫之偏党。第三是义。义,是天下之大道,要制事以义,明白洞达,无一毫之邪曲。

"大丈夫若得志,则勇往直前,推仁礼义于天下,而使百姓都居于其中;大丈夫若不得志,则隐居而退,独善其身,守仁礼义之道,行之于己。大丈夫若处富贵，虽荣华丰宠，不能荡其心；大丈夫若处贫贱，虽穷困潦倒，不能变其节；大丈夫若遇威压强迫，虽死生在前，也不能挫抑其志。这才叫大丈夫！"

孟子的"大丈夫"，是从道理上说的，大在自己身上，在自己的思想、道德、气节、原则上。而景春的"大丈夫"，是从势力上说的，大在别人身上，你惹了我，我就让秦王打你！

孟子说的大丈夫，以道自重，一定要仁、礼、义的正道；以道匡君，一定要君王施行自己的主张。君王对自己，必须以礼相敬，正所谓"君待臣以礼，臣事君以忠"。而景春说的大丈夫，察言观色，曲意逢迎，纵横捭阖，阴谋诡计，只为利禄，这些尽是妾妇之道，哪里算什么大丈夫！

## 行不由径——不走捷径，不投机取巧

**原文**

周霄问曰："古之君子仕乎？"

孟子曰："仕。传曰：'孔子三月无君，则皇皇如也，出疆必载质。'公明仪曰：'古之人三月无君则吊。'"

**华杉详解**

周霄是魏国人。孟子以道自重，不见诸侯，成天在家里待着。周霄就想劝孟子出山，他说："古代的君子，出来做官吗？"

孟子说："当然做！君子抱道负德，就是为了辅世长民，怎么会不做官？传记上说，孔子三个月不得君而事，就惶惶不可终日，离开本国疆界，去见外国君王，还一定带着拜见君王的礼物。公明仪也说：'古代的君子，如果三个月没有官位，朋友们一定会来探访安慰他。'"

这里"质"同"贽"，是初次相见送的礼物，以表诚挚。

**原文**

"三月无君则吊，不以急乎？"

曰："士之失位也，犹诸侯之失国家也。礼曰：'诸侯耕助，以供粢盛（zī chéng）；夫人蚕缫（sāo），以为衣服。牺牲不成，粢盛不洁，衣服不备，不敢以祭。惟士无田，则亦不祭。'牲杀器皿衣服不备，不敢以祭，则不敢以宴，亦不足吊乎？"

**华杉详解**

粢盛，是祭祀用的谷物。蚕缫，是煮茧抽丝。

周霄说："三个月没工作就去安慰，这也太急了吧？"

孟子说："三个月没官位就去安慰，不是为了功名利禄，而是情理所在，关系重大。士丢掉官位，就好像国君丢掉了国家。周礼说：'诸侯亲自耕种祭田，来供奉祭祀用的谷物；夫人亲自煮茧抽丝，来织祭祀穿的礼服。如果祭祀用的牲畜不肥壮，谷物不洁净，礼服不完备，就不敢祭祀先祖。'诸侯若失了国家，他就连祭祖的资格条件都没有了。同样，士有祭田，若失了官位，祭田就没了，祭祀也搞不成了。朋友们来安慰他，不是为他没了功名俸禄，而是安慰他没有祭祖的条件了。"

**原文**

"出疆必载质，何也？"

曰："士之仕也，犹农夫之耕也，农夫岂为出疆舍其耒耜哉？"

曰："晋国亦仕国也，未尝闻仕如此其急。仕如此其急也，君子之难仕，何也？"

曰："丈夫生而愿为之有室，女子生而愿为之有家。父母之心，人皆有之。不待父母之命、媒妁之言，钻穴隙相窥，踰墙相从，则父母国人皆贱之。古之人未尝不欲仕也，又恶不由其道。不由其道而往者，与钻穴隙之类也。"

**华杉详解**

周霄又问:"出国一定带着礼物,那又是为什么呢?"

孟子说:"君子要做官,就像农夫要耕田,农夫搬家到别的地方去,他不能不带着他的农具。君子到别的国家找工作,当然要带着面见国君的礼物。"

周霄问:"晋国(晋国分成了韩赵魏三国,这里的晋国指魏国)也是可以做官的国家啊?既然士人做官是那么急迫,您怎么又会不愿见诸侯而难于出仕呢?"

孟子说:"男孩子一生下来,父母便希望给他找妻室;女孩子呢,父母就希望给她找婆家。父母之心,人皆有之。但是如果没有父母之命、媒妁之言,就自己钻墙洞、扒门缝偷窥、翻墙幽会,那父母国人就都要轻贱他们。古人并非不愿做官,而是不愿意不走正道去做官。如果君王没有来请,自己去钻营,就跟钻洞翻墙一样了。君子三月不仕则惶惶然,但是,宁愿终身不仕,也不会放弃自己的原则。"

孟子说的道理,孔子的《论语》里也有,就是"行不由径"。不走捷径,不走小路,不管是做事还是治学,都只在大道、正道上走,别的地方就算有天大的诱惑也不去。否则,就成了那行不由道的钻穴之徒。

## "不参加体力劳动者不得食"不符合社会分工的合理性

**原文**

彭更问曰:"后车数十乘,从者数百人,以传食于诸侯,不以泰乎?"

孟子曰:"非其道,则一箪食不可受于人;如其道,则舜受尧之天下,不以为泰。子以为泰乎?"

**华杉详解**

战国时代,各诸侯想尽一切办法要在国际竞争中胜出,都不惜代价聘请人才。孟子应聘列国,车徒甚众,各国诸侯馈赠甚丰,所以孟子的排场很大,钱也很多。他的学生彭更不太理解,就问:"老师,您随从的车辆有数十辆,跟随的人有好几百,从这一国吃到那一国。咱们这样是不是太过分了?"

传食于诸侯,"传"读作"转",就是这一国转到那一国。泰,是侈,就是过分的意思。

孟子说:"君子处世,辞受取舍,只看道理上如何。如果没道理,不该拿,那一筐饭也不可接受;如果有道理,舜接受了尧的天下,也不过分。你觉得过分吗?"

**原文**

曰:"否。士无事而食,不可也。"

曰:"子不通功易事,以羡补不足,则农有余粟,女有余布。子如通之,则梓匠轮舆皆得食于子。于此有人焉,入则孝,出则悌,守先王之道,以待后之学者,而不得食于子。子何尊梓匠轮舆而轻为仁义者哉?"

**华杉详解**

彭更不服,说:"不对!这跟尧舜不是一回事。舜治理天下,功德隆盛,天与人归。而士呢?上无功于国家,下无功于民众,没有什么事功就白吃饭,这是不可以的。"

孟子说:"你认为士无功而食,却不懂得士的功劳很大。社会的运行靠的是大家通功易事,分工协作,互通有无,以多余的来弥补不足的。如果不能通功易事,那么农夫会有多余的米,别人却得不着吃;女子有多余的布,别人却得不着穿。只有通功易事,那做木工活的梓匠、做轮舆的车工,才能从农夫那儿得到吃的。现在这里有一个士人,认为先王之道莫大于仁义,仁义莫大于人伦,人伦莫大于孝亲。他在家孝敬父母,出门尊敬长辈,他严守着先王的仁义之道于当世,使异端不得淆乱,让后世有所师法。他如此继往开来,有功于世,你却说他不该有饭吃。你为什么尊重木匠车工,却轻视仁义之士呢?"

知识分子不参加体力劳动，所以要他们参加体力劳动，才能得饭吃；管理者也不参加体力劳动，所以他们是剥削劳动百姓的寄生虫。这种"不参加体力劳动者不得食"的思想，在孟子的学生中都存在！

**原文**

曰："梓匠轮舆，其志将以求食也；君子之为道也，其志亦将以求食与？"

曰："子何以其志为哉？其有功于子，可食而食之矣。且子食志乎？食功乎？"

曰："食志。"

曰："有人于此，毁瓦画墁，其志将以求食也，则子食之乎？"

曰："否。"

曰："然则子非食志也，食功也。"

**华杉详解**

彭更还不服，继续辩解说："木匠车工本来就是为了用手艺找碗饭吃。君子之为道，难道志向动机也是为了找碗饭吃吗？君子志不在利禄，怎么又接受别人的利禄呢？"

孟子说："你说志向和动机吗？他是对你有功，可以吃，所以才吃。你是为了他的志向动机给他吃的呢？还是为了功绩酬劳给他吃的呢？"

彭更理屈词不穷，还要强辩："当然是为了他的志向动机啊。那木匠车工，他来干活就是为了求食，所以才给他吃的。"

孟子说："好吧！那有一个盖房子的工匠在这里，他毁坏了你的屋瓦，在新刷的墙壁上乱画，他的动机也是为了弄到吃的，那你还给他吃吗？"

"那当然不能给。"

"这么说，你也不是为了人的志向动机而给他吃的，还是酬劳他的功绩啊。"

## 仁政的目的，是求仁得仁，而不是一定要王天下

**原文**

万章问曰："宋，小国也，今将行王政，齐、楚恶而伐之，则如之何？"

**华杉详解**

万章是孟子的弟子，他与孟子的问对最多，后面还有专门的《万章章句》。万章问："宋是一个小国，如今想施行仁政，但齐、楚两个大国却因此很反感，要兴兵攻伐他，怎么办呢？"

万章说的宋国，此时是宋王偃当政。宋王偃一心要霸天下，《史记》说他"东伐齐，取五城；南败楚，拓地三百余里；西败魏军，取二城，灭滕，有其地"，号称"五千乘之劲宋"。他如此野心勃勃，齐、楚自然都看他不满，而他的实力和齐楚又差得太远，最后宋国被齐国所灭，宋王偃出亡，死在魏国，成为宋国最后一任君主。

宋王偃在历史上名声不好，史称"桀宋"，属于暴虐无道的君主。这里万章说他要行仁政，大概是他还没有暴露出本性。

**原文**

孟子曰："汤居亳（bó），与葛为邻。葛伯放而不祀。汤使人问之曰：'何为不祀？'曰：'无以供牺牲也。'汤使遗之牛羊。葛伯食之，又不以祀。汤又使人问之曰：'何为不祀？'曰：'无以供粢盛也。'汤使亳众往为之耕，老弱馈食。葛伯率其民，要其有酒食黍稻者夺之，不授者杀之。有童子以黍肉饷，杀而夺之。《书》曰'葛伯仇饷'，此之谓也。"

**华杉详解**

孟子举了商汤的例子:"宋国虽是小国,但也同样能行仁政而王天下。当年成汤做诸侯的时候,居住在亳,和葛为邻。葛国的君主葛伯,非常放纵,不祭祀先祖。成汤就派人去问他:'你为什么不祭祀?'葛伯说:'我没有祭祀用的牛羊牺牲啊。'成汤就派人送牛羊给他。结果葛伯把牛羊吃了,还是不祭祀。成汤又派人问他:'牛羊有了,为什么还不祭祀?'葛伯说:'我没有谷米做祭物啊。'成汤就派亳地的青壮劳力去帮葛伯耕种田地,还派老人小孩去给劳动的人送饭。但葛伯却带着他的百姓,在路上拦劫那送饭的,把酒菜好饭都抢了,谁不给就杀谁。有一个小孩去送饭,葛伯的人就把他杀了,抢了他的饭和肉。《商书》记载说'葛伯仇视送饭的',说的就是这件事。"

葛伯为什么要这样呢?一来他自己是个浑蛋;二来他把国家搞得民不聊生,成汤却要去援助,他的百姓看到成汤这么好,就更了解他的坏了。所以他当然仇视成汤,要破坏成汤的援助。

**原文**

"为其杀是童子而征之,四海之内皆曰:'非富天下也,为匹夫匹妇复雠(chóu)也。'汤始征,自葛载。十一征而无敌于天下。东面而征,西夷怨;南面而征,北狄怨,曰:'奚为后我?'民之望之,若大旱之望雨也。归市者弗止,芸者不变,诛其君,吊其民,如时雨降,民大悦。《书》曰:'徯我后,后来其无罚。'"

**华杉详解**

葛伯杀了小孩,成汤便师出有名了,于是举兵讨伐之。四海之内大家都说:"成汤不是为了贪图夺取天下的富贵,而是在为他的百姓报仇。"汤的征伐,从葛国开始,却没有止于葛国。前后征伐十一次,讨伐的全是无道的昏君,伐其国,救其民。他打东边的国家,西边国家的百姓就有怨言;他打南边的国家,北边国家的百姓就有怨言。百姓都说:'干吗先打他们呀?赶紧来打我们呀!'天下的百姓都盼着汤来攻打他们的国家,推翻他们的君主,就像大旱盼大雨。汤的军纪也很好,只推翻暴君,不骚扰百姓。他的军队打来,做买卖的市场照常营业，地里耕田的农夫照常劳动，没有人需要躲兵灾。他杀掉那暴虐的君主，安抚那可怜的百姓，就像及时雨落下一样，天下百姓都大喜过望。《尚书》上记载了百姓的欢呼："徯我后，后来其无罚。"

徯，是等待。这句话的意思是：等待我的君王啊！他来了就不再受罪了！

**原文**

"'有攸不惟臣，东征，绥厥士女。匪厥玄黄，绍我周王见休，惟臣附于大邑周。'其君子实玄黄于匪以迎其君子，其小人箪食壶浆以迎其小人。救民于水火之中，取其残而已矣。"

**华杉详解**

绥，是安抚。匪，盛物之器。玄黄，是黑色、黄色的币帛。休，是美。大邑周，也称天邑周，跟后来说的天朝大国差不多意思。

前面说的是商汤王天下的故事，这里说的是周灭商的故事："东边有个攸国，不臣服于周，还要助纣为恶。周武王东征，安抚攸国的男男女女。他们把黑色和黄色的币帛装在筐子里，说请求介绍我们和周王相见，让我们做一个光荣的大周国臣民吧！他们的官员带着满筐子的币帛来迎接周国的官员，他们的百姓用竹筐盛饭、用壶盛酒来迎接周王的士兵。可见周王是救民于水火，只是杀掉那些残害百姓的暴君罢了。"

**原文**

"《太誓》曰：'我武惟扬，侵于之疆，则取于残，杀伐用张，于汤有光。'不行王政云尔，苟行王政，四海之内皆举首而望之，欲以为君；齐、楚虽大，何畏焉？"

**华杉详解**

《太誓》是《周书》的篇名，是周武王誓众之辞。他说："我军威武奋扬，侵彼纣之疆界，除掉凶残的暴君，虽罪只一人，而威加四海，杀伐之功，因而张大，我们就像当年的成汤一样光荣！"周武王杀掉的是成汤的子孙纣王，但他的事迹却是以成汤为榜样的，他做的和当年成汤做的是一样的事。

孟子说:"宋国不行仁义之王政则罢,如果能行王政,则四海之内都会翘首盼望他,希望他来做自己的君主。齐、楚虽然强大,又有什么可怕的呢?"

孟子和万章的这段对话,不知是发生在宋王偃的哪个阶段。估计是还在早期,宋王偃的恶行还未完全暴露。孟子和万章只知道他要行仁政,却不知道他的仁政是个什么货色。

行仁政可以王天下。但仁的目的就应该是仁,而不是王天下,所谓"求仁得仁,又何怨?"。仁是一种价值观,是为百姓、为天下开太平。而王天下只是可能的结果。具体能不能王天下,还要看形势、看别人。如果大家都仁,则相安无事,大家都好;如果别国不仁,但是他很强大,则保境安民,保住我这一方乐土。如果成天急着要统一天下,那就是自取灭亡了。

如果我们对照来讲企业经营的王道,就是顾客第一,而不是规模第一、利润第一、上市公司市值第一。企业唯一的目的,就是如何更好地服务顾客、服务社会、照顾员工。别人如果也做得好,就互相学习;别人如果做得差,我们的市场就自然扩大了。

商汤以七十里起家而王天下,文王以百里起家而王天下。商汤在开始征伐之前,就已经积累了很多的善行仁德,誉满天下了,人人都在传诵他的仁德。但他还是一步步让葛伯彻底暴露,自取灭亡,然后才摧枯拉朽,攻打葛伯。周文王也是在三分天下有其二、自身实力已经远超纣王的情况下,依然没有发动伐纣的战争,而是继续等待。等传到武王,时机成熟,才由武王完成了建国大业。

《孙子兵法》说:"善战者先胜而后战,先为己之不可胜,以待敌之可胜,不可胜在己,可胜在敌。善战者之胜也,胜已败之敌也。"意思是,要先立于不败之地,再等敌人自己失败、自取灭亡,然后再去打他。他若自己还没失败,也是不会被我打败的。

要"先为己之不可胜",就在于"修道保民"。自己行仁政,举国上下万众一心,百姓都要誓死捍卫我们自己的这一方乐土,这样敌人就打不进来。自己搞好了,就等待别人是不是搞糟。他若也搞得好,则相安无事。我的目的就是求仁得仁,别国百姓既然也生活在王道乐土,我还打他干什么呢?大家相互学习就是。可他若暴虐无道,众叛亲离,我就伐其国、救其民。

这是王道仁政的价值观,也是兵法的原则。

## 儒家讲进步之道，唯有两件——读书与择友

**原文**

孟子谓戴不胜曰："子欲子之王之善与？我明告子。有楚大夫于此，欲其子之齐语也，则使齐人傅诸？使楚人傅诸？"

曰："使齐人傅之。"

曰："一齐人傅之，众楚人咻之，虽日挞而求其齐也，不可得矣。引而置之庄岳之间数年，虽日挞而求其楚，亦不可得矣。子谓薛居州，善士也，使之居于王所。在于王所者，长、幼、卑、尊皆薛居州也，王谁与为不善？在王所者，长、幼、卑、尊皆非薛居州也，王谁与为善？一薛居州独如宋王何？"

**华杉详解**

戴不胜，是宋臣。薛居州，是宋国贤臣。傅，是教。咻，是喧哗。挞，是鞭挞。庄岳，是齐国国都临淄的街道名。

孟子对戴不胜说："你想让宋王学好吗？我明白地告诉你。假如有一个楚国的大夫，想让他的儿子学会齐国话，那是请齐国人教他呢？还是请楚国人教他呢？"

戴不胜说："当然是请齐国人教他。"

"虽然请了齐国人教他，但周围都是楚国人，每天跟他讲楚国话，积习难变，你就是每天拿鞭子抽他，他也不跟你说齐国话。但是，如果你把他送到临淄去，让他在庄街岳里住几年，你就是拿鞭子抽他，他也不跟你说楚国话了。

"正君成于多助，人臣要匡正国君，就一定要让他周围都是正直而智慧的臣子，让他听不到阿谀奉承，然后就可以熏陶德行，变化气质，日进于善。但是如果小人多而君子独，要怎么影响他呢？

"你说薛居州是个善臣子，要让他住在王宫中，这固然是得到了一个好人。要是王宫中的长幼尊卑，全是薛居州这样的好人，宋王所闻都是善言、所

见都是善行，那么他想不学好都不行！可假如王宫中就薛居州一个君子，其他都是小人，那宋王就是想学好，也没人带他。你今天就举荐一个薛居州，他一个人怎么影响得了宋王呢？"

我们每个人都受身边人的影响，所以要仔细挑选自己的团队和朋友圈。儒家讲的进步之道，唯有两件——读书与择友。这都是熏陶德行、变化气质的慢工夫。

**原文**

　　公孙丑问曰："不见诸侯，何义？"

　　孟子曰："古者不为臣不见。段干木逾垣而辟之，泄柳闭门而不内，是皆已甚。迫，斯可以见矣。"

**华杉详解**

公孙丑问："君子以济世安民为己任，济世安民必须要有官职，要官职就要去求职。老师不主动去求见诸侯，是什么道理呢？"

孟子说："古时候的规矩是，臣子有应召而见君的义务，君王的使臣来传召，要不等车马备齐马上就走，等车夫备好车马追上来，你再上车，如此以示尊重君王，一分钟都不耽误。但是，如果没有官职、不是臣子，就没有这个义务，要高尚其志，以道自重，不要自己往上凑。

"但是这不见，只是不主动屈身往见而已，若是那尊贤下士的君王来拜访，还是要见的。以前魏国有个段干木，他不愿做官，魏文侯去见他，他躲着不见，还翻墙跑了；鲁国有个叫泄柳的，鲁缪公去见他，他干脆不开门，给国君吃闭门羹。这都属于太过分了。高士不见君王，只是担心君王没有礼贤下士的诚意，这样的话，你见他也没有用，他也不能行道。可是当人家如此迫切地主动来拜访，当然就应该见。"

**原文**

　　"阳货欲见孔子而恶无礼，大夫有赐于士，不得受于其家，则往拜其门。阳货瞰（kàn）孔子之亡也，而馈孔子蒸豚。孔子亦瞰其亡也，而往拜之。当是时，阳货先，岂得不见？"

**华杉详解**

"瞯"同"瞰"，窥视的意思。

阳货，是鲁国正卿季氏的总管，一度是鲁国的实际掌权者，得称大夫。

"阳货想召见孔子，但孔子不是臣子，没有召见之礼。阳货怕人家说他无礼，但是自己又拿不下架子去拜访孔子，于是就耍了一个小心眼。他趁孔子不在家的时候，给孔子送去一只蒸小猪。按规矩，大夫送礼给士，如果士没有在家亲自接受，之后就要亲自登门拜谢。阳货就想用这个招术，让孔子自己来。

"阳货的小伎俩，孔子当然一眼洞穿。孔子虽不是耍心眼的人，但是他也不能掉到阳货给他挖的坑里去。于是他也派人打探，趁阳货不在家的时候去登门拜谢。这样，既没有失礼，也避免了见阳货。如果阳货不耍这些花招，诚恳地来登门拜访，孔子又怎么会不见他呢？"

**原文**

"曾子曰：'胁肩谄笑，病于夏畦。'子路曰：'未同而言，观其色赧赧然，非由之所知也。'由是观之，则君子之所养，可知已矣。"

**华杉详解**

曾子说："耸着肩膀、强颜欢笑地去讨好别人，比在夏天的菜地里干活还要累！"子路说："明明跟他没有共同语言，还硬要跟他没话找话，搞得心惭面赤的，我可受不了！"

通过学习孔子的举动和曾子、子路的话，君子该怎样修养自己的品德节操，如何把握和人打交道的尺度，就可以知道了。

## 为政在于力行，知错在于速改

**原文**

戴盈之曰："什一，去关市之征，今兹未能，请轻之，以待来年，然后已，何如？"

孟子曰："今有人日攘其邻之鸡者，或告之曰：'是非君子之道。'曰：'请损之，月攘一鸡，以待来年，然后已。'如知其非义，斯速已矣，何待来年？"

**华杉详解**

戴盈之是宋国大夫，他想要改革弊政，但又不能决断，于是来找孟子探讨。他说："我们想改革，把田税税率降到10%，免除关税，自由贸易。但是目前还做不到，所以想渐进式地推进，今年先把田税和关税都降低一部分，等到明年再完全实行，您看怎么样？"

孟子说："现在有人每天偷邻居一只鸡，有人跟他说：'这不是正人君子该干的。'他便说：'那我先少偷一些，改为每个月偷一只，等到明年再完全不偷。'既然知道是错的，就马上革除其弊，为什么要等待明年呢？"

为政在于力行，知错在于速改。既然都明白了，就要马上去做，彻底地做。领导的职能在于寻找和创造新的可能性，找到了就要去做，如果不去做，可能性就消失了。

**原文**

公都子曰："外人皆称夫子好辩，敢问何也？"

孟子曰："予岂好辩哉？予不得已也。天下之生久矣，一治一乱。当尧之时，水逆行泛滥于中国，蛇龙居之，民无所定，下者为巢，上者为营窟。书曰：'洚水警余。'洚水者，洪水也。使禹治之。禹掘地而注之海，驱蛇龙而放之菹，水由地中行，江、淮、河、汉是也。险阻既远，鸟兽之害人者消，然后人得平土而居之。"

**华杉详解**

公都子，是孟子的弟子。孟子以辩才闻名，公都子就以为老师喜欢辩论，求胜于人。他问孟子："外面的人都说老师您喜欢辩论，请问这是为什么呢？"

孟子说："我难道喜欢跟人辩论吗？我是不得已而辩之，要给大家把道理讲清楚！人类社会产生很久了，太平一时，又乱一时。在尧的时代，洪水横行，到处泛滥。凡平地皆为蛇龙所居，天下百姓不能安居。地势低的地方，就在树上筑巢以居；地势高的地方，就打相连的洞穴。《尚书》说：'洚水警诫我们。'洚水，就是洪水。尧很忧虑，选拔舜来治理天下，舜又派禹去治水。禹掘开壅塞，疏通河流，将泛滥之水注之于大海，驱逐龙蛇，放之于沼泽之地。水顺着河床流动，就是今天的长江、淮河、黄河、汉水。水患既除，险阻既远，鸟兽害人者也赶走了，人们才能够在平原居住。"

### 原文

"尧舜既没，圣人之道衰，暴君代作，坏宫室以为污池，民无所安息；弃田以为园囿，使民不得衣食，邪说暴行又作，园囿污池，沛泽多而禽兽至，及纣之身，天下又大乱。"

### 华杉详解

这里的宫室，是指民居，而不是王宫。污池，是君王游观之所，池沼花园。

尧舜的时代过去之后，圣人之道逐渐衰落。从夏到商，暴虐之君相继而起，把老百姓的房屋拆了，做他的池沼花园，让百姓没有地方居住；把种粮的田地，征用为他打猎的猎场，让百姓不得衣食。暴政之下，自然风俗日坏，各种异端邪说也盛行起来，全社会弥漫着暴戾之气，人们相互残害。良田征用为猎场，民居毁坏为池沼，草泽增多，野兽又回来了。到了纣王的时候，天下又大乱。

### 原文

"周公相武王，诛纣伐奄，三年讨其君，驱飞廉于海隅而戮之，灭国者五十，驱虎豹犀象而远之，天下大悦。书曰：'丕显哉，文王谟，丕承哉，武王烈，佑启我后人，咸以正无缺。'"

### 华杉详解

奄，是东方的国名。飞廉，是纣王的幸臣。丕，是大。谟，是谋略。咸正无缺，是正大周密，没有缺点。

周公辅佐周武王，先是诛讨纣王，再去讨伐东边助纣为虐的奄国，三年之久，始就诛戮。纣王的幸臣飞廉继续抵抗，被一直追逼到海边，就戮伏法。又灭掉纣的余党，共有五十余国。再把虎豹犀象等猛兽赶到远方，使百姓重新安居乐业，天下大悦。《周书》上说："文王的谋略多么光明！武王的功勋多么伟大！保佑天下，继往开来，正大光明，尽善尽美，没有一丝缺憾！"

**原文**

"世衰道微，邪说暴行有作，臣弑其君者有之，子弑其父者有之。孔子惧，作春秋。春秋，天子之事也，是故孔子曰：'知我者，其惟春秋乎；罪我者，其惟春秋乎。'"

**华杉详解**

周自武王、周公以来，天下已治。但时间一长，就又衰了。自平王东迁之后，国运衰落，王道湮灭，邪说暴行又乘机而作。以臣弑君的有之，以子弑父的有之。孔子生当其时，但不能得国师之位，操赏罚之权。他为世道人心所忧惧，于是以鲁国历史为素材，写了一本《春秋》，对历史上的人和事，都有所褒贬。《春秋》所载之事，明礼法、寓褒贬、别善恶，这本是天子的职权，孔子不得已而做了。所以孔子说："了解我的，就在于《春秋》这部著作吧；责骂我的，也在于《春秋》这部著作吧。"

**原文**

"圣王不作，诸侯放恣，处士横议，杨朱墨翟之言盈天下，天下之言，不归杨则归墨。杨氏为我，是无君也；墨氏兼爱，是无父也。无父无君，是禽兽也。公明仪曰：'庖有肥肉，厩有肥马，民有饥色，野有饿莩，此率兽而食人也。'杨墨之道不息，孔子之道不著，是邪说诬民，充塞仁义也。仁义充塞，则率兽食人，人将相食，吾为此惧。闲先圣之道，距杨墨，放淫辞，邪说者，不得作，作于其心，害于其事，作于其事，害于其政，圣人复起，不易吾言矣。"

**华杉详解**

"自上古以来，治乱循环，大略如此。到了今天，更有可忧可惧之事。圣王不再出现，诸侯肆无忌惮，一般士人也乱发议论。正学不彰，邪说就横行，杨朱、墨翟之言充斥天下。所有人的主张，不是归于杨朱派，就是归于墨翟派。"

杨朱、墨翟，是两个极端。杨朱主张个人第一，现在我们说的成语"一毛不拔"，就是他的话。《孟子·尽心》："杨子取为我，拔一毛而利天下，不为也。"《列子·杨朱》："损一毫利天下，不与也。"让他为国家、为百姓贡献一根毛出来，他都不干。这是什么学说啊！但他有他的一番理论："损一毫利天下，不与也；悉天下奉一身，不取也；人人不损一毫，人人不利天下，天下治矣！"意思是：拔我一根毛让天下得利，我不干；集合全天下的利益供奉一个人，那也不行；每个人的利益都不受损失、不受侵夺，每个人自己管好自己，那天下自然就太平。不要利他，不要为别人贡献，也就没有尧舜；不要侵夺别人，也就没有桀纣。我们不要桀纣，也不需要尧舜，天下自然就太平。庄子说的"圣人不死，大盗不止"也和这个意思类似。当时诸侯横征暴敛，百姓被各种国家利益的宏大理由侵夺，所以杨朱的一毛不拔论就让大家非常有共鸣。

墨子的思想是兼爱，和杨朱相反。孟子说墨子："墨子兼爱，摩顶放踵，利天下，为之。"为了对天下人有利，就是磨光了头顶，磨破了脚板，他也愿意。但是墨子的兼爱和儒家的博爱有区别。儒家是爱有等差，虽然也爱天下人，但是推己及人，由近及远，爱自己家人要胜过爱别人。而墨家主张天下一家，自己的家人和别人的家人都一样，没有小家，只有大家。

所以孟子说："杨朱只为自己，那是无君；墨子没有小家，只有大家，那是无父。无君无父，人道灭绝，那就是禽兽了。以前公明仪说：'厨房里有肥肉，马厩里有壮马，而民众却面带饥色，野外躺着饿死的尸体，这是率领着野兽来吃人啊！'这社会没有一个大家达成共识的思想，杨朱、墨翟的学说不消除，孔子之道就无法发扬。这些邪说欺骗了百姓，也堵塞了仁义的道路。仁义的道路被堵塞，就是率领野兽来吃人，人们就会互相残杀，进入互害社会。

"我对此非常忧惧，便出来捍卫先王的学说，对杨朱、墨翟的学说深踞而痛绝之，驳斥其荒谬放荡之辞，让天下人都了解他的错误，让发表荒谬议论的人不能抬头。那些邪说淫辞，发于言论，而本于心术。从心里产生出来，便会危害到他们所做的事情。他那么想、那么说、那么做，就会危害到天下的政治。其端甚微，而其害甚大。所以我必须奋起卫道，让天下弃绝邪说，正心术、立正学、走正道。我想就是圣人再度兴起，也会同意我的话的！"

**原文**

"昔者禹抑洪水，而天下平；周公兼夷狄，驱猛兽，而百姓宁；孔子成春秋，而乱臣贼子惧。诗云：'戎狄是膺，荆舒是惩，则莫我敢承。'无父无君，是周公所膺也。我亦欲正人心，息邪说，距诐行，放淫辞，以承三圣者。岂好辩哉？予不得已也。能言距杨墨者，圣人之徒也。"

**华杉详解**

"以前大禹制服了洪水，而天下得以太平；周公兼并了夷狄，驱走了猛兽，而百姓得以安宁；孔子著《春秋》，明大义于当时，垂法戒于后世。有了价值观标准，叛乱的臣子、不孝的儿子才感到害怕。《诗经》说：'攻击戎狄，惩罚了荆国、舒国，就没有人敢抗拒我们。'像杨朱、墨翟这样无君无父的人，正是周公要惩罚的。我正要端正人心，消灭邪说，反对偏激的行为，驳斥荒唐的言论，来继承大禹、周公、孔子三位圣人的事业。我哪里是好辩呢？我只是不得已罢了。能够以言论来反对杨朱、墨翟的，也只有圣人的门徒了，舍我其谁？"

## 儒家修养的方法论，就是持之以恒，克己复礼

**原文**

匡章曰："陈仲子岂不诚廉士哉？居於(wū)陵，三日不食，耳无闻，目无见也。井上有李，螬食实者过半矣，匍匐往将食之，三咽，然后耳有闻目有见。"

孟子曰："于齐国之士，吾必以仲子为巨擘焉。虽然，仲子恶能廉？充仲子之操，则蚓而后可者也。夫蚓，上食槁壤，下饮黄泉。"

**华杉详解**

匡章、陈仲子，都是齐国人。於陵，是地名。蝤，是金龟子的幼虫。巨擘，是大拇指。槁土，是干土。黄泉，是浊水。

匡章说："陈仲子真是廉洁之士吧？他生在富贵之家，却觉得家里的收入是不义之财，自己离家跑到於陵去住，家财分文不取，以至于穷得没有饭吃。有一次三天都没吃饭，饿得耳朵都快听不见、眼睛都快看不见了。这时候，他看见井边的树上有李子，已经被虫子吃掉了一半，他就爬过去把那半个李子吃了，吞了三口，才重新有了听觉、视觉。"

孟子说："当今齐国之士，溺于富贵，贪功逐利之人甚多，陈仲子能独守清贫，我也给他竖大拇指。但是，陈仲子怎能叫廉洁？如果要扩充陈仲子的操守，那只有变成蚯蚓才能做到。那蚯蚓，上面只吃些干土，下面就喝点泉水，万事不用别人，真正一无所求。"

这里有一句"充仲子之操"，就是要持之以恒，克己复礼，这是儒家修养的方法论。你修养什么，就要持之以恒，做到彻底，做到极致。如果不能彻底，就是此路不通。而陈仲子析义不精，行为偏激，不近人情，所以没法彻底。如果要彻底，那只有化成蚯蚓才做得到。所以这条路就走不下去，也不能算廉洁。

## 孟子对谁做国君不太在意，他在意的是天下百姓

**原文**

"仲子所居之室，伯夷之所筑与？抑亦盗跖（zhí）之所筑与？所食之粟，伯夷之所树与？抑亦盗跖之所树与？是未可知也。"

曰："是何伤哉？彼身织屦，妻辟纑，以易之也。"

曰："仲子，齐之世家也，兄戴，盖（hé）禄万钟。以兄之禄为不义之禄而不食也，以兄之室为不义之室而不居也，辟兄离母，处于於陵。他日归，则有馈其兄生鹅者，己频顣（cù）曰：'恶用是鶃鶃（yì）者为哉？'他日，其母杀是鹅也，与之食之。其兄自外至，曰：'是鶃鶃之肉也！'出而哇之。以母则不食，以妻则食之；以兄之室则弗居，以於陵则居之。是尚为能充其类也乎？若仲子者，蚓而后充其操者也。"

**华杉详解**

孟子说："仲子住的房子，总得有人来盖；仲子吃的粮食，总得有人来种，要怎么分辨这些东西来得义或不义呢？仲子的房子是伯夷那样的圣人盖的？还是盗跖那样的恶人盖的？他吃的粮食，是伯夷那样的圣人种的？还是盗跖那样的恶人种的？这还是说不清楚啊！"

匡章说："这有什么关系呢？是他自己编草鞋，他妻子绩麻搓线去交换来的，这就行了。"

纑，是麻线。辟纑，是治麻之事，绩麻搓线。

孟子说："陈仲子本身不是穷人，他的家族是齐国世家，享有世代世袭的禄田。他的哥哥陈戴，每年从封地盖邑获得的禄米，就有一万钟之多。他在自己家里吃住，有何不义？有何不可？他非要说他哥哥的禄米是不义之禄而不吃，非要认为哥哥的房子是不义之室而不住。于是避开哥哥，离开母亲，自己搬到於陵去住，这样就连亲情人伦都不要了。

"有一天他回到家里，看见有人送他哥哥一只活鹅。他皱了个眉头说：'这种鶃鶃叫的东西，送来干什么！'人家送一只鹅作为人情往来，这有什么呢？可他也嫌那鹅不义。后来，他妈妈把这鹅杀了给他吃。他正吃着，哥哥回家来看见了，就讥讽他说：'这就是那天你说的鶃鶃叫的肉呀！'他一听，竟跑出门去把吃的呕了出来。

"陈仲子就是这么不近人情。母亲的食物不可以吃，妻子的可以吃；哥哥的房子不能住，於陵的可以住。这样能把廉洁操守扩充到极致吗？如果要扩充到极致，那也只有变成蚯蚓才能做到了，上吃干土，下饮黄泉，万事不求人，什么都不需要。"

陈仲子的作为，是学习了伯夷、叔齐。伯夷、叔齐不食周粟，饿死在首阳山。陈仲子也是"不入污君之朝，不食乱世之食"，后来他也是饿死的。陈仲子的家族，是齐国王族，先祖是陈完。陈完本是陈国公子，避祸到齐国，得到了齐桓公的任用。后来，陈氏家族在齐国专权，最终篡夺了姜姓齐国的政权，成为齐国国君。所以陈仲子觉得自己的家族不义。但这已经是上几辈的事了，陈仲子生下来，齐国就已经是这样了，他如何去为过去的义与不义负责呢？

孟子对谁做国君不太在意，他在意的是天下，是百姓。廉洁君子就当经世济民，即便是"穷则独善其身"，那也是因为没机会，而不是自己离家避世。虽然孔子也说过"伯夷叔齐求仁得仁"，但自己饿死去求仁，不是孟子的价值观，也不是孔子的价值观。

# 第七篇 离娄章句上

## 善心和好办法配合起来，才能平治天下

**原文**

孟子曰："离娄之明，公输子之巧，不以规矩，不能成方圆；师旷之聪，不以六律，不能正五音；尧舜之道，不以仁政，不能平治天下。今有仁心仁闻而民不被其泽，不可法于后世者，不行先王之道也。故曰，徒善不足以为政，徒法不能以自行。"

**华杉详解**

离娄，是古时明目之人，目力极强，能在百步之外见秋毫之末。公输子，就是鲁班，木匠始祖。师旷，是鲁国乐师，中国古代第一音乐家。六律，是调音器，用竹管截成不同长短，来分辨声音之清浊高下，乐器之音则以六律为准则，分为黄钟、太簇、姑洗、蕤宾、夷则、无射六阳律，与大吕、夹钟、仲吕、林钟、南吕、应钟六阴律。五音，是中国古代的五个音阶，宫、商、角、徵、羽。

孟子看到当时的诸侯，老是想在政治上想一个新办法，既能把百姓照顾好，也能满足自己的私欲，就说："就算你有离娄那样的目力、鲁班那样的技巧，可没有圆规，你也画不出圆形；没有矩尺，你也画不出方形。就算你有师旷的耳朵，可没有调音器，你也不能校正五音。就算你有一颗尧舜的心，可不愿意照着尧舜的政策去做，你也不能平治天下。如今有人君在上，其爱民之仁心发于由衷，爱民之名声闻于远近，但百姓却不能得到他的好处，他也无法留

下政治遗产，成为后世的典范。为什么呢？因为他不行先王之道，不实行尧舜的体制政策。所以说，只有善心，没有好办法，也不足以治理政治；只有好办法，没有善心，那办法自己也动不起来。一定要好心和好法配合起来才行。"

不管是圣君、仁君、昏君、暴君，没有一个君主不想把国家搞好的。但是一涉及统治者的利益，他就不愿意了。首先就把仁政正道给排除了，非要想一个新办法，既能保障自己的统治地位和利益，还能平治天下。

齐宣王也有仁心仁闻，他看见牛要被杀都于心不忍，何况对人呢？但是他说"寡人有大欲"，还是得让百姓给他做炮灰。

中国历史第一"仁心仁闻君"是南北朝时期的梁武帝。他念佛吃素，宗庙祭祀都不用牛羊牺牲，只用谷物；有死刑的时候，一定为犯人涕泣。他的仁慈真是天下人都知道了，贵族子弟也利用他的仁慈骄纵不法。最后搞得政治腐败，天下大乱，他自己也不得善终。

徒善，是有其心，无其政；徒法，是有其政，无其心。这两者都不行。

孟子认为，要平治天下只有一个办法，那就是尧舜的办法。

### 原文

"《诗》云：'不愆（qiān）不忘，率由旧章。'遵先王之法而过者，未之有也。圣人既竭目力焉，继之以规矩准绳，以为方圆平直，不可胜用也；既竭耳力焉，继之以六律正五音，不可胜用也；既竭心思焉，继之以不忍人之政，而仁覆天下矣。故曰，为高必因丘陵，为下必因川泽；为政不因先王之道，可谓智乎？是以惟仁者宜在高位。不仁而在高位，是播其恶于众也。"

### 华杉详解

"《诗经》上说：'不要偏差，不要遗忘，一切依从传统的规章。'遵循先王的法度而犯错误，那是从来没有过的。当年圣人已竭尽目力，把方圆平直看明白，又制作圆规、曲尺、水准器、墨绳，帮助后人制作方圆平直的东西，真是用之不尽；圣人又竭尽耳力，审听声音的清浊高下，用竹管截成十二种不同长短，制作了校音器'六律'，后世可以用它来校正五音。可见圣人不忍生民之无主，早已竭尽心思，无所不用其极。而后又施之以仁政，他的仁也就覆盖天下了。

"所以说，筑高台一定要凭借山陵，挖池塘一定要凭借沼泽。如果非要到低洼的地方去筑高台，到高处去挖池塘，那能是聪明人吗？同样，要施行仁政，如果不以先王的法度为准则，那能是聪明人吗？

"先王之道之所以应该遵循，是因为它足以泽被当时，又足以传之万世，也因为那为人君者有不忍人之心，才有不忍人之政。所以，只有仁人应该居于统治地位。如果不仁之人居于统治地位，那撒向人间的就都是恶了。"

"祖述尧舜，宪章文武"是孔子的道统。来来回回说了两千年，其实也不迂腐。中国人的传统文明、精神文化，几乎都是周公竭尽心思图维区画的。

儒家的仁政要实现，需要一个前提，就是孟子说的"惟仁者宜在高位"，国君必须是仁人圣君。可两千多年的历史证明，这几乎不可能，国君只能靠劝说、靠教育。所以儒家的教育家成就，远远超过了政治家成就。

我们学习儒家，不是学他的政治，而是学他的自修——日用常行的朴素道理、格物致知的学习学、诚意正心的修养、修身齐家的领导力。


## 不敢批评领导，是对领导最大的不敬

**原文**

"上无道揆也，下无法守也，朝不信道，工不信度，君子犯义，小人犯刑，国之所存者幸也。"

**华杉详解**

揆，是量度、准则。朝，是朝廷。工，是百官。君子和小人，在这里不是指品德，而是指地位，君子就是官员，小人就是百姓。

张居正作为一代名相，最懂这些道理，这一段他讲得深刻生动：

在上位的人不讲理，不以道理度量事物来行事，而是一切看自己的私意，那么在下位的人也就没有法度以遵守自持，只能阿顺上级。

这朝廷之上，本来就是全靠道理才令出布信。现在却上无道揆，不讲道理。迁就纷更，不停补漏，政令不能划一，这样的朝廷也就没有公信力。

百官全靠着法度才能顺命以成信，现在却下无法守，没有法度可以遵守，只能看着上面的意思。而上面的意思又不明确、不统一，只管自己私意，不管下情民情。如此则百官偷惰欺罔，不去实心办事。因为只有不做事，才能不犯错以自保。

朝廷不讲道理，百官就没法相信法治，在上位的君子必肆意妄行，在下位的百姓必放辟邪侈，犯刑法而不顾。

如果国家到了这个地步还不亡，那就是幸存而已。

### 原文

"故曰，城郭不完，兵甲不多，非国之灾也；田野不辟，货财不聚，非国之害也。上无礼，下无学，贼民兴，丧无日矣。"

### 华杉详解

所以说，城墙不坚固，军备不充足，虽然国势不强，但还不算国之灾祸；田野没有开辟，经济上不富裕，也不算国之灾祸。真正的灾祸，是在上位的人没有礼仪，教化不行于天下；在下位的人不学习，贼恶之民起于其间，肆为邪说暴行，群魔乱舞。这样的话，国家的灭亡也就快了。

### 原文

"《诗》曰：'天之方蹶，无然泄泄。'泄泄犹沓沓也。事君无义，进退无礼，言则非先王之道者，犹沓沓也。故曰，责难于君谓之恭，陈善闭邪谓之敬，吾君不能谓之贼。"

### 华杉详解

《诗经》上说："上天已经摇动，要降灾祸颠覆周室。为人臣者，要奋起救国家之急！不要还在那里拖拖沓沓，阿谀奉上。"人臣对君上，只知逢迎听话，就是不义。人臣以道事君，不可则退，如果进不能匡正君王之过，退不能保持自己的廉洁，就是进退无礼。对先王的仁政礼法造言诋毁，那也是蹉跎岁月、怠缓悦从地混日子，全无体国之诚、急君之念。

所以说，人臣若只是趋走承顺，那是外貌恭敬的小节。真正的恭敬，是举高远难能之事，责求君王去做，这样虽然好像强之所不堪，但其心中却是以圣帝明王的事业来期望其君，而不是把国君看得昏庸平常。

人臣若只是顺从听话，就算外表敬畏，也是虚伪。唯有尽言规谏，敷陈先王善道，以禁遏其邪僻之心，即使犯颜触怒，也不退缩。这样虽然常常触及君王所忌，但内心却是防微杜渐的道理。匡救其君，不敢陷之于有过，这才是为国之诚，是对君王真正的尊敬。

为人臣者，若只是承顺听话，不去匡正君王，那是因为他的内心认为君王不是好人、不会行善、不能成事，那是对君王最大的否定和不恭敬，是坑害君王。

## 不要与众不同，要从善如流

**原文**

  孟子曰："规矩，方圆之至也。圣人，人伦之至也。欲为君，尽君道；欲为臣，尽臣道。二者皆法尧、舜而已矣。不以舜之所以事尧事君，不敬其君者也。不以尧之所以治民治民，贼其民者也。"

**华杉详解**

孟子说，圆规和曲尺，是方圆的标准，是方圆的极致。要画一个圆，只有用圆规来画才能画得最圆；要画一个方形，只有用曲尺来画才能画得最方。你若不用圆规、曲尺，非要自己画，是不可能画得最方最圆的。

这个道理很简单，但是多数人都不信，都要搞一套"有自己的东西"。其实任何人事物，正确答案只有一个，就是"善为天下公""从善如流"，就是照着做。"善"从哪里来？主要是跟别人学。比如孔子最推崇舜："舜其大知也与！舜好问而好察迩言。"意思是，舜有大智慧，好学好问，能从别人浅近的语言中发现闪光点。孟子也说："大舜有大焉，善与人同，舍己从人，乐取于人以为善。自耕稼、陶、渔以致为帝，无非取于人者。取诸人以为善，是与人为善者也。故君子莫大乎与人为善。"舜的伟大，在于他善于和别人相同，愿意抛弃自己的观点做法，跟从别人，乐意采取别人的方式方法来改进自己。从耕种、制陶、打鱼，到最后做天子，他无非都是跟别人学习。"与人为善"的本意不是对人好，而是善与人同。如果哪一天发现自己错了，别人才是对的，就马上舍己从人，跟人家一样做。

正确答案只有一个：不要"与众不同"，要"从善如流""与人为善"，不以自己的私利害善，这就是最大的善。

可是，孔孟就那么肯定，他们宣扬的尧舜之道是唯一的正确答案吗？在当时的历史条件下，这就是他们找到的答案。我想，如果孔孟再活两千年，发现了新的答案，他们也一定会舍己从人、与人为善的。

孟子说："圆规曲尺，是方圆的标准；圣人，是人伦的标准；尧，是为君的标准；舜，是为臣的标准。要做君主，尽君主之道，就照着尧那样去做；要做臣子，尽臣子之道，就照着舜怎么侍奉尧那样去做。不用舜侍奉尧的方法来侍奉君主，就是对君主的不恭敬；不用尧治理百姓的方法来治理百姓，就是对百姓的残害。"


## 评价事情的标准只有两个：义和不义

**原文**

"孔子曰：'道二，仁与不仁而已矣。'暴其民甚，则身弑国亡；不甚，则身危国削。名之曰幽、厉，虽孝子慈孙，百世不能改也。《诗》云：'殷鉴不远，在夏后之世。'此之谓也。"

**华杉详解**

孔子说："治理天下的道路只有两条：仁与不仁。"朱熹注解说："二端之外，更无他道，出乎此，则入乎彼矣，可不谨哉？"

我们评价任何事情，标准也只有两个：义和不义。你没有合乎义，就落入不义了。这样一想，处理事情就会谨慎很多。

接着往下讲：对百姓太残暴，本身就会被杀，身死国灭；残暴程度不那么厉害，也会把自己置于险境，国势被削弱。不仅如此，死后还会被冠以"幽""厉"的谥号，让后世都知道你不是好人！就算你有孝子慈孙，过一百世他也无法帮你改掉。

谥法，是周朝用来给君王和士大夫盖棺论定的，用一个字给你贴上标签，代表后人对你的评价。这对君王是一个约束，因为你在位的时候，谁也不敢顶撞你，你死后，却由他们给你写鉴定。若表现好，得美谥，流芳千古；表现不好，得恶谥，遗臭万年。

孟子就用这个来警示君王，不要像周幽王那样，得个"幽"字。谥法中"壅遏不通曰幽，动祭乱常曰幽"，代表冥顽不灵，一意孤行，行为乖张，毫无体统。也不要像周厉王那样，得个"厉"字，"杀戮无辜曰厉"。

秦朝建立后，秦始皇不喜欢谥法，说是儿子妄议老子，臣子妄议君王，就把谥法给取消了，自称秦始皇，并规定下一代叫秦二世，再往下叫三世、四世……一直到万世，不许后人给前人评价鉴定。不过秦朝后来只传了二世。如果不取消谥法，秦始皇估计得叫秦高祖、秦武帝，秦二世就免不了叫秦幽帝了。

到了汉朝，又恢复了谥法，好歹让君王对身后名声有点顾忌。现在的清宫剧里，那孝庄太后讲话，一口一个"我孝庄"，那就是闹笑话了。孝庄是她的谥号，她还没死，哪里知道自己的谥号呢？

《诗经》上说："殷鉴不远，在夏后之世。"意思是，殷商有一面离他不远的镜子，就是夏桀之世。商纣王胡作非为，他没有去照照离他很近的那一面镜子——夏桀。如果他看看夏桀是怎样身死国灭的，他就不会那样暴虐了。残暴过分的，就像夏桀、商纣那样身死国灭；残暴没到那个程度的，就像周幽王、周厉王那样被贴上坏蛋标签，遗臭万年。

## 觉得自己在理，往往是一种幻觉

**原文**

孟子曰："三代之得天下也以仁，其失天下也以不仁。国之所以废兴存亡者亦然。天子不仁，不保四海；诸侯不仁，不保社稷；卿大夫不仁，不保宗庙；士庶人不仁，不保四体。今恶死亡而乐不仁，是犹恶醉而强酒。"

**华杉详解**

孟子说，夏、商、周三代之得天下，是由于仁；失天下，是由于不仁。夏禹、商汤、周文王，以仁得天下；夏桀、商纣，以不仁失天下。国家的兴废存亡，就是这个道理。

天子不仁，则亿兆离心，叛乱四起，不能保有四海；诸侯不仁，则身危国削，众叛亲离，不能保有社稷；卿大夫不仁，则坏法乱纪，有覆宗灭祀之忧；士和庶人不仁，则悖理伤道，有亏体杀身之祸。可见无论贵贱，都会因不仁而致其死亡，这不是最可怕的事吗？现在人人都惧怕死亡，却依然不管不顾，行那不仁之事，这就好比害怕喝醉却偏要喝酒一样。

**原文**

孟子曰："爱人不亲，反其仁；治人不治，反其智；礼人不答，反其敬。行有不得者，皆反求诸己。其身正，而天下归之。《诗》云：'永言配命，自求多福。'"

**华杉详解**

这是仁的修炼心法。我们是怎么走向不仁的呢？往往都是因为一句"你不仁，莫怪我不义"。我本来是要对你仁的，但是你对我不仁不义，我也没办法呀！

当你心里想"你不仁，莫怪我不义"的时候，对方是否不仁不义姑且不论，但你的不仁不义是已经自己决定了的。而认为自己代表正确，代表正义，这往往是一种幻觉，是一种自欺欺人。先自欺，认为自己是正确、正义的，然后就会毫无心理负担地去欺骗、欺负别人。

所以要修行仁义，核心就是一句话——行有不得，反求诸己。万事不遂，都要怪自己，在自己身上找原因，找解决之道。

孟子说，当我们爱一个人，希望他来亲附我，可他却不跟我亲近。那我不能去怪他，而是要反躬自省，看来我对他的仁爱还不够。

当我们管理别人，希望他听话，来顺从我，可他却不听。那我不能骂他不听话，而是要反躬自省，是我自己的智慧还不够，有些事理还没弄明白，有些处置还不恰当。

当我们很礼貌地对待别人，他却不搭理我，我也要反躬自省，看来我的礼敬程度还不够。

这最后一条我有点小体会：很多人在路上或电梯里遇到老外，都会点头微笑致意；可一遇到同胞，就都板着脸面无表情。大家都打个招呼不好吗？你主动一点跟人打招呼，如果对方没反应，或者来不及反应，就想想是不是自己打招呼的声音太小了，下次大吼一声"你好"，也许人家就有反应了。

张居正讲解说，行有不得，反求诸己，不仅是在爱人、治人、礼人上，而且要将这自反之心推而广之。凡是有窒碍不通、不能如愿的，件件反求诸己，只在自己的身心上讲求，从根本处着力，一定要做到每件事都尽善而后已。这样修身克己，严密精详，则一生之中视听言动、好恶取舍，无不当乎天理、合乎人心。如此则天下皆敬信而归服之，岂有不亲不治不答者哉？

《诗经》上说："永言配命，自求多福。"就是说，人如果能常常思念，一言一行都合乎天理，则天心佑助，多福自臻。这福都是自己求来的，而不是靠运气来的。

自己行得端正，则自然天下归服。如果不能正己，而只是责怪别人，徒以权力把持天下，则令之不从，威之不服，欲使天下归心，岂可得哉？《大学》里讲修身、齐家、治国、平天下，论平天下而推本于修身，就是这个道理。

觉得自己在理，代表正确、正义，往往是一种幻觉。行有不得，反求诸己，凡是有问题都在自己身上找原因，这样才能"永言配命，自求多福"。

## 唯有以德服人，修德以服其心

### 原文

孟子曰："人有恒言，皆曰：'天下国家。'天下之本在国，国之本在家，家之本在身。"

**华杉详解**

恒言，就是常言。人们常说："天下国家。"这里的国，是指国都。天下广大，德化难以周遍，所以首先要在国都之内治教修明，然后由近及远。所以要平治天下，其根本在于国都。

国都之内人口众多，你的情意也不能让每个人都直接感受到，所以要先让自己家中恩义融洽，然后由内及外，可以兴一国之仁让。所以治国之本，在于齐家。

而齐家之本，在于修身。因为你自己的一举一动，都是全家模仿的榜样，自己身正则一家皆正。

这就是《大学》里"修身、齐家、治国、平天下"的道理。

**原文**

孟子曰："为政不难，不得罪于巨室。巨室之所慕，一国慕之；一国之所慕，天下慕之。故沛然德教溢乎四海。"

**华杉详解**

巨室，是指世臣大家。一国之中，总有些世臣大家，兼政用事，地位甚高，足以影响一大批人的看法和立场。其势力盛强，也能够抗衡消解君上的命令。如果人君举止乖错，则巨室心怀怨怒，政策教化就可能阻碍不行；如果人君修身齐家，没有纤毫过失可以取怨致怒，则世臣大家都心悦诚服，翕然向慕。

巨室大家都是意见领袖。他们诚服向慕，则一国之人都跟着诚服向慕；一国之人都诚服向慕，则天下以为依归。如此人心向慕，无论众寡远近皆然，则德教大行，如水之沛然而莫能御，可以充溢四海而无有滞碍矣！

孟子说，搞政治并不难，不要得罪那样世臣大家，要去取得那些贤明的、有影响力的卿大夫的向慕和支持。而要他们心服，主要还是在于自己修身、反求诸己。如果徒以权力相向，都只说为政甚难，那是因为没有反身修德而征服人心。

战国时期，诸侯失德，卿大夫擅权。如果国君自己不修德行，只想马上压服他们，恐怕非但不能取胜，还会给自己招祸。所以孟子推本而言，只要以德服人，修德以服其心，让巨室大家心服，德教就可以及乎天下。

## 德小力薄还不服，就是自取灭亡

**原文**

孟子曰："天下有道，小德役大德，小贤役大贤；天下无道，小役大，弱役强。斯二者，天也。顺天者存，逆天者亡。"

**华杉详解**

小德役大德，这里省略了一个"于"字，其实是"小德役于大德"。后面三句也都省略了一个"于"字。役于，就是为人所役使。

人生于世，要么发号施令役使别人，要么就听别人命令。但是，谁指挥谁，有尚德和尚力的不同。天下有道的时候，就尚德。人人都修德，位置的高低，由德的大小决定。小德之人，听大德使唤；小贤之人，听大贤使唤。使唤别人的，不仗势欺人；听人使唤的，不畏势而自服。

而天下无道的时候，就尚力。拿实力说话，小不敢以敌大，弱不敢以敌强。

不管是尚德还是尚力，都是事理之当然。尚德以分贵贱，则体统正而分义明；尚力以为尊卑，也是心志定而争夺息。这两者都有秩序，都合乎天理。

所以人生在世，就要度德量力，要么服从德行比我高的，要么顺从力量比我大的，你总得服。如果德小力薄，还不服，那就是逆天而行，自取灭亡。

**原文**

"齐景公曰：'既不能令，又不受命，是绝物也。'涕出而女于吴。今也小国师大国而耻受命焉，是犹弟子而耻受命于先师也。"

**华杉详解**

齐景公说："既不能出令以使人，又不能事人以听命，那是自寻绝路呀！"

于是，流着泪把女儿嫁给了吴王阖闾。

国家的外交政策，要么取威定霸以令诸侯，要么审己量力以事大国，就这两样道理。当时吴国强大，会盟上国。齐国虽然内心歧视吴国是蛮夷之邦，但不得不顺服于吴国的强势，把女儿嫁给吴国。齐景公心中不情愿，但为了顺天以自存，还是流着泪把女儿嫁了。所以齐景公是老成谋国之明君。

《说苑·权谋篇》记载，齐景公送别女儿时，哭着说："女儿啊！吴国那么远，我到死都见不到你了呀！"齐国大夫高梦子看得伤心，就说："齐国负海而悬山，纵然不能全收天下，别人也莫奈我何！君上若舍不得女儿，就不要嫁了。"齐景公说："我有齐国之固，既不能令诸侯，又不能听命于人，那是生乱啊！我听说，如果不能命令别人，那就最好听从他。"阖闾既来求婚，若不许他，让他没面子，不就得罪了他吗？得罪强国，就可能招致兵祸。齐景公怎么能为了女儿的婚姻，惹一国之兵祸呢？何况当时阖闾正在极盛时期，写《孙子兵法》的孙武、春秋名将伍子胥，都是他的朝中将领。吴国跟楚国打仗，把楚国国都都打下来了。

孟子继续说："反观今天的一些小国君主，既弱小，又不修德以自强，还处处学那大国作派，以受命为耻，不肯屈己事人，那就是挑衅取祸了。小国以听命于大国为耻，就像是弟子不肯听命于老师一般。"国家既然弱小，怎能不听命于大国呢？若想免于耻辱，只能勉力自强，而不能强硬对抗。

**原文**

"如耻之，莫若师文王。师文王，大国五年，小国七年，必为政于天下矣。"

**华杉详解**

孟子说，小国不能以侍奉大国为耻。如果你真以为耻，那你就学学周文王。文王起于岐周，不过百里之地，而当时正是商朝全盛之时。文王修德行仁，使人心悦诚服，三分天下而有其二，奠定了周朝的建国大业。今天的诸侯，基础比文王当年强多了，如果能行仁政，大国则因势乘便，不出五年，小国则积功累行，不出七年，必能王天下。

### 原文

"诗云:'商之孙子,其丽不亿。上帝既命,侯于周服。侯服于周,天命靡常。殷士肤敏,祼将于京。'孔子曰:'仁不可为众也。夫国君好仁,天下无敌。'今也欲无敌于天下而不以仁,是犹执热而不以濯也。诗云:'谁能执热,逝不以濯?'"

### 华杉详解

《诗经》上说:"商朝的子孙,数目何止十万!但是上天既然授命于周,他们便都臣服于周。他们都臣服于周,可见天命没有注定,只是归于有德者。殷朝的臣子都漂亮聪明,执行灌酒的礼节助祭于周京。"

孔子读到这句诗,感叹说:"殷商那么多人,还是挡不住文王的仁义。所以仁者无敌,只要仁人在位,多少人都挡不住他,因为人心都跟着他去了。"如今有些诸侯,想要无敌于天下,可干的却都是横征暴敛、兴兵结怨的事,不肯诚心爱民、力行仁政。这就好像手里拿着个烫手的东西,却不肯拿凉水冲一冲。《诗经》上说:"谁能手执热物,而不以凉水降温呢?"

战国诸侯个个如此。齐宣王有大欲,想要称霸天下,但兴兵结怨,落得螳螂捕蝉,黄雀在后;梁惠王想要一雪前耻,但不免横征暴敛,糜烂其民。孟子给他们指出了仁政大道,可却没有一个听得懂。

## 天作孽,犹可违;自作孽,不可活

### 原文

孟子曰:"不仁者可与言哉?安其危而利其菑,乐其所以亡者。不仁而可与言,则何亡国败家之有?"

### 华杉详解

菑,是灾。

有国家者,都不会讳言祸福危亡。因为大家总会讨论、警醒,以期不招来亡国之祸。但是这些道理，只有自己心存仁心的人，你才能跟他讨论。若统治者是不仁之人，他的本心已失，虽有忠心谋国之人去规劝他，他也必然拒而不从。

比如，修德行仁，则可长久安宁；暴虐不仁，则不免于危亡灾祸。这些都是自然之理。但他却茫然无知，悍然不顾，不以危险为可畏，而反据之而以为安；不以灾害为可惧，而反趋之而以为利；不以灭亡为可深忧，而反恬然处之而以为乐。这样你怎么跟他说呢？如果你跟他说了，他就能悔悟前非，改过迁善，那就没有亡国败家之事了。

比如，巧取豪夺、阴谋弄权、声色货利、驰骋田猎，这些都是灾祸危亡之所伏。仁者避而远之，而不仁者却沉迷其中，不仅快乐快意，而且得意忘形。就算你去跟他说，他也听不进去。只有到败亡的那天，才会哀叹自己"倒霉"！

朱熹注解说："安其危而利其灾者，不知其为危灾而反以为安利也。所以亡者，谓荒淫暴虐，所以致亡之道也。不仁之人，私欲固蔽，失其本心，故其颠倒错乱至于如此，所以不可告以忠言，而卒至于败亡也。"

不过，不仁之人的快乐，正在于不仁。若叫他修德行仁，他的快乐也就没了，要天下也没用了。你说这样下去要败亡，他却认为未必，至少未必亡在他手上，所以鸡同鸭讲，不可与之言也。

## 原文

"有孺子歌曰：'沧浪之水清兮，可以濯我缨；沧浪之水浊兮，可以濯我足。'孔子曰：'小子听之！清斯濯缨，浊斯濯足矣。自取之也。'夫人必自侮，然后人侮之；家必自毁，而后人毁之；国必自伐，而后人伐之。《太甲》曰：'天作孽，犹可违；自作孽，不可活。'此之谓也。"

## 华杉详解

沧浪，是河流的名字。濯，是洗。缨，是系帽子的带子。

有小孩子唱歌："沧浪之水啊，水清澈的时候，可以洗我的帽缨；水浑浊的时候，可以洗我的脚。"圣人声入心通，听什么都是至理。孔子一听到这歌，马上就教导弟子们说："同学们听到这歌了吗？洗帽缨还是洗脚，是由水自己的清浊决定的。所以,你是要被用来洗帽缨还是洗脚,都是你自找的啊!"

天下之事,无论祸福,都是自取。一个人如果自己敬慎端庄,没有一点过失,那别人看见他自然心生严肃忌惮,谁敢侮辱他呢?肯定是他自己不检点,或举动轻佻,或言辞放肆,自己先不自重,然后别人才认为他可侮,于是耻辱就加之于他身上了。所以没有人能侮辱我,是我自取其辱。

一个家庭,如果整齐和睦,没有一点纷争,自然家道兴隆,谁敢毁他们家呢?只有自己不能治家,兄弟相争,骨肉相残,自家先败坏了,然后别人看这家可毁,于是灾害及焉。所以不是别人毁我,是我自取其毁。

一个国家,若顺治威严,没有内争外斗,则大国也将畏之,谁敢来侵伐?一定是自己先乱了,用人行政皆失其道,以致百姓不安、四邻不睦,自己先有可伐之衅,于是动天下之兵,而身危国削之祸生。所以不是人敢伐我,是我自取其伐。

可见变乱都不是凭空出现,而是自己招来的。

《商书·太甲篇》说:"天作孽,犹可违;自作孽,不可活。"天降之孽,虽然看似可怕,但如果自己能修德回天,还可能避免;但如果是自己造的孽,灾殃立刻就到,岂有存活之理!

## 天下百姓面临灾难,就是王天下的巨大机会

**原文**

孟子曰:"桀纣之失天下也,失其民也;失其民者,失其心也。得天下有道,得其民,斯得天下矣;得其民有道,得其心,斯得民矣;得其心有道,所欲与之聚之,所恶勿施尔也。"

**华杉详解**

桀纣之所以失去天下,是因为失去了百姓,众叛亲离,成了孤家寡人,独夫民贼,无以自保;之所以失去百姓,是因为失去了人心,自己暴虐不仁,造成人心怨怒,不肯归向。

要得天下，就要得到百姓；要得到百姓，就要得到他的心。《大学》里说："有德斯有人，有人斯有土，有土斯有财，有财斯有用。"要得到人心、得到百姓，就要自己有德。这个"德"，就是时时刻刻、方方面面为百姓着想，尽力筹划。他们想要的，一件件都聚集到他身边；不好的事，一点儿都害不着他。

做领导的，就是要每件事都替大家着想，替大家安排好。这样，自然人人都愿意跟随你。

**原文**

"民之归仁也，犹水之就下、兽之走圹也。故为渊驱鱼者，獭也；为丛驱爵者，鹯（zhān）也；为汤武驱民者，桀与纣也。今天下之君有好仁者，则诸侯皆为之驱矣。虽欲无王，不可得已。"

**华杉详解**

百姓归之于仁君，是哪儿社会安定、日子好过，就往哪儿去，这就像水往低处流，野兽要往旷野里去。

那水獭要吃鱼，鱼为了躲避水獭，就游到深渊里去，所以把鱼撵到深渊里去的，是水獭；鸟在林中，只怕被鹯吃了，就拣那茂林处去栖息，所以把鸟撵到丛林里去的，是鹯；桀纣之暴虐，让百姓不得安生，所以把百姓撵走，让他们归于汤武之仁政的，是桀和纣。

方今天下，没有好仁之君。只要诸侯中能有一个好仁的，省刑、薄敛、不嗜杀人，念念不忘都是百姓的幸福，那天下的诸侯不都在替他撵人吗？都把自己的百姓驱赶来归服他了。那么这位仁君，想要不王天下，也不可能了。

要想得天下，就要为天下百姓解决问题。天下百姓有巨大问题，就是王天下的巨大机会。不想替天下百姓解决问题，就想称王称霸，那是一厢情愿，痴心妄想。

这让我想起办企业。德鲁克说，企业的本质是为社会解决问题，一个社会问题就是一个商业机会。

你要给顾客解决问题，把顾客都服务好了，顾客自然不离开你；你要给员工解决问题，把员工都服务好了，员工自然跟随你。如果你都不关心他们，那就是在把他们往别人那儿撵了。

**原文**

"今之欲王者，犹七年之病求三年之艾也。苟为不畜，终身不得。苟不志于仁，终身忧辱，以陷于死亡。诗云'其何能淑，载胥及溺'，此之谓也。"

**华杉详解**

艾，是用来艾灸治病的艾草，放置干燥的时间越久，疗效越好。

孟子说，要想王天下，就在于行仁政。但是今天的诸侯，一个个只知道富国强兵，南征北战。这样如何能王天下？你必须是幡然悔悟，积极推行仁政，以爱养生民，然后人心才可收。这就好像你得了七年的病，要求那三年的陈艾来灸治一样。病了七年，已经是沉疴难愈。要三年的陈艾，需从今日蓄起，还可赶得上。如果今天不开始蓄积，那一辈子也得不到。如果不能有志于仁，那只是一天天看着国事日非，人心日去，忧辱相循，陷于死亡而已，还能振奋得起来吗？

《诗经》上说："其何能淑，载胥及溺。"意思是，若人不能行善，那不过是相引着一起落水溺毙而已。

## 能居于仁，则身心泰然；能行于义，则正大光明

**原文**

孟子曰："自暴者，不可与有言也；自弃者，不可与有为也。言非礼义，谓之自暴也；吾身不能居仁由义，谓之自弃也。"

**华杉详解**

自暴的人都自以为是。人性中有礼义，但凡有良心的，都知道礼义为美而好慕之。可那自暴的人，张嘴就说你那一套不行，然后以自己的偏颇之私，口出狂言，对礼义廉耻反加诋毁。这样的人已失了本心，把自己给坑害了，那你

还能跟他说什么？没法跟他说！

这些年，对礼义廉耻的轻蔑攻击我们见得多了。你看看这四个字，说的都是最简单的道理、最基本的人性，有一丝一毫不对吗？难道人要不讲礼，不守义，不要廉，不要脸吗？那就是我们自己自暴自弃了。

什么是自弃的人呢？人性中有仁义，人人都要追求居仁由义。但自弃的人，没有志气，不肯努力，逡巡畏缩，认为自己做不到，自己给放弃了。自弃者，就无法有所作为。

### 原文

"仁，人之安宅也；义，人之正路也。旷安宅而弗居，舍正路而不由，哀哉！"

### 华杉详解

仁，是人身上安安稳稳的一处住宅，能居于仁，则身心泰然。

人的危机从哪儿来呢？一有私欲，便是危机。而私欲的标准很简单，就是"义"。合乎义，虽万钟不辞；不合于义，分毫不取。

义，是做任何事最为平正通达的大路。走在大路上，千变万化由此推行，正大光明，心无旁骛。这样，有什么事办不成？有什么目标达不到？如果要贪巧求速，就会走向那断蹊僻径，不能平正通达。

居仁由义是这么简单，但人们就是做不到。孔子哀叹说："难道人不都是从大门出来的吗？门前就是大道，为什么大道上却没人走呢？"孔子说得对，人们往往不相信大门前的大道，都在研究怎么翻墙、怎么爬窗、怎么超车、怎么抄小路。空着"仁"这样安稳的大宅子不住，舍弃"义"这样的大道不走，岂不是哀哉！

居仁由义，行不由径，不贪巧求速，万事要至诚无息，凭借日日不断之功。王阳明说："我等用功，不求日增，但求日减，减去那些贪巧求速之心，踏踏实实居仁由义，一切就这么简单。"

# 一分耕耘一分收获是唯一的捷径

**原文**

孟子曰:"道在尔而求诸远,事在易而求诸难。人人亲其亲,长其长而天下平。"

**华杉详解**

"尔"同"迩",就是近。

路明明这么近,就在脚下,可谁都不愿意走,非得去找一条不寻常的路。做事的方法明明很容易,非要觉得"那一套已经过时了",要去找那些新奇古怪的新方法。

孟子说的这些毛病,在现代人身上也很普遍。在一次演讲的时候,有听众问我:"互联网时代,传统营销方法不管用了,我们应该怎么办?"我当时就回答说:"你的口气好大啊!好像'传统营销方法'你会似的!"其实,你若真的会"传统营销方法",就不会问出"互联网时代怎么办"这样的问题。正因为什么都不会,所以才会有问题;正因为什么都不信,总以为还有更好的办法,所以才什么都不会。

最近的、最容易的路,就是一分耕耘一分收获,日积月累。但因为耕耘需要付出劳动,积累需要付出时间,所以那些贪巧求速的人,就想找到少付出劳动、少花时间的新办法。但是,确实没有比勤奋更容易的办法了。

孟子说:"人人都能亲近自己的父母,敬重自己的长辈,推而广之,天下也就太平了。"是啊,如果人人都能勤奋,人类的进步起码还要快十倍,可惜大部分人都做不到。

**原文**

孟子曰:"居下位而不获于上,民不可得而治也。获于上有道:不信于友,弗获于上矣。信于友有道:事亲弗悦,弗信于友矣。悦亲有道：反身不诚，不悦于亲矣。诚身有道：不明乎善，不诚其身矣。"

**华杉详解**

这一段，是孟子引用《中庸》的话。张居正讲解说："君子以一人之身，事上使下，交友奉亲，件件事都有个道理，要从根本处讲求。"想想也是，我们每个人，除了家里的妻子儿女，剩下的不就是"事上使下，交友奉亲"四件事了吗？

我们既然在人的领导之下，要能做事，就必须得到上级领导的支持。如果不能得到上面的支持，情意不通，事多掣肘，就不能治下，不能坐稳自己的位置、实现自己的志向。而要得到上级领导的支持和信任，不在于阿谀奉承，而在于你能够赢得朋友的信任。

领导离得远，朋友离得近。如果你的朋友们都信任你，个个赞扬你，那就能"行成名立"，受知于君上。领导信不信任你，并不看你怎么在他面前表现，而是从侧面观察你、了解你。只要朋友能信任你，上级也会信任你。

那要如何赢得朋友的信任呢？再往近里推，就是看你能不能在家尽孝，让父母时刻喜悦。人人都相信孝子，别人看你对父母那么好，做人一定差不到哪里去。

而要赢得父母的喜欢，就要回到根本，回到自己身上——行有不得，反求诸己。自己心里若是不诚，父母自然能感觉得到，从而不会真心喜悦。所以时刻要问自己的诚意，要至诚无息。

诚身之道，在于明善，这就又回到《大学》了，"大学之道，在明明德，在亲民，在止于至善"。张居正说："择善乃固执之基，若察识之功一有未至，不能真知天命人心之本然，则为善去恶不能实用其力，何能复于无妄？"

所以儒家戒慎恐惧，一刻也不敢放松自己。因为人实在是太容易放松，一放松就容易犯错。这样真的很累，要一直修到孔子说的"七十而从心所欲不逾矩"才不累。

有没有不累的方法呢？这个真没有！

应事接物待人，一动就有善恶。时刻有张居正说的察识之功，择善乃固执之，这就是良知。能够为善去恶，就是修行，就能诚身、悦亲、信于友、获于上，就能得志任事，实现抱负，齐家治国平天下。

### 原文

"是故诚者，天之道也；思诚者，人之道也。至诚而不动者，未之有也；不诚，未有能动者也。"

### 华杉详解

所以说诚是天道本然，是自然规律；应事接物待人，必求至于诚而后已，这是人道之当然，是做人的基本原则。至诚而不能使人感动，不能让人行动，那是没有的事；不诚而能让人感动，让人行动，那也是没有的事。

这也是《中庸》上讲的话："至诚无息。不息则久，久则征，征则悠远，悠远则博厚，博厚则高明。"至诚无息，就是没有停息。不是这件事诚，那件事不诚；不是这时候诚，那时候不诚；不是对这人值得诚，对那人不值得诚；而是任何时候都诚，对任何人都诚，一刻不间断地诚。这样长久下去，效验就出来了，就能悠远，永续经营；就能博厚，厚德载物；就能高明，活在他人想象之外。

有人说："现在社会风气太差了，所谓至诚只能是嘴上说说。"那是他自己没有"诚"过，或者"诚"的程度不够、时间不够。说社会风气差的本身就是不诚的人，所以他永远体会不到"诚"的效验。

《大学》八条目："格物、致知、诚意、正心、修身、齐家、治国、平天下。"后面四条"修齐治平"，人人都会背，因为这是人人想要的效验。前面两条"格物致知"，知名度也很高。可就这中间两条"诚意正心"，大部分人都不记得。没有这两条，八条目就不成立。意不诚，心不正，做什么都是白费。


## 要得到人才，不是到外面去找，而是在自己身上找

### 原文

孟子曰："伯夷辟纣，居北海之滨，闻文王作，兴曰：'盍归乎来？吾闻西伯善养老者。'太公辟纣，居东海之滨，闻文王

作，兴曰：'盍归乎来？吾闻西伯善养老者。'"

**华杉详解**

孟子说，今天的诸侯不能一统天下，只是因为不能行仁政。不信你看周文王。当初商纣暴虐，仁人贤士都隐伏起来。伯夷躲避纣王，住在北海边上，听说文王兴起为西伯，就说："我何不归来呢？我听说西伯施行仁政，善待奉养老人，我去投奔西伯吧！"姜太公躲避纣王，隐居在东海边上，听说文王兴起为西伯，就说："我何不归来呢？我听说西伯施行仁政，善待奉养老人，我去投奔西伯吧！"

仁政一施，连避世隐居的贤者都要从天涯海角来投奔你，王道之得人，就有这么大的力量。

我们经营也是一样，要得到人才，要得到客户，都不是到外面去找，而是在自己身上找。你只要把自己做好，也对别人好，则近悦远来；你自己做不好，就算到外面挖来人才开拓客户，他们也会离你而去。

**原文**

"二老者，天下之大老也，而归之，是天下之父归之也。天下之父归之，其子焉往？诸侯有行文王之政者，七年之内，必为政于天下矣。"

**华杉详解**

伯夷、姜太公这两个老人，不是一般人，是天下之大老。其德高望重，人心系属，都视其向背以为轻重，就像天下之父一般。这天下之父都归顺了西伯，儿子们还能跟谁呢？

自古有国家者要得人心，首先要得贤士，而得贤士就要得最德高望重的大老，他们是社会的风向标。西汉初年，刘邦对太子刘盈不满意，想要废掉刘盈，立赵王如意为太子。张良定计，请了最德高望重的天下之父、国之大老"商山四皓"——东园公、甪里先生、绮里季、夏黄公四位老人，在酒宴上站在刘盈身后，表示对刘盈的支持，于是刘邦就打消了废太子的想法。

最后孟子又说了一遍，给出了时间承诺：诸侯国君，只要肯行周文王的仁政,七年保证能王天下!

**原文**

孟子曰:"求也为季氏宰,无能改于其德,而赋粟倍他日。孔子曰:'求,非我徒也,小子鸣鼓而攻之可也。'"

**华杉详解**

这是《论语》里记载过的故事。冉求是孔子最得意也最能干的弟子之一,给鲁国大夫季康子做家宰。孔子流亡在外十几年,是冉求说服季康子迎接孔子归国。季康子专鲁国之政,家财比公室还富,但他仍不知足,还要搜刮。冉求不仅不能匡正季康子的恶德,反而帮他出谋划策,改革财税政策,让他的收入又翻了一倍。这就成了剥下媚上的聚敛之臣。所以孔子非常生气,说:"冉求的所作所为,不是跟我学的,他不是我的徒弟!你们和他有朋友同学之义,有匡正他的责任,你们应该大张旗鼓去声讨他!"

冉求年轻时,孔子曾问他的志向。他说假如有一个六七十里的地方,或者更小一点,五六十里的地方,让他来治理,只要三年,他就可以让百姓富足。结果他真的得到机会治理更大的地方,可他却帮着季康子,把百姓搜刮得一干二净。

以道事君,不可则止。冉求应该匡正季康子,要他轻徭薄赋、行仁政,若季康子不听,他就辞职不干。这是老师教他的。但是他既不能进谏,又不想辞职,还为了自己的功名利禄,助君之恶,所以孔子就不认他这个徒弟了。

**原文**

"由此观之,君不行仁政而富之,皆弃于孔子者也,况于为之强战?争地以战,杀人盈野;争城以战,杀人盈城。此所谓率土地而食人肉,罪不容于死。"

**华杉详解**

这样看来,为人君者不行仁政,搜刮百姓而致富,那都是孔子所唾弃的,更何况是为了土地财富而发动战争呢?要开疆辟土,不惜生民之命,争地而战,杀死的人横尸遍野;争城而战,杀死的人横尸遍城。这是率领土地来食人肉，其罪之大，处死都不足以惩罚他！

**原文**

"故善战者服上刑，连诸侯者次之，辟草莱、任土地者次之。"

**华杉详解**

善战者，是指善于战胜攻取的兵家，如孙膑、吴起等。连诸侯者，指善于合纵连横、游说连接诸侯的纵横家，如苏秦、张仪等。辟草莱、任土地者，指有富国之术、善于搞财政增收的法家，如李悝、商鞅等。

这三种人，都是各诸侯国君最渴求的人才。但是孟子却说，这些人都应该抓起来判刑。为什么呢？那善战的人，杀敌制胜，可以快人主之心，但是伤残民命、荼毒生灵的，正是那率土地而食人肉者，所以他们罪恶最大，应该服上刑。

那纵横游说、连接诸侯的人，虽然没有亲身去做攻战之事，但是挟智用术，把持世主，兴起争端，使天下兵祸连接，不得休息，其罪也不容赦。

第三种人，搞财政增收，怎么也有罪呢？因为他们的目标，并不是要百姓富裕，而是要富国强兵，兼并天下。所有的开垦荒地、改良土壤，尽地力，也尽民力，都是为了聚敛于上。如此不遗地力、不遗民力、不遗"余利"，全部搜刮上去，使天下民穷财尽、不得生养，以满足他的欲望和野心，所以也是罪人。

儒家的主张，是藏富于民，没事就好，休养生息。所以对能搞财政的，要改革财税政策为国库增收的，往往以"聚敛之臣""言利之臣"两个罪名来骂他，"与民争利"是儒家眼里的一大罪。

当君王无为而治、与民休养生息的时候，自然天下大富，政府也富。中国历代治世都是这样，比如文景之治的时候，民间富得流油，国家也富得钱库里拴钱的绳子都腐烂了，粮库里粮食也发霉了，吃不完，穿不完，用不完。但是，当君王雄心勃勃，要富国强兵、开疆辟土、扬我国威的时候，君王的欲望志向无限，而国力民力有限，有多大国家、多少百姓、多少钱粮，都不够他用。到了汉武帝，要做汉武大帝，就搞到从国库到民间，全国破产。

张居正讲，就这三种人来说，纵横家固然是罪人，那搞军事和搞财政增收，不管哪朝哪代也少不了，怎么也有罪呢？因为王者用兵，主于定乱，而善战者以多杀为功，或攻取他人土地，那正是生乱之源。

这个思想很重要，叫不赏边功防黩武。后世唐朝开元时期宰相姚崇、宋璟，有"不赏边功"的政策，不给他赏赐，就是防止他生事。儒家的边疆政策就是不要开疆拓土，相安无事就好。我们自己国家搞好了，他的百姓想加入，他的君王又暴虐，这样自然一推他就倒了，这是王天下的王道，靠软实力扩张。扩张是结果，不是目的，百姓的幸福是唯一目的。

开疆拓土，是一种帝国主义思想。广义的帝国主义指的是一种政治理念——一种支持扩张国家领土和同化其他民族的理念。由于这种理念通常是使用武力实现的，因此帝国主义一词在多数情况下是贬义词。

君王一有了实力，扩张的野心难免就勃勃，扩张成了目的，他就要来硬的。开元盛世之后，唐玄宗就要开边，终于造成藩镇尾大不掉之局，一个安禄山叛乱，就把繁华盛世的中国，卷入长达两百年的大混乱时期。

唐朝最强盛的时候，也不光姚崇、宋璟不想开边，狄仁杰也请罢安西四镇以肥中国。魏征更是请立高昌故王，给他们立个王，让他们自己管自己，因为我们要管他们，花钱太多了。实际上，这种思想也非儒家独有，英国经济学家亚当·斯密在他的巨著《国富论》里专门谈了美洲问题，他论证了，让美国独立对英国更有利。为什么呢？他说管着那么大地方，又收不上税，还得花费巨大的军费去保护他，去维稳。唯一的所谓利益，是垄断美洲的贸易，而贸易垄断只对英国上层部分垄断利益集团有好处，对国家百姓一点好处都没有。我们不垄断美洲贸易，开放自由贸易，更符合英国百姓的利益。

巧合的是，《国富论》的出版和美国独立建国正好赶在同一年——1776年。

日本和德国都曾经认为自己资源匮乏，生存空间不足，以至于要发动战争，把全世界拖入战火。战败之后呢，资源更少了，生存空间更小了，军队被限制了。但是，国家比任何时候都搞得好，百姓比任何时候都富足和幸福。

再说这搞财政增收的，张居正说："王者之制赋，主于惠民，而言利者以多取为富，此义利之辨，而治乱之所由分也，用人者可不审哉。"税赋的目标在于惠民，不在于越多越好，是治世还是乱世，就在税赋上面分别，所以为政者要小心谨慎。

## "温良恭俭让"和"恭宽信敏惠"

**原文**

孟子曰:"存乎人者,莫良于眸子。眸子不能掩其恶。胸中正,则眸子瞭焉;胸中不正,则眸子眊焉。听其言也,观其眸子,人焉廋哉?"

**华杉详解**

瞭,是眼睛明亮。眊,是眼睛浑浊。廋,是匿藏。

孟子说,看一个人,不必远求,就看他的眼睛就行。善恶生于心,而心之精神见于目,眼睛是无法掩盖人的善恶的。胸中所存光明正大,无所掩藏,眼睛就清澈明亮;胸中所存偏私邪曲,有所迷惑,眼睛就恍惚浑浊。所以当一个人说话的时候,你就看着他的眼睛,他还能藏到哪里去呢?

**原文**

孟子曰:"恭者不侮人,俭者不夺人。侮夺人之君,惟恐不顺焉,恶得为恭俭?恭俭岂可以声音笑貌为哉?"

**华杉详解**

这里讲了人君的品德——恭和俭。

孟子说,人君的美德,莫过于恭俭。这恭和俭,是装不出来的,必是发自内心。

这里说的恭,不是下对上恭,是上对下恭。你也可以自测一下,想想自己平时对小区保安、公司里的扫地阿姨、家里保姆的态度,你说话和安排任务给他们的时候,是不是恭敬。

俭,是志在简约,节制有度,不肯轻用民财而有所侵夺。仁者爱人悯物,不会侵夺别人,自己也不会浪费。

现在的人君，嘴上都说着恭俭，干的却是侮人夺人之事。那侮人之君，自恃尊贵，其心必骄，只想别人奉承他，顺着他倨傲的意思；那夺人之君，务求贪得，其心必侈，只想别人曲意逢迎，顺着他兼并的意思。这样的人君，唯恐人不能顺着自己，一心想着侮人夺人，他怎么做得出恭俭的模样来呢？恭俭是不能靠声音笑貌做出来的，心里没有，眼眸子里就没有，脸上也装不出来。

之前子贡评价孔子"温、良、恭、俭、让"，孔子又说过"恭、宽、信、敏、惠"，这里就一起复习一下。《论语》里孔子说："恭则不侮，宽则得众，信则人任焉，敏则有功，惠则足以使人。"

恭则不侮：恭者不会侮辱别人，也不会被别人侮辱。我们有时候被别人侮辱了，要行有不得，反求诸己，在自己身上找找。是不是自己在不经意的时候招惹了对方，他一直憋着气呢？

宽则得众：对下属宽厚，大家就都愿意跟着你。

信则人任焉：你这人靠谱，信得过，别人就能把任务、机会交给你。

敏则有功：任务交给你了，你又聪敏能干，就能立功进步。

惠则足以使人：自奉甚俭，但对别人不俭，舍得分钱给别人，那谁都愿意听你使唤。

这几个字可以说是"成功学"了，主要就是两条：一是要勤奋努力，愿意用一百分汗水去换一分收获；二是愿意与别人分享，自己用一百分汗水换来的，愿意分一半给别人。若能如此，包你成功。就看你愿意学吗？

如果这样的"成功学"你不愿意学，偏要去学别的，那就是贪巧求速，误入歧途，用王阳明的话来说，是走到断蹊僻径上去了。


## 在救天下这个问题上，只有经，没有权

**原文**

淳于髡（kūn）曰："男女授受不亲，礼与？"

孟子曰："礼也。"

曰："嫂溺，则援之以手乎？"

曰："嫂溺不援，是豺狼也。男女授受不亲，礼也；嫂溺援之以手者，权也。"

曰："今天下溺矣，夫子之不援，何也？"

曰："天下溺，援之以道；嫂溺，援之以手。子欲手援天下乎？"

**华杉详解**

淳于髡，是齐国名臣。大家熟悉的"三年不飞，一飞冲天；三年不鸣，一鸣惊人"的典故，就是他讽谏齐威王的故事。

授，是给东西；受，是接受。男女授受不亲，就是男女之间，不能亲手递送东西。明沈采《千金记》第十一出："多谢客官。自古道'男女授受不亲'，侍奴家放在地下，客官自取。"

因为儒家讲礼法，所以淳于髡就去挑战孟子，他说："男女授受不亲，是你们的礼法吧？"孟子回答说："当然是。"淳于髡早就挖好坑了，他问："那假如你嫂子掉水里了，你伸手去拉她起来不？"孟子回答："嫂子掉水里不伸手去救，那不是豺狼吗？男女授受不亲，是礼法；嫂子掉水里伸手去救，是权变。"

张居正讲解说："天下事有常有变，君子处世有经有权。男女授受不亲是礼之常经，固不可越。至如嫂溺援之以手，是乃事急危迫之际，顾不得情义，故揆度于轻重缓急之间，以求合乎天理人心之正，所谓权也。"

权是什么呢？是秤锤。张居正说："若但知有礼而不知有权，则所全者小，所失者大矣，岂识时通变者哉？要之经权二字原不相离，礼有常经，如秤之有星，铢两各别，权无定体，如秤锤之较物，轻重适平，二者交相为用也。"

曾国藩说，西方国家必然要灭亡，为什么呢？因为法网太密，密细如牛毛。为什么法网太密会亡呢？因为经太多，权就没有空间了，没有了权，就像被捆住了手脚，那还怎么治国呢？怎么保证每件事都处理好呢？这就是历代中国统治阶层的思想。

淳于髡要继续发难了，刚才的问辩只是第一个坑，后面还有第二个坑。

他说："请问孟老师，嫂子掉水了你会伸手救，可现在全天下都掉水里了，你为什么不伸手救呢？"

淳于髡本身是齐国名臣，为国家建立了功勋的，他当然是权变主义者、功利主义者。他的问题很尖锐：既然孟老师你知道权变，那现在你为什么死守着你的经、你的道，而不肯出来做事呢？救嫂子，你能突破常礼而行权变，救天下反而不行吗？

孟子说："救天下，要救之以道。救嫂子，伸手就可以。难道您能徒手就救天下吗？"

救天下和救嫂子不可比，嫂子可以徒手去救，而救天下要有工具。道，就是我救天下的工具。如果要我放弃道，那我救天下的工具就已经没了，我还能空着手去救天下吗？

在救天下这个问题上，只有经，没有权。

# 易子而教

**原文**

公孙丑曰："君子之不教子，何也？"

孟子曰："势不行也。教者必以正；以正不行，继之以怒；继之以怒，则反夷矣。'夫子教我以正，夫子未出于正也。'则是父子相夷也。父子相夷，则恶矣。古者易子而教之。父子之间不责善。责善则离，离则不祥莫大焉。"

**华杉详解**

公孙丑问孟子："君子不教自己的儿子，这是为什么呢？"

这问题有点突然。《三字经》人人都会背："子不教，父之过。"怎么这里又有"君子不教子"的说法呢？所以，后世有学者说，这里的"子"前面省略了"不肖"两个字，应该是特指"不肖之子"。对不肖之子，因为要严厉管教，怕伤感情，所以不亲自管教，送出去给别人管教。

不过，孟子似乎没道理把"不肖"两个字省略掉，如果他的意思是不肖子，他怎么会把"不肖"两个字省略呢？

我们看看孟子怎么回答，他说："这是由于情势上行不通。你要管教儿子，就必须行正道，自己必须是完美典范，视听言动都有准绳，出入起居毫无惰慢，这对自己的要求也很高啊！父亲管教儿子，儿子却达不到父亲的要求，父亲就会发怒。教子本来是出于爱，可一发怒，反而会伤害儿子。儿子心想：'你要我这、要我那的，可你自己都做到了吗？'儿子这一反诘，又伤害了父亲，父亲有愤怒之色，儿子有怨恨之心，这就成了父子相互伤害了。父子之间，以恩意融洽为主，弄到相互伤害，家庭失了和气，教育还有什么意义呢？"

孟子的"君子不教子论"，可以写进现代心理学的原生家庭理论。

**我们有很多家庭，就是相互伤害的地方。如果说伤害别人，我们还有所忌惮，那伤害自己家人，真是肆无忌惮了。有多少人，一生受的最大最深的伤害，都来自于父母；有多少人，终其一生，就是要摆脱父母的期待；有多少父母，严加管教子女的，全是自己没做到的；有多少父母，强加于子女的期待，全是自己没实现的梦想。**

张居正说，做父亲的，要量儿子之才质而养育他；做儿子的，要看父亲的志意来善谕他。不可强其所难，相互责备，要对方满足自己的期望。

父亲不能要求儿子完美，儿子也不能要求父亲无瑕。

那应该怎么教呢？孟子说，易子而教，你给我儿子当老师，我给你儿子当老师。

"亲自管教怕伤感情，不管教又不行。所以古人从中斟酌，务求两全。我的儿子，让他师事他人，别人的儿子，让他师事于我。这样儿子不至于有失教养，又委屈调护不至于伤父子之恩，父子之间不必相互求全责备。父慈子孝，则家道兴隆。如果父子之间相互责备，家族之不祥，莫大于此！"

读到这里，我想很多家长都有切身体会。我们对子女付出了很多，却失去了他们的爱。想想自己，是不是对子女要求太高，是不是把自己没做到、没实现的，强加于子女了呢？你自己没做到，子女是不是就心里不服，所以也不能达到你的要求呢？

东汉皇家编辑的《白虎通德》中，还有"君子远子近孙"的说法，就是说，跟孙子可以一起嬉玩，和儿子要保持一点距离，选老师去教他。"黑脸"都由老师去做，父亲全是慈爱的"红脸"。

把儿子给别人教，对于皇家来讲更加重要。因为儿子要从父亲手里继承帝位，如果父亲亲自管教，伤了父子感情，使父子之间起了冲突，那皇室家庭的不祥，更是国家的不祥。朝鲜历史上有一个真实的故事。李氏朝鲜第21代君主英祖李昑一直希望将自己唯一的儿子思悼世子培养为一代明君。在思悼世子小时候父子关系也曾和谐有爱，然而对于儿子过度的期待令英祖对思悼世子的表现日益失望。在英祖望子成龙的重压之下，父子感情生隙，思悼成为政治斗争的牺牲品，最终父子关系完全破裂。英祖将儿子贬为庶民，并下令将他关进米柜八天，最终活活饿死。

张居正对"易子而教"的道理解释得非常透彻，但是他自己在做小皇帝的老师时，也过于严厉。而且他的私德作派，也远远没有起到无懈可击的模范作用。于是，张居正去世后，童年阴影使神宗皇帝对他采取了疯狂报复，下旨抄了他的家。和张居正有仇的地方官，将张家府邸贴上封条，严禁任何人进出，等到朝廷抄家官员抵达时，张家由于没法运进米粮，已饿死十余口人。

普通人家的父子恩怨，无非是些家庭矛盾，而皇家贵族的父子恩怨，却可能家破人亡，这是孟子"易子而教"的道理。

可见孟子的"易子而教"，并没有特指"不肖之子"，反而是要你别做一个"不肖之父"。

但是不是说，你就不能管教自己的儿子，一定要给别人管教呢？当然不是。这里只是从这个角度，让你思考子女教育、家庭和睦、家道兴旺的道理。

修身、齐家、治国、平天下，修身是前提。你自己没做到的，别要求别人，也别要求自己的子女，尤其不要指责子女没做到。修养自己，才是对子女最好的教育。

## 奉养父母，要"养志"

**原文**

孟子曰："事，孰为大？事亲为大。守，孰为大？守身为大。不失其身而能事其亲者，吾闻之矣；失其身而能事其亲者，吾未之闻也。孰不为事？事亲，事之本也。孰不为守？守身，守之本也。"

**华杉详解**

事，是有所敬奉而不敢违背。守，是有所保持而不敢错失。

侍奉谁最重要呢？侍奉父母最重要。守护谁最重要呢？守护自身最重要。自身是什么？一是自己的身体，二是自己的品德节操。

自己的品德节操无所失，而能侍奉父母的，我听说过；自己的品德节操尽失，却还能侍奉父母的，我没听说过。侍奉的事情都应该做，但是侍奉父母是根本；守护的事情都应该做，但是，守护自身是根本。

守护自身比侍奉父母更重要，因为守护自身是侍奉父母的前提。如果自己能以道自守而不失其身，则显亲扬名，光宗耀祖，可传于后，那就是对父母最好的侍奉；如果自己失了品德节操，陷于不义，则辱没家门，还侍奉什么呢？

所以朱熹说，守身，是持守其身，使不陷于不义也。

守身，除了守护品德节操之外，还有一个更基本的意思，就是保护自己的身体。身体是革命的本钱，当然也是孝亲的本钱。子欲孝而亲不在，已经够悲哀了；亲欲子孝而子不在，那就更是惨痛。张居正注解说："孝子不登高，不临深，一出言，一举足，不敢忘父母，皆守身以事亲之旨也。"所以说孝子都惜命，绝不参加任何冒险运动，一来自己怕死，二来怕死了伤了，就失了孝道。

**原文**

"曾子养曾晳，必有酒肉；将彻，必请所与；问有余，必曰'有'。曾晳死，曾元养曾子，必有酒肉；将彻，不请所与；问有余，曰'亡矣'，将以复进也。此所谓养口体者也。若曾子，则可谓养志也。事亲若曾子者，可也。"

**华杉详解**

曾子是孝道的标杆。曾晳，是曾子的父亲；曾元，是曾子的儿子。

曾子奉养曾晳，每顿饭都有酒有肉。吃完饭要撤下去的时候，一定会问他父亲："剩下的给谁？"如果曾晳问酒肉还有没有多的，他一定回答说："有！"曾晳死后，到了曾元要奉养曾子的时候，就不一样了。每顿饭，同样有酒有肉。但吃完了要撤下去的时候,曾元不会多问曾子这句话,直接就撤下去了。如果曾子问还有没有多的,曾元就说:"没有了。"即使有,他也说没有,反正父亲已经吃完了,剩下的下一顿还要上啊。

曾子为什么要问父亲"剩下的给谁"呢?因为他和父亲心意相通,时刻揣摩着父亲的愿望,父亲想要给谁,想要照顾谁,他就送去。当父亲问有没有多的,不管有没有,他都痛快地回答:"有!"因为父亲既然问了,肯定是想要给谁吃。就算没有了,再去买就是了嘛!所以现在家里到底有没有,根本就不是重点。

而曾元就不一样了,他只是完成自己认为的奉养父亲的职责,而没有和父亲心意相通,去实现父亲的心愿。

所以曾元对父亲的奉养,叫作"养口体";曾子对父亲的奉养,叫作"养志"。你不要认为你已经把父母奉养照顾得很好,还要检查一下自己是"养口体"还是"养志",达到曾子的标准,才算合格。

## 永远不要让你的名誉超过了你的实力

**原文**

孟子曰:"人不足与适也,政不足与间也。唯大人为能格君心之非。君仁,莫不仁;君义,莫不义;君正,莫不正。一正君而国定矣。"

**华杉详解**

适(shì),繁体写作"適",同"谪",是谴责的意思。间,读作去声,是非议的意思。

人不足,指人君用人不当,当政的都是小人。政不足,指政策有过错。

孟子说:"小人当政,不值得指责;国家政策有过错,也不值得非议。"为什么呢?因为这既不是那小人的事,也不是一件两件政策的事,都是因为那为人君者的心不正。正所谓,国家的问题出在朝廷,朝廷的问题出在君王身上。

如果你说君王是一片好心，是下面的人把事情办坏了，那是自欺欺人。如果你犯言直谏，今天去跟君王说这个人不该用，明天去非议他那个政策定得不好，那不但给自己招祸，还不解决问题。因为就算他今天听了你的，撤换了这个人，明天还会有别的小人当政；就算他今天听了你的，改了这个政策，明天又会有别的昏招冒出来。因为他的心没变，心不正就不能作出正确判断，不能权衡事物轻重，他就会不停地犯错。你若要事事都替他补救，也不胜其扰。

怎么办呢？"唯大人为能格君心之非"。大人，是大德之人。只有大德之人，才能去格正君王心中不正确的思想。能格正他的思想，当坏心坏事没有萌发的时候有熏陶涵养之功，当错误发生的时候又有开导转移之术，一定会让君王回到仁义的正道上。

一个人要改正，不是改方法、改技巧，而是要改理念、改思想、改他的心。思想认识上去了，心正了，一举一动就都正了。君王仁，就没有人不仁；君王义，就没有人不义；君王正，就没有人不正。这就是一人定国，君王端正了，国家就安定了。

孟子曾经三次见齐宣王，都不谈正事，门人问他为什么，他说："我先攻其邪心，心既正，而后天下之事可从而理也。"

不过攻心不易。齐宣王的心，像孟子这样的大德之人，最后也还是没攻下来。

**原文**

孟子曰："有不虞之誉，有求全之毁。"

**华杉详解**

虞，是预料。

孟子说："有意料不到的赞扬，也有求全责备的诋毁。"

人都很在意别人对自己的毁誉。但是，毁和誉其实都靠不住。有时候你没做什么，别人也可能因为喜欢你而过分夸赞你；有时候你没做什么，别人也可能因为误会了你而来诋毁你。这两种情况都非常多，因为人在赞扬别人的时候都喜欢夸大，同时为了体现自己道德高尚，人们也随时都在否定诋毁他人。

所以侥幸得志者很多，无辜受屈的也不少。这种情况发生在自己身上该怎么办呢?

一是不要当真,不以毁誉为进退。《孙子兵法》中说:"廉洁,可辱也。"你如果好名自尊,当别人拿污名来激你,你就会干出以死明志的事情来,那就中了别人的奸计。所以要不以毁誉为忧喜,不以毁誉为进退,守住自己的人格力量。

二是当遇到不虞之誉的时候,一定要及时撇清,不要模模糊糊地接受。名胜于实为耻,实胜于名为善,永远不要让你的名誉超过了你的实力,那是最危险的。一旦被人打回原形,就怎么爬都爬不起来了。尤其是当你被吹捧过度,别人对你的要求也就更高,你必须不断地用胜利去支撑你的虚名,一次没撑住,就摔碎了。

越是对你好的人,越是容易过分地吹捧你,那是对你最有害的。因为任何一个不虞之誉,都是偷了其他人该得的名誉,把别人的功劳栽你身上了,这就会招来报复报应。如果你是自己去偷别人的名誉,那就更是不智了。

三是当遇到求全之毁的时候,要"君子不辩诬"。不去辩,让他毁。所谓誉满天下,谤亦随之。毁誉本是一对,秤不离砣,砣不离秤。不要把自己的名声搞得那么好,那都是负担。反正也辩不清,反而张扬了那诋毁。路遥知马力,日久见人心,让大家自己去发现那是诋毁。当诋毁不是由你自己辩明,而是在你的沉默中由别人发现的时候,你就获得了终身的诋毁免疫力。

## 人之患,在好为人师

**原文**

  孟子曰:"人之易其言也,无责耳矣。"

**华杉详解**

朱熹注解说,人之所以说话轻率,是因为没有遭遇失言的责任后果。常人之情,无所惩于前,则无所警于后。

出言必须谨慎,说出话来,要么是对别人的善恶有所褒贬,要么是对事情的得失有所评判,都是祸福荣辱相依,可能得罪人招祸;对于国君来说,甚至可能遭到兵戎之灾。没有遇到过这样的事情,出言就轻率,吃过一次亏,以后就晓得说话谨慎了。

《易经》上说:"出其言善,则千里之外应之。出其言不善,则千里之外违之。"那人虽离你千里之外,听到你一句善言,也觉得是一股暖流;听到你一句恶言,也觉得被你刺了一刀!

古人讲师爷文案的工作:

笔下有财产万千,笔下有人命关天。

笔下有是非曲直,笔下有毁誉忠奸。

我们也要用这四句话来警戒自己的出言,财产万千、人命关天、是非曲直、毁誉忠奸,都在自己一张嘴上!

焦循说,君子好谋而成,临事而惧,时然后言,不乱讲话。

### 原文

孟子曰:"人之患,在好为人师。"

### 华杉详解

张居正讲解说,学习贵在自修,病在自足。如果你多见多闻,足以待问,有道有德,可以为法,天下之人都尊敬向慕,愿意以你为老师,于是你不得已而回应满足大家,这就是真老师;如果你自己的造诣未必是圣贤,却俨然自尊,傲然自足,一副大师作派,一心只要做别人的老师模范,一有人来讨教,心里就十分得意,这就不能为人之师。有好胜的念头,就不能谦虚以自益;有自满的意思,就不能勤奋以自强,这样就很难再进步了。不能进步,这不是人之大患吗?

《尚书》上说:"能自得师者王,谓人莫己若者亡。"能处处以人为师者王天下,觉得谁都不如自己的,就要灭亡。《大学》则讲:"君子有大道,必忠信以得之,骄泰以失之。"人若骄傲,必有损失。

## 朋友对你的影响，往往比书还大

**原文**

乐正子从于子敖之齐。乐正子见孟子。

孟子曰："子亦来见我乎？"

曰："先生何为出此言也？"

曰："子来几日矣？"

曰："昔者。"

曰："昔者，则我出此言也，不亦宜乎？"

曰："舍馆未定。"

曰："子闻之也，舍馆定，然后求见长者乎？"

曰："克有罪。"

**华杉详解**

乐正子，是孟子的弟子。子敖，是王驩。前面有记载过，孟子和王驩一起出使滕国，出吊滕文公，一路上都不和王驩说话。因为王驩是齐王的幸臣，只会溜须拍马、阿谀奉承，所以孟子非常厌恶他的为人。

这回，乐正子居然跟王驩走到一起，跟着他到了齐国，孟子就非常不高兴。但他先不提王驩的事，而是问乐正子："你还知道要来见我啊？"

乐正子说："老师怎么说这话？"

"你来几天了？"

"昨天到的。"

"昨天到的，今天才来。我问这话不恰当吗？"

"住的地方没找好，所以耽误了一天。"

"有人跟你说过，要安排好住处，再去见老师吗？"

乐正子认错："我错了。"

**原文**

孟子谓乐正子曰："子之从于子敖来，徒餔（bū）啜也。我不意子学古之道而以餔啜也。"

**华杉详解**

孟子继续教训他说："你跟着王驩走，只是为好吃好喝罢了。我没想到，你学古人之道，以圣贤自期，却为了一路接待条件、饮食供奉，就跟王驩走在一起！"

君子的进步之道，就是读书和交友。朋友对你的影响，往往比书还大。所以君子择友，当非常慎重。每个人都会受别人影响，近朱者赤，近墨者黑，跟什么人混，就会变成什么人。乐正子是孟子高足，必不至于为了吃吃喝喝就跟王驩混在一起，或许只是为了一时方便，不及审慎。孟子担心他交结权幸，同流合污，甚至辱身招祸。

## 舜能大孝，因为他自以为是世间大不孝之子

**原文**

孟子曰："不孝有三，无后为大。舜不告而娶，为无后也，君子以为犹告也。"

**华杉详解**

朱熹注解说：不孝的有三件事，一是阿意曲从，陷亲于不义，父母做得不对，他也不进谏，还照着去做，这样就把父母陷于不义了；二是家里贫穷，却不去工作挣钱；三是不结婚不生子，绝了祖先的祭祀。

为什么把无后看得这么重大呢？因为古人是一个宗法社会，家国同构，权力和社会资源是按血缘关系分配的。祭祀祖先是家族最重大的仪式，也是国家最要紧的政治活动。家庙里的祖先牌位，按左昭右穆的次序，一代一代传下来。你如果不娶无后，到你这一代，你这一支就断绝了。父母给祖先上了一辈

子香火，以后却没有人给他们上香火了，那父母之心、祖先之灵都将不安，所以说无后为大。

舜结婚的时候没有禀告父母，这是失礼不孝的。他为什么不禀告呢？朱熹注解说："舜告焉则不得娶，而终于无后矣。"舜的母亲去世后，舜的父亲瞽瞍娶了第二任妻子，又生了一个儿子。受后妻及小儿子的影响，瞽瞍对舜非常恶劣，三人甚至几次合谋要杀害舜，被舜都机智脱险了。但舜之后对父亲和后母依然孝敬如故，对弟弟同样慈爱。舜得天下之后，还封赏了他们。

舜惊人的孝行为他赢得了名誉，但也不为很多人理解。王阳明给了一个精辟的解释——

舜是世间大不孝的子，瞽瞍是世间大慈的父。

此话怎讲？

王阳明说："舜常自以为大不孝，所以能孝；瞽瞍常自以为大慈，所以不能慈。瞽瞍觉得舜是我从小养大的，今天怎么就不讨我喜欢了呢？他不知道自己的心已被后妻所移，总认为自己是慈爱的，反而越不能慈爱。而舜只想着我小时候，父亲是如何爱我，今天不爱了，肯定是因为我没有尽孝，于是日夜反思，所以越能尽孝。"

这番道理真是精辟，这就是"行有不得，反求诸己"的极致。遇到什么问题，都在自己身上找原因。舜已经遇到全家人都要杀他的境地，他还是在自己身上找原因。

当然，舜保护自己也是毫不含糊，他的智慧足以保证家人杀不了他。被父亲杀了，也是一种不孝，因为无后为大嘛。所以孝行还有一条："小杖则受，大杖则走。"如果父亲生气暴怒，要拿棍子打你，你看见是小棍子，没什么伤害，就让他打；看见是大棒子，有受伤甚至丧命的危险，就马上跑。因为身体发肤，受之父母，受伤就是不孝，哪怕是父亲造成的伤害，也是不孝。

舜的父亲对他那么恶劣，所以当尧要把女儿嫁给他的时候，他没有禀告父母。因为如果禀告了，父亲可能不允许他娶妻。不告而娶是不孝，但是不娶无后也是不孝，而且无后为大，所以两害相权取其轻，舜选择了不告诉家里。"君子以为犹告也"，大家都认为他的选择是正确的，是符合孝道的。

这也是"经权"的概念，在这种情况下，告诉父亲是经，不告诉是权。

## 孝敬父母，兄弟友爱，是仁义的根本原点

**原文**

孟子曰："仁之实，事亲是也；义之实，从兄是也。智之实，知斯二者弗去是也；礼之实，节文斯二者是也；乐之实，乐斯二者，乐则生矣，生则恶可已也，恶可已，则不知足之蹈之、手之舞之。"

**华杉详解**

孟子说，仁的主要内容，其实是侍奉父母；义的主要内容，其实是顺从兄长。

为什么呢？你嘴上讲自己对别人多仁义，那都是枝叶，都不是重点。真正的重点、根本，是在于你在自己家里，对父母兄弟仁不仁、义不义。如果在自己家里不仁不义，那外面的仁义都是假的。比如有些爱做慈善的人，几万几十万地往外捐，可是他如果在家不孝敬父母、不友爱兄弟，那他的仁义就是假的，只是为了沽名钓誉。

仁主于爱，而爱之最大，莫过于孩童对父母之爱。孩子对父母的爱，比任何人的爱都真切，这是父子、母子之间天然不可解的欢然之情。这样的爱如果能保持到成人，自然就是孝敬。如果没有孝敬，那就是这爱衰退了。

义主于敬，敬也是从小时候听哥哥的话开始。

仁之道，推广开去，大道至广，但根本在于孝亲；义之道，推广开去，也是大道至广，但根本在于从兄。孝敬父母，兄弟友爱，这是仁义的根本原点。没了这个原点，仁义就是空谈，就是假仁假义。

"智之实，知斯二者弗去是也"，意思是智慧的本质就是真正明白孝敬父母和友爱兄弟这两个道理，坚持、坚守！

所以什么是智慧？智慧就是知行合一。一个家庭里面，大家离得近，难免磕磕碰碰，总有家庭矛盾。张居正说："要见得分明，守得坚定，一心一念依从

孝悌的道理。不为私欲所蔽，不为外慕而迁，这是本然的良知，推之可以穷神知化，未有能察人伦而不明庶物者，此所以为智之实也。"

这是儒家的基本方法论，推己及人，由近及远。天大的道理，都要从自己身上、自己家里发源，推而广之，到天下万事万物。

"礼之实，节文斯二者是也"。节文，是品节文章。孝敬父母和兄弟友爱这两件事，限之以品节，饰之以仪文，有规矩，有仪式，一举一动，都在这爱敬上周旋，这就是礼之实。家庭中的礼，由义来维护，由爱来融洽，这便是自然的、天然的秩序。把这样的秩序推广为社会的秩序，不就可以治国安民吗？全社会都有礼义爱敬，这不就是最好的社会吗？

"乐之实，乐斯二者，乐则生矣，生则恶可已也，恶可已，则不知足之蹈之，手之舞之"。

**真正的快乐，就是从"孝亲"和"从兄"这两件事中得到的。**因为孝敬父母、友爱兄弟这两件事，是从小就有的天性之真乐。如果你能保持下去，就是永远拥有的天性之真乐！这样的快乐，和顺从容，没有丝毫应付勉强。其生机发动，就像草木萌芽一般，油然而生。既有生机，则发荣滋长，日渐充盈，如草木茂盛一般，勃然不可停止。生而不已，则随处发见，莫非真情真性；动容周旋，莫非仁义盛德。其妙不可言，不可停止，以至于情不自禁，手舞足蹈，一举一动，全是仁爱，而自己都不知不觉！

这样的快乐啊，还在于知行合一，你真这样去做了，体会到了，那福报也得到了。《论语》里说："学而时习之不亦说乎。"你读书学到这样的道理，若把他当一个大道理，看看放下了，或者拿去跟人讲说，显摆自己"学问"，那这道理也没什么用。你一定是切己体察，放自己身上琢磨、践行、实习。每做到一分，就体会到一分，就像俗话说的"家和万事兴"。人人都"知道"啊，但真知道吗？如果你家里不和，你就不知道；如果你的家道家业不兴旺发达，你也不知道。一定是你把孝敬父母、兄弟友爱这两件事，学而时习之，知行合一，真正去做了，确实成功了，家和万事兴了，你才会真正知道：啊！原来真是这样！

这时候，就"乐则生矣"！乐到你手之舞之，足之蹈之。那叫不亦乐乎！

**原文**

孟子曰："天下大悦而将归己，视天下悦而归己，犹草芥也，惟舜为然。不得乎亲，不可以为人；不顺乎亲，不可以为子。舜尽事亲之道而瞽瞍厎（zhǐ）豫，瞽瞍厎豫而天下化，瞽瞍厎豫而天下之为父子者定，此之谓大孝。"

**华杉详解**

厎，同"致"；豫，是快乐；厎豫，就是变得高兴。

成为君主，让天下人都悦服而归顺自己，而依然能处之泰然、视如草芥一般，自古以来，只有舜能如此。因为他遭遇家庭人伦之变，有一个顽劣的父亲，这父亲甚至和后母、后母所生的弟弟一起合谋，几次要杀害他。可舜没有仇恨父母和弟弟，而是行有不得，反求诸己，在自己身上找原因，觉得自己不能得父母的欢心，不能修得孝行，于人道上有亏，何以为人？何以为子？又何以能治天下，让全天下的家庭都和顺相爱呢？

所以舜孜孜汲汲以全尽事亲的道理，凡职分应当及用情委屈的去处，无有毫发之不尽。瞽瞍虽然顽劣，也为他的诚意感化，变得欢喜悦乐。

连瞽瞍这样要杀害儿子的父亲，都能因为儿子的孝顺，被感化而变得喜悦和睦，那全天下做儿子的人就会知道，没有不可孝敬的父亲，没有和睦不了的家庭，关键全在于你自己怎么做。自己的父亲再令你不满，也比瞽瞍强多了；而自己对父亲的孝敬，又远远没有达到舜的程度。于是所有人都勉力去尽孝，全天下也就都感化了。

天下的儿子们都孝敬，天下的父亲们都慈爱，子孝父慈，莫不安于其位，如此，父子之伦常大定了，天下就也大定了。这就是舜的大孝，其孝之大，能让全天下都父慈子孝。这就是"修身、齐家、治国、平天下"的道理。

# 第八篇 离娄章句下

## 圣道无非是日用常行,应事接物待人

**原文**

孟子曰:"舜生于诸冯,迁于负夏,卒于鸣条,东夷之人也。文王生于岐周,卒于毕郢,西夷之人也。地之相去也,千有余里,世之相后也,千有余岁。得志行乎中国,若合符节。先圣后圣,其揆一也。"

**华杉详解**

诸冯、负夏、鸣条、岐周、毕郢,都是古地名。诸冯、负夏、鸣条在东方,山东一带。岐周、毕郢在西方,陕西一带。符节,是古代表示印信之物,一般用玉、角、铜、竹做成,形状也有虎、龙、人的区别,一般可剖为两半,各执其一。比如用于调兵的虎符,将军带兵出去,带走虎符的一半;国君如果有军令,传令人带另一半去,如果合得上,就可传令,调兵遣将,甚至把那将军斩了都可以。

孟子说,舜出生在诸冯,之后迁居到负夏,死在鸣条,他是东方人。周文王出生在岐周,死在毕郢,是西方人。两地相距千里,两人的时代相距一千多年。但他们都能实现自己的志向,治理中国,他们的所作所为,简直是一模一样,就像符节那样严丝合缝,没有一丝一毫的差别!可见古代的圣人和后代的圣人,其揆一也。揆,是道理、准则,就是说,他们的道理和准则是一样的。

这就叫"千载一揆"。

王阳明说，人人皆可为圣人。怎么修行做圣人呢？其实很简单，圣道无非是日用常行，应事接物待人。当你做一件事的时候，就想一下，如果是圣人遇到这事，他会怎么做？你就和他一样去做。那么在处理这件事情上，你就是圣人了。

比如说送客。孔子送客时，一定是站在大门口目送客人远去，一直到客人走远了，不再回头招手，他才转身进屋。那么你在送客人的时候，也别在客人刚上车的时候就转身回屋，要一直等客人的车开走看不见了再回。那被送的人呢？也不要一上车就低头看手机，而是把车窗摇下来，跟主人道别，车开走了，要回头致意，看着送你的人，直到看不见为止。

好了，如此这般，在送别这件事上，你的处理就和孔子一模一样了，那你在这件事上就是圣人了。

**原文**

子产听郑国之政，以其乘舆济人于溱（zhēn）洧（wěi）。

孟子曰："惠而不知为政。岁十一月，徒杠成；十二月，舆梁成，民未病涉也。君子平其政，行辟人可也，焉得人人而济之？故为政者，每人而悦之，日亦不足矣。"

**华杉详解**

子产是郑国的执政，也是春秋时期有名的贤相。他执政期间，郑国气象一新，国泰民安，他也深受百姓爱戴。不过，这里孟子抓住他一件小事，提出了更高的要求。

这件事本来是人们传诵的一件美事。那时，郑国境内有两河交汇，一条溱河，一条洧河。一个冬天，子产从两河交汇处经过，看见有老百姓涉水渡河。冬天水寒，冻人彻骨，子产看了于心不忍，就招呼老百姓上自己的车，把他渡了过去。这个人被感动了，传诵子产的事迹，说他是百姓的好父母官！

可是，河上没有桥是谁的责任啊？还是子产的责任。他该做的，不是拿自己车去渡人，而是在河上修桥。所以孟子说："子产渡人是小恩小惠，这不是政治家该做的。如果十一月修成能走人的桥，十二月修成能走车的桥，那百姓就不会为过河发愁了。你把政治搞好了，出门鸣锣开道，让老百姓回避你都可以，用不着你搞这些亲民表演。如果搞政治的人，一个个地去讨人欢心帮人渡河，恐怕你的时间也不够用吧？"

这里的十一月，是周朝的十一月。我们现在用的阴历，是夏历。而周朝的历法，正月比夏历早两个月。所以这里的十一月，就是今天阴历的九月，十二月就是阴历的十月，刚好是在秋收之后，农闲时节，天气开始转凉的时候。这时候，就应该赶紧组织民力修桥。徒杠，是修到人可以走的程度；舆梁，是可以过车了。

诸葛亮说："治世以大德，不以小惠。"张居正说，为政不必人人问其疾苦，而需事事立有规模。你把制度搞好，就公平正大，不要拿你的车去载老百姓渡河。

## 如果不懂得管理你的上级，你就做不好工作

**原文**

孟子告齐宣王曰："君之视臣如手足，则臣视君如腹心；君之视臣如犬马，则臣视君如国人；君之视臣如土芥，则臣视君如寇仇。"

**华杉详解**

《论语·八佾》中，定公问曰："君使臣，臣事君，如之何？"孔子对曰："君使臣以礼，臣事君以忠。"君臣之间的关系，不是无条件的，而是相互的。国君对我好，我就在这儿干；国君对我言不听计不从，也不尊重我，我就到别的国家去了。

孟子也说了这个问题："要让臣忠于君，那也得看君王对臣下如何。如果君王对臣下，能隆之以礼貌，推之以至诚，言听计从，情投意合，看他就似手足一般，一刻也离不开，如此则为臣者莫不感恩图报，矢志尽忠。一定会爱养君德，使之愈加清澈明亮；保护君身，使之愈加强健坚固。就像腹心一般，与君

王相依为命，终身休戚与共。这是上下一体的恩义兼隆，明良相遇。

"相反，如果人君待臣下，就像犬马一般，只是豢养他，让他奔走效劳而已，那么人人都会疏远他，不和他亲近，也没什么怨恨，就像对不相干的路人一般，只是干活挣钱而已。

"更有甚者，人君视臣下如泥土草芥，随意践踏斩杀。如此则人人自危，离心离德，把那君王看得像强盗仇人一般。"

曾子说："用师者王，用友者霸，用徒者亡。"人君对臣下，是以师道相处，还是以朋友之道相处，还是只看作听话的犬马，都能看出区别来。

我们今天也有这样的现实问题，领导招聘人才的时候，都当手足腹心去招，人才进来之后就成了犬马土芥。所以今天费了挺大代价招进来的，明天就走了，领导自己还感觉不到有问题。

还有一个就是上下级关系。在今天的知识社会，一般来说，下级是专家，上级是外行，下级是上级的顾问。所以对于上级的君道来说，以师道待下级，尤为重要。而下级的臣道呢？儒家说是匡正君非，爱养君德，用今天管理学的话说是"管理上级"。如果不懂得管理你的上级，你就做不好工作。

**原文**

　　王曰："礼，为旧君有服，何如斯可为服矣？"

　　曰："谏行言听，膏泽下于民；有故而去，则君使人导之出疆，又先于其所往；去三年不反，然后收其田里。此之谓三有礼焉。如此，则为之服矣。今也为臣，谏则不行，言则不听；膏泽不下于民；有故而去，则君搏执之，又极之于其所往；去之日，遂收其田里。此之谓寇仇。寇仇，何服之有？"

**华杉详解**

齐宣王看孟子句句都在说他，有点疑惑，就问："按礼制规定，臣下即使离开主君，转投他国，当遇到旧主去世的时候，他还要为旧主服丧三月。这离开的人都这么大规矩，在我朝中的人反倒可能视我为路人、寇仇。那些离开了还为旧主服丧的人，他的主君是怎么待他的呢？"

孟子说:"要想别人对您尽礼,您要先以礼待人。当他在您这儿工作的时候,如果对您有所规正,您不要认为他冒犯您,而是改正自己;当他向您陈述建议,不要觉得他啰唆迂阔,而是言听计从。这样他提出的方略,就能够一一实施,惠及百姓,这样君臣之间就相得益彰。

"如果因为相互议论不合,观点想法不一样,所以他要去别的国家,为别的君主工作,那就好合好散,派人送他出境,保护他的路途安全。同时,派人先到他的下一任老板那里,推荐他的好处,为他开辟新的仕进之路。

"在本国给他的田宅封地不要收回,给他留着,意思是你随时可以回来。这样保留三年,他若仍然没回来,再收归国家。

"这就叫'三有礼',在这儿的时候、走的时候、走了之后,三个阶段都有礼。"

孟子所说的道理,现在还真有企业家这么做。海底捞的老板张勇就有规定:一个店长离职,只要任职超过一年以上,就给八万块的"嫁妆",就算这个人是被竞争对手挖走了,也给。如果离职的是小区经理(大概管五家分店左右),给二十万;如果是大区经理,就送一家火锅店,大概八百万。我想张勇这种做法,也不是跟孟子学的,还是千载一揆,人同此心,则行同此礼。

孟子接着说:"如果他在这儿的时候,你对他言不听、计不从,从而做不成事,不能有惠于民。等他失意要走,你又马上翻脸成仇,要把他拘禁起来,还要想办法让他在下个地方也干不下去,或者走的当天就把他的房子田地都收了,这就成了寇仇了。有谁会为寇仇服丧呢?"

对于君子来说,礼就是礼,义就是义,不能变成恩怨相报。

## 模仿律的第一定律,就是上行下效

**原文**

孟子曰:"无罪而杀士,则大夫可以去;无罪而戮民,则士可以徙。"

**华杉详解**

大夫比士级别高，士又比一般老百姓级别高。一个人出生成长在一个国家，没人会想离开自己的祖国。但是，当自己的人身安全受到威胁时，就要赶紧离开，提前行动，否则祸到临头就来不及了。人身安全的最大威胁，主要是国家的司法不公正。如果君王妄行诛杀，士本无罪，他乘一时之怒就杀了，大夫进谏也救不了，那大夫自己就要赶紧走，因为等杀到你头上，也没人救得了你。再往下推，如果一个老百姓无罪而被杀，那士也可以赶紧跑了。不要认为杀不到你这个级别的人头上，没有司法公正，任何人都不安全。

朱熹注解说："君子当见机而作，祸已迫，则不能去矣。"

孔子曾经想去晋国见赵简子，走到黄河边，传来晋国贤大夫窦鸣犊、舜华被赵简子诛杀的消息。孔子临河而叹："黄河之水洋洋壮美哉！我不能渡此河，是我的命啊！"子贡问他原因。孔子说："窦鸣犊、舜华是晋国的贤大夫，赵简子未得志时，是依靠他们才得以执政。可得志之后，他却为了政治目的而杀掉他们。**君子物伤其类，也要懂得避开不义之人。**"

**原文**

孟子曰："君仁，莫不仁；君义，莫不义。"

**华杉详解**

孟子说："君主若仁，就没有人不仁。君主若义，就没有人不义。"

上行下效，这是个生物学问题。法国著名哲学家、心理学家、社会学家、法学家加布里埃尔·塔尔德1890年写了一部世界名著《模仿律》。里面的核心观点是：模仿是先天的，是我们生物特征的一部分，人们通过模仿而使行为一致。模仿是基本的社会现象，每一个小孩子都是在模仿中长大的，一切社会行为都是人与人之间的相互模仿。而模仿律的第一定律，就是社会下层人士对上层人士的模仿。

**原文**

孟子曰："非礼之礼，非义之义，大人弗为。"

**华杉详解**

孟子说："不符合礼的'礼'，不符合义的'义'，有德行的人是不会做的。"

张居正讲解说，礼义贵乎中正不偏。比如礼尚敬，但不能谄媚；礼贵有文，但不能流于虚文；义贵在勇，但不能以奋激为义，行其所不必行。总之要把握中庸之道。焦循举了一个"借交报仇"例子，舍身替朋友报仇就是不义。朋友的事是朋友的事，你拼自己的命去替朋友报仇，将自己的父母家人置于何地？

# 人要有所不为，才能有所作为

**原文**

孟子曰："中也养不中，才也养不才，故人乐有贤父兄也。如中也弃不中，才也弃不才，则贤不肖之相去，其间不能以寸。"

**华杉详解**

朱熹注解说："无过不及之谓中，足以有为之谓才。养，谓涵育熏陶，俟其自化也。"

中，是中庸的中。程颐注《中庸》说："不偏之谓中，不易之谓庸。中者，天下之正道；庸者，天下之定理。"中庸，就是极致完美的意思。后人以为中是中等水平，庸是平庸，这样就把中庸之道全理解反了。

中是不偏不倚，没有过分一点点，也没有一点点达不到，妙不可言。德行中和，则待人接物处事，无不恰到好处，既能让人舒服，又不会丢失原则变成好好先生。

张居正讲解说：如果父兄自己有中和之德行，而子弟的德行有偏，则能抑制他过分之处，引导他不及之处，让他也能致中和；如果父兄自己有干济之才，而子弟之才或有所短，则能开悟其昏昧，警醒其懒惰，一点点引导他，让他自己成才。如此，对不中者有变化气质之功，又不会因为急于求成而起反作用；对不才者有开发聪明之益，又不会压迫他激起他的叛逆。

所以人们也乐于有好的父兄啊，不仅能生养我，年长于我，而且能成就我。如果为父兄者见子弟之不中不才，就严加督责，以求其速成。等看他不成器，又放弃他不教了。那他们自己也只是不中不才罢了。那"父兄之贤"与"子弟的不肖"之间也没多大差距。其间不能以寸，意思就是，他们之间的距离也近到不能以分寸来衡量了。

看了张居正的讲解，深叹知行合一之难！他讲得如此透彻，自己却完全没做到，他自己的所作所为，都是他上面这段话所批判的。他是幼年丧父的小皇帝的老师，也相当于是父亲，同时又是帝国的实际执政者。他对小皇帝教育之严厉，几乎让皇帝战栗。再加上那位望子成龙的太后，不仅违背易子而教的道理，而且时刻威胁小皇帝："如果你不好好学习，张伯伯就可以为了国家，行伊尹、霍光之事，把你给废了，另立明君！"于是，小皇帝在压抑恐惧中长大，不仅没能致中和，没能成才，而且在张居正死后，对他的家族进行了疯狂的报复。

**原文**

孟子曰："人有不为也，而后可以有为。"

**华杉详解**

孟子说，人要有所不为，然后才能有所作为。

程颐注解说，所谓作为，是一种选择。只有选择了不做什么，才能选择做什么。如果一个人无所不为，那他到底要干什么呢？

这一点，现代管理学也有讲：战略不是选择做什么，而是选择不做什么；营销不是选择谁是我的客户，而是选择谁不是我的客户。如果你做一大堆事，等着东边不亮西边亮，那肯定没有一边会亮。如果你不懂得要做哪些客户、不做哪些客户，那你必然不能服务好自己的客户。

所谓有为，就是在一个地方压倒性地投入大量的时间。所有成功靠的都是时间的投入，所以你必须坚定地在其他地方都不花时间，才能把时间集中到你需要有所作为的地方。

张居正还讲了另一层意思：大凡天下之人，有才能、有力量的，才肯有担当。但如果见之不明，守之不确，则可能轻为而取败，或者锐进而无成。所以平时要涵养精深，深藏不露，执持坚定，什么也不干，然后干济自有余才，担当自有全力。一旦到了那事理当为，则重大艰难之任，毅然以身当之，而无所顾忌；遇到事机可为，则祸福利害之冲，慨然以身赴之，而无所畏缩。举世皆不敢为、不能为之事，他独能为之。他这样有为，不就是靠之前的不为养成的吗？如果一路都无所不为，他哪有机会有最后的作为呢？

张居正讲的是从政的道理，如果一路无所不为，事事志在必得，就相当于是个开放的风险敞口，随时会被人挑落。而涵养精深，深藏不露，执持坚定，什么也不干，就能不犯错，从而等到大权在握、经世济国的机会。

## 不要讲别人坏话，也别在意别人讲自己坏话

**原文**

孟子曰："言人之不善，当如后患何？"

**华杉详解**

孟子说："说别人的坏话，招来后患怎么办呢？"

张居正讲解说，君子成人之美，不成人之恶。所以当别人有过失，往往要帮他掩护，不要到处播扬。这是一番忠厚之心，也是避害远祸之道。如果听到别人一点不好的事，就喜闻乐道，以快一时之口，不肯掩人瑕疵，那首先对别人是一种伤害。同时，《大学》说："言悖而出，亦悖而入。"今天你说别人，明天别人就说你。

谁在人后不说人？人性的弱点，就是喜欢说别人坏话，同时又受不了别人说自己的坏话。所以，君子的修为，应该是尽量不要说别人坏话，而听到别人说自己坏话，就当没听见。

**原文**

孟子曰："仲尼不为已甚者。"

**华杉详解**

孟子说："孔子不做什么过头的事。"

杨时注解道："圣人做事，本分之外，不加毫末。"

张居正讲解说，天下之道，大中至正，圣人也不能把它加高。圣人如孔子，天下人皆仰望以为不可及者，但他并没有什么异于常人的高世绝俗之行。你看他平时的言行，也只是在日用常行之间，合于天理人情之正。他说出来的话，都是大家一听就明白的平常道理，没有过高之谈；他的行为也都是人人都可以去做到的，没有过激之行。所以说他不做什么过头的事，因为一旦过头，就超出性情本分之外，不合义理了，那怎么能做圣人呢？

圣人是大中至正之人，而不是世外高人。

**世上没有"高论"，高论都是哗众取宠，以惑下愚。**

但是人们总会被"高论"所迷惑，趋之若鹜，如痴如醉。其实，天下的道理，就那么简单几条，关键是要做到这些道理，而不是去听新道理。对于追新逐异，孔子有个说法，叫"索隐行怪"，就是专研究谁都不知道的，专做谁都不会做的，以求名声，以惑下愚。圣道不传，就是因为追新逐异的人太多，没有人去听老生常谈了。

正因为圣人不做过头的事，所以王阳明才说"人人皆可为圣人"。因为圣人之道，就是日用常行，应事接物待人，这些事我们每天都要处理无数次。而我们和圣人的区别，就在于他怎么说就能怎么做，我们偶尔能做到的，他却能坚持一生都做到，以至于"从心所欲不逾矩"，这就是真正的天壤之别。

**原文**

> 孟子曰："大人者，言不必信，行不必果，惟义所在。"

**华杉详解**

孟子说："有德之人，说话不一定句句守信，行为不一定贯彻始终，与义同在，依义而行。"

张居正讲解说：君子对于言行，要随时顺应。不可先有成心，认为一定要达成。客观上达不成，或者达成已经不合于义，就不要浅薄固执地坚持。如果言贵于信，则不择是非，明知错了还不改；如果行贵于果，则顽固不化，明知走错路还不回头。对君子来说，言非不信，但并不死守于信；行非不果，而未尝有心于果，只看于义理上如何。

孔子还提出"意必固我"，要勿意、勿必、勿固、勿我。不要凭空猜测、主观臆断；不要期必，认为一定会怎样；不要固执己见，听不进别人意见；不要我执，要无我。

孟子说，善莫大于与人为善。与人为善，不是对人善，而是舍己从人，善与人同，懂得放弃自己的观点和做法。

孔子还有一句话："言必信，行必果，硁硁然小人哉。"言必信，行必果，当然是好的品德，但是发现自己不对，还要坚持做，那就是浅薄固执、意必固我的小人了。我们时常引用"言必信，行必果"，却不知道孔子、孟子的意思都是"言不必信，行不必果"。这也是中国讲结果正义，不讲程序正义的文化根源了。

## 心学的宗师是孟子

**原文**

孟子曰："大人者，不失其赤子之心者也。"

**华杉详解**

赤子，是刚生下来的婴儿。大人，可以说就是圣人。

朱熹注解说："大人之心，通达万变；赤子之心，则纯一无伪而已。然大人之所以为大人，正以其不为物诱，而有以全其纯一无伪之本然。是以扩而充之，则无所不知，无所不能，而极其大也。"

张居正讲解说，人们都以为那些所谓的大人，都是盛德大业高出天下，非常人所及。殊不知大人之所以为大，不过是不失赤子之心而已。因为那赤子之心，没有丝毫人欲之蔽，是心体之本然。长大后，学了知识，有了物欲引诱，就失去了那赤子的纯一之心。而世间所谓大人，涵养极其精纯，操持极其坚定，内不藏于私欲，外不夺于物诱，所以从小到老，时时刻刻，只有这一点纯一无伪之心，没有一点间断或丧失。所以智周万物，无所不知，就是赤子的这一点点良知；道济天下，无所不能，就是赤子的这一点点良能。并没有什么心体之外的穿凿之智、机械之巧。

孟子的这句话，和朱熹、张居正两位老师的讲解，信息量太大了。可以说，整个王阳明心学的思想，都在上面这三段话里。也可以说，**心学的宗师是孟子，而陆九渊、王阳明是总结提炼，重新发明之。**

孟子说的不失赤子之心，就是王阳明说的致良知。

朱熹和张居正的讲解里有五个关键词：良知、良能——扩而充之——无所不知、无所不能。这几乎就是心学的整个方法论了。

良知是什么，是生而知之，你天生就知道的；良能是什么，是不学而能，你本来就会的，也就是本能。那我们为什么不知道了？为什么不会了呢？就是因为学了太多没用的。为什么要学没用的呢？因为那有用的，没人肯下苦功去练习，老想学点新的、奇的、巧的，就走到王阳明说的断蹊僻径去了。脚下的大路，但很多人都不愿意走，因为他们知道那要下苦功，要花时间，老想去找捷径，或者为物欲所牵引，志无定向，随波逐流，在每件事情上投入的时间都不够，当然一事无成了。

朱熹和陆九渊是同时代人，两人有著名的鹅湖之会，在江西鹅湖寺辩论得天翻地覆。但是在朱熹注解《孟子》这一句话上看，他和陆九渊的思想没区别，用的词都一样。朱熹说把赤子之心扩而充之，则无所不知，无所不能。陆九渊则曾经说自己："我在那无事时，只是一个无知无能的人。而到那有事时，我便是一个无所不知、无所不能的人！"这就是良知良能的扩充。

王阳明说："我等用功，不求日增，但求日减，何等洒脱！"每天学习，不是为了要去学新东西，而是要把几千年圣人传下来那一点真骨血，反复修炼，在自己的良知良能上找，再扩而充之，就能实现陆九渊说的"无所不知，无所不能"，就能实现王阳明说的"取之左右而逢其原"。什么叫无所不知，无所不能，左右逢源呢？我们说，当你心中装着问题，就会发现满世界都是答案，就在你的左右，往你身上撞。找不到答案，是因为你没找对问题。找问题靠什么？就靠赤子之心，靠良知。

## 历史就是文明，仪式就是文明

**原文**

孟子曰："养生者不足以当大事，惟送死可以当大事。"

**华杉详解**

孟子说，奉养父母还算不上大事，为他们送终才算得上大事。

或者说，能奉养父母者，未必能担当大事；能为他们送终的人，才能担当大事。

朱熹说，奉养父母，自当爱敬，但也是人道之常，什么地方没做好的，还可以弥补。至于送死，则是人道之大变，如果有一个地方没做好，就再也没有机会了，只能留下永远的遗憾。所以这是最大的事。

我们一生中最大的事变是什么呢？就是亲人的离去。亲人走了，从此世间少了一个和我最亲的人。几十年的朝夕相处，却突然再也见不到了。孝子当此人伦大变，就要为父母送最后一程，在悲痛之余，筹划周详，礼仪完备，样样安排，都要符合死者的心意。人死了，我们说他"永垂不朽"。垂，就是留传后世。留传下什么，就在这葬礼上总结；如何留传，这葬礼就是仪式；谁来留传，就是由孝子来留传，让子子孙孙都铭记逝者对家族的贡献。

能理解这些，能做到这一步，你就是能担当大事的人。不管你在父母生前如何尽孝，如果对葬礼草草了事，只有钱财供养，没有礼节仪式，那就还不算一个文明人，更不用说能担当大事。

孔子还说："三年无改于父之道，可谓孝矣。"父亲去世三年之后，都还能坚持他的作风和规矩，那真算是孝敬了。对一个人敬不敬，当面的表现都不算，背后尊敬才是真的敬。同样，对父母孝不孝，父母生前如何奉养都不算，死后依然孝敬，那才是真的孝。

什么是文明？历史就是文明，仪式就是文明。没有历史，没有仪式，就没有文明。慎终追远，是一个家族的文明，那就是文明的起点。

## 学习是一个包围战

**原文**

孟子曰:"君子深造之以道,欲其自得之也。自得之,则居之安;居之安,则资之深;资之深,则取之左右逢其原,故君子欲其自得之也。"

**华杉详解**

孟子说的这一段,把学习的本质讲得很透彻,这也可以说就是心学的源头。"取之左右而逢其原"这句话,也是王阳明讲课时喜欢引用的。

朱熹讲解说:造,是造诣;深造,是进而不已;道,是进为之方。君子依靠正确的方法来得到高深的造诣,就是为了自己能得到那道理。

什么叫自得之呢?朱熹说,就是默识心通,得到自己心里去。张居正说,"取之左右而逢其原"的"原",就是心。因为"天下无心外之道,亦无心外之学",学习义理之道,一定是学到自己心里去,等你的心和这义理一致了,就叫心与理一、理与心会,精神凝定,外物不能摇夺。如此则居之安、资之深,意思就是,那义理在你心里牢固地被掌握,住得很安稳,积蓄很深。如果你的造诣不够,没有真正学到心里去,那就居之不安,你不能按那义理要求的去做,不能知行合一,等于没学到。

自得之,就是学到心里去,学到身上的每一个细胞、每一条血管里去,如此则"取之左右而逢其原",事感于外,理应于中,上下左右,无往不利。就好比,当你心里装着正确的问题,满世界都会给你答案。

相反,如果没学到心里去,就像我们学这《孟子》,只是站在外面看,你只会觉得"嗯,孟子讲得不错",但其实跟你没关系,你也不会按他说的去做。不去做,是因为心里没有,读书也就是看看热闹。

**原文**

孟子曰:"博学而详说之,将以反说约也。"

**华杉详解**

孟子说:广泛地学习,详细地解说,是为了在融会贯通之后,再回归到最简约的总结。

大道至简,就是几千年来圣人传下来的那一点真骨血。但是,这一点真骨血,你不是直接拿来就会,而是要靠广博地学习,最终自己再由繁而简地总结出来。

张居正讲解说,天下之理,不求于博则识见浅陋,不能触类旁通;不反之于简约,则功夫汗漫,无所归宿,不知道你这人到底是学啥的。所以君子治学,凡天地民物之迹,诗书六艺之文,无不旁搜远览,偏观尽识,学之极其博矣。这就是读万卷书,行万里路。或者行有余力则以学文,或者百战归来再读书。学习之余,又对那所学的东西,无一事不究竟其道理,无一物不穷尽其变化,或者向老师请教,或者与朋友交流,辨析得非常详细。这样学习,不是为了夸耀自己学识渊博,而是因为义理散见在万事万物之中,要一点点把它收拾起来,由支派而穷其本源,由节目而得其要领,反之于简约之地。这样由博到约,由繁到简,才是我真正学到了。

学习是一个包围战,义理就是中间那一点点。但是你一定要画一个大大的包围圈,广博地去学习才行。所谓"触类旁通",没有"旁"就没有"通"。你不可能盯着一个点死学,就能把它学通,而是要旁敲侧击,从旁边敲通。读一本书,听一堂课,往往并不能弄懂,不懂没关系,学习的过程就是埋下一个个伏笔,播下一粒粒种子,这些埋下的东西会潜伏、会生长,会与你之后看到、听到、学到、遇到的东西互动。在这互动之中,就功到自然成,总有一天自然会通。通了之后,这事对于你来说就简单了,这就是由博到约。

经常有些同学参加了一堂课,就不满意,表示"没学到什么东西"。这其实就是不懂学习,才一堂课,你想学到啥?就算"学到"了,下课铃响的时候,也已经忘记70%了;到第二天,95%都还给老师了。能记住一句话,就一辈子受益了。学习是一个长期反复的过程,要终身持续不断。

话说回来，如果上了一堂课，就觉得"学到了很多东西"，那反而更可疑。或许只是追新逐异，听到了很多哗众取宠的新鲜词罢了。

## 向领导推荐人才，是人臣最大的功绩

**原文**

孟子曰："以善服人者，未有能服人者也；以善养人，然后能服天下。天下不心服而王者，未之有也。"

**华杉详解**

这里的"以善服人"和"以善养人"有什么区别呢？朱熹说，以善服人，是要以善来取胜于人，意思是，我比你善，你服不服？而以善养人，是要熏陶教养对方一起同归于善。心态有这么一点小小的差别，别人对你的人心向背就相差毫厘千里，所以一定要审慎注意！

张居正说，善虽然有服人之理，但是你自己拿善去要别人服，那就已经有自矜之心了。如果有了一善，就要恃以骄人，那么人家即使服，也是表面上的，并不是心服。真正的善，是必善而不独善，要推己及人，熏陶教养，让别人也同归于善。这样以曲成万物为心，兼善天下为度，才真正可以令天下心悦诚服，从而王天下。不能使天心服就能王天下，那是从来没有过的。

焦循对"养"的解释有所不同。他说"养"就是"养之以仁恩"：我既然要善，就要对人好，要有仁有恩，在我的能力范围内，让大家都因我而得益。正所谓，穷则独善其身，达则兼济天下。

所以，"以善养人"有两个层次：一是真心对人好，利他，助人为乐；二是教养教化，让天下同归于善，和我一样善。而"以善服人"就有一种道德优越感，不是以德服人，而是以德压人。服，应该是人家自己服，而不是你去要人家服。

任何时候，你要别人服你，他肯定不服。当你没有服人之心，只有纯粹的善意，别人才会服你。

**原文**

孟子曰:"言无实不祥。不祥之实,蔽贤者当之。"

**华杉详解**

张居正讲解说,人的言语如果招祸启衅,就是不祥之言。这样的不祥之言,往往没有事实依据,只是信口传谣,说人是非。不过,不祥之言在一般人身上,也只是止于他自己的吉凶,而无关于国家之利害。真真正正最不祥的,是蔽贤者,也就是那些嫉贤妒能、遮蔽贤者的奸臣小人。他们一看见别人有善行,就遮蔽他,不让君王知道;一看见别人有才干,就排挤他,不让他得位任事。这些人说的话,下蔽士庶之公议,上蔽人主之聪明,真是巧言足以乱德,利口足以覆邦,贻害深而流毒远,没有比这更不祥的了。

《晏子春秋》说:"国有三不祥,有贤而不知,一不祥;知而不用,二不祥;用而不任,三不祥。"国家最不祥的是三件事,一是有贤能之人,国君不知道;二是知道了,却不给他官做;三是给他官做了,却不给他权力和信任,让他真正能担当任事。

《汉书·汉武帝纪》说:"进贤者受上赏,蔽贤者受显戮,古之道也。"发掘人才,培养人才,向领导推荐人才,是人臣最大的功绩。而嫉贤妒能,遮蔽人才、排挤人才,是国家最不祥之事,也是奸臣最大的恶。


# 君子重本,得不到不往别人跟前凑,往自己身上找

**原文**

徐子曰:"仲尼亟称于水,曰:'水哉,水哉!'何取于水也?"

孟子曰:"原泉混混,不舍昼夜。盈科而后进,放乎四海,有本者如是,是之取尔。苟为无本,七八月之间雨集,沟浍皆盈,其涸也,可立而待也。故声闻过情,君子耻之。"

**华杉详解**

徐子，就是徐辟，是孟子的弟子，在前文出现过。

徐辟问老师："孔子数次称赞水，总是赞叹：'水哉！水哉！'这孔子到底觉得水有什么可取之处呢？"

孟子说，有源之水，滚滚流出，昼夜不停。把沟坎注满，再继续往下流，渐进而流入江河，注入大海。有本有源的事物，就是这样子，孔子就取它这一点罢了。假如没有本源，就像那七八月间的骤雨，一下起来，哗啦哗啦，大小沟渠都满了，但是不一会儿就干涸了。所以名声超过了实际的，君子引以为耻。

人呢，实胜于名为善，名胜于实为耻。设工作目标，要跳起来够得着的；追名逐誉，则千万不要跳起来去够。如果道德才能都本不足称，却获得了超过实际的虚名，虽然一时可以掩饰，时间长了必然败露，就像暴雨后的大水退去一样，之前的声名，都成了一场事先张扬的丢脸事件。

君子重本，得不到不往别人跟前凑，往自己身上找，反身修德，养深而蓄厚。然后实大声宏，而名誉随之，有本有源，渐进不已，取之不尽，用之不竭。不管他有多高的声名，他都还有更大实力在后面！

这一点，还要结合《论语》里学的"人不知而不愠"。我们很容易因为别人低看了自己而不爽，而君子是很注意要保持别人对自己的"低看"，这才能实胜于名，源远流长，源源不断，不可限量。

## 人生就是一棵巨大的决策树，有数万个决策点

**原文**

　　孟子曰："人之所以异于禽兽者几希，庶民去之，君子存之。"

**华杉详解**

孟子说："人和禽兽的差别只有那么一点点，一般老百姓放弃了它，而君子

保存了它。"

这一点点区别是什么呢？就是人性、善恶、良知、品德、志向。

一般人放弃了它，而君子保存了他，这就形成了人和人的巨大区别。

有人仁义，有人不仁义；有人有想法，有人没想法；有人有志向，有人没志向。虽然刚开始只有那么一点点差别，但随着人生道路的不同，差别一路放大，三十年后就变成天壤之别了。

张居正讲解说，"几希"之介，间不容发，就那么一丁点儿，如果能择之唯精、守之唯一，则"几希"之理，自能常存。"此圣学之渊源，而孟子独得其传者也。读者宜究心焉。"

就这么简单一句话，张居正却把它提到了圣学之渊源的高度，而且说只有孟子真正懂得这句话的含意，要我们潜心研究。那我们就再对这句话仔细玩味一下。

圣学的渊源，一是最简单的道理，就是王阳明说的，几千年圣人传下来的那一点真骨血，也就是致良知；二是"扩充"，要把这最简单的道理，最基本的原则，在修养中不断扩充，在日用常行每一件事上知行合一，几十年扩充下来，就能参与天地之化育，人天人合一之境。

**人生就是一棵巨大的决策树**，有数万个决策点。你要把自己的日用常行，应事接物待人，说的每一句话，做的每一件事，都看作是一个决策。每一个决策，都会对你的人生有不同的影响，把你引向不同的道路。如果在每一个决策点都把握住那"几希"的区别，认真对待，这就是善的扩充、成就的积累、圣学的渊源。

## 做事不看尽没尽力，而看尽没尽心

### 原文

"舜明于庶物，察于人伦，由仁义行，非行仁义也。"

**华杉详解**

庶物，就是万事万物。焦循是直接将庶物解作"禽兽"的，因为前面的话是"人之所以异于禽兽者几希"，所以这里接着说舜对禽兽和人类都了然。而张居正说是"世间万物，飞潜动植"，不光是禽兽，植物也包括进来了。《庄子·渔夫》里有一句："寒暑不时，以伤庶物。"意思是，季节错乱，就会伤害庶物，这里也是指动植物。

不管是人，还是禽兽，甚至植物，都懂得趋利避害，都是一样的。而人之所以异于禽兽者几希，就在于物有物理，人有人伦。舜对于这些都明白，对万物之理，物尽其用；对于人，明察人伦之序，教化天下。

由仁义行，非行仁义也。这句话很重要。前面孟子说了："大人者，不失赤子之心者也。"舜就有一颗赤子之心，仁义就在他的心中，甚至在他的脊柱神经里。遇事接物，不需要经过大脑思考，他的行为反射就是仁义。他本性中的仁义，慈祥恻怛，从心上生发出来，自然无所不爱。而他的行为，无论对何人何物何事，都是仁义。这就达到了生知安行的境界，生而知之，安而行之，不仁义自己就会不安。这就是由仁义行。

如果说由仁义行，是仁义在心中，那行仁义，就是仁义在大脑里，是学知利行。学而知之，利而行之，学习到了，知道仁义有利，就会为了仁义的好处而行仁义。甚至是困知勉行，困而知之，勉强行之。因为吃了不仁义的亏，知道自己必须行仁义，所以勉强自己去行。

可以说，由仁义行，是心性；行仁义，是理性。孟子说要"尽力知性"，由仁义行，是尽心；行仁义，是尽力。尽力去做，怎么也不能跟尽心去做相比。唯有尽心，才能无微不至，无所不达；而尽力，总是力有不足。张居正说，舜这是继承帝尧精一之统，开万世心学之传。

做一件事，不能说我尽力了，而是要问自己尽心没有，这就是心学。

## 你心里装着，就自己会生发

**原文**

孟子曰："禹恶旨酒而好善言。"

**华杉详解**

旨，是美味；旨酒，就是美酒。大禹讨厌美酒，却喜欢有价值的话。

《战国策》记载："昔者，帝女令仪狄作酒而美，进之禹，禹饮而甘之，遂疏仪狄，绝旨酒，曰：'后世必有以酒亡其国者。'"尧帝的女儿令酿酒官仪狄酿出美酒进献给大禹。大禹喝了之后，觉得美味无比，于是疏远了仪狄，戒了酒，说："后世一定会有因酒而亡国的。"

干吗要戒酒呢？少喝一点不就行了吗？因为恶和善一样，都会扩充，会放大，所以要把危险的欲望消灭在摇篮里。大禹一方面不认为自己有自制力少喝一点；另一方面，也不愿意有示范效应，让大家都跟着喝，小欲变大恶。

反过来说，小小的善言也有巨大的价值，取而行之，扩而充之，也能发挥出巨大的影响。《尚书》记载说："禹拜谠言。"对正直无欺、恰当中理的言论，禹马上就拜谢。这并不是夸张，一者，处在天子的高位，别人不敢跟你说真话，不敢顶撞你，不敢批评你，所以一定要用很鲜明的态度和很夸张的肢体语言来表示诚意，鼓励大家说真话；二者，知道正直当理的话有巨大的价值，只要落实它，扩充它，就能治国理政造福天下。

**原文**

"汤执中，立贤无方。"

**华杉详解**

商汤执中庸之道，提拔人才却不拘一格。

朱熹注解说，方，是类。立贤无方，就是选拔人才的时候不问出身，不问他是哪一类，唯贤是举。商汤立的最大的贤才，就是伊尹，他辅佐商汤完成了建国大业，并在商汤死后，辅佐他的子孙，一共做了五朝执政宰相。而伊尹的出身本是一个奴隶、厨师。

**原文**

"文王视民如伤，望道而未之见。"

**华杉详解**

那百姓已经安居乐业了，周文王却还是觉得他们受了伤害，还要想怎么保护照顾他们，怎么让他们过得更好，其爱民之深如此。不如此也不行啊，政教一有未修，刑罚一有不当，不就妨碍民生，伤害百姓了吗？周文王敢说自己没伤害任何人吗？但是别的君主不会想这事，只有周文王能感受到，能仔细努力地去对待，因为他心里真正装着百姓。唯有百姓各得其所，他的心才安。

同样，他也有一颗求道之心，他已经是圣人了，自己却不满足，觉得道无终穷，学无止境。不断点检反省自己，只要学习进修一时懈怠，就可能与道背驰。看见自己已经达到道了，还不满足，就像没看见一样，继续精进，必欲无一理不造其极，才能放心。

## 在任何一件事情上，都有人或曾经有人比你聪明

**原文**

"武王不泄迩，不忘远。"

**华杉详解**

朱熹注：泄，狎也。人对自己身边的人容易放松，亲昵而不庄重，又或者有情绪时拿他发泄出气。周武王心思缜密，志虑周详，可他对身边的人也不敢有一毫轻忽，而是始终保持尊敬；对离得远的远臣，也不敢有一些疏略，而是怀远为近，咸正无缺。

对身边人保持庄重，是德之甚；对远方的人保持关怀，是仁之至。所以武

王才能成就王天下的事业。

**原文**

"周公思兼三王，以施四事；其有不合者，仰而思之，夜以继日；幸而得之，坐以待旦。"

**华杉详解**

三王，是夏商周三代之王。四事，是上文说的禹、汤、文王、武王所行之事。

武王去世后，周公辅佐成王，天下的担子都落在他的肩上。他不但继承文王、武王的遗志，也远求于上古，学习大禹、商汤，把三代圣君的德行，一一措之施行，无所遗失。禹的恶旨酒、好善言，汤的执中道、立贤无方，文王的视民如伤、望道而未之见，武王的不泄迩、不忘远，他都一一照做。

但是古今时异势殊，推移变化。有些事情和三王四事的经验合不上，他就仰头思索，夜以继日。幸而半夜想通了，他就干脆不睡了，坐起来，等到天亮付诸实行。

对前人经验的尊重，是人生的大智慧。儒家说"善为天下公"，不要"任其私智"。不要认为自己比别人聪明，要明白在任何一件事情上，都有人或曾经有人比你聪明。我们每天处理的事情，没有什么是别人没遇到过的。既然前人有无数的经验，就把这些经验找到、学习、照做。如果实在找不到、合不上，再自己去探索。

真理都是普世的，不仅普世，而且跨越时空，这就是中庸之道："不偏之谓中，不易之谓庸。中者，天下之正道；庸者，天下之定理。"要反复体会，自己落实。

## 历史是国家的圣经，是凝聚一国的精神纽带

**原文**

孟子曰："王者之迹熄而诗亡，诗亡然后春秋作。晋之乘，

楚之梼杌（táo wù），鲁之春秋，一也。其事则齐桓、晋文，其文则史。孔子曰：'其义则丘窃取之矣。'"

**华杉详解**

孟子说，圣王之道不行，诗就没有了。

诗，是《诗经》，分为风、雅、颂三个部分。风是民间的，包括十五国风，也就是周南、召南、邶、鄘、卫、王、郑、齐、魏、唐、秦、陈、郐、曹、豳这十五个诸侯国的民歌；雅是贵族的，是贵族享宴或诸侯朝会时的乐歌；颂是国家的，是宗庙祭祀的乐歌和史诗。

王制："命太师陈诗以观民风。"每年秋收之后，百姓无事，男女相从而歌，饥者歌其食，劳者歌其事。政府就派人走访乡里，收集民歌。乡里汇报到邑，邑汇报到国都，再汇报给天子。这样，一方面，天子足不出户，就能体察民情；另一方面，也将民间之风、列国之雅挑选整理出来，加上朝廷所作之颂，再推广到全国，这就是治国之礼乐。

可以说，《诗经》是国家的精神，是国家的文化，可以陶冶情操，教化民俗，确立礼仪规范。在西周，《诗经》扮演了宗教般的作用，《诗经》就是"圣经+法典"，我们是以诗治国。

周平王东迁之后，进入东周时期。从此，政教号令不及于诸侯，政府也不组织收集诗歌，自己也不写诗了。于是，礼崩乐坏，上下陵夷，名分倒置，天下之乱，将不知所止。孔子看着觉得担忧，就写了《春秋》，详述鲁国二百四十二年之事，使王者之政虽不能行于当时，也可昭示于后世。所以孔子作《春秋》而乱臣贼子惧，因为他寓价值观和刑罚标准于历史。这样，"以诗治国"就变成了"以史治国"。

史书并非只有鲁国有，各国都有其史，只是名字不同。晋国的叫《乘》，乘是兵车，寓意记载田赋乘马之军国大事；楚国的叫《梼杌》，梼杌是一种恶兽，以恶兽比喻凶人，记之以垂戒。

《春秋》虽然是鲁国之史，也不限于记鲁国之事。周室东迁之后，王室衰微，五霸迭兴，齐桓、晋文功业鼎盛，所以《春秋》也大量记载了齐桓、晋文征伐会盟的事迹。至于文辞之体，都是当时史官根据列国互相通告的策书以记于年月日期之下，本来没有什么褒贬。但孔子却假其旧文，加以笔削，明典定礼，命德讨罪，申明大义。我们常说春秋大义，是指《春秋》本是按日期记事，而孔子则以史事明大义。这不是天子交办给他的任务，而是他自己去做的，所以他说："其义则丘窃取之矣。"意思是，这是我私自定的。这是他的谦辞，而他也因此成为"素王"，因为修史定义是王者之事。

历史就是国家的圣经，是凝聚一国的精神纽带，共同的历史，是人与人最紧密的关系。

史官记录的不仅是历史，也是政治。同时，历史也是习惯法，什么是习惯法呢？从法社会学的视角考察，法律有多种表现形式，可以是有组织的有序体，也可以是无组织的松散体。在没用成文法可循的情况下，那些长久的习惯常常被当作法律来遵守。而从法人类学、法史的视角考察，习惯法是法律的最早渊源形式，它先于国家的存在而存在。有国家以前的社会，以及初期的国家，习惯几乎占法律之全部。

我们今天，可以说很大程度上还是习惯法社会，还是在按过去的老习惯办事，大家也都能接受，至少能顺从。为啥？都习惯了。

## 没成功的人关注的是成功，成功之后关注的是传承

**原文**

孟子曰："君子之泽五世而斩，小人之泽五世而斩。予未得为孔子徒也，予私淑诸人也。"

**华杉详解**

君子，是有官职的大人物。小人，这里是指没有官职的小人物。泽，是流风余韵。世，父子相继为一世，或三十年为一世。斩，是断绝。淑，这里是"取"的意思。

孟子说，圣贤之生，其建立在一时而遗泽在后世。故在上而有位者，其功业闻望传于后人，差不多到第五代，影响力就断绝了；那在下而无位的，其道德声名垂于后人，也差不多能传五代。

从孔子到孟子，还没有到五代人。孔子逝于公元前479年，而孟子生于公元前372年，毕竟相距不足百年。在五世之内，孔子遗泽尚存，微言未绝，渊源所自犹有可承，所以能私闻孔子之道于人，而自善其身。

为什么说五代呢？这是宗法社会的规矩。五代之后，民间叫"出五服"。五服，是根据亲疏远近五种等级的丧服。过了五代，就亲尽服穷，不算一家人了。过了五代，同姓都可以结婚了。

无论是君子之泽，还是小人之泽，要想超过五代，传诸后世，就要靠载道，要著史。前面说了国家以史治国，民间亦以史治家。国家有经史，民间有家谱，家史就在家谱里。

没成功的人关注的是成功，成功之后关注的是传承。家族的传承，最低层次是传下家财，给子孙留下钱财；再上一层是传下家业，有事业能持续生财，可持续发展；再上一层，就是传下家风，家族文化。要传承，首先要有家史，有家史，才有家风。

## 取利、分配和献身的逻辑

**原文**

孟子曰："可以取，可以无取，取伤廉；可以与，可以无与，与伤惠；可以死，可以无死，死伤勇。"

**华杉详解**

孟子说，可以拿，可以不拿的，拿了对廉洁有害；可以施与，可以不施与的，施与了对恩惠有害；可以死，可以不死的，死了对勇敢有害。

我们先说第一点，见利而动是人之常情，但见利之时，要仔细思量，是否合乎于义。如果不义而取之，就成了见利忘义，伤害了自己的廉洁。当无所谓义与不义的时候，就可以取，也可以不取。你选择不取，就不担那不义不廉的风险。

人有两种：有的人怕吃亏，有的人怕占便宜。怕吃亏的人，一旦觉得自己吃了亏，就像吃了一只苍蝇，各种难受，一定要找回来，心里才平衡；怕占便宜的人，一旦发现自己可能占了别人便宜，也像吃了一只苍蝇，各种难受，一定要吐出去，心里才平衡。

一般来说，怕占便宜的人，乐意与人分享利益，乐善好施。如果你是乐善好施的人，就要注意这第二条。你可能会认为，可给可不给的，就给别人算了。但孟子认为，你还是要认真对待，不要随便给。张居正说，施不必博，惠不必众，尤其是不要"市恩"而给。

市恩贾义，和沽名钓誉一样，是非常糟糕的事情。是你把对别人的施与，当恩情出售，要别人记你的好。如果你对领导有影响力，能帮人升官，就运用这种影响力去施恩，那更是出卖了领导，成了奸臣了。

在一个组织里面，也不可优崇过度。华为任正非就提出，高层员工要有使命感，中层员工要有危机感，基层员工要有饥饿感。如果全都吃得饱饱的，都不想干活，以后拿什么来给大家施惠？

最后一条，见危授命，见义勇为，舍生取义，这是勇。但如果白白牺牲，仁未必成，义未必取，轻身而死之，这血气之勇，就不足为勇。子路之死，就是这种情况。不该他死的，他自己去找死，这就不仁不义不勇，白白让家人和师父悲伤。

## 如果你的朋友或属下背叛你，那你有两条罪

**原文**

逢蒙学射于羿，尽羿之道，思天下惟羿为愈己，于是杀羿。

孟子曰："是亦羿有罪焉。"

公明仪曰："宜若无罪焉。"

曰："薄乎云尔，恶得无罪？郑人使子濯孺子侵卫，卫使庾公之斯追之。子濯孺子曰：'今日我疾作，不可以执弓，吾死矣夫！'问其仆曰：'追我者谁也？'其仆曰：'庾公之斯也。'

曰：'吾生矣。'其仆曰：'庾公之斯，卫之善射者也。夫子曰吾

生，何谓也？'曰：'庾公之斯学射于尹公之他，尹公之他学射于我。夫尹公之他，端人也，其取友必端矣。'庾公之斯至，曰：'夫子何为不执弓？'曰：'今日我疾作，不可以执弓。'曰：'小人学射于尹公之他，尹公之他学射于夫子，我不忍以夫子之道反害夫子。虽然，今日之事，君事也，我不敢废。'抽矢，扣轮，去其金，发乘矢而后反。"

**华杉详解**

逢蒙跟羿学射箭，学会了羿的全部技巧后，他觉得天下只有羿的箭术比自己强了，于是便杀死了羿。孟子说："这事也有羿自己的罪过。"

公明仪说："羿好像并没有什么罪过啊。"加害者有罪，被害人也有罪吗？

孟子说："罪过不大罢了，怎么能说没有呢？从前郑国派子濯孺子侵入卫国，卫国派庾公之斯追击他。濯孺子说：'今天我的病发作了，不能够拿弓，我死定了！'又问其仆，他的车夫说：'追我的人是谁呀？'车夫答道：'是庾公之斯。'濯孺子便说：'那我不会死了。'车夫说：'庾公之斯是卫国著名的射手，先生反而说不会死了，这是为什么呢？'子濯孺子说：'庾公之斯是跟尹公之他学的射箭，尹公之他是跟我学的射箭。那尹公之他是个端正的人，他所选择的朋友也一定端正。'庾公之斯追上来了，问：'先生为什么不拿弓呢？'子濯孺子说：'今天我疾病发作，不能够拿弓。'庾公之斯说：'我跟尹公之他学射箭，尹公之他又跟您学射箭。我不忍心用您的箭术反过来害您。不过今天这事是国家的公事，我不敢不做。'于是抽出箭，在车轮上敲打了几下，把箭头敲掉，发了四箭之后就回去了。"

孟子说的道理是，如果你的朋友或属下背叛你，那你也有罪。罪之一，是交友不慎，自己择人不当。焦循说："求交取友，必得其人，得善以全，善凶获患。"对坏人好，就会给自己带来灾难，变成农夫与蛇的故事。罪之二，恐怕就是你教坏的，你自己没做出善的示范，徒弟不过是有样学样罢了。《论语》里孔子说的"季氏之忧，不在颛臾，而在萧墙之内也"，就是这个道理。季氏成天和家臣们密谋怎么篡夺国君的权力，家臣回家也和他的家臣毫不愧疚地密谋怎么篡夺你，所以季氏后来就被阳虎篡夺了。

## 我们研究"谋",主要是判断"天谋"是啥

**原文**

孟子曰:"西子蒙不洁,则人皆掩鼻而过之;虽有恶人,斋戒沐浴,则可以祀上帝。"

**华杉详解**

西子,是西施。恶人,是丑陋的人。

孟子说:"如果西施身上沾染了肮脏污秽之物,别人走过的时候,也会捂着鼻子走。而一个相貌丑陋的人,如果他斋戒沐浴,也可以祭祀上帝。"

这是孟子勉励人去恶从善,善恶虽有一定之质,但其变化之机,在于人如何自处。善者当兢兢业业以求保全其善,恶者当洗濯自新以求去其恶。

**原文**

孟子曰:"天下之言性也,则故而已矣。故者以利为本。所恶于智者,为其凿也。"

**华杉详解**

《中庸》第一句就是"天命之谓性"。性,是人、物所得以生之理,是自然规律,是人的人性,物的物性(物理性质、化学性质)。

故,是所以然,是自然之理,已然之迹。

事物之理,虽然好像无形而难知,然其发见之已然,则必有迹可循。所以天下之言性者,当在日用常行之间,随感而应,把那已然可见的行迹,发之端倪,顺其所以然。

其故,是出于天理之自然,而非人为之勉强。一有人为之勉强,就不是"故"了。

故者以利为本,循其自然之理,则有利。我把这称为"有理原则"和"有利原则"。当我们和人有争执,有冲突,我们都认为自己"有理",然后在

"我有理"原则下行事。**事实上谁有理呢？都没理，只有天有理，就是天理。**所以这时候，如果我们根据"有利原则"行事，判断怎样做对解决问题有利，就比较容易能遵循天理。

张居正说：不以人谋为能，而以天谋为能，顺其自然之性以任事，则无所处而不当，何必任术以扰天下哉！

孟子说，我之所以厌恶使用聪明，是因为自作聪明，便穿凿附会。

穿凿附会，索隐行怪，拔苗助长，这都是自作聪明的人干的事。

穿凿，是把讲不通的硬要讲通，那本来不通的，他也要穿个洞把它打通。附会，是把不相干的事硬拉在一起。把讲不通的或不相干的道理、事情硬扯在一起进行解释，就是穿凿附会。

索隐，是专门探索那偏僻的、谁都不知道的事。比如孔乙己，连"回"字有四种写法他都知道。行怪，是行怪迂之道，特立独行，不走寻常路。

拔苗助长，是对抗自然规律，贪巧求速，不愿意等待。

所谓"谋事在人，成事在天"，其实也可以说"谋事在天，成事在人"。所有的成功都是靠时间，你若知道那"天谋"是什么，则投入时间、下笨工夫就是了。等时间到了，成果自然结出来了。若你的"人谋"和"天谋"不一样，那你怎么干也成功不了。**所以我们研究的"谋"，主要是判断天谋是啥。**

### 原文

"如智者若禹之行水也，则无恶于智矣。禹之行水也，行其所无事也。如智者亦行其所无事，则智亦大矣。"

### 华杉详解

孟子说，我之所以厌恶使用聪明，是因为聪明的人容易陷入穿凿附会，如果聪明人都像大禹使水运行那样，我就不讨厌聪明了。大禹治水，就是行其所无事，顺其自然，因势利导，使水顺势流泻。如果智者能行其所无事，不违反其所以然而努力实行，那智慧也不小了！

智贵于顺，不归于凿。务为穿凿是小聪明，行其所无事是大智慧。

**行其所无事，就是没有废动作。**自作聪明的人，喜欢穿凿附会，索隐行怪，拔苗助长，这都是废动作、反动作、破坏性动作。我们平时做的事，80%都是不应该做的，或者是可以不做的。排除废动作，是组织永恒的工作。这也是个管理会计的问题，通过砍掉作业，来砍掉成本。

**原文**

"天之高也，星辰之远也，苟求其故，千岁之日至，可坐而致也。"

**华杉详解**

日至，是冬至。天空那么高，星辰那么远，但是，只要能推求它们固有的运行规律，以后一千年的冬至，也可以推算出来。

## 参加葬礼，就要与家属同悲

**原文**

公行子有子之丧，右师往吊。入门，有进而与右师言者，有就右师之位而与右师言者。孟子不与右师言。

右师不悦曰："诸君子皆与驩言，孟子独不与驩言，是简驩也。"

**华杉详解**

齐国大夫公行子的儿子不幸去世，诸大臣都前往吊唁，右师王驩也去吊唁。他的官最大，又是齐王的宠臣，所以他一进门，大家都争相趋附，以通殷勤。有看见他进门就迎上去打招呼的，也有他坐定之后走到他的席位和他说话的。只有孟子坐着不动，不和右师说话。右师很不开心，说："各位大夫都和我说话，只有孟子不和我说话，这是简慢我啊！"

**原文**

孟子闻之，曰："礼，朝廷不历位而相与言，不逾阶而相揖也。我欲行礼，子敖以我为简，不亦异乎？"

**华杉详解**

孟子听到后，回应说："咱们来这儿，是干吗来的呢？我们是来出席葬礼的，不是来聚会交际的。这是大夫家的葬礼，同僚们来出席，就遵循朝廷之礼，百官有位次，也按位次入座吊唁。人臣在朝廷，有各人站立的位次。位次既定，不可历位，就是不可跨过位次来交谈，也不可逾阶，就是不可跟隔一行的人打躬作揖，这样威仪整肃，才是个朝廷的样子。否则朝廷上大家相互招呼交谈，还有什么体统呢？

"在别人家葬礼上，与家属同悲，抚慰丧亲之痛，这是礼。在百官的班次中，谨守自己的位置，不要交头接耳，更不可越过位次去跟别人招呼作揖，这也是礼。我来参加葬礼，就是来行这礼。王驩却认为我对他无礼，这不是奇了怪了吗？"

## 君子活在历史里，因为他想活进历史

**原文**

孟子曰："君子所以异于人者，以其存心也。君子以仁存心，以礼存心。"

**华杉详解**

孟子说，君子和一般人不同的地方，就是存心不一样。君子以仁存心，以礼存心。

仁者爱人，对别人有真诚的爱；有礼者敬人，无论对方地位高低，他都恭敬地对待。孔子说："出门如见大宾，使民如承大祭。"意思就是，见到每个人都像见贵宾一样以礼相待，使用民力就像祭祀一样慎重，这就是仁和礼。

如果你是一家企业的领导，一来对每个人都要尊敬，二来安排工作给属下，要考虑他的辛苦，不要过于劳累。如果把工作不要命当"企业精神"，那就是不仁无礼。

存心，又叫居心。孟子说："仁，人之安宅也；义，人之正路也。"你的心就住在里面，仁和礼就在自己身上。孟子说舜是"由仁义行，非行仁义也"。他的心是仁义的，行仁义是由内而外的。一旦到了不仁不义的边缘，自己心里的"保险丝"就烧断了，自动跳闸了，所以他做不出来。如果不是居心于仁，而是努力去行仁义，那是做不到的。

**原文**

"仁者爱人，有礼者敬人。爱人者，人恒爱之；敬人者，人恒敬之。"

**华杉详解**

请先回答三个问题：

一、你爱别人吗？你对别人有礼吗？

二、别人都爱你吗？别人对你都有礼吗？

三、你是君子吗？

如果你对第一个问题回答"是"，对第二个问题回答"不是"，那说明你第一个问题回答错了。因为第二个问题，就是第一个问题的检测标准。你爱大家，大家一定都爱你；你尊敬大家，大家一定都尊敬你。如果别人不爱你，不尊敬你，一定是因为你先不爱他们，先不尊敬他们。

如果你不同意这个逻辑，刚才的第三个问题怎么回答的？你是君子吗？不同意这个逻辑，就不是君子。因为这就是君子的逻辑，是"君子之所以异于人者"。

**原文**

"有人于此，其待我以横逆，则君子必自反也：我必不仁也，必无礼也，此物奚宜至哉？其自反而仁矣，自反而有礼矣，其横逆由是也，君子必自反也：我必不忠。自反而忠矣，其横逆由是也，君子曰：'此亦妄人也已矣。如此，则与禽兽奚择哉？于禽兽又何难焉？'"

**华杉详解**

假定确实有个人，他对我横蛮无理，跟我对着干，那君子一定反躬自问：我一定是什么地方对他不仁，对他无礼，否则他怎么会这么对我呢？反躬自问之后，我实在有仁，实在有礼，但他还是那样横逆，那就再反求诸己：我是不是还不够忠呢？我是不是尽力了，但还没有尽心呢？虽然爱他，可能还少一点恻怛之真心；虽然敬他，可能还少一点退让之实意。总之要在自己身上找问题。反省之后，觉得自己已经尽心尽力了，他却还是那么横逆地对我。这时候君子就说："这是妄诞之人罢了，这么狂妄荒诞，和禽兽有什么区别呢？我跟一个禽兽较什么劲？论什么是非曲直呢？"

君子对人最坏也就是不跟他计较而已。因为他对别人没需求，也不去争啥，他不会说："你不仁，莫怪我不义。"因为君子的仁义在心里，如果要不仁不义，就是掏空了自己的心，那他是受不了的。所以，如果我们对人有了"你不仁，莫怪我不义"的念头，那一定是自己不仁不义，别人是否真的不仁不义，那还不一定。

**原文**

"是故君子有终身之忧，无一朝之患也。乃若所忧则有之：舜，人也；我，亦人也。舜为法于天下，可传于后世。我由未免为乡人也，是则可忧也。忧之如何？如舜而已矣。若夫君子所患则亡矣。非仁无为也，非礼无行也。如有一朝之患，则君子不患矣。"

**华杉详解**

但凡对外遇到什么事变，则忧患交攻于内，这是人之常情。君子则不然，无论别人把什么加之于我，都反思自己，这志气一点也不松懈，像曾子说的"吾日三省吾身；为人谋而不忠乎？与朋友交而不信乎？传不习乎？"一辈子都在反省，还每天三次，这就是终身之忧。

君子这么反省自己，这么对人有爱有礼，本身就是远祸之道，所以他没有祸患。人有祸患，都是自己找来的，拿了不该拿的，谋了不该谋的，所以才有祸患。一切自足的人，友爱退让的人，能有什么祸患呢？君子在生活中，爱人敬人；在事业上，用之则行，舍之则藏，素位而行，明哲保身，他是很难招祸的。就算碰到那横逆之人，把意外之患加之于我，我置之不理，相安而不争，他也就自己消停了吧。

君子志向宏大，哪里会去跟妄人计较得失？他心里比对的是舜！他就想：这舜是人，我也是人，舜在我这年纪的时候，已经成为天下人的模范，声名传诸后世；而我却还只是个普通人。这才是真正值得忧虑的事。

这一段很重要。我们不是说人不要攀比吗？其实君子也攀比。只是一般人的攀比是跟身边的人比，而君子的攀比，不在当世，而是跟上下五千年的杰出人物比。这就是境界、视野的不同。君子活在历史里，因为他想活进历史。

发现自己不如舜，怎么办呢？如舜而已矣！向舜学习，照着舜那么做呗！

怎么照做啊？舜是天子，你又不是天子，怎么照做呢？

其实不是舜做什么，我就做什么，而是在日用常行中，遇到的每一件事都想想，如果是舜，他会怎么做，那我就也这么做，那么我就赶上舜了。这就是王阳明说"人人皆可为圣人"的修炼心法，全在每天做的每一件小事，而不在大事。至于能不能有舜那样的际遇事功，则人各有天命。

不是仁爱的事不干，不是合于礼节的事不做。即使有意外发生的祸患，君子也不以为痛苦。

## 用之则行，舍之则藏

### 原文

禹、稷当平世，三过其门而不入，孔子贤之。颜子当乱世，居于陋巷，一箪食，一瓢饮，人不堪其忧，颜子不改其乐，孔子贤之。

孟子曰："禹、稷、颜回同道。禹思天下有溺者，由己溺之也；稷思天下有饥者，由己饥之也：是以如是其急也。禹、稷、颜子，易地则皆然。今有同室之人斗者，救之，虽被发缨冠而救之，可也。乡邻有斗者，被发缨冠而往救之，则惑也，虽闭户可也。"

**华杉详解**

这是在比较两种圣人：一种是得位行道者，一种是隐居乐道者。儒家的价值观是，用之则行，舍之则藏。天命在我，我就行道以利天下；天命不在我，没有机会，我也不会志在必得，而是卷而怀之，一身本事带进棺材，也不觉得遗憾。得位行道者，是大禹、后稷；隐居乐道者，是颜回。

大禹和后稷生活在尧舜治平之世，都身居高位。大禹受命平治水土，后稷则教民稼穑，两人都是走遍全国，不辞辛劳，三过家门而不入，忧国忧民，奋不顾身。而颜回居于春秋乱世，隐于陋巷之中，一筐饭、一瓢水，别人都受不了那种困苦的生活，他却自得其乐，孔子也称赞他。孟子说："大禹、后稷、颜回处世的态度虽然不一样，但他们所守之道却相同。"这个"道"，就是"时可以行则行，时可以藏则藏"。大禹、后稷碰到的是前一种情况，所以进而救民，功盖天下；颜回碰到的是后一种情况，所以退而修己，善只一身。虽然结果不同，但道是相同的。

大禹负责治水，这是他的职责，所以天下哪怕还有一个人被水淹，他也觉得这是自己推下水的；后稷负责农业，所以天下哪怕还有一个人挨饿，他也觉得是自己害的，所以他们如此急迫。这是一种担当的精神，遇到问题，把自己的责任担起来。

如果把大禹、后稷和颜回换一个位置，他们的做法也是一样。颜回若有济世安民之位之责，他也会像大禹、后稷一般废寝忘食；大禹、后稷如果遇到颜回那样的乱世，穷居陋巷，他们也一定会自得其乐。

所以圣贤之心本无偏倚，随感而应，随遇能安。用之则行，但并不非得用不可；舍之则藏，也不是故意要藏起来。假如我自己家里的两人打起架来，这就是我自己的家事，我就算是正在沐浴，披头散发，来不及系上帽带，也要出手相救，把他们拉开，因为这是我的责任。但是，如果外面乡邻打架，那是他们的事，他们自己负责，我如果也披头散发跑去拉架，就太糊涂了。我闭门高卧就可以了。

大禹、后稷为天下负责，则天下就是家，天下人都是家人，所以急于救民。颜回不在其位，不谋其政，则视天下如乡邻，而身居乱世，更是视祖国为他乡，所以他安于修己。

## 齐威王对匡章绝对信任，是完全准确的判断

**原文**

公都子曰："匡章，通国皆称不孝焉，夫子与之游，又从而礼貌之，敢问何也？"

孟子曰："世俗所谓不孝者五：惰其四支，不顾父母之养，一不孝也；博弈好饮酒，不顾父母之养，二不孝也；好货财，私妻子，不顾父母之养，三不孝也；从耳目之欲，以为父母戮，四不孝也；好勇斗狠，以危父母，五不孝也。章子有一于是乎？夫章子，子父责善而不相遇也。责善，朋友之道也；父子责善，贼恩之大者。夫章子，岂不欲有夫妻子母之属哉？为得罪于父，不得近，出妻屏子，终身不养焉。其设心以为不若是，是则罪之大者，是则章子已矣。"

**华杉详解**

公都子问孟子："匡章，整个齐国的人都说他不孝，您却和他交游，而且相信敬重他，这是为什么呢？"

孟子说："一般人所谓不孝的事情有五件：四肢懒惰，不奉养父母的生活，一不孝；好赌博喝酒，不管父母的生活，二不孝；好钱财，只顾妻子儿女，不顾父母的生活，三不孝；放纵耳目的欲望，使父母因此受到耻辱，四不孝；好勇斗狠，不顾自己安危，从而使父母有失去儿子、成为失独家庭的危险，五不孝。这五不孝，匡章有其中一条吗？

"匡章的问题，不过是父子之间以善相责而把关系搞坏罢了。以善相责，是朋友之道。父子之间，应该以恩养为主，父子责善，是最伤感情的事。匡章难道不想和父母妻子团聚住在一起吗？只是因为得罪了父亲，所以不能和他亲

近，又把自己的妻子儿女都赶出去，不和他们亲近，以此来处罚自己，终身不要他们侍奉。他心里觉得，如果不这样做，自己的罪过就更大了，这个就是章子的为人啊！"

前面我们学过，孟子说"君子易子而教"。因为父子不责善，你若管教儿子太严厉，就容易伤感情，所以把严厉管教的事给别人做，自己对孩子以恩养为主。匡章就是遇到了父子相责的问题，但是，他的问题没那么简单，而是巨大的家庭悲剧。

匡章的母亲启是他父亲的妾，因为和他父亲起冲突，被他父亲杀了，埋在马棚下面。所以他没法再跟父亲住在一起，也做不到给父亲养老送终了。或许是他做不到，也或许是他的父亲不允许他回去。总之父子俩是决裂了。

匡章遭遇丧母之痛，而凶手就是父亲。那么他也失去了为父亲尽孝的资格。既不能保护母亲，又不能为父亲尽孝，于是他就以自虐来平衡自己，所以又做了一件恶事，把自己的妻子儿女都撵出去，不要儿子侍奉，孤独一生。

孟子并非赞同匡章的行为，只是同情他罢了。

还有一位同情匡章的人，是齐威王。匡章后来就成为了齐国名将。一次和秦国打仗，匡章率军冲到前面，却不见了踪影。探马看到他换了秦军军服，混进了秦军队伍里去，于是几次回报说匡章投降秦军了，请齐威王发兵攻击。齐威王坚决不信，让大家等着。齐威王跟身边的将领讲了匡章的一个故事："有一次出征打仗，寡人对匡章说：'匡章，今日如果你立了战功，回去后寡人就隆重改葬你的母亲！'可他却拒绝了寡人的好意，他说：'我的母亲因为得罪了我的父亲被处死。如果我改葬母亲，又是欺瞒死去的父亲了。'你们想，他连死去的父亲都不敢欺瞒，会背叛寡人这个活着的君王吗？"最后，匡章果然得胜回来。

匡章惨烈的家庭悲剧，和他极端的自虐行为，是严重的心理问题。后世儒家没法把他作为榜样来表扬。杨时注解说："章子之行，孟子非取之也，特哀其志而不与之绝耳。"孟子也不是赞扬他，只是哀怜他、安慰他，不和他绝交罢了。他都已经把自己搞成这样，大家还要指责他，和他绝交，不是太残酷了吗？更何况，他失去了家庭的温暖，就更需要组织的接纳和信任，来作为一种亲密关系的替代。齐威王对他绝对信任，是完全准确的判断。

# 君子处世，唯义所在

**原文**

曾子居武城，有越寇。或曰："寇至，盍去诸？"

曰："无寓人于我室，毁伤其薪木。"

寇退，则曰："修我墙屋，我将反。"

寇退，曾子反。左右曰："待先生如此，其忠且敬也。寇至则先去，以为民望。寇退则反。殆于不可。"

沈犹行曰："是非汝所知也。昔沈犹有负刍之祸，从先生者七十人，未有与焉。"

子思居于卫，有齐寇。或曰："寇至，盍去诸？"

子思曰："如伋去，君谁与守？"

孟子曰："曾子、子思同道。曾子师也，父兄也；子思臣也，微也。曾子、子思易地则皆然。"

**华杉详解**

曾子在鲁国设教，居住在武城。越国的军队攻打过来。有人说："敌军打来了，何不离开这里？"曾子马上就撤，交代留下的人说："不要让人住我的房间，恐怕毁坏了我院子里的树木。"敌人退兵之后，曾子准备回去，又先派人回去交代说："长时间不住，又经历了兵灾，恐怕墙屋有毁坏的吧？赶紧给我修好，我要回来了。"曾子回到武城后，左右有不理解的人，议论说："武城的大夫，对咱们家先生是这样的忠诚恭敬，并且以先生为人师表，为众望所归的榜样。可是这敌人一来先生就撤了，敌人一退就回来，对武城之患漠不关心，这不太好吧？"

沈犹行是曾子的弟子，也是鲁国贵族。他给大家解释说："这真不是你们所能懂得的。以前先生住在我们家，也和今天在武城差不多。当时有个叫负刍的人作乱，跟随先生的有七十个弟子，先生都带着他们早早避开了，没有一个参与平乱的。"

子思在卫国做官，齐军打过来了。有人对子思说："敌军来了，赶快撤吧！"子思说："我走了，君主和谁来守城呢？"

孟子说，曾子和子思同道。曾子在武城的身份，是宾师，是客人，是老师，就如父兄一般。敌人打过来，参战不是他的责任，他既然是被保护对象，自己撤退，不麻烦主人保护，这就是道义。而子思在卫国，是臣子，以臣事君，身份微贱，奔走御侮就是他的职责。假如把曾子和子思换一个位置，子思在武城，他也一定马上就撤。曾子在卫国，他也一定身先士卒。

君子处世，唯义所在，不拘泥于行迹，也不怕别人说。因为路遥知马力，日久见人心，你若是正人君子，时间长了，人人都知道你是怎样的人，知道你的原则，知道怎么和你打交道，你就能从心所欲不逾矩。如果你迁就别人，怕别人的说法，照顾别人的感受，于是勉强自己做一些事，不但还是会有误会，而且你的原则形象还模糊了，自己也不自由，不自在了，这又何必呢？

## 圣人威仪、英雄气象，主要是看气质

**原文**

储子曰："王使人瞷（jiàn）夫子，果有以异于人乎？"

孟子曰："何以异于人哉？尧舜与人同耳。"

**华杉详解**

储子，是齐国大夫。瞷，是偷看。

孟子刚到齐国，住在宾馆里。齐宣王听说孟子以圣人之徒、王者之佐自任，心想他是不是长得跟一般人不一样，就派人来观察回报。

储子就问孟子："大王打发人来窥探你，你真有跟别人不同的地方吗？"

孟子说："有什么和别人不同的地方呢？尧舜也同一般人一样呢！"

这段对话让我想起《世说新语》里记载的曹操的故事：

匈奴来使，曹操觉得自己长得不够帅，不够威武，不足以扬国威，就找了一个最帅的替身——崔琰,来代替自己接见匈奴使臣,他自己持刀站立旁边。接见完毕,他叫人问匈奴使者:"魏王何如?"对方回答说:"魏王雅望非常,然旁边捉刀人,此乃英雄也。"曹操一听,演砸了,这样回去汇报,匈奴王不认为我政局不稳吗?于是就派人在半路把匈奴使者杀了。这就是把替人代笔称为"捉刀人"的来历。

孟子有没有圣人威仪,曹操有没有英雄气象,主要看的是气质。

## 君子以道事君,不可则止,始终坚持自己的原则

**原文**

齐人有一妻一妾而处室者,其良人出,则必餍酒肉而后反。其妻问所与饮食者,则尽富贵也。

其妻告其妾曰:"良人出,则必餍酒肉而后反;问其与饮食者,尽富贵也,而未尝有显者来,吾将瞯良人之所之也。"

**华杉详解**

良人,是古代妇女对丈夫的称呼。餍(yàn),是饱。

齐国有一个人,家里有一妻一妾。丈夫每次外出,都吃得饱饱的,喝得醉醺醺地回家。他妻子问他跟谁吃饭,他说的全是一些有钱有势的人物。妻子对小妾说:"咱家丈夫外出,总是吃饱喝足回来,问他跟谁吃饭,全是富贵之人。但是我从来没有见过有什么显贵人物到家里来。我准备偷偷跟着他,看看他到底去了什么地方。"

**原文**

蚤起,施从良人之所之,遍国中无与立谈者。卒之东郭墦间,之祭者,乞其余;不足,又顾而之他。此其为餍足之道也。

其妻归,告其妾,曰:"良人者,所仰望而终身也,今若此!"与其妾讪其良人,而相泣于中庭,而良人未之知也,施施

从外来，骄其妻妾。

**华杉详解**

蚤，同"早"。施（yí），是斜，这里指斜从跟随。国中，这里指都城中。墦（fán），是坟墓。讪，是讥骂。施施（shī），是得意洋洋的样子。

第二天清早起来，她就尾随在她丈夫后面，走遍邯郸城，都没有一个跟他说话的。最后一直走到东郊的墓地，只见丈夫走到祭扫坟墓的人那里，去讨一些残酒剩饭，不够吃，又东张西望去找别的坟。这就是他的吃饱喝足之道。

妻子远远地看明白了，便伤心地回到家里，把看到的情况告诉妾，说："丈夫是我们仰望终身的人，没想到却是这样的！"两人一起在中庭哭泣，说她们丈夫的不堪。而丈夫还什么都不知道，又醉醺醺、得意洋洋地回来，在妻妾面前摆威风。

张居正说："盖人之常情，每粉饰于昭昭之地，而苟且于冥冥之中；或致饰于稠人广众之时，而难掩于妻妾居室之际。往往不知自耻，而人耻之；不暇自悲，而人悲之。"

**原文**

由君子观之，则人之所以求富贵利达者，其妻妾不羞也，而不相泣者，几希矣！

**华杉详解**

孟子说，由君子看来，世人用来求富贵发财的方法，大多也是枉道求合，乞哀于昏夜，甘言卑辞，跟这位在墓地乞讨人家上坟酒食的齐人，有什么区别呢？既得之，则到处炫耀骄人，言必称"我的朋友奥巴马"，好像全世界的权贵都是他的哥们儿、大姐。他真正去攀附权贵的时候，那种卑污苟贱被他的妻子看见，还能不羞耻伤心的，真是太少了。

君子不枉道事人。以道事君，不可则止。但是很多人仍然认为应该枉道求合，觉得既然得不到利益，你为什么不改改你那破原则呢？这就是君子与小人的分界线了。

# 第九篇 万章章句上

## 大孝之人，就是终身不变心之人

**原文**

万章问曰："舜往于田，号泣于旻天，何为其号泣也？"

孟子曰："怨慕也。"

万章曰："父母爱之，喜而不忘；父母恶之，劳而不怨。然则舜怨乎？"

**华杉详解**

万章，是孟子的弟子。旻天，就是苍天。

万章问孟子关于孝的问题："舜到田里去，一边向天诉苦，一边哭泣，他为什么要这样呢？"

孟子说："这是对父母一方面有怨恨，一方面又思慕的缘故。"

张居正讲解说，凡人有所图而不得，则怨生；有所怀恋而不舍，则慕生。舜不得于父母，其怨艾之深、思慕之切，不可解于心，是以呼天号泣。不过，张居正又说，舜怨的不是父母，而是自己。他觉得是自己还不够孝，所以父母才对自己不好！

**原文**

曰："长息问于公明高曰：'舜往于田，则吾既得闻命矣。

号泣于旻天，于父母，则吾不知也。'公明高曰：'是非尔所知也。'夫公明高以孝子之心为不若是恝（jiá）。我竭力耕田，共为子职而已矣。父母之不我爱，于我何哉？帝使其子九男二女，百官牛羊仓廪备，以事舜于畎亩之中，天下之士多就之者，帝将胥天下而迁之焉。为不顺于父母，如穷人无所归。天下之士悦之，人之所欲也，而不足以解忧；好色，人之所欲，妻帝之二女，而不足以解忧；富，人之所欲，富有天下，而不足以解忧；贵，人之所欲，贵为天子，而不足以解忧。人悦之、好色、富、贵，无足以解忧者，惟顺于父母可以解忧。人少则慕父母，知好色则慕少艾，有妻子则慕妻子，仕则慕君，不得于君则热中。大孝终身慕父母。五十而慕者，予于大舜见之矣。"

**华杉详解**

公明高，是曾子的弟子。长息，是公明高的弟子。

孟子说："长息曾经问公明高：'舜到田里去，这我已经知道了。可是，他向天号泣，这样对待父母，我却不知道为什么。'"

长息的问题很典型，就是无限制地拔高对别人的道德要求。舜的孝，已经是上下五千年来第一人，任何人都做不到。长息却问他怎么要哭泣，这样是对父母的不敬。如果把舜的遭遇换给长息，还不知道他会怎样呢！

公明高回答长息说："这真不是你能懂得的。"

恝，就是满不在乎。公明高认为，孝子之心不能这样"恝"，觉得自己好好耕田、尽到做儿子的职责就行了，父母不喜欢我也没办法。君子应该是行有不得，反求诸己，总是在自己身上找责任。

舜的诚心和孝行，引起了全天下的注意，也引起了尧的注意。尧就派自己的九个儿子、两个女儿，跟百官一起，带着牛羊、粮食等东西，到田野里为舜服务。天下的士人也有很多到舜那里去，尧也把整个天下让给了舜。

舜得到了天下，心里却还是因为没有得到父母的欢心，而像鳏寡孤独一样找不到依靠。天下的士人都喜爱他，这是谁都愿意的，却不足以排解忧愁；美丽的姑娘是人人都喜欢的，尧把两个女儿都嫁给他了，他还是不开心；财富，是谁都希望获得的，他富有天下，却还是不快乐；尊贵的身份，是人人都想得到的，他贵为天子，却还是愁苦。他只有得到父母的欢心，才可以消除忧愁。

这是为什么呢？每个人小的时候都依恋父母，都想得到父母的欢心。长大后，情窦初开，就懂得喜欢"少艾"了，就是年轻美好的女子，对父母就淡了。等到成家后，就迷恋妻子，娶了媳妇忘了娘。做了官之后，就讨好君主、巴结上级。得不到君王欢心，就内心焦急得像热锅上的蚂蚁。总之父母的位置就一点一点往后排，越来越不重要了。只有那最孝的人，才会终身怀恋父母。到了五十岁还怀恋父母的，我在伟大的舜身上看到了！

听孟子这么说来，大孝之人，就是终身不变心之人。

## 君子不使坏，强者能自强

**原文**

万章问曰："《诗》云：'娶妻如之何？必告父母。'信斯言也，宜莫如舜。舜之不告而娶，何也？"

孟子曰："告则不得娶。男女居室，人之大伦也。如告，则废人之大伦，以怼（duì）父母，是以不告也。"

万章曰："舜之不告而娶，则吾既得闻命矣；帝之妻舜而不告，何也？"

曰："帝亦知告焉则不得妻也。"

**华杉详解**

万章问孟子："《诗经》上说：'娶妻必须禀告父母。'相信这句话的，应该莫过于舜了。可舜却不告而娶，这是为什么呢？"

孟子说："他父母对他这么坏，他若告诉了父母，这妻子便娶不成了。男女结婚，是人之大伦，如果事先报告了，就废了，还让自己更加怨恨父母，所以就不告诉了。这虽然无礼，但免除了不婚无后的大不孝。"

万章说："舜不告而娶的道理，我明白了。那尧把两个女儿嫁给舜，也不跟舜的父母打招呼，这又是什么道理呢？"

孟子回答："尧了解舜的家庭情况，也知道他父母的刁蛮，知道告诉了便娶不成。"

**原文**

万章曰："父母使舜完廪，捐阶，瞽瞍焚廪。使浚井，出，从而掩之。象曰：'谟盖都君咸我绩，牛羊父母，仓廪父母，干戈朕，琴朕，弤朕，二嫂使治朕栖。'象往入舜宫，舜在床琴。象曰：'郁陶思君尔。'忸怩。舜曰：'惟兹臣庶，汝其于予治。'不识舜不知象之将杀己与？"

**华杉详解**

万章说，舜的父母打发舜去修缮谷仓，等舜爬上屋顶，就抽去梯子，然后舜的父亲瞽瞍就放火烧谷仓，想把舜烧死，幸而舜成功逃生了。后来又派他去疏通水井，舜一下去，父母和弟弟三人就用土填塞井眼。幸好舜事先有防备，在井下另外挖了一条地道，逃出来了。

舜的父母和弟弟不知道舜逃掉了。弟弟象说："谋害舜都是我的功劳，牛羊归父母，仓廪归父母，干戈归我，琴归我，弤弓归我，两个嫂嫂也归我，给我铺床叠被！"这里象自称"朕"，那个时候"朕"还不是皇帝的专称，人人都可以用，到秦始皇开始才成为皇帝专用。尧已经把儿子、女儿、百官都派去侍奉舜，他的父母弟弟却还要谋害他，可见当初如果找他们结亲，他们一定会要求把这些都给象，是商量不成的。

象迫不及待，就往舜的宫殿去，准备接收舜的财产和妻子。结果到了那里，却看见舜正坐在床边弹琴。象就忸怩地说："哎呀！我好想念你呀！"郁陶，是思念的样子。

舜回答说："我想念这些臣下和百姓，你替我治理治理吧！"

于是万章就问孟子："难道舜不知道象要杀他吗？"

**原文**

曰："奚而不知也？象忧亦忧，象喜亦喜。"

曰："然则舜伪喜者与？"

曰："否。昔者有馈生鱼于郑子产，子产使校人畜之池。校人烹之，反命曰：'始舍之，圉圉焉，少则洋洋焉，攸然而逝。'子产曰：'得其所哉！得其所哉！'校人出，曰：'孰谓子产智？予既烹而食之，曰，得其所哉！得其所哉！'故君子可欺以其方，难罔以非其道。彼以爱兄之道来，故诚信而喜之，奚伪焉？"

**华杉详解**

孟子说："怎么会不知道呢？只不过是象忧愁，他也忧愁；象高兴，他也高兴。"

万章问："那他是假装高兴吗？"孟子说："不，他是真诚地高兴。之前有一个人送一条活鱼给子产。子产把鱼交给管理池塘的小吏让他把鱼放生养起来。那小吏却把鱼煮来吃了，然后回报子产说：'刚放进池塘的时候，它还半死不活的，不一会儿，摇着尾巴活动起来，突然间就游不见了。'子产高兴地说：'得其所哉！得其所哉！'那小吏出来，跟人说：'谁说子产聪明？我把鱼吃了，编一套话骗他，他还说得其所哉，得其所哉！'子产被一个管池塘的小吏骗得死死的，这不是小吏聪明，子产笨，而是小吏所编造的合乎人情，子产所相信的合乎理据。所以君子虽然明察秋毫，但你用合乎人情理据的事情去骗他，他也会受骗。但是，如果以理之所无的道理来欺罔他，他是不会上当的。象既然以爱兄之道而来，不管他是真情还是假意，都是理之所有，所以舜就以诚相待，真心相信，为什么是假装的呢？"

这一番道理非常非常重要！舜的父母兄弟都要杀他，他还假装不知道，真诚地对他们那么好。能不能理解这道理，就是君子之心和小人之腹的区别。

这样的事情，我们每个人都经常遇到，虽然没有要烧要杀那么严重，但是家庭矛盾、朋友反目的情况，是人人都会遇到的。

其实，每个人都有天使和魔鬼两面。有的人一半是天使，一半是魔鬼；有的人90%是天使，10%是魔鬼；有的人10%是天使，90%是魔鬼。而舜是100%的天使，因为他是圣人嘛。舜的父母兄弟呢，90%是魔鬼，也有10%是天使。你看，象见到舜还活着的时候，他还知道忸怩，还知道说："想念哥哥了，所以来看望。"这就是10%的天使部分出来了。用王阳明的理论，这就是良知未泯。那么，舜需要做什么呢？就是马上抓住象这一点良知的苗头，鼓励之，扩充之，把他往好处带。

当我们与人发生矛盾冲突的时候，你要把他往好处带，不要把他往坏处推。你如果说"你不仁，莫怪我不义"，那么相互之间就越来越坏，你也变坏，他也变坏，只能进一步互相伤害。你如果宽容他，对他好，把他对你的任何一点好，不论真假，统统当真，都真诚地去回报，那他就会变好。

这合乎道德，也合乎你的利益。

这是君子之心，也是强者性格。君子不使坏，强者能自强。

真正的强者，别人伤害不了他。舜知道他的父母兄弟都要杀他，但他也知道他们杀不了他。强者不企图别人的东西，而有的是东西给予别人。

对别人有怨恨，往往是因为对别人有所企图却没得到，或者以前你给我的，现在突然不给了。恩恩怨怨，没有恩就没有怨，之前的恩情越大，之后的怨恨就会越深。

当一起合作的朋友分手绝交，希望对方过得好的，就是强者；希望对方落魄的，就是弱者。因为对于强者来说，我干自己的，希望你过得好，不要怪我害了你；而对于弱者来说，离了强者他自然每况愈下，所有的怨愤都是你害了我！

**原文**

　　万章问曰："象日以杀舜为事。立为天子则放之，何也？"
　　孟子曰："封之也，或曰放焉。"

**华杉详解**

万章问："象每日处心积虑，就要杀舜而后已。这样的人，以情而言，必报之以深仇；以法而言，为不赦之大恶。舜既立为天子，操生杀之权，明正其罪，也不为过。他却仅仅是流放了象，就这样放过了他。这是为什么呢？"

孟子说："哪里是流放，是封象为诸侯国君，有人说是流放罢了。"

**原文**

　　万章曰："舜流共工于幽州，放驩（huān）兜于崇山，杀三苗于三危，殛（jí）鲧于羽山，四罪而天下咸服，诛不仁也。象至不仁，封之有庳（bì）。有庳之人奚罪焉？仁人固如是乎？在他人则诛之，在弟则封之！"

**华杉详解**

共工，是官名。驩兜，是尧舜时的大臣。三苗，是国名，历来桀骜不服。鲧，就是大禹的父亲，因治水无功而被治罪。杀，同"窜"，是驱逐。殛，是流放。

万章说："舜把共工流放到柳州，把驩兜发配到崇州，三苗驱逐到三危，鲧充军到羽山，惩处了这四大恶人，天下归服，这是因为处罚了不仁之人的缘故。而象比这四大恶人坏多了，舜却封他为有庳国君。这有庳的百姓有什么罪啊？为什么要给他们封这么一个国君？他连自己的哥哥都要杀，成了一国之君之后还不得祸害一方百姓吗？难道仁人处世就是这样吗？同样的罪，对别人就要惩处，对自己家人竟然还可以封之以国土？"

**原文**

曰："仁人之于弟也，不藏怒焉，不宿怨焉，亲爱之而已矣。亲之欲其贵也，爱之欲其富也。封之有庳，富贵之也。身为天子，弟为匹夫，可谓亲爱之乎？"

**华杉详解**

孟子回答："兄弟论情不论法。仁人对于自己的兄弟，干犯不与他计较，虽有可怒可怨之事，也不藏在心里，过去了就随即消释，不会藏怒而宿怨。对自己的弟弟，亲爱之而已。如果兄弟贫富悬殊，那就是体恤不周，不能说是亲爱了。亲之欲其贵，爱之欲其富，封给他国土，让他有贡赋之奉，就是让他富贵。如果哥哥贵为天子，弟弟却是一个匹夫，兄弟之间，一富一贫，一贵一贱，差距越来越大，距离越来越远，来往越来越少，情分越来越淡，这还能算兄弟吗？"

**原文**

"敢问或曰放者，何谓也？"

曰："象不得有为于其国，天子使吏治其国而纳其贡税焉，故谓之放。岂得暴彼民哉？虽然，欲常常而见之。故源源而来。'不及贡，以政接于有庳'，此之谓也。"

**华杉详解**

万章问："哦，原来舜对象那么好。但为什么还有人说不是封他，而是流放他呢？"

孟子说："这也是有缘故的。象虽然被封为国君，却并没有治国的权力。因为舜知道他的德行不足以治国，所以另外派官吏去治理有庳，缴纳贡税。象只是被养起来而已，不能暴虐地对待他的百姓。所以有人说这是一种富贵的流放。虽然如此，舜还是希望能常常看到象。象也经常来和舜相见。古书上说的'不必等到规定的朝贡时间，平时也可以假借政事上的需要来相见'，就是这个意思。"

这一段，是亲亲相隐的儒家传统。

**原文**

咸丘蒙问曰："语云：盛德之士，君不得而臣，父不得而子。舜南面而立，尧帅诸侯北面而朝之，瞽瞍亦北面而朝之。舜见瞽瞍，其容有蹙。孔子曰：'于斯时也，天下殆哉，岌岌乎！'不识此语诚然乎哉？"

**华杉详解**

咸丘蒙，是孟子弟子。咸丘蒙问孟子："古语相传说：'盛德之人，君主不能以他为臣，父亲不能以他为子。'舜便是这种人，尧让他做了天子，自己率领诸侯北面而朝见他。他的父亲瞽瞍也北面而朝见他。舜看见瞽瞍，面容有些局促不安。孔子说：'在这个时候，君不君，臣不臣，父不父，子不子，纲常紊乱，天下岌岌可危！'不知道此等言语，果有其事吗？"

**原文**

孟子曰："否！此非君子之言，齐东野人之语也。尧老而舜摄也。《尧典》曰：'二十有八载，放勋乃徂落，百姓如丧考妣。三年，四海遏密八音。'孔子曰：'天无二日，民无二王。'舜既为天子矣，又帅天下诸侯以为尧三年丧，是二天子矣。"

**华杉详解**

放勋，是尧的称号。徂落，就是死。四海遏密八音，就是天下停止一切音乐。八音，是指金、石、丝、竹、匏、土、革、木八种质料做的乐器。

孟子说："没有这话，也没这回事，这是齐国东部那些野人不懂瞎说罢了。尧在世的时候，舜并未做天子，只是尧在老年时，让舜摄政而已。《尧典》上说，舜摄政二十八年后，尧才去世。老百姓悲痛，如丧考妣，三年之间，四海断绝音乐，静密如一，可见对于他的思慕之深。孔子说：'天无二日，民无二王。'舜如果在尧去世之前已经做了天子，又率领天下诸侯为尧服丧三年，那就变成有两个天子了。"

**原文**

咸丘蒙曰："舜之不臣尧，则吾既得闻命矣。《诗》云：'普天之下，莫非王土；率土之滨，莫非王臣。'而舜既为天子矣，敢问瞽瞍之非臣，如何？"

曰："是诗也，非是之谓也。劳于王事而不得养父母也。曰：'此莫非王事，我独贤劳也。'"

**华杉详解**

咸丘蒙说："舜不以尧为臣，这个道理我懂了。但是《诗经》上说：'普天之下，莫非王土。率土之滨，莫非王臣。'那舜既然已经做了天子，瞽瞍却不是他的臣民，这又是什么道理呢？"

孟子说："这句诗，其实根本不是那个意思！是被人断章取义了。这句诗，是一个劳于王事的臣子写的，他的原意是说：这些工作，没有一件不是天子的事,干吗都落在我一个人头上,让我一个人做啊?我还有父母要照顾呢!"

所谓普天之下莫非王土,原意是说,所有事都是公家的事,又不是我家的事;率土之滨莫非王臣,原意是说,都拿着国家的俸禄,干吗工作都给我一个人干!这其实是一句牢骚话。

### 原文

"故说诗者不以文害辞,不以辞害志。以意逆志,是为得之,如以辞而已矣。《云汉》之诗曰:'周余黎民,靡有孑遗。'信斯言也,是周无遗民也。"

### 华杉详解

一个字叫"文",一句话叫"辞"。

孟子接着说:"解说诗的人,不要拘泥于一个字一个词,而误解了整句话的意思。也不可断章取义,揪着一句话,而误解了整首诗的意思。如果拘泥于词句,你看《云汉》这首诗里说:'周朝剩余的百姓,没有一个存留。'照这么说,周朝都没有存留一个人了。"

### 原文

"孝子之至,莫大乎尊亲。尊亲之至,莫大乎以天下养。为天子父,尊之至也。以天下养,养之至也。《诗》曰:'永言孝思,孝思维则。'此之谓也。《书》曰:'祇载见瞽瞍,夔夔斋栗,瞽瞍亦允若。'是为父不得而子也。"

### 华杉详解

祇,是敬。载,是事。夔夔斋栗,是敬慎战惧的样子。允,是信。若,是顺。

"孝子之孝的极致,没有超过尊敬他的双亲的;尊敬双亲的极致,没有超过拿全天下来奉养父母的。能成为天子的父亲,是尊荣之至;舜以全天下来奉养他,是奉养之至。《诗经》上说:'永远研究孝道,孝道便是天下的法则。'正是这个意思。《书经》又说:'舜恭敬小心地来见瞽瞍,态度敬慎恐惧,瞽瞍也因之真正顺理而行了。'这难道是父亲不能以他为儿子吗?"

再大的人物,他还是父亲的儿子。

## 天子之位不是尧授予舜的,是天授予舜的

**原文**

万章曰:"尧以天下与舜,有诸?"孟子曰:"否。天子不能以天下与人。"

"然则舜有天下也,孰与之?"

曰:"天与之。"

**华杉详解**

万章问:"尧把天下授予舜,有这回事吗?"

孟子说:"不。天子不能拿天下来授予人。"

"那么,舜得到了天下,是谁授予的呢?"

"是上天授予他的。"

张居正讲解说:如果说把什么东西授予别人,那东西必是自己的私物,可以自专。然而,"若天下者,乃天下之天下,为天子者,但能以一身专统御之责,不能以一己专授受之权"。如果出自自我的私意而相授受,那就不是公天下之心了。

为什么又说是天授予的呢?因为帝王之兴是天命,帝王之位是天位,帝王之禄是天禄,其为天所授,非人力可得。舜有天下,也是受命于天,尧禅位于舜,也是承顺上天之命,而有不能不给的缘故,不是自己的私心自专。如果私心自专,他可能就给自己儿子了。自然是因为不能给儿子,才要选拔出舜来。明白了天与的道理,就知道尧的公心了。

在尧的时代,部落政治体制还不允许父子相传。舜也是禅位给禹,到了大禹,才传给儿子,建立了父子相传的世袭体制。

**原文**

"天与之者，谆谆然命之乎？"

曰："否。天不言，以行与事示之而已矣。"

曰："以行与事示之者，如之何？"

曰："天子能荐人于天，不能使天与之天下；诸侯能荐人于天子，不能使天子与之诸侯；大夫能荐人于诸侯，不能使诸侯与之大夫。昔者，尧荐舜于天，而天受之；暴之于民，而民受之；故曰，天不言，以行与事示之而已矣。"

**华杉详解**

"是上天授予他的，那上天有谆谆教导、叮嘱告谕他吗？没有叮嘱告谕，怎么看出是天与他的呢？"

"不，天不说话，只用行动和事实来表达。"

"怎样以行动和事实来表达呢？"

"天子能向上天推荐继承人，但不能强迫上天把天下给他；就像诸侯能向天子举荐人，但不能强迫天子把诸侯之位给他；大夫能向诸侯举荐人，但不能强迫诸侯把大夫的职位给他。举荐之责在下，而予夺之权在上。你要把自己的位置让给别人也不行。"

比如你是公司的总经理，要推荐另一个人来做总经理，你也只能向董事会举荐他，由董事会决策任命或不任命，你自己把权力移交给他是无效的。

"那么尧是天子，天子是受命于天，他要禅位给舜，也只能是向上天举荐，上天接受了。他又把舜公示介绍给百姓，百姓也接受了，这才生效。所以说天不说话，只是用行动和事实来表达。"

**原文**

曰："敢问荐之于天，而天受之；暴之于民，而民受之，如何？"

曰："使之主祭，而百神享之，是天受之；使之主事，而事治，百姓安之，是民受之也。天与之，人与之。故曰，天子不能以天下与人。舜相尧二十有八载，非人之所能为也，天也。尧崩，三年之丧毕，舜避尧之子于南河之南，天下诸侯朝觐者，不之尧之子而之舜；讼狱者，不之尧之子而之舜；讴歌者，不讴歌尧之子而讴歌舜，故曰天也。夫然后之中国，践天子位焉。而居尧之宫，逼尧之子，是篡也，非天与也。《太誓》曰：'天视自我民视，天听自我民听。'此之谓也。"

**华杉详解**

万章问："我还是没听懂啊！推荐给上天，上天接受了；公示介绍给百姓，百姓也接受了。这是怎样的呢？"

孟子回答说："让他主持天地山川之祭祀，而百神都接受了祭享，这就是天接受了；让他主持政事，而百姓都安居乐业，很满意，这就是百姓接受了。所以说，天子不能把天下私自授予他人。舜帮助尧治理天下，摄政二十八年，这不是靠某一个人的意志所能做到的，这是天意。尧去世之后，守丧三年完毕。舜为了能让尧的儿子能继承天下，自己避让到南河的南边去。可是，天下的诸侯有朝见天子的，没有一个人去找尧的儿子丹朱，都去找舜；有争讼寻求仲裁的，也不去找尧的儿子丹朱，都去找舜；讴歌功德的，不歌颂丹朱，却歌颂舜。所以说，这都是天意。于是舜才回到首都，坐了朝廷。如果他是自己住进尧的宫殿，逼走尧的儿子，那就是篡位，而不是天与了。《太誓》说：'天未尝有目以视，而无所不见，因为百姓的眼睛就是天的眼睛；天未尝有耳以听，而无所不闻，因为百姓的耳朵就是天的耳朵。'说的正是这个意思。"


# 历史是价值观的神话

**原文**

万章问曰："人有言，至于禹而德衰，不传于贤而传于子。有诸？"

**华杉详解**

万章问:"有人说,到了禹的时候道德就衰败了,不传贤而传于子,有这回事吗?"

尧把天下传给舜,舜把天下传给禹,禹却把天下传给了自己的儿子,关于这件事,后世说法不一。韩非子说,禹想把天下传给自己的儿子启,就着力培养他,把治理天下的大事都交给启负责,也帮助他培植势力。而对舜的儿子益呢?禹只让他做非要害部门的官吏。等禹老了,益的能力、势力、影响力都不足以任天下,而朝中都是启的人。禹去世时,假意传天下给益,但势力全在启这一边。之后,启率众攻打益,夺取了天下。所以禹表面上是传给了益,实际上是让启自己去取罢了。万章问的,就是这事。

历史是价值观的神话。什么样价值观的人,就会把历史写成什么样。所以历史学家说:"历史会变。"因为写史的人变了,历史就变了,无论他想把历史写成什么样,都能组织到符合他需要的材料。历史是一个族群之间的血肉联系,就像宗教神话是族群之间的联系一样。伊斯兰教的人,通过伊斯兰教连接起来;基督教的人,通过基督教连接起来;而中国人,则通过历史连接起来。对历史的不同解释,就连接不同的人。这在我们今天的社会非常明显,有共同历史观的人,就是同类。族群的分裂对立,也在于对历史的不同认识和解释。

韩非子的解释,要连接心狠手辣的人;孟子的解释,就要连接正直无私的人。

**原文**

孟子曰:"否,不然也。天与贤,则与贤;天与子,则与子。昔者舜荐禹于天。十有七年,舜崩。三年之丧毕,禹避舜之子于阳城,天下之民从之,若尧崩之后不从尧之子而从舜也。禹荐益于天。七年,禹崩。三年之丧毕,益避禹之子于箕山之阴。朝觐讼狱者,不之益而之启。曰:'吾君之子也。'讴歌者,不讴歌益而讴歌启,曰:'吾君之子也。'丹朱之不肖,舜之子亦不肖。舜之相尧,禹之相舜也,历年多,施泽于民久。启贤,能敬承继禹之道。益之相禹也,历年少,施泽于民未久。舜禹益相去久远。其子之贤不肖皆天也,非人之所能为也。"

**华杉详解**

孟子说:"不,不是那么回事。上天要授予贤德的人,就授予贤德的人;上天要授予君主的儿子,就授予君主的儿子,这都不是人力可以改变的。

"之前舜把禹推荐给天。十七年后,舜去世。三年之丧毕,禹为了让位给舜的儿子,就避让到阳城去。可是,天下的民众都跟着禹,就像他们当年在尧去世后跟着舜,而不跟着尧的儿子一样。禹也把舜的儿子益推荐给天。七年后,禹去世。三年之丧毕,启也避让益,自己搬到箕山北面去了。但朝见诉讼的人,都不去找益,而去找启,说:'这是我们国君的儿子啊!'尧的儿子不争气,舜的儿子也不争气。禹辅佐舜为相,年岁很久,长达十七年,对老百姓施以恩泽的时间也长。而启和益,又很不一样。启很贤明,能够认真地继承禹的传统;而益辅佐禹为相的时间只有七年,对百姓施以恩泽的时间也短。舜、禹、益之间时间间隔的长短,他们各自儿子的贤与不肖,这些都是天意,不是人力所能改变的。人力可以荐贤于天,但不能保证自己多久之后会去世交班;人力可以传位于子,但不能保证自己的儿子一定有那个品德、能力和命运。"

**原文**

"莫之为而为者,天也;莫之致而至者,命也。"

**华杉详解**

没人教他这样做的,而竟然这样做了,这就是天意;没人叫他这样来的,而竟然这样来了,这就是天意。

凡事只要凭借经营就能收获的,就是人力可为,这种事不用讲天意。比如叫你把地扫干净,这不需要天意。而那些不见行迹,予夺去就,冥冥之中,自有主张的,就是天理之不可测者。父不能为其子谋,君不能为其臣谋,这就叫天意。

世间没有比取得天下更大的事了,任何一个偶然,一个闪失,都能让你灰飞烟灭。中国历史,一直到今天,这样的事层出不穷,只能敬畏天命。

**原文**

"匹夫而有天下者,德必若舜禹,而又有天子荐之者。故仲尼不有天下。继世以有天下，天之所废必若桀纣者也，故益、伊尹、周公不有天下。伊尹相汤以王于天下。汤崩，太丁未立。外丙二年，仲壬四年，太甲颠覆汤之典刑，伊尹放之于桐。三年，太甲悔过，自怨自艾，于桐处仁迁义，三年以听伊尹之训己也，复归于亳。周公之不有天下，犹益之于夏，伊尹之于殷也。孔子曰：'唐虞禅，夏后殷周继，其义一也。'"

**华杉详解**

一个普通老百姓，却能因缘际会成为天子，那他首先得有舜、禹那样的圣德，然后又要有天子来推荐他。舜如果得不到尧的推荐，他也就做一辈子农夫罢了。所以圣德如孔子，他也不能有天下，因为没有人举荐他，甚至都没有人任用他，这就是天意。孔子如果图谋要得天下，他办得到吗？

世代相传而有天下，却被天废弃的，那他一定得有桀纣那样的残暴无德。如果桀和纣不是那么荒淫过分，商未必能灭夏，周也未必能灭商。所以益、伊尹、周公之所以不能有天下，是因为他们的合法君主并不像桀、纣那样不堪。

伊尹帮助商汤统一了天下。汤去世的时候，儿子太丁没有继位就死了。太丁的弟弟外丙在位两年，仲壬又四年，时间都不长。之后太丁的儿子太甲继位，他荒淫无道，把汤传下的典章法度都搞得乱七八糟。这时候主少国疑，主暗国危，以伊尹的势力和能力，他不能取天下吗？但是他忠实于自己对汤的承诺，就把太甲流放到桐宫，软禁起来，让他悔过。桐宫是汤的墓地所在，太甲在那里一边追念先祖一边悔过，后来怨恨自己，终于悔改，从此处仁迁义，以仁居心，唯义是从。三年之后，太甲完全听从伊尹的教诲了，伊尹就把他接回都城亳做天子。

周公也是当时天下的实际控制人，但他不能废掉周成王自己取得天下。伊尹有比周公更大的权势，他也只是把天子软禁三年，而没有自己坐天下。这都是因为天意不同意，天命不在他们身上。所以，益不能取得天下，有什么奇怪呢？都是一样的道理。

所以孔子说："唐尧、虞舜禅让，和夏商周三代世世代代传给子孙，道理是一样的。"

传贤和传子，道理怎么会一样呢？张居正说，前面讲天意，重点是说民心，后面讲天意，重点是说世德。民心世德，就是做天子的基础。**得民心者得天下，世德不绝则不会失天下。**

说民心，不是盛德之至，就不能得民心，不能得天下，这是天意不轻于予人，这教育后世之为臣者，知道天有定命，不要有非分之想，篡夺之举。

说世德，虽然是中材之主，也可保存天命，天意也不轻于夺人。你看那失天下的，都是闹得实在是不像话，自作孽，不可活。只要别太过分，政权都可存续。这是警示后世为君者，不要荒淫无道，时刻想着存续祖宗之德，也为自己的子孙积德。

为臣者，不要以为天命可以人为，而要问鼎之轻重；为君者，不要以为天命在我，就无所顾忌。如此则各守本分，不至于搞得天下大乱，自取覆亡之祸。

## 有什么样的价值观，就有什么样的历史观

**原文**

万章问曰："人有言伊尹以割烹要汤，有诸？"

**华杉详解**

万章问："有人说，伊尹用当厨子来接近商汤，求得任用，有这回事吗？"

《史记》记载说："伊尹欲行道以致君而无由，乃为有莘氏之媵臣，负鼎俎以滋味说汤，致于王道。"万章问的，就是这件事。伊尹是有莘国人，久负贤名，商汤想得到他，派使者去有莘国邀请，却被有莘国君拒绝。商汤就想了个办法，向有莘国求结亲。大国求婚，有莘国当然很乐意，就把公主嫁到商，而伊尹作为公主的媵臣，也就是随嫁的臣仆，就一同到了商国。

伊尹来了之后，汤却不知为什么并不召见他。有一天，商汤喝到一碗滋味非常鲜美的汤，大为惊奇，就召见做汤的厨子，而来者正是伊尹。商汤问伊尹这汤怎么做出来的，伊尹就从如何做汤，说到治天下的道理。商汤大为悦服，拜伊尹为相。

所以伊尹也被烹调界尊为中国厨师始祖。

**原文**

孟子曰："否，不然。伊尹耕于有莘之野，而乐尧、舜之道焉。非其义也，非其道也，禄之以天下，弗顾也；系马千驷，弗视也。非其义也，非其道也，一介不以与人，一介不以取诸人。汤使人以币聘之。嚣嚣然曰：'我何以汤之聘币为哉？我岂若处畎亩之中，由是以乐尧、舜之道哉？'汤三使往聘之，既而幡然改曰：'与我处畎亩之中，由是以乐尧、舜之道，吾岂若使是君为尧、舜之君哉？吾岂若使是民为尧、舜之民哉？吾岂若于吾身亲见之哉？天之生此民也，使先知觉后知，使先觉觉后觉也。予，天民之先觉者也，予将以斯道觉斯民也。非予觉之而谁也？'思天下之民，匹夫匹妇有不被尧、舜之泽者，若己推而内之沟中。其自任以天下之重如此，故就汤而说之以伐夏救民。吾未闻枉己而正人者也，况辱己以正天下者乎？圣人之行不同也，或远或近，或去或不去，归洁其身而已矣。吾闻其以尧、舜之道要汤，未闻以割烹也。《伊训》曰：'天诛，造攻自牧宫，朕载自亳。'"

**华杉详解**

不过，孟子却说没这回事。他说，凡是做出大作为的人，在穷居时必大有涵养，不可能做出枉道事人的事。伊尹在有莘国耕种，却胸怀大志，欣慕爱乐尧舜之道。那尧舜之道是什么呢？达能兼济天下，穷能独善其身，他怎么会去做投机钻营之事呢？

这时候，他虽然只是一个农夫，但其自尊自重，心志坚定不可动摇，所谓威武不能屈，富贵不能淫也。如果不合道义，纵使以天下的财富作为他的俸禄，纵使送四千匹马给他，他也不会看一眼。在予取之间，也唯义是从，如果不合道义，一针一线也不会给人，以免伤惠；一针一线也不会拿别人的，以免伤廉。

商汤派人来，拿着聘礼来招聘他。他嚣嚣然，无欲自得的样子，说："我为什么要接受汤的聘礼呢？我为什么不就住在田亩之中，以尧舜之道自得自乐呢？"

商汤不放弃，三次派人来。到了第三次，伊尹幡然改变态度，说："我与其住在田野之中，以尧舜之道为个人的快乐，又何不如使现在的君主做尧舜一样的君主呢？又何不如使现在的百姓做尧舜时代的百姓呢？我何不使那样的王道乐土、美好时代，让我自己亲眼看到呢？上天生育百姓，就是要让先知先觉者来使后知后觉者有所觉悟。我就是百姓中的先知先觉者，我就得拿这个尧舜之道来使现在的人有所觉悟。我不去让他们觉悟，谁又能去呢？"

伊尹是圣之任者，以天下为己任，在他的心目中，如果天下的男女还有一个没有得到尧舜之道恩泽的，他就觉得是他把人家推到沟里去的。他就是这样把天下的重担挑在自己肩上。

这里要提一个非常重要的价值观，"国家兴亡，匹夫有责"，这句话对吗？其实不对。这个"匹夫"是谁？并不明确。正确的态度是应该是"国家兴亡，我有责任"。同样，公司兴亡，也是我的责任。

我们公司不许抽烟，但是会有人躲在厕所抽烟，抽完还把烟头扔在地上。那我们是要去把这个人查出来，然后处罚他吗？不！这不是我们的价值观。地上有烟头，谁的责任？我的责任！这个"我"是谁？谁看到就是谁。所以第一个看到烟头的人，要把烟头捡起来，把地清扫干净。

一个国家，一个公司，都是靠先知带动后知，先觉带动后觉，先进带动后进。你若认为你是先知、先觉、先进，则一切都是你的责任，这就是圣之任者的精神。

孟子接着说："认为伊尹以厨师做汤去接近商汤，这是荒谬的。我没有听说过先使自己屈曲，之后还能去匡正别人的；也没有听说过先使自己受到侮辱，然后还能匡正天下的。圣人的行为，可能各有不同，有的疏远当时的君主，有的靠拢当时的君主，有的离开朝廷，有的留恋朝廷，但归根结底，都是洁身自好。我只听说过伊尹用尧舜之道去向汤干求，没听说过他割肉做菜的事。《伊训》里说：'上天诛灭夏桀，原因在于他本人，我只是从亳都开始谋划罢了。'"

伊尹到底有没有通过美食来接近汤呢？

人都是以己度人，认为这样可行的人，就说有；认为自己绝不会这样做的人，就认为没有。孟子绝不会这样做，因为他的观念是以道事君，不可则止，绝不枉道事人。不过，从后来伊尹对待太甲的方式来看，他的胸怀之坦荡和内心之骄傲，都不像会挖空心思去谋求职位的人。

万章这一章的内容，问的都是尧、舜、禹、汤、伊尹的故事，这些都是中国历史的元叙事，也是中国精神的原型人物。他们的故事，就是中国的圣经故事，其意义不在于事实，而在于象征。

孟子说商汤三次去聘请伊尹，就是《三国演义》里三顾茅庐故事的原型，也有人"考证"说刘备根本没有三顾茅庐去请诸葛亮，而是诸葛亮处心积虑钻营来求职。他能"考证"出这样的"真相"，是因为他自己是这样的人，所以心里着了这样的相。同样，也有人"考证"说，尧舜之间也不是禅让，尧也死得很悲惨，尧舜禹汤，全是阴谋。他能把这"考证"出来，因为他自己的价值观就是厚黑学。

远古的历史无法考证，甚至我们今天发生的事，都没有真相。人只能根据自己的价值观，走进自己的罗生门，各自选择历史的圣经。

## 有的人自己没有品节，就不承认世间真有品节这回事

**原文**

万章问曰："或谓孔子于卫主痈疽，于齐主侍人瘠环，有诸乎？"

**华杉详解**

主，是住宿于其家。痈疽，是疮医。侍人，是宦官。瘠环，是人名。

万章又问孔子的事："听说孔子在卫国的时候，住在疮医家里，通过疮医来接近卫君。在齐国，也是住在齐君宠幸的宦官瘠环家里，希望以此接近齐君。请问有这回事吗？"

万章这么问，让我们仿佛看到了一些人的嘴脸："哎呀！我跟你说，孔子也就那么回事……"他们自己没有品节，就不想承认世间真有品节这回事。你说谁是圣人，他必不相信，必要诋毁。

**原文**

孟子曰:"否,不然也,好事者为之也。于卫主颜雠（chóu）由。弥子之妻与子路之妻兄弟也,弥子谓子路曰:'孔子主我,卫卿可得也。'子路以告,孔子曰:'有命。'孔子进以礼,退以义,得之不得曰'有命',而主痈疽与侍人瘠环,是无义无命也。孔子不悦于鲁、卫,遭宋桓司马将要而杀之,微服而过宋。是时孔子当阨,主司城贞子,为陈侯周臣。吾闻观近臣以其所为主,观远臣以其所主。若孔子主痈疽与侍人瘠环,何以为孔子？"

**华杉详解**

孟子说:"没这回事,是好事者编造出来的。在卫国,孔子是住在卫国贤臣颜雠由家里。卫君宠臣弥子瑕的妻子和子路的妻子是姐妹俩。弥子瑕就对子路说:'让孔子住我家里,卫国卿相的位置就可以得到。'子路把话传给孔子。孔子说:'我得不得到位置,自有天命,弥子瑕怎么能让我得位,我又干吗要住到他家去呢？'"

孔子到卫国,不是为功名利禄而来,而是为行道而来,以道事君,不可则止。要行道,就要得到卫君的任用,但是如果因弥子瑕而得用,那工作还没开始,就已失去了自己忠君行道的独立性,凡事不能单纯地站在道义的立场、国君的立场,还得考虑弥子瑕的立场,这还怎么行道呢？他当然不愿意跟弥子瑕有瓜葛。

孟子接着说:"孔子依礼法而进,依道义而退,所以他说得不得到官位由命运决定。如果去交结君王的内侍宠臣,如疮医、瘠环之流,那就是无义无命了。孔子在鲁国和卫国都不得意,在宋国甚至碰见桓司马要杀他,只能悄悄地易服化妆来通过宋国。这时候孔子出于危险困难的境地,到了陈国便住在司城贞子家中,做了陈侯周的臣子。因为这司城贞子,曾经在宋国为官,有贤名于宋,如今在陈国,其贤行又著称于陈,所以孔子住在他家里。

"我听说观察君王近臣的为人,就看他所接待的客人,看谁住在他家,因为人人都想通过近臣来接近君王。观察远臣的为人呢,就看他到都城住近谁家。物以类聚，人以群分，总是同声相应。孔子如果住进疮医、瘠环家里，那还能是孔子吗？"

**原文**

万章问曰："或曰，百里奚自鬻于秦养牲者五羊之皮，食牛以要秦穆公，信乎？"

**华杉详解**

万章问："有人说，百里奚把自己卖给秦国养牲畜的人，得价五张羊皮，替人家饲牛，以此来寻找机会接近秦穆公，这说法可信吗？"

百里奚，是辅佐秦穆公跻身春秋五霸的名臣，号称五羖（gǔ）大夫，羖就是五张羊皮，所以百里奚一定和五张羊皮有关系。关于他的故事，《史记》秦本纪记载：

百里奚是虞国大夫。晋国借道于虞以伐虢国，大夫宫之奇以"唇亡齿寒"劝谏虞君，可虞君接受了晋献公的贿赂，就答应了晋国。百里奚深知虞君昏庸无能，很难纳谏，便缄默不语。结果晋灭了虢之后，就返回灭了虞国，虞君及百里奚被俘。后来，晋献公把女儿嫁给秦穆公，百里奚被当作陪嫁小臣送到了秦国。他以此为耻，便从秦国逃到宛，被楚国边境的人抓获。秦穆公听说百里奚贤智，想用高价赎回他，又怕楚人不许，就派人对楚国人说："吾媵臣百里奚在焉，请以五羖羊皮赎之。"楚国人就同意将百里奚交还秦国。百里奚回到秦国，秦穆公亲自为他打开囚锁，向他询问国家大事。百里奚推辞说，他是亡国之臣，不值得询问。秦穆公说："虞君不用子，故亡，非子罪也。"秦穆公与百里奚谈论国事数日，十分赏识他，就授以国政，号称"五羖大夫"。这时他已是七十多岁的高龄。

但是同样一本《史记》，在《商鞅列传》里对百里奚的故事又有不同的说法："夫五羖大夫，荆之鄙人也。闻秦缪公之贤而原望见，行而无资，自粥于秦客，被褐食牛。期年，缪公知之，举之牛口之下，而加之百姓之上。"万章问的，就是这个说法。

**原文**

孟子曰："否，不然，好事者为之也。百里奚虞人也。晋人以垂棘之璧，与屈产之乘假道于虞以伐虢。宫之奇谏。百里奚不谏。知虞公之不可谏，而去之秦，年已七十矣。曾不知以食牛干秦穆公之为污也，可谓智乎？不可谏而不谏，可谓不智乎？知虞公之将亡，而先去之，不可谓不智也。时举于秦，知穆公之可与有行也，而相之，可谓不智乎？相秦而显其君于天下，可传于后世，不贤而能之乎？自鬻以成其君，乡党自好者不为，而谓贤者为之乎？"

**华杉详解**

孟子回答说："不，不是这样，这都是好事之徒捏造的。百里奚是虞国人。晋国以垂棘所产的玉璧、屈地所产的良马来贿赂虞君，假道以伐虢。宫之奇进谏，百里奚却不说话，因为他知道说也没用。他离开虞国去秦国的时候，已经七十岁了，还不知道用饲养牛的方法来接近秦穆公是一种卑污的行为，这算是智慧吗？但是，他能预见到虞君不可进谏而不谏，你能说他没有智慧吗？他能预见到虞国将亡而事先离开，不能说他没有智慧。当他在秦国被推举出来的时候，便知道秦穆公是有所作为的君主，而接受相位辅佐他，这能说他没有智慧吗？做了秦国的卿相，能使秦穆公在天下有显赫的名望，而且足以流传后代，不是贤者能够如此吗？至于卖身为奴来成全君主，乡里一个稍微洁身自好的人都不肯干，百里奚这样的贤者肯干吗？"

人就是这样，自己不肯干的，就认为别人也不肯干；自己肯干的，就认为别人也肯干。但是要知道，人和人不一样。

# 第十篇 万章章句下

## 圣人之德,都是仁义,但也有不同

**原文**

孟子曰:"伯夷,目不视恶色,耳不听恶声,非其君不事,非其民不使,治则进,乱则退。横政之所出,横民之所止,不忍居也。思与乡人处,如以朝衣朝冠坐于涂炭也。当纣之时,居北海之滨,以待天下之清也。故闻伯夷之风者,顽夫廉,懦夫有立志。"

**华杉详解**

这一段,是孟子论四大圣人。圣人之德,都是仁义,但其性格和行事风格又有不同。先说的是伯夷。

伯夷严于持己,眼睛不看非礼之色,耳朵不听非礼之声。他是择君而仕,择民而使。不是可事之君,就不给他做官;不是可用之民,就不领导他们。朝有横暴之政,野有横蛮之民,他就不住在这样的国家,唯恐连累了自己。和粗鲁的乡里人相处,他就像朝衣朝冠坐在泥土或炭灰之上,浑身不自在,唯恐玷污了自己。在纣王横暴的时候,他就洁身远去,避居到北海之滨,以待清明之世。

伯夷这样的风节,让顽钝无知之辈也感化而有廉洁的操守,懦弱不振之夫也激励而有卓立之志。所以伯夷的清介足以守己,其流风又足以感人。

伯夷是眼睛里一点点沙子都容不下的人,他认为武王伐纣是以下犯上,以臣伐君，于是竟然不食周粟，饿死在首阳山，成了中国历史清高圣洁不妥协的原型人物。

**原文**

"伊尹曰：'何事非君？何使非民？'治亦进，乱亦进。曰：'天之生斯民也，使先知觉后知，使先觉觉后觉。予，天民之先觉者也。予将以此道觉此民也。'思天下之民，匹夫匹妇有不与被尧舜之泽者，若己推而内之沟中。其自任以天下之重也。"

**华杉详解**

孟子接着说伊尹。伊尹说："哪个君主不可以侍奉？哪个百姓不可以使唤呢？只要能让我来执政，就是我的君，就是我的民。"所以他是治世也进取，乱世也进取。他说："上天生养这些百姓，就是要让先知来启蒙后知，先觉来觉悟后觉。我，就是先知先觉之人，我就要用这天道，来知觉天下之民！"在伊尹的心目中，如果天下还有一个男子或者一个女子流离失所，没有沾润上尧舜德政的好处，他就觉得是自己把人家推进沟里去的。他就是这么以天下为己任。

比如我们看见新闻里说，有老人倒地没人扶。这是谁的责任，是我的责任啊！那老人居然不是摔倒的，是自己假装倒下讹人的，这是谁的责任？还是我的责任！因为我是天之先知先觉，我怎么没能教好他们呢？我的教化怎么还没到达那里呢？这就叫以天下为己任，这是伊尹的精神。

**原文**

"柳下惠，不羞污君，不辞小官，进不隐贤，必以其道。遗佚而不怨，阨穷而不悯。与乡人处，由由然不忍去也。尔为尔，我为我，虽袒裼裸裎于我侧，尔焉能浼我哉？故闻柳下惠之风者，鄙夫宽，薄夫敦。"

**华杉详解**

柳下惠,风格又不同了。遇到卑污的君王,他委身侍奉,也不以为耻。给他多么小的官位,他也不觉得委屈自己,有点官职,他就干事。不在乎谁是领导,也不在乎官位有多小,就是不愿意隐藏自己的才能,但是他一定按自己的原则办事。自己被遗弃,也不怨恨;穷困潦倒,也不忧愁;和乡里人在一起,也打成一片,舍不得离开。

柳下惠谁都侍候,但他可不是听领导的话办事,而是坚持按原则办事。因此总是得罪权贵,曾经三次被降职降级。但他也无所谓,降到哪个职位,就干哪个职位的工作,绝不觉得委屈了自己,绝不挂冠而去。他的妻子都看不下去,而柳下惠却说:"能替百姓办一点事就办一点事吧,我不干,谁来帮他们呢?"

柳下惠如此,他的道德学问就誉满天下,各国诸侯都争着以高官厚禄来礼聘他,可他却一概拒绝了。有人问其故,他答道:"直道而事人,焉往而不三黜?枉道而事人,何必去父母之邦?"如果我坚持原则,直道事人,到他们那儿还不是一样的连降三级?如果要枉道事人,我在自己祖国就能升官,还要外国的官做什么呢?

跟谁在一起混,他无所谓,也不怕近朱者赤近墨者黑。他说:"你是你,我是我,你就算赤身露体站我旁边,又怎么能沾染我呢?"那伯夷则完全是另一个极端,人家跟他站在一起说话,如果帽子没戴正,他都斜着眼睛看,觉得耻于跟对方站在一起。

所以听到柳下惠风节的人,胸襟狭小的也宽厚起来,刻薄的人也厚道起来。

知道柳下惠这样的性格,就能理解关于他"坐怀不乱"的传说,无论他是否曾经真的抱着一个女子坐怀不乱,他的行事风格确实都是如此。

**原文**

"孔子之去齐,接淅而行。去鲁,曰:'迟迟吾行也,去父母国之道也。'可以速而速,可以久而久,可以处而处,可以仕而仕,孔子也。"

孟子曰："伯夷，圣之清者也。伊尹，圣之任者也。柳下惠，圣之和者也。孔子，圣之时者也。"

**华杉详解**

最后说孔子。

孔子实意离开齐国的时候，接淅而行。淅，是淘米。当时齐景公跟孔子说："我老了，不能用你。"孔子马上决定离开。决定走的时候，家人正在淘米做饭。那就吃完饭再走呗？不，把米捞起来，滤干水就走！

而离开鲁国的时候呢，因为鲁定公接受齐国的女乐，不理朝政，疏远孔子。孔子要离开鲁国，但又非常留恋，希望鲁定公醒悟，来追他回朝，便一步三回头，说："我们慢慢走吧，这是离开祖国的态度。"

所以孔子处世，不拘于一偏，不拘于一节，该快就快，该慢就慢，可以退而自处，也可以进而出仕。

所以伯夷是圣之清者，清高到极点；伊尹是圣之任者，舍我其谁，毅然担当；柳下惠是圣之和者，量容天下，视天下无不可之人；孔子是圣之时者，变化推移，顺应时势。

用四季来比喻的话，伯夷是冬天，伊尹是夏天，柳下惠是春天，而孔子是春夏秋冬无时不宜。

**原文**

"孔子之谓集大成。集大成也者，金声而玉振之也。金声也者，始条理也；玉振之也者，终条理也。始条理者，智之事也；终条理者，圣之事也。智譬则巧也，圣譬则力也。由射于百步之外也，其至，尔力也；其中，非尔力也。"

**华杉详解**

集大成，是指奏乐。一音独奏一遍叫一成，八音合奏一遍叫大成。金，是钟。声，是引起。玉，是磬。

孟子接着说："孔子是集大成者。集大成的意思，就是奏乐先敲镈钟开始，然后击特磬收束，有始有终。镈钟，是节奏条理的开始；特磬，是节奏条理的结束。条理的开始在于智，条理的结束在于圣。智好比技巧，圣好比力气。犹如在百步之外射箭，射到是靠你的力量，射中却不是靠力量。"

这音乐的集大成怎么讲呢？镈钟不鸣，则众音无从开始。金声一响，开音乐之先，就知道可以开始，这是智慧。然后众音翕然而作，凡清、任、和之理，条分理晰，无一理不精，这是智以启作圣之始。特磬一击，然后众音诎然而止，这是德之成。众善兼备，智圣兼全，圣德始终之条理，都完备了。

## 周代的社会分配

**原文**

北宫锜问曰："周室班爵禄也，如之何？"

孟子曰："其详不可得闻也，诸侯恶其害己也，而皆去其籍；然而轲也尝闻其略也。天子一位，公一位，侯一位，伯一位，子、男同一位，凡五等也。君一位，卿一位，大夫一位，上士一位，中士一位，下士一位，凡六等。天子之制，地方千里，公侯皆方百里，伯七十里，子、男五十里，凡四等。不能五十里，不达于天子，附于诸侯，曰附庸。天子之卿受地视侯，大夫受地视伯，元士受地视子、男。大国地方百里，君十卿禄，卿禄四大夫，大夫倍上士，上士倍中士，中士倍下士，下士与庶人在官者同禄，禄足以代其耕也。次国地方七十里，君十卿禄，卿禄三大夫，大夫倍上士，上士倍中士，中士倍下士，下士与庶人在官者同禄，禄足以代其耕也。小国地方五十里，君十卿禄，卿禄二大夫，大夫倍上士，上士倍中士，中士倍下士，下士与庶人在官者同禄，禄足以代其耕也。耕者之所获，一夫百亩，百亩之粪，上农夫食九人，上次食八人，中食七人，中次食六人，下食五人。庶人在官者，其禄以是为差。"

**华杉详解**

北宫锜问:"周朝制定的官爵和俸禄的等级制度是怎样的呢?"

孟子说:"详细情况已经不知道了,因为诸侯厌恶那套制度不利于自己兼并侵夺,就把那些文献典籍都给毁掉了。但是,我曾经大概地听到过一些。

"在中央政府,天子为一级,公爵一级,侯爵一级,伯爵一级,子爵和男爵同为一级,一共五级。到了诸侯国,国君为一级,卿为一级,大夫为一级,上士一级,中士一级,下士一级,一共六级。

"天子直辖的土地各一千里,公爵和侯爵各一百里,伯爵七十里,子爵、男爵各五十里,一共四级。土地不到五十里的国家,不能直接和天子发生关系,而是附属于诸侯,叫附庸。

"天子的卿所受的封地同于侯爵,大夫所受的封地同于伯爵,元士所受的封地同于子、男爵。

"公侯大国的土地纵横各一百里,君主的俸禄为卿的十倍,卿为大夫的四倍,大夫为上士的两倍,上士为中士的两倍,中士为下士的两倍,下士的俸禄则和在公家当差的老百姓相同,所得的俸禄也足以抵偿他们耕种的收入了。

"小国的土地为方五十里,君主的俸禄为卿的十倍,卿为大夫的两倍,大夫为上士的两倍,上士为中士的两倍,中士为下士的两倍,下士的俸禄则和在公家当差的老百姓相同,所得的俸禄也足以抵偿他们耕种的收入了。

"耕种的收入,一夫一妇分田一百亩,百亩土地的施肥耕种,上等的农夫可以养活九个人,其次的养活八个人,中等的养活七个人,其次六个人,下等的五个人。老百姓在公家当差的,他们的俸禄也比照这个分等级,分别可以获得养活九人、八人、七人、六人、五人的收入。"

从孟子的介绍来看,在周朝开始时,社会的分配非常平等,用现在的话说就是"基尼系数"很小。我们可以算一下,最低收入的人,不管是农夫还是公务员,他的收入可以养活一家五口人。一个公侯大国,国君的收入是普通农民收入的 $10 \times 4 \times 2 \times 2 \times 2 = 320$ 倍,这个收入差距相当小了。难怪诸侯们要破坏这制度。

## 不挟其贵，任贤不贰

**原文**

万章问曰："敢问友。"

孟子曰："不挟长，不挟贵，不挟兄弟而友。友也者，友其德也，不可以有挟也。孟献子，百乘之家也，有友五人焉：乐正裘、牧仲，其三人则予忘之矣。献子之与此五人者友也，无献子之家者也。此五人者，亦有献子之家，则不与之友矣。非惟百乘之家为然也，虽小国之君亦有之。费（bì）惠公曰：'吾于子思，则师之矣；吾于颜般，则友之矣；王顺、长息，则事我者也。'非惟小国之君为然也，虽大国之君亦有之。晋平公之于亥唐也，入云则入，坐云则坐，食云则食；虽蔬食菜羹，未尝不饱，盖不敢不饱也。然终于此而已矣。弗与共天位也，弗与治天职也，弗与食天禄也，士之尊贤者也，非王公之尊贤也。舜尚见帝，帝馆甥于贰室，亦飨舜，迭为宾主，是天子而友匹夫也。用下敬上，谓之贵贵；用上敬下，谓之尊贤。贵贵尊贤，其义一也。"

**华杉详解**

万章问交友之道。朋友是五伦之一，是人伦之重大事项。从天子到庶人，没有不需要朋友来成就自己的。读书与交友，是人生进步的两条大道。

孟子回答说："交友之道，就在于'不挟'，不挟持自己有、别人没有的东西来傲视别人。朋友之间，只在去除矜己骄人之念。不依仗自己年纪大，不依仗自己地位高，也不依仗自己兄弟的富贵。我们跟一个人交朋友，是因为他的品德，因此心目中不能存有任何我有他没有的依仗观念。

"孟献子，是有一百辆车马的大夫，他的富贵应该够可以了。他有朋友五人，乐正裘、牧仲，另外三个人的名字我忘记了。献子同这五个人为友，心中并没有我是大夫、我比他们富贵的观念。这五个人呢，如果心中存有献子是富贵大夫的观念，一有羡慕之心，也跟他做不成朋友了。献子能忘记自己的权势，这五人能忘记献子的权势，这才是友德之义。

"不仅百乘之家这样，小国之君也有朋友。费邑的费惠公说：'我对于子思，则尊之为老师；对于颜般，则以为朋友。至于王顺和长息，那是替我工作的人罢了。'

"不仅小国君主这样，大国君主也有朋友。晋平公之于亥唐就是这样，因仰慕其贤德而造访其家，到了门口，执礼甚恭，亥唐叫他进去他便进去，叫他坐他就坐，叫他吃饭他就吃饭。虽然糙米饭小菜汤，也吃得饱饱的，从来没有说吃不下去吃不饱，因为不敢嫌弃，不敢不饱。但是，晋平公也只是做到这一点罢了。他只是曲尽尊贤之礼，并没有能竭尽尊贤之道。他作为国君，没有给亥唐官职俸禄。天位以官有德，他没有给亥唐；天职以任有德，他没有任用亥唐；天禄以养有德，他没有给亥唐俸禄。所以晋平公的交友之道，只是一般士人的交友之道，不是国君的交友之道。

"那国君的交友之道是怎样的呢？我们看看尧是怎么做的。当初舜只是一个农夫，尧就把两个女儿嫁给他。舜去见尧，尧请他这位女婿住在另一个官邸中，也请他吃饭。舜有时也请尧，两人互为宾主。这是以天子之尊和老百姓交友的范例。

"以下敬上，地位低的人尊敬地位高的人，叫贵贵。以上敬下，地位高的人尊敬地位低的人，叫尊贤。贵贵和尊贤，其事虽然不同，但是道理是一样的，这是上下相敬之义。"

张居正讲解说：孟子这一章，由朋友说到君臣，君臣朋友，都是以义相合，"义合则从，不合则去，故定交甚难，而全交为尤难"。我们遇到一个好老板，老板遇到一个好助手，我们交到一个真正的好朋友，都很难！这老板，这助手，这朋友，要能善始善终，全始全终，那更是难上加难。孟献子、费献公、晋平公，都做到了"定交"，没做到"全交"。唯有尧做到了"全交"，不仅不挟其贵，而且任贤不贰。

这里还要说一点，人们都崇尚尊贤，但是在下位的人也往往做不到贵贵，动不动粪土当年万户侯，以藐视权贵为荣。如果人人藐视权贵，这社会的价值观、上升阶梯在哪里呢？我们到底追求什么呢？自己拼命想往上爬，但还没爬上去的时候，却又藐视权贵。你既然藐视他，为什么又想成为他呢？这都是心不正。所以孔子尊敬君主，却被说成谄媚，因为他对君主礼数太周全了。

## 道德抬杠无济于事

**原文**

万章问曰："敢问交际何心也？"

孟子曰："恭也。"

曰："却之却之为不恭，何哉？"

曰："尊者赐之，曰：'其所取之者义乎？不义乎？'而后受之。以是为不恭，故弗却也。"

**华杉详解**

交际，是以礼往来。却，是据而不受。

万章问："与人交际，礼仪币帛往来，该存何心？"

孟子说："该存恭敬之心。"

万章问："俗话说，对别人的礼物，反复拒绝接受，就是不恭。这又是什么道理呢？"

孟子回答说："别人送的礼物，也不能无故拒绝。比如有尊者送我礼物，我心里老是在犹疑，他这东西想来也是从别人那里得来的，这来路正不正？义不义呢？如果义而得之，则可接受；如果是不义之物，就不接受。那么当你在那里猜测的时候，就已经否定了对方，鄙其物而轻其人，这是极大的傲慢，是对人不恭。所以宁愿接受，也不要推辞。"

**原文**

曰："请无以辞却之，以心却之，曰：'其取诸民之不义也。'而以他辞无受，不可乎？"

曰："其交也以道，其接也以礼，斯孔子受之矣。"

### 华杉详解

万章并不满意老师的回答,还要挑战道德高度,问:"尊者所赐,固然不可推辞。但如果是不义之物,终究不能接受。他送我东西,我虽然找不到话来推辞,但心里并不想接受,心想:'他这也是取之于老百姓的不义之财。'那我就找其他的托词来拒绝接受,这样不行吗?"

孟子说:"他以朋友之道和我交往,以朋友的礼节送我礼物。这没什么毛病呀,这样的礼物,就是孔子也会接受。为什么仅仅因为他的权势,就要推测他送的是不义之财呢?"

### 原文

万章曰:"今有御人于国门之外者,其交也以道,其馈也以礼,斯可受御与?"

曰:"不可。《康诰》曰:'杀越人于货,闵不畏死,凡民罔不憝。'是不待教而诛者也。殷受夏,周受殷,所不辞也,于今为烈,如之何其受之?"

### 华杉详解

御,是拦路抢劫。万章继续抬杠:"假如一个强盗,在城外郊野拦路抢劫,得了财物,拿来送给我。他的财物虽然是抢来的,但是他以朋友之道和我交往,以朋友的礼节把那财物送给我。按您的说法,难道我也可以接受吗?"

孟子说:"当然不可以。《周书》康诰上说:'杀人越货,横强不怕死的这种人,是没有人不痛恨的。'这样的人,不必再教化他,直接就可以诛杀了。这样的法律,夏朝就制定了,从夏朝传到殷商,殷商传到周朝,都没有更改。现在抢劫犯罪更加猖獗,怎么能接受他呢?"

### 原文

曰:"今之诸侯取之于民也,犹御也。苟善其礼际矣,斯君子受之,敢问何说也?"

曰:"子以为有王者作,将比今之诸侯而诛之乎?其教之不改而后诛之乎?夫谓非其有而取之者,盗也,充类至义之尽也。孔子之仕于鲁也,鲁人猎较,孔子亦猎较,猎较犹可,而况受其赐乎?"

**华杉详解**

万章说:"今天的诸侯取之于民,难道不是强盗行径吗?巧取豪夺,和强盗有什么区别呢?假如他们把交际礼节搞好,君子就接受他们的馈赠。这和接受强盗的馈赠又有什么分别呢?"

孟子说:"那么按你的说法,如果今天有王者兴起,修明法度,就要把这些诸侯拉出去,挨个全都砍了吗?还是先施教令,既往不咎,推行改革,有不改的再处罚呢?你说他取了民脂民膏,就是强盗,和拦路抢劫的罪犯没分别,那是把'抢劫'的含义类别扩大到最尽头了。"

万章的抬杠非常典型,我们今天也能看到这样的人,政治首先是现实的,他却不承认现实;现实来源于历史,他也不承认历史,把标准抬到无限高标准,义正词严。好像只有他最正确、最正义、最高尚,但他又能为国为民做成什么事情呢?

孟子接着说:"当年孔子在鲁国做官。鲁国风俗是,打猎的时候大家要去抢夺猎物,所以孔子也去抢。这田猎之事,是粗鲁的事,争夺猎物,也算陋俗。而孔子却能入乡随俗,不肯自别于鲁人,更何况是接受别人的礼物呢?"

## 不在其位,不谋其政;以道事君,不可则止

**原文**

曰:"然则孔子之仕也,非事道与?"

曰:"事道也。"

"事道奚猎较也?"

曰:"孔子先簿正祭器,不以四方之食供簿正。"

曰:"奚不去也?"

曰:"为之兆也,兆足以行矣,而不行,而后去;是以未尝有所终三年淹也。孔子有见行可之仕,有际可之仕,有公养之仕。于季桓子,见行可之仕也;于卫灵公,际可之仕也;于卫孝公,公养之仕也。"

**华杉详解**

万章接着问:"那孔子做官,不是为了行道吗?"

孟子回答:"当然是为了行道。"

"既然是为了行道,为什么不能移风易俗,反而去入乡随俗,跟着争抢猎物呢?"

"鲁国的这个陋俗,是祭祀之时组织的田猎中的,猎物是用于祭祀的。那祭祀用的肉,没有定器,没有定品,也没有定量。孔子先以簿书制定祭祀礼器的标准,使祭祀之物有定数,又规定不以四方难继之野物供祭祀,就用家养的牲畜。这样,田猎所得之物就没什么用了,那抢夺猎物的陋俗,就不禁自废了。于从容不迫之中,寓移风易俗之法,正是圣人转移之妙用,怎么能说他不是行道呢?"

万章并不接受孟子的解释:"孔子为了改变这么一个小小的风俗,还要动这么多心思,作委屈迁就的安排,那他的行道之志,恐怕不能成功,他为什么不挂冠而去呢?"

孟子之前论四大圣人:圣之清者伯夷,圣之任者伊尹,圣之和者柳下惠,圣之时者孔子。这里万章这么问,用的就是圣之清者伯夷的标准,那就只能自己饿死在首阳山了,因为这世界太坏了,永远达不到他的标准。而孟子的态度,是孔子的态度:圣之时者,识时势者。孟子回答说:"要先试行一下自己的主张,看看能不能行得通。如果他的主张可以行得通,但君主却不肯推行,那是非不能也,实不为也,这时候就离开。孔子也确实没有遇到能让他行道的君主,所以他在每个朝廷都没有待满三年。

"孔子怀有行道之心,也未尝不委曲而寄望有所期遇。观察他的仕途之路,大概有三种情况:一是因可以行道而做官,二是因为国君对他不错而做官，三是因国君养贤而做官。

"在鲁国，当鲁定公之时，季桓子执政，仕于季桓子，这是因可以行道而做官。在卫国，卫灵公对他礼遇尊重，又给以厚禄，这是因礼遇而做官。对于卫孝公呢，是因为国君养贤而做官。"

杨伯峻说，《左传》和《史记》里都没有卫孝公，这里的卫孝公大概是卫出公，卫灵公的孙子，继卫灵公之位，是卫国第29代君主。

圣贤之辞受进退，自然不可同流合污，但也不特立独行。从违可否之间，只在礼义权衡。

**原文**

孟子曰："仕非为贫也，而有时乎为贫。娶妻非为养也，而有时乎为养。为贫者，辞尊居卑，辞富居贫。辞尊居卑，辞富居贫，恶乎宜乎？抱关击柝（tuò）。孔子尝为委吏矣，曰：'会计当而已矣。'尝为乘田矣，曰：'牛羊茁壮长而已矣。'位卑而言高，罪也；立乎人之本朝，而道不行，耻也。"

**华杉详解**

柝，是打更用的梆子。

孟子说："做官不是因为贫穷而要俸禄，但有时候也会因为贫穷，要养家糊口而做官。这就像娶妻不是为了奉养父母，但有时候也会为了奉养父母而娶妻。

"如果是因为要吃饭而做官，就应该拒绝高官，居于卑位；拒绝厚禄，只受薄俸。那么居于什么样的位置才合宜呢？就像守门打更的小吏就行了。孔子曾经做过管仓库的委吏，他说：'出入的数字都对了！'孔子也做过主管牲畜的小吏乘田，他说：'嗯，牛羊都茁壮成长了！'君子素位而行，在什么位置就做什么事、说什么话。如果位置低下，而妄议朝廷大事，那是罪行；但是，如果身居高位，却却贪恋权势利禄而放弃行道，唯唯诺诺，尸位素餐，那就是耻辱。"

不在其位，不谋其政；以道事君，不可则止。这两条，就是儒家的仕途原则。

## 尊贤爱贤，莫过于用贤

**原文**

万章曰："士之不托诸侯，何也？"

孟子曰："不敢也。诸侯失国，而后托于诸侯，礼也；士之托于诸侯，非礼也。"

**华杉详解**

万章问："士不能像寄公那样靠诸侯生活，为什么呢？"

孟子回答说："不敢如此。诸侯失国，而后在别国做寄公，这是合礼的。士做寄公就不合礼。"

这里的士，是指游士，没有职位而客游诸侯各国的人。诸侯因故失国，流亡他国，他国君主给他供养，就叫"寄公"或者"寓公"，这是合礼的。而游士本来就无土地无爵位，到了他国又没有任职，这样就做寄公、接受俸禄，是不合礼制的，所以孟子说"不敢"。

**原文**

万章曰："君馈之粟，则受之乎？"

曰："受之。"

"受之何义也？"

曰："君之于氓也，固周之。"

曰："周之则受，赐之则不受，何也？"

曰："不敢也。"

曰："敢问其不敢，何也？"

曰："抱关击柝者，皆有常职以食于上。无常职而赐于上者，以为不恭也。"

**华杉详解**

氓，是"民"字前面一个"亡"，就是指从他国到此国之民。

周，是周济。赐，是常禄。前者是馈赠，后者是领工资。

万章问："游士不能接受国君的俸禄，这我懂了。但是，如果国君馈赠给他粟米，他可以接受吗？"

孟子回答："可以接受。"

"这又是什么道理呢？"

"国君对于外国迁居来的人，本来就有安顿周济之礼。"这就像当今接收难民、设难民营一样，别国流亡来的人，本国政府有义务给予人道主义援助。

万章问："周济他，就接受。赐予他，就不接受。这是什么道理呢？"

孟子答："不敢接受呀！"

"不敢接受，又是什么道理呢？"

"守门打更的人都有一定职务，所以领工资。如果没有一定职务却接受常禄，这是不恭敬的。"

这就是游士的本分，上不敢比于有国之君而托其身，下不敢比于有位之臣而受其禄，所以游士是穷困的。穷而能以礼自处，不为苟得，这才是士的风骨。

**原文**

曰："君馈之，则受之，不识可常继乎？"

曰："缪公之于子思也，亟问，亟馈鼎肉。子思不悦。于卒也，摽（biāo）使者出诸大门之外，北面稽首再拜而不受。曰：'今而后知君之犬马畜伋。'盖自是台无馈也。悦贤不能举，又不能养也，可谓悦贤乎？"

**华杉详解**

亟，频繁。摽，以手挥斥。伋，是子思名字。台，同"始"，是开始。

万章问："君王给他周济馈赠，就可以接受，那是不是可以经常如此？"

万章的意思，如果君王可以经常赠送，那就能接续上，也和领俸禄差不多，可以生活了。

孟子回答："当初鲁缪公对待子思，就是频繁地问候、频繁地送熟肉。子思非常不高兴。最后一次，他挥手把来人赶出大门，北面磕头作揖，拒绝不受，说：'今天才知道国君把我当犬马一样畜养啊！'从这之后，鲁缪公才不送肉来了。你说你喜悦贤人，却既不能用贤，又不懂养贤，你这能叫悦贤吗？"

**原文**

曰："敢问国君欲养君子，如何斯可谓养矣？"

曰："以君命将之，再拜稽首而受。其后廪人继粟，庖人继肉，不以君命将之。子思以为鼎肉，使己仆仆尔亟拜也，非养君子之道也。尧之于舜也，使其子九男事之，二女女焉，百官牛羊仓廪备，以养舜于畎亩之中，后举而加诸上位。故曰：王公之尊贤者也。"

**华杉详解**

万章问："那正确的养贤方式是怎样的呢？"

孟子回答说："第一次先称述国君的旨意送给他，他先作揖后磕头，行大礼，隆重接受。再之后呢，就不要以国君的名义了。管理粮仓的人经常送去粟米，掌管厨房的人经常送去肉食，就能源源不绝接续上。子思认为为了一块肉三天两头让他磕头，不是照顾君子生活的方式。

"尧是怎么照顾舜的呢？把两个女儿嫁给他，派九个儿子去侍奉他，百官、牛羊、仓廪都齐备，让舜在田野之中得到周到的照顾，然后提拔他居于很高的职位。所以说，这是王宫尊敬贤者的范例。"

尊贤爱贤，莫过于用贤。若不能用，那你爱他的什么贤呢？都是虚文而已。既不能用，至少能养，而养贤之道，不在于馈赠之频繁，而在于体恤之周全，送人东西，要不着痕迹，送得人舒服。

## 直道事人，以道自重

**原文**

万章曰："敢问不见诸侯，何义也？"

孟子曰："在国曰市井之臣，在野曰草莽之臣，皆谓庶人。庶人不传质为臣，不敢见于诸侯，礼也。"

**华杉详解**

"传质为臣"的"质"，是正式的见面礼。

万章问："士要行道以救天下，应该急于见到国君。但是，国君召见他，他又不去，这是什么道理呢？"

孟子回答说："不曾有过职位的人，如果住在国都，叫市井之臣；如果住在乡下，叫草莽之臣，都是老百姓。老百姓如果还没有正式送见面礼而为臣属，是不敢去见诸侯的。这是安于老百姓的本分，不敢同于在位之臣，这是礼。"

**原文**

万章曰："庶人，召之役，则往役；君欲见之，召之，则不往见之，何也？"

曰："往役，义也；往见，不义也。且君之欲见之也，何为也哉？"

曰："为其多闻也，为其贤也。"

曰："为其多闻也，则天子不召师，而况诸侯乎？为其贤也，则吾未闻欲见贤而召之也。缪公亟见于子思，曰：'古千乘之国以友士，何如？'子思不悦，曰：'古之人有言：曰事之云乎，岂曰友之云乎？'子思之不悦也，岂不曰：'以位，则子君也，我臣也。何敢与君友也？以德，则子事我者也。奚可以与我友？'千乘之君，求与之友而不可得也，而况可召与？"

### 华杉详解

万章问："如果以老百姓自居，那国君召老百姓去服劳役，他马上就去，而要召他见面谈话，他却不去，这又是什么道理呢？"

孟子回答说："为国服役，本身是老百姓的义务。去和国君谈话聊天，却不是义务。再说，那国君召见他，是为什么召见他呢？"

"是因为他见闻广博，可以考德向业；因为他贤德，可以正君善俗啊！"

"哦，如果是因为他见闻广博而召见，那就是找老师，找老师要讲师道，连天子都不敢大咧咧召见老师，诸侯国君还敢吗？如果是因为他的贤德，既尊其德，就要折节下交，我可没听说过想求见贤德之人而随便召见的。

"以前鲁缪公经常去见子思，不是召见，而是自己去拜见。他请教子思：'古代千乘之国的国君，和贤士交朋友，有什么讲究呢？'他这话就有自矜之意，念念不忘自己是千乘之国君。可见他不是真心尊贤，而是自欺欺人地寻找自己的'尊贤感'。子思就不高兴了，毫不客气地说：'古人的话，是以师事士人吧？哪有和士人交朋友的道理呢？'

"子思的话是什么意思呢？就是说，论地位，你是君，我是臣，我没资格跟你交朋友；论贤德，你要师事于我，怎么跟我称兄道弟呢？可见千乘之君要和士人交朋友都做不到，怎么能召唤他呢？"

### 原文

"齐景公田，招虞人以旌，不至，将杀之。志士不忘在沟壑，勇士不忘丧其元。孔子奚取焉？取非其招不往也。"

曰："敢问招虞人何以？"

曰："以皮冠。庶人以旃（zhān），士以旂（qí），大夫以旌。以大夫之招招虞人，虞人死不敢往。"

### 华杉详解

虞人，是守卫猎场的小吏。旌，是带羽毛的旗帜。

孟子接着说："有一次齐景公打猎，要召见猎场管理员，教人拿了带羽毛的旌旗去召他，他却不来。齐景公大怒，要杀他。有识之士不怕弃尸山沟，勇敢之人不怕丧失脑袋。孔子为什么赞赏这个猎场管理员呢？就是因为那不是自己该接受的召唤之礼，他就不去。"

"那召猎场管理员应该用什么信物呢？"

"用皮帽子。召唤老百姓，用旃，就是全幅红绸子做的曲柄旗。召唤士人，用旂，有铃铛的旗。召唤大夫采用有羽毛的旌旗。用召唤大夫的礼节去召猎场管理员，信物不对，他死也不敢来。"

**原文**

"以士之招招庶人，庶人岂敢往哉？况乎以不贤人之招招贤人乎？欲见贤人而不以其道，犹欲其入而闭之门也。夫义，路也；礼，门也。惟君子能由是路，出入是门也。《诗》云：'周道如砥，其直如矢；君子所履，小人所视。'"

**华杉详解**

孟子说："以召唤大夫的旗帜去召猎场管理员，他不敢去。用召唤士人的旗帜去召老百姓，他难道敢去吗？这两种情况，还是以贵者之招召贱者，高抬他他都不去，那以轻慢屈辱之事、召唤不贤之士的礼节去召唤他，他又怎么肯去呢？

"凡事都门路，国君要见贤人，离得近的，自己登门求见；离得远的，派使者带着礼物去请，这就是见贤人的门路。门路就是礼节，礼是门，义是路。如果要见贤人，却不依其礼节，那就好比要请人家进来，自己又把大门关上，人家怎么进得来呢？只有君子能在大路行走，由大门出入。《诗经》说：'大路就像磨刀石一样平、像箭一样直，这是君子所行走的，小人所效法的。'"

这段话很本质，值得仔细玩味。

不走大门大路，这叫行不由径。孔子曾经说："难道人们都不从大门出来吗？怎么大道上没人呢？"说的就是这个。人们老想抄个近道，贪巧求速，不在大路上走。圣人的"走门路"是指大门大路，而现在大家说"走门路"，却是指后门小路。这就是毛病。

**原文**

万章曰:"孔子,君命召,不俟驾而行。然则孔子非与?"

曰:"孔子当仕有官职,而以其官召之也。"

**华杉详解**

万章说:"不对呀!孔子不是这样呀!《论语》上说,当国君来命令召唤孔子的时候,他不等车马备好,就自己先行走了呀!难道孔子错了吗?"

孟子说:"这是两回事!刚才咱们一直说的是未仕之士,现在你说的是已仕之臣。孔子当时有官职,有官职就是臣子,国君用他担任的官职去召他,他当然要按臣子之礼行事。"

## 向古人学习,可用"两个代入法"

**原文**

孟子谓万章曰:"一乡之善士斯友一乡之善士,一国之善士斯友一国之善士,天下之善士斯友天下之善士。以友天下之善士为未足,又尚论古之人。颂其诗,读其书,不知其人,可乎?是以论其世也。是尚友也。"

**华杉详解**

这一章是孟子和万章纵论古人、古风、古礼。孟子说:"一乡中的优秀人物,就和那一乡的优秀人物交朋友。全国性的优秀人物,就和全国性的优秀人物交朋友。世界级的优秀人物,就和世界级的优秀人物交朋友。"

就像孔子说的"无友不如己者",君子无论交朋友,还是招聘员工,都希望找到比自己优秀的人。因为交友是为了学习进步,而不是为了显摆自己的能耐,看别人超过自己就不舒服。

所以,我交了一乡之中的优秀人物,则一乡之贤德我都学到了,尽为我之贤德;我交了这一国之中的优秀人物,则一国之贤德我都学到了,尽为我之贤德；我交了世界级的优秀人物，则世界级之贤德我都学到了，尽为我之贤德。

这样交友，就是在扩充学习取善的量，等达到世界级，就通天下之善德为一身了。

但是，这样还不能满足。

为什么呢？因为还有古人呢！

上下五千年，还有多少贤德之人，我没有和他们交过朋友，没有学到他们的贤德呢？

于是就要读历史，去找这些人。历史是个大数据，我要和过去五千年出现过的杰出人物都交上朋友，这样数据量才够。

孟子说："追论古代的人物，要吟诵他们的诗歌，研究他们的著作。但是，你不了解他的为人，这可以吗？所以还要讨论他那个时代，这才是追溯历史，才是和古人的交友之道。"

我们学习孟子也是一样。他的话微言大义，语言本身的含义只占25%，另外的75%都在他说话时的语境和他所处的时代背景里。所以我们一定要了解他那个时代，还原他当时对话的人、场景和涉及的事件，以及那事件所发生的时代背景，这样才能更好地学习理解。

我们学习孟子，不是只看《孟子》这一本书，还要看历代注家的注解。看注解的时候，又要去了解这位注家的为人、人生经历、所处的时代，来还原他的语境，因为他把他的时代和人生语境都带入了他的注解里。

除了注家，我们还要知道，有多少先贤大德在《孟子》的一字一句里学习揣摩过，他们都有心得，并留下过问对文字。所有这些综合起来，才叫通古今之善。

那么，怎么向古人学习呢？我们可以用两个代入法：

一是把自己代入到他处理的事：如果我是孟子，万章问这个问题，我会如何回答？我答答看。

二是把他代入到我处理的事：今天我遇到这事，如果是孟子，他会怎么处理？那我也照他那样去做。

养成两个代入法的思维和行动习惯，你就会发现，学习古人可有意思了！

**原文**

齐宣王问卿。孟子曰:"王何卿之问也?"

王曰:"卿不同乎?"

曰:"不同,有贵戚之卿,有异姓之卿。"

王曰:"请问贵戚之卿。"

曰:"君有大过则谏;反复之而不听,则易位。"

王勃然变乎色。

曰:"王勿异也。王问臣,臣不敢不以正对。"

王色定,然后请问异姓之卿。

曰:"君有过则谏,反复之而不听,则去。"

**华杉详解**

齐宣王问孟子为卿之道,大概是想给卿定一个"岗位职责",好让大家遵守。

孟子反问:"大王是问哪种卿呢?"

齐宣王说:"卿还有什么不同吗?"

孟子说:"当然不同,卿有两种:一种是与国君同宗族的贵戚之卿,一种是士大夫异姓中选拔出来的异姓之卿。"

齐宣王说:"那您先说说贵戚之卿的职责吧!"

孟子说:"国君若有重大错误,他便加以劝谏,若反复劝谏还不听,还是执迷不悟,荒淫暴虐,宗族之卿就责无旁贷,必须匡扶社稷,把昏君废黜,在宗族中另立贤者为君。"

齐宣王听了勃然变色。他没想到这一问,就给自己头上问来一刀!

孟子说:"大王不要奇怪。既然大王这么问我,我不敢不老实回答,不能避讳不言,隐情不报。"

齐宣王颜色稍定,再问:"那请问异姓之卿又如何呢?"

孟子说:"大臣的职责,都是匡正君王。知无不言,言无不尽。但是,异姓之卿,没有宗族同姓那么大的责任。如果国君有过,他一而再,再而三地劝谏,国君都不听,那他就不能贪恋权位利禄,应该自己挂印而去。"

虽然孟子这么说,不过历史上行废立之事的,主要还是异姓之卿,不是贵戚之卿。夏桀无道，比干、箕子、微子也没联合起来废他。史上最有名的非夺权式的善意废立，一共有两次，史称"伊尹霍光之事"。太甲无道，伊尹把他软禁了三年，自己摄政，等他诚心悔改了，再把他放出来，还政于他。

西汉时期，汉昭帝驾崩无子，霍光拥立昌邑王刘贺，但之后发现刘贺实在不成器，二十七日之后就把他废了，降为海昏侯，改立刘病已，是为汉宣帝。2016年有一个考古大新闻，就是发现了海昏侯刘贺的墓，还出土了他的印。

霍光的文治武功远远不能和伊尹相提并论，但因为废立皇帝这件事得以与伊尹齐名并列，史称"伊霍"，废立皇帝也被称为"行伊霍之事"。

# 第十一篇 告子章句上

## 善，是我们的集体潜意识

**原文**

告子曰："性，犹杞柳也；义，犹桮棬（bēi quān）也。以人性为仁义，犹以杞柳为桮棬。"

孟子曰："子能顺杞柳之性而以为桮棬乎？将戕贼杞柳而后以为桮棬也？如将戕贼杞柳而以为桮棬，则亦将戕贼人以为仁义与？率天下之人而祸仁义者，必子之言夫！"

**华杉详解**

杞柳，是杨柳科的一种灌木。桮，同"杯"；桮棬，是一种木制的杯子。

告子的生平不详，但我们知道他能言善辩，《孟子》和《墨子》两本书里都有对他言行的记载，所以他也成为中国哲学史上的一个代表人物了。孟子的观点是人性本善，而告子则认为人性无善无恶，善与恶都是后天赋予的。从这一章开始，他就和孟子辩这个善恶的问题。

孟子认为人性本善，仁义都在自己身上，只要从自己的良知去求。告子就说："性是由天生成的，比如杞柳，它天生就长在那里，也没说要做什么。仁义是人造就的，就比如木制的杯子。人性中本来没有仁义，必须矫揉造作，才有仁义。就好像杞柳本来不是杯子，要把它矫揉造作，才能做成杯子。"

孟子听了就反问说："你是顺着杞柳的本性把它做成杯子的呢，还是毁伤杞柳的本性把它做成杯子的呢？如果要毁伤杞柳的本性来做成杯子，那难道也要毁伤人的本性来让他变得仁义吗？率领天下之人来损害仁义的，就是你的言论了！"

孟子的道理很简单，你做一个杯子，为什么要选用木材，而不用别的材料呢？又为什么要选杞柳，而不选别的树种呢？这还是因为它本性里就有。

人本性里是善还是恶，这是个重大的问题。如果本性是善，那就致良知，擦亮自己，这样就可以在自己身上找到善；如果人性本恶，那满世界就都是恶人了，要让他们向善，简直难上加难。而告子的观点则居于其中，认为人是无善无恶的，所有的善恶都是后天的。

那孟子为什么说告子的言论损害仁义呢？因为"人性本善"是对人的鼓励，有利于人人向善。而如果说"人性本恶"，就是鼓励恶了，因为既然恶是人性，那我作恶也就没什么不对。而说人性无善无恶，虽然没有鼓励恶，但也是一种消极态度。

那么，我们到底该赞同人性本善、本恶，还是无善无恶呢？

当然是赞同"人性本善"。除了孟子持这一观点外，亚当·斯密也写过一本《道德情操论》，提出了"普通人的天良"。对于人生下来就无善无恶是一张白纸这个观点，可以用荣格的"集体潜意识"来反驳。"集体潜意识"是人格结构最底层的无意识，是包括祖先在内的世世代代的活动方式和经验库存在人脑中的遗传痕迹。集体无意识和个人无意识的区别在于：集体无意识不是被遗忘的那一部分，而是我们一直都意识不到的东西。荣格曾用"岛"打了个比方，露出水面的那些岛是我们能感知到的意识；由于潮来潮去而显露出来的水面下的那一部分，就是个人无意识；而岛的最底层，那作为地基的海床，就是我们的集体潜意识。

那我们的集体潜意识，是善还是恶呢？当然是善。谁愿意生活在一个恶的世界中呢？

集体潜意识，就是孟子说的良知良能，是与生俱来、生而知之、不学而能的。

要讨论人性本善本恶还是无善无恶的问题，还有一个方法，每个人只要问自己："我是好人还是坏人？"就能得到答案。就连希特勒也不会认为自己是坏人的，用王阳明的话来讲，他也是良知未泯。真正丧尽天良的人，会觉得做坏人也是光荣的。

**原文**

告子曰："性犹湍水也，决诸东方则东流，决诸西方则西流。人性之无分于善不善也，犹水之无分于东西也。"

孟子曰："水信无分于东西。无分于上下乎？人性之善也，犹水之就下也。人无有不善，水无有不下。今夫水，搏而跃之，可使过颡（sǎng）；激而行之，可使在山。是岂水之性哉？其势则然也。人之可使为不善，其性亦犹是也。"

**华杉详解**

颡，是额头。

告子杞柳的比方没打成，就又换了一个比方，说："人性就像水一样，你在东边扒一个缺口，它就往东流；你在西边挖一个缺口，它就往西流。人性没有善与不善，就像水没有东流和西流的定向一样。"

孟子的回答很简单："水诚然没有东流西流的定向，可它难道没有上流或下流的定向吗？它不还是有一个向低处流的本性吗？你能扒个口子让水往高处流吗？人性本善，正好像水性的往下流。人没有不善的，水也没有不往下流的。

"当然，如果拍水让它跳起来，也可以高过额头；去冲击它，也可以让它冲上山。但是，这是水的本性吗？这是形势逼迫它这样罢了。人之不善，就像水被逼迫一样，为气禀所拘，为物欲所蔽，而不是说他天性里没有善。"

## 人性和动物性的区别，还是在于善恶观

**原文**

告子曰："生之谓性。"

孟子曰："生之谓性也，犹白之谓白与？"

曰:"然。"

"白羽之白也,犹白雪之白;白雪之白,犹白玉之白与?"

曰:"然。"

"然则犬之性犹牛之性,牛之性犹人之性与?"

**华杉详解**

生,朱熹注解说,是指人物之所以知觉运动者而言。告子的意思是,性无所谓善或者不善,性之在人,是与生俱来的,那与生俱来的东西,一是有知觉,二是能运动,这就是性。知觉运动之外,就没有其他什么性了。所以不管是性善论,还是性恶论,都是不对的,性没有善恶。

孟子就问他:"你说人生而有知觉运动,就是性,都没有分别,就好像白色的东西都叫作白,而没有分别一样吗?"

告子回答说:"当然,既然都是白色,就都是白,没有分别。"

"那白羽之白,和白雪之白、白玉之白,都没分别吗?"

告子说:"没分别。"

孟子的意思是,知觉运动只是性的一方面,就好像白羽、白雪、白玉都是白的,但白只是它们天性的一方面。告子因辩机仓促,所以就硬说没分别。孟子就接着说:

"你说人能知觉运动,就是性。那狗也能知觉运动,牛也能知觉运动,请问狗性跟牛性一样吗?牛性跟人性一样吗?"

人是万物之灵,总和别的动物不一样,不是只有知觉运动、饮食男女这样的天性的,还有别的天性。在《人类简史》这本书里就说到,人与动物的区别,是能虚构故事、创造象征。而那故事里就有善恶,创造出象征就是为了突出价值观,创造出宗教也是要区别善恶。那么人性和动物性的区别,还是在于善恶观,所以性善论当无疑义。

## 辩论必起胜心，而胜心是求知的大敌

**原文**

告子曰："食色，性也。仁，内也，非外也；义，外也，非内也。"

孟子曰："何以谓仁内义外也？"

曰："彼长而我长之，非有长于我也；犹彼白而我白之，从其白于外也，故谓之外也。"

**华杉详解**

知觉运动没有说通，告子只好说到饮食男女了。他说："饮食男女，都是人的天性。喜欢美食，喜欢异性，都是从心而发的。喜欢就是仁，就是爱，所以这仁爱之心，在人性之内。而义呢，就是外在的东西了，是人本性里所没有的。"

孟子听他说得糊涂，就问："这仁义本是一体，怎么成了仁在内、义在外了呢？"

告子就说："义是根据外面的情况来看，该怎么处理才合乎于义。比如尊敬长者，因为他年纪比我长，所以我才尊敬他，而不是因为我心里有个'尊敬他'的本性在。恭敬之心不是我本身就预有的，而是因为他年长于我这个外在的刺激带来的。这就好像一个白色的东西，因为它的外表是白色的，所以我认为它是白色的，这也是由于它外表的白给我带来的认识。所以说义是外在的。"

**原文**

曰："异于白马之白也，无以异于白人之白也；不识长马之长也，无以异于长人之长与？且谓长者义乎？长之者义乎？"

**华杉详解**

孟子说："你说，他年长所以你尊敬他，就好像一个物品是白的所以你说它白。但是，白马的白和白人的白，确实是一样的，可老马的老和老人的老，是一样的吗？你对老马的怜悯，和对老人的尊敬，是一样的吗？

"你说尊长之义是长者带来的，是外在的，不是内在的。那我问你，这义是在那老人身上，还是在那尊长的人身上？"

**原文**

曰："吾弟则爱之，秦人之弟则不爱也，是以我为悦者也，故谓之内。长楚人之长，亦长吾之长，是以长为悦者也，故谓之外也。"

曰："耆秦人之炙，无以异于耆吾炙，夫物则亦有然者也，然则耆炙亦有外与？"

**华杉详解**

告子的话被孟子堵了回去，他就换个角度再来："我自己的弟弟，我爱他；秦国人的弟弟，我便不爱他。我自己的弟弟，是因为与我的关系，我才爱的，所以说仁爱在内。楚国的长者我尊敬，我自己家乡的长者我也尊敬，只要是长者我都尊敬，不管哪儿的都一样，所以说这义在外。"

孟子没被告子绕糊涂，马上反问说："你喜欢吃秦国人的烤肉，也喜欢吃自己的烤肉，各种事物也有如此的情景。按你的逻辑，难道这喜欢吃烤肉的心也是外在的吗？这不是和你'饮食男女是内在的仁爱'这个观点相矛盾了吗？"

告子好辩，不过孟子更善辩。"辩"与"变"同音，就是变来变去地说。"屡辩以求胜"，意思就是，不是共同讨论切磋，追求真理，而是你想胜过我，我想胜过你。孟子的时代，百家争鸣，杨朱墨翟之说盛行，还出了个告子在中间搅和，所以孟子也不得不跟他们一辩。

**原文**

孟季子问公都子曰:"何以谓义内也?"

曰:"行吾敬,故谓之内也。"

"乡人长于伯兄一岁,则谁敬?"

曰:"敬兄。"

"酌则谁先?"

曰:"先酌乡人。"

"所敬在此,所长在彼,果在外,非由内也。"

公都子不能答,以告孟子。

**华杉详解**

孟季子和公都子,都是孟子的学生。孟季子听了孟子和告子的辩论,不太明白,就私下和公都子讨论:"老师为什么说义是在内心的呢?"公都子说:"义主于敬,敬是发自内心的,所以说义在内。"

孟季子问:"如果有个同乡人,比你兄长大一岁。那你是敬他,还是敬兄长呢?"

公都子说:"当然是敬自己的兄长。"

"那敬酒的时候,你是先敬他,还是先敬兄长呢?"

"先敬他。"

"如果敬是在自己心里,那心里更敬谁,敬酒就应该先敬谁,不会因外物而变的。既然内心敬重的是自己的大哥,而敬酒却要先敬那同乡人。可见义是由外因引起的,不在内而在外呀!"

公都子答不上来,就把孟季子的话告诉了孟子。

**原文**

孟子曰:"敬叔父乎?敬弟乎?彼将曰:'敬叔父。'曰:'弟为尸,则谁敬?'彼将曰:'敬弟。'子曰:'恶在其敬叔父也?'彼将曰:'在位故也。'子亦曰:'在位故也。'庸敬在兄,斯须之敬在乡人。"

季子闻之，曰："敬叔父则敬，敬弟则敬，果在外，非由内也。"

　　公都子曰："冬日则饮汤，夏日则饮水，然则饮食亦在外也？"

**华杉详解**

　　尸，是祭祀时代表死者受祭的人。古代祭祀的时候，不用祖先牌位，也没有画像，而是用男女儿童作为受祭的代理人，端坐在上，接受家人的祭礼，甚至享用祭品。成语"尸位素餐"，就是这么来的。

　　孟子说："你就问他：'你是敬重叔父呢，还是敬重弟弟呢？'他肯定回答更敬重叔父。你再问他：'家族祭祀的时候，如果弟弟坐在尸位，你是敬叔父，还是敬弟弟呢？'他会说：'敬弟弟。'你就再问：'如果是这样，敬重叔父又体现在哪里呢？'他会回答：'因为弟弟在那个当接受敬礼的位置。'这时你就可以拿他的话说他：'对呀！敬同乡人，也是因为礼节上他在那个当接受尊敬的位置。平时敬的是哥哥，这时该敬同乡人，不是因为同乡人在你心里比哥哥更亲；平时敬的是叔父，这时该敬弟弟，也不是因为弟弟在你心里比叔父还尊崇。这都是暂时尊奉，因时制宜，通达权变，这些也都是从自己心里发出的，所以说"义在内"不是很明显的吗？'"

　　公都子把这番话转述给孟季子，孟季子却不接受："如果像老师说的那样，就正说明'义在外'呀？本来该尊敬叔父的，这是在内，但弟弟一坐到尸位，就尊敬弟弟了。内心没变，外因变化了，尊敬的对象就变了，这不正说明'义在外'吗？"

　　公都子这回转守为攻："冬天喝热水，夏天喝凉水。按告子的理论，食欲是在内的，那你内心是爱喝凉水，还是爱喝热水呢？外因变了，凉水热水就跟着变了，那饮食男女不也成在外的了吗？"

　　这一反问，就把孟季子给问倒了。

　　从这番对话，我们可以看到，**辩论是易攻难守**，攻击对方的观点很容易，但要证明自己的观点很难。如果双方目标不一致，不是为了共同切磋、辨明真理，而是为了求胜，这样的辩论就没有意义。所以古人有"君子论而不辩"之说，你要跟我讨论问题，咱们就一起讨论，如果要搞辩论赛，就没必要了。

在辩论中，对方随便找个角度、打个比方，都可以给你安排逻辑陷阱。王阳明一般就不回答学生这些问题。当学生拿圣人一些自相矛盾的话去问他谁对，他就说，那是各自从不同角度去说，也有不同的语境，你去跟圣人论什么对错？你只要问自己该怎么做就行了！切己体察，事上琢磨，知行合一，这才是学习的正途，而辩论不是。

辩论必起胜心，而胜心是求知的大敌。我们要求知，而不要求胜。

就像上一段对话中，公都子把孟季子问倒了，可他赢了吗？他们都没把仁义在内的道理搞清楚，没有自己去体会，而只是屡变其说以求胜。

当有人找你辩论的时候，最好不搭理，也不要怕"输"。在传播学上，这叫"议程设置"，轻易不要进入别人的议程。如果他出题，你作答，你总会掉到他给你挖的坑里去。而你出题，他作答，他就会掉到你的坑里来。

君子不辩，一是把答案留给时间解决，二是对对方的一种爱。他虽然强词夺理，但你不跟他争夺，留给他自己去想，让他放下胜心，更能自己去求知。

那孟子为什么又留下那么多辩论赛的问对呢？因为浅薄的观众，看谁辩赢了就会倒向谁，而孟子又擅长辩论，他也就略施小技而已。辩论，是为观众而辩，不是为对方，这就跟美国总统选举辩论一样。

当然，我们也不该排斥别人的批评。克劳塞维茨说："批评的意见不管多么荒谬，至少也提供给我们一个别人看问题的角度。"这也是一种学习吧。

## 四端论：恻隐之心、羞恶之心、辞让之心、是非之心

**原文**

公都子曰："告子曰：'性无善无不善也。'或曰：'性可以为善，可以为不善。是故文武兴，则民好善；幽厉兴，则民好暴。'或曰：'有性善，有性不善。是故以尧为君而有象，以瞽瞍为父而有舜，以纣为兄之子，且以为君，而有微子启、王子比干。'今曰'性善'，然则彼皆非与？"

**华杉详解**

公都子问老师:"告子说:'人的本性,没有什么善与不善。'又有人说:'人性本无定体,可以为善,也可以为不善。比如文王武王兴起,则百姓好善;幽王厉王在位,则百姓变得暴虐。'还有人说:'有的人天性善良,有的人天性不善良。所以有尧这样的圣君,却还是有象这样的刁民;有瞽瞍那样的父亲,却还是有舜那样的儿子;有纣王这样的侄子,并且以他为君,却还是有微子启、王子比干这样的贤者。'如今老师您说性善,那他们都错了吗?"

公都子说的这后两种说法,后来的《三字经》都回答了:"人之初,性本善。性相近,习相远。"性善是天生的,只是有人后天学坏了。

**原文**

孟子曰:"乃若其情,则可以为善矣,乃所谓善也。若夫为不善,非才之罪也。"

**华杉详解**

才,是材质、本性;情,是情况,朱熹注解说是性之动也。才情,就相当于性情。

孟子回答说:"至于人之常情,感物而动,动皆天理之公;触事而发,发皆人心之正。有和平而非乖戾,有顺利而非勉强,那都是可以为善的,这就是我说的人性本善。如果有人不善,昏愚暴戾,那是因为物欲所蔽,陷溺了他的良心,而不能说他天生就是坏人,不能说他的材质就不能做好人。这是他自己的私欲让他干坏事。"

要怎样才能干坏事呢?要自欺欺人才能干坏事。要干坏事,必先自欺,给自己找个理由来标榜正义。这世界上最邪恶的暴君,也没有上台骄傲地宣告我是大坏蛋、我要干坏事的,都是有冠冕堂皇的理由来欺骗百姓。而要欺骗百姓,就要先欺骗自己,骗得自己都相信自己是为国为民了。他要骗的,就是自己本性的善。这就叫为利欲所蔽,把自己的良心遮蔽了,才干得出坏事来。希特勒不也自命是"为国为民"吗?

王阳明说,就算是一个贼,你骂他是贼,他也不高兴,这就是良知未泯。

他的性也本是善。

**原文**

"恻隐之心，人皆有之；羞恶之心，人皆有之；恭敬之心，人皆有之；是非之心，人皆有之。恻隐之心，仁也；羞恶之心，义也；恭敬之心，礼也；是非之心，智也。仁义礼智，非由外铄我也，我固有之也，弗思耳矣。故曰：'求则得之，舍则失之。'或相倍蓰（xǐ）而无算者，不能尽其才者也。"

**华杉详解**

这里孟子又说到著名的"四端论"了。前面在《公孙丑章句》已经说过一次，这里又说一次，我们就再学一遍："恻隐之心，仁之端也；羞恶之心，义之端也；辞让之心，礼之端也；是非之心，智之端也。人之有是四端也，犹其有四体也。"

恻隐之心，是遇到可伤可痛的事，能有同情心，这就是仁。比如希特勒看见一个小孩要掉到井里去了，他也会揪心，冲上去拉他一把。如果能把这仁心扩充，看见犹太人的小孩也拉一把，他就不会做坏事了。他为什么要做坏事呢？正是因为利欲所蔽，所以最后身败名裂，遗臭万年。

羞恶之心，就是羞耻心。王阳明有一次捉到一个贼，他跟贼讲良知，劝他从良。那贼大笑说："你说说我的良知在哪里？"当时是热天，王阳明说："天太热，你把衣服脱了吧。"那贼就脱了上衣。王阳明接着说："还是热，把裤子也脱了吧。"贼说："这，不太好吧？"王阳明说："这就是你的良知。"不脱裤子，这就是贼的羞耻心。羞耻心是义之端，如果把这羞耻心抓住、放大、扩充，他就不会做贼了。

恭敬之心，是与人交际往来中，对人的恭敬。这也是人性本有的，没有人见谁就侮辱谁，并以此为乐的。

是非之心呢？能辨别是非，人就能有智慧。

仁义礼智"非由外铄我也"。铄，就是炼金。仁义礼智都是我本来就有的，而不是炼出来的。不用到外面找，在自己身上找就行。所以王阳明说："我等用功，不求日增，但求日减，何等洒脱！"不是要去学什么新的大道理，只要找到自己本性良知里仁义礼智的四端——恻隐之心、羞恶之心、恭敬之心、是非之心，牢牢抓住，扩充放大，就能成就仁义礼智。如果人没有仁义礼智，那是"弗思耳矣"，只是没在自己身上找罢了。

所以说："只要在自己身上找，就会得到。自己放弃，当然也就失去了。"人与人之间相差一倍、五倍甚至无数倍，就是因为不能充分发挥他人性本质的缘故。

**原文**

"《诗》曰：'天生蒸民，有物有则。民之秉彝，好是懿德。'孔子曰：'为此诗者，其知道乎！故有物必有则；民之秉彝也，故好是懿德。'"

**华杉详解**

蒸，是众。彝，是常理。懿，是美。

《诗经》上说："上天生养百姓，每一样事物，都有它的规律法则。百姓掌握那些不变的规律，于是就喜爱优良的品德。"孔子说："写下这诗句的人，真是懂得道了啊！有一事物，便有一事物的规律，百姓掌握了这些不变的规律，所以喜爱优良的品德。"

这不变的规律，就是最后四书的最高巅峰《中庸》所说的"中庸之道"。不偏之谓中，不变之谓庸。中者，天下之正道；庸者，天下之定理。

## 决策改变方向，行动改变结果

**原文**

孟子曰："富岁，子弟多赖；凶岁，子弟多暴。非天之降才尔殊也，其所以陷溺其心者然也。"

### 华杉详解

赖,是依赖、凭借。

孟子说:"丰收之年,人家子弟衣食充足,则有所凭借,为善者多;灾荒之年,人家子弟饥寒交迫,则无所凭借,强暴者多。这不是他们天生的资质有所不同,而是饥寒迫于外,利欲攻其中,其礼义廉耻之心,就像陷于井中不能自全,溺于水中不能自拔一般。"

这就是所谓"富而知礼易,安贫乐道难"。

### 原文

"今夫麰(móu)麦,播种而耰(yōu)之,其地同,树之时又同,浡然而生,至于日至之时,皆熟矣。虽有不同,则地有肥硗(qiāo),雨露之养、人事之不齐也。故凡同类者,举相似也,何独至于人而疑之?圣人,与我同类者。"

### 华杉详解

麰麦,就是大麦。耰,是播种后翻土、盖土。硗,是贫瘠的薄土。日至,就是夏至。

孟子接着说:"人性相同,就像物性相同一样。比如大麦,你播了种,耙了地,种的地方相同,种的时间也相同,到了夏至的时间,就都成熟了,收获的时间也相同。如果有所不同,那是因为有土地的肥沃贫瘠、雨露的多少、人工的勤劳懒惰的区别。所以说同类之物,都是相似的,为什么人跟人会有不同呢?圣人,也是我们的同类而已。"

决策改变方向,行动改变结果。人跟人都一样,就像我们在小学、中学、大学中,同学之间都差不多,后面为什么会有差别呢?是因为作出了不同的决策,采取了不同的行动。行动带来新的环境、新的视野、新的路径,又带来进一步的新行动,于是人与人的不同才铺成开来。人生就是一棵巨大的决策树,每天都有不同的决策点,所以才走到了天壤之别的结果。就其本性、起点而言,大家都一样。

**原文**

"故龙子曰：'不知足而为屦（jù），我知其不为蒉也。'屦之相似，天下之足同也。"

**华杉详解**

屦，是麻、葛编的鞋。履，是鞋。蒉，是草编的筐子。

所以龙子说："不看清脚就去编草鞋，我也知道不会编成草筐的。"从草鞋的相近，也知道天下的脚是相同的。

**原文**

"口之于味，有同耆也；易牙先得我口之所耆者也。如使口之于味也，其性与人殊，若犬马之与我不同类也，则天下何耆皆从易牙之于味也？至于味，天下期于易牙，是天下之口相似也。惟耳亦然。至于声，天下期于师旷，是天下之耳相似也。惟目亦然。至于子都，天下莫不知其姣也。不知子都之姣者，无目者也。故曰，口之于味也，有同耆焉；耳之于声也，有同听焉；目之于色也，有同美焉。至于心，独无所同然乎？心之所同然者何也？谓理也、义也。圣人先得我心之所同然耳。故理义之悦我心，犹刍豢之悦我口。"

**华杉详解**

草饲的牲畜叫刍，如牛羊；谷饲的叫豢，如猪。

孟子接着说："我们的嘴，对于味道都有相同的嗜好。易牙是食神，他摸准了什么东西好吃。如果每个人的嘴，对于味道的嗜好都不同，就像狗马和我们的人性不同一般，那天下之人怎么都以易牙为美食的意见领袖呢？天下人都追随着易牙的口味，就证明天下人的口味都相似。

"至于音乐呢，大家都追随师旷，就说明天下人的听觉也大致相同。

"眼睛也是如此，一说到子都，天下人没有一个不说他长得帅。要是谁说子都不帅，除非他没长眼睛。

"所以说，人与人对美食，有相同的嗜好；对音乐，有相同的喜爱；对美色，有相同的美感。难道唯独心不一样吗？人心难道不是一样的吗？那一样的地方，就是对理义的认可和追求，圣人只是先觉悟到我们共同的爱好罢了。人对理义之悦心，正如牛羊猪肉能饱我们的口福一样。"

张居正说：人要反求诸己，自得理义之良心，油然乐善之初衷，无为声色之欲所夺，则操存久而念虑纯，涵养熟而性真湛，圣人可学而至矣。

## 世上最难的事，不是进步，而是保持

**原文**

  孟子曰："牛山之木尝美矣，以其郊于大国也，斧斤伐之，可以为美乎？是其日夜之所息，雨露之所润，非无萌蘖（niè）之生焉，牛羊又从而牧之，是以若彼濯濯也。人见其濯濯也，以为未尝有材焉，此岂山之性也哉？"

**华杉详解**

牛山，是齐国国都临淄东南的一座山。蘖，是被砍去或倒下的树木再生的枝芽。濯濯，是形容山光秃秃的。

孟子又拿山来打比方："牛山也曾经林木茂盛，但因为它在都城郊外，国都之人都上牛山去砍柴，这样它还能茂盛吗？当然，它还是日日夜夜地生长着，也有雨露滋润着，也并非没有新枝嫩芽长出来，但紧跟着又放羊牧牛，一座山都被啃得光秃秃的了。大家看着那光秃秃的山，便说这山上本来就不长树木，以为以前的牛山也是这样。这难道是山的本性吗？"

**原文**

  "虽存乎人者，岂无仁义之心哉？其所以放其良心者，亦犹斧斤之于木也，旦旦而伐之，可以为美乎？"

**华杉详解**

牛山本有美材，给人砍伐光了，给牛羊啃秃了。这就跟人一样，人也有仁义之心——恻隐之心，羞恶之心，恭敬之心，是非之心，这些仁心都是美材，人皆有之，不虑而知，不学而能。但有的人为什么失去了他的良心呢？这就像那牛山被砍伐一样，每天都被砍伐，那良心还存得住吗？

**原文**

"其日夜之所息，平旦之气，其好恶与人相近也者几希，则其旦昼之所为，有梏亡之矣。梏之反覆，则其夜气不足以存；夜气不足以存，则其违禽兽不远矣。人见其禽兽也，而以为未尝有才焉者，是岂人之情也哉？故苟得其养，无物不长；苟失其养，无物不消。"

**华杉详解**

日间纷扰，夜间宁静。纵使是一个坏人，他的良心也会有所生息，积攒到平旦清晨之时，他也和一般人一样，从心底激发出来一点好恶之心。但是，到了白天，他的所作所为，又把这点良知给消灭了。这样反复消灭，他夜来心里萌发出来的善念也不复存在，善念存不下来，那人也就跟禽兽不远了。别人看他行同禽兽，就认为他不曾有过善良的资质。其实他和一般人一样，也曾经像牛山那样郁郁葱葱，也曾经是良善美材。如果得到滋养，没有东西不生长；如果得不到滋养，没有东西不消亡。

这里有一个很重要的词——养。养生、养颜、养气、养善，都不是要你去做魔鬼训练，也不是要你去做整形手术，而是一个字——养。

养善，是抓住前面说的四端，抓住那一丝善念，养大它，扩充到自己的全身，扩充到自己家庭，扩充到自己公司，扩充到自己的社会圈子，扩充到全世界，扩充到天地宇宙。这就是把善养大了，大到"大而化之"。大而化之不是大大咧咧，而是大到可以教化他人，可以参与天地的化育，达到天人合一，这就是圣人了。

圣人与我们同类，起点更是和我们完全一样，他能成为圣人，方法论就是这养善之道，路径就是《大学》里说的"格物、致知、诚意、正心、修身、齐家、治国、平天下"这"八条目"。这是养善扩充、大而化之的八部曲，大家可以仔细体会一下。

**原文**

"孔子曰：'操则存，舍则亡；出入无时，莫知其乡。'惟心之谓与？"

**华杉详解**

操，是操持、持守。舍，是放弃。

孔子说："抓住它，就存在。放弃它，就亡失。出出进进没有一定时候，也不知道它何去何从。"这说的就是人的心吧？

朱熹注解说："心之神明不测，得到它，或失去它，都很容易，而保守甚难，所以不可顷刻失其养。学者当无时不用其力，使神清气定，让这心时常保持在清晨善念充满的状态，则其心常存，不管处理什么问题，都能仁义处之。"

朱熹又说："我的老师曾经教导我，人的理义之心都未尝没有，只要你持守住它，它就存在。"

世上最难的事，不是进步，而是保持。谁还没进步过呢？问题就在于他时不时地又退步了。持守住那心，保持住每一点进步，最快的进步就是不退步。

一个小学生，哪天早上起来没想过"今天要好好学习"呢？没有人早上起来决定今天要贪玩不学习的，但是一玩起来就忘了。

谁没有发过善念要做个好人呢？只是一涉及自己的利益，就做坏事了。

世上最大的不义，就是"你不仁，莫怪我不义"。"你不仁"，是自欺；"莫怪我不义"，是恶念。恶念一生，人就变坏了。自欺欺人，就会没有心理负担地干坏事。

## 仔细选择你的朋友圈

**原文**

孟子曰:"无或乎王之不智也。虽有天下易生之物也,一日暴之,十日寒之,未有能生者也。吾见亦罕矣,吾退而寒之者至矣,吾如有萌焉何哉?今夫弈之为数,小数也,不专心致志,则不得也。弈秋,通国之善弈者也。使弈秋诲二人弈,其一人专心致志,惟弈秋之为听;一人虽听之,一心以为有鸿鹄将至,思援弓缴而射之,虽与之俱学,弗若之矣。为是其智弗若与?曰:非然也。"

**华杉详解**

或,同惑;无或乎,就是不要疑惑。王,大概是指齐宣王。数,是技术。缴,在这里读zhuó,是指射鸟时系在箭上的丝线。射鸟和射地上的动物不一样,鸟在天上,它受伤之后掉下来,猎人很难找到掉哪儿了。所以在箭上系一根丝线,射中之后,鸟就成了"风筝"了,猎人可以顺着线找到它。所以有时会出现一箭双雕的情况,往往并不是一支箭洞穿了两只鸟,而是一群鸟一起飞,你射中一只,另外又有一只撞到那线上被缠住翅膀一起掉下来。

孟子说:"王的不聪明,不足为怪。纵使有一种最容易生长的植物,给它一天阳光,再冷他十天,也没有能够再长的。人也是一样,和君子相处,则养之以善,日进于高明;和小人相处,则养之以恶,日流于卑暗。王之不智,就是远君子而亲小人的缘故。我和齐宣王相见的次数太少了,见一次,就算我有忠言宏论,他有虚心听从,那也不过是一日之阳光。我走之后,那阿谀奉承的小人就围上去了,蛊惑君心,败坏君德,这就好比再冰冻他十天。这样,我对他刚启蒙的一点善心的萌芽,又怎么能生长呢?王虽然善端发动,然而一时之开悟,敌不过众欲之交攻;一人之启迪,敌不过群邪之引诱。于是暂时之明,又被蒙蔽,终归于昏暗。

"这就好比学棋。下棋本是小技，但是你不专心致志，将精神意念都专注投入进去，就学不到手。弈秋是全国的高手，假如让他来教两个人下棋，一个专心致志，两耳不闻窗外事，一心只听老师讲；另一人虽然也在旁边同听，但心猿意马，还想象着一会儿天上飞过大雁天鹅，给箭系上丝线射它下来。那么他虽然与另一人同学，又怎么学得过别人呢？是他的智力不如那认真听讲的同学吗？当然不是！"

亲君子，远小人，无友不如己者。仔细选择你的朋友圈，尽可能多花时间和良师益友在一起，向他们学习要专心致志。

## 鱼与熊掌，不可兼得

**原文**

孟子曰："鱼，我所欲也；熊掌，亦我所欲也。二者不可得兼，舍鱼而取熊掌者也。生，亦我所欲也；义，亦我所欲也。二者不可得兼，舍生而取义者也。"

**华杉详解**

这是震古烁今的千古名句了。理义在于人心，而在行为上，就看你的选择取舍。选择取舍之大者，莫过于死生。比如鱼是我想吃的，熊掌也是我想吃的，只能取一样，我就舍鱼而取熊掌了；生是我所喜爱的，义也是我所喜爱的，只能取一样，我就选择义而不选择生了。

舍生取义，并非高不可攀，大多数人都能做到，只是看遇到什么事。比如遇到海难，救生艇只剩一个座位了，和陌生人可能会因为争抢而打起来，但是如果你是带着自己的孩子，绝大多数人都会选择自己死，让孩子生。

**原文**

"生亦我所欲，所欲有甚于生者，故不为苟得也；死亦我所恶，所恶有甚于死者，故患有所不辟也。如使人之所欲莫甚于生，则凡可以得生者，何不用也？使人之所恶莫甚于死者，则凡可以辟患者，何不为也？由是则生而有不用也，由是则可以辟患而有不为也。是故，所欲有甚于生者，所恶有甚于死者。非独贤者有是心也，人皆有之，贤者能勿丧耳。"

**华杉详解**

辟，同"避"，就是避免、逃避。

生命本是我所喜欢的，但是还有比生命更让我喜欢的，所以我不干苟且偷生的事；死是我所厌恶的，但是还有比死亡更令我厌恶的，所以有的祸害我不逃避。如果人们喜欢的事没有超过生命的，那一切求生的办法，哪有不使用的呢？如果人们厌恶的事没有超过死亡的，那么，一切可以避免祸患的办法，哪有不使用的呢？然而有些人，由此而行，可以得到生存，他却不去做；由此而行，可以避免祸患，他却不去干。由此可知，还有比生命更珍贵的东西，有比死亡更糟糕的事情。这样的价值观，这样的心，不光是贤德的人有，普通人也有，只不过贤者能够保持它罢了。

**原文**

"一箪食，一豆羹，得之则生，弗得则死。呼尔而与之，行道之人弗受；蹴尔而与之，乞人不屑也。万钟则不辨礼义而受之，万钟于我何加焉！为宫室之美，妻妾之奉，所识穷乏者得我与？乡为身死而不受，今为宫室之美为之；乡为身死而不受，今为妻妾之奉为之；乡为身死而不受，今为所识穷乏者得我而为之。是亦不可以已乎？此之谓失其本心。"

**华杉详解**

一筐饭，一碗汤，得着便活下去，得不着便饿死。但是你呼喝着给他，过路的饿人也不会接受，用脚踩过再给他，乞丐也不要，这说明自尊比生命还重要。

然而，面对万钟之禄，竟然有人不问礼义可否就接受了。万钟之禄对我有什么好处呢？为了华美的住宅，为了妻妾的侍奉，为了我所认识的穷人来羡慕巴结我吗？

之前宁死也不接受的东西,现在为了一幢豪宅就接受了;之前宁死也不接受的东西,现在为了妻妾的侍奉就接受了;之前宁死也不接受的东西,现在为了在以前的穷朋友面前显摆就接受了。这些难道不是可以罢手的吗?这就是失其本心。

每个人都有求理好义的本心,但是在物欲面前,就丢掉了本心、丢掉了理义而取利益了。

舍生取义太远,我们来说说轻财好义。对自己,可拿可不拿的利益,不拿,就是轻财好义;对别人,可给可不给的钱,给,就是轻财好义;不怕吃亏,怕占了人便宜,就是轻财好义;不怕被人骗,只要我没骗人就行,就是轻财好义。

贪财的人,理解不了好义的人。孔子说:"知之者不如乐之者,乐之者不如好之者。"如果你只是知道有舍生取义、轻财好义这回事,自己并不是这样的人,你就体会不到。那些安贫乐道、轻财好义的人,他好的就是义,不是财,他是知行合一,学而时习义,不亦说乎!


## 我们都懂得要培养孩子,却不太有意识培养自己

**原文**

孟子曰:"仁,人心也;义,人路也。舍其路而弗由,放其心而不知求,哀哉!人有鸡犬放,则知求之;有放心,而不知求。学问之道无他,求其放心而已矣。"

**华杉详解**

这里的放心,不是我们平时说的放心。放,是流放的放,也就是丢失。

仁,人心也。仁者,心之德。程颐说,人心好比谷种,仁就是这谷种的天性,只要你不破坏它,它长大了自然就是稻谷。

义,人路也。义,是行事之宜,是人路,是出入往来的必由之路,一刻也不能离开的。路该怎么走,正确的道路只有一条;一件事该怎么处理,正确的

处理方式只有一个。你不这样走，不这样处理，是因为有你的私心在，或者有你的情绪在，或者有你认识不清的地方在。

孟子说："舍弃那必由之路不走，非要走断蹊僻径。自己的本心丢失了，也不知道要找回来，哀哉！"

这一个"哀哉"，应当让人惕然深省，值得每个人反思。

一只鸡、一只狗不见了，都知道要去找寻，而自己的心不见了，却不知道去找。学问之道，其实没有什么别的诀窍，就是找回自己丢失的本心罢了。

收敛放失之心，使它常在腔子里面，则精神有所敛摄，志气自然清明，虚灵之内，万里昭著，心存仁存，则义无所不在也。

这是存心之功，存什么心，就有什么样的精神，就走什么样的路。《大学》里讲"诚意正心"，学问之道，也应该从正心开始。

王阳明的"致良知"就是由此发明。他说："我等用功，不求日增，但求日减，何等洒脱！"意思是，不用去求"新东西"，只要把自己蒙蔽本心的"脏东西"减去，擦亮自己的良知，寻回自己的本心，自然就能我心光明，勇往直前。你只有直道事人，由仁义的直路大步向前，才能做自己，拥有快乐的人生。

### 原文

孟子曰："今有无名之指，屈而不信，非疾痛害事也。如有能信之者，则不远秦、楚之路，为指之不若人也。指不若人，则知恶之；心不若人，则不知恶；此之谓不知类也。"

### 华杉详解

孟子说："现在有人无名指弯曲伸不直，手指并不疼痛，也不妨碍工作。但是只要听说有人能医治，能让他伸直，那他一定不顾秦楚之远，也要去求医，这是因为他知道自己的无名指不如别人的。无名指不如别人的，知道厌恶，心不如别人的，却不知道厌恶，这个就叫不懂得轻重。"

所以我们今天整容的多，整心的少；正骨的多，正心的少。

### 原文

孟子曰："拱把之桐梓，人苟欲生之，皆知所以养之者。至于身，而不知所以养之者，岂爱身不若桐梓哉？弗思甚也！"

**华杉详解**

拱，是两手相合；把，是一手把握。拱把，形容树木尚小。

孟子说："一两把粗的桐树梓树，人要想让它生长起来，都晓得如何去培养。至于自己，却不知如何去培养，难道爱自己还不如爱那桐树梓树吗？这也太不动脑筋了！"

我们也都懂得要培养人，比如培养自己的孩子，却不太有意识去培养自己，其实培养自己比培养自己的孩子更重要。所谓修身齐家，孩子主要是受你的影响，而不是听你的话。


## 有天爵，才有人爵

**原文**

孟子曰："人之于身也，兼所爱。兼所爱，则兼所养也。无尺寸之肤不爱焉，则无尺寸之肤不养也。所以考其善不善者，岂有他哉？于己取之而已矣。体有贵贱，有小大。无以小害大，无以贱害贵。养其小者为小人，养其大者为大人。今有场师，舍其梧槚（jiǎ），养其樲（èr）棘，则为贱场师焉。养其一指而失其肩背，而不知也，则为狼疾人也。饮食之人，则人贱之矣，为其养小以失大也。饮食之人无有失也，则口腹岂适为尺寸之肤哉？"

**华杉详解**

孟子说，人对于自己的身体，哪一部分都爱护。都爱护，便都保养。没有一尺一寸的肌肤不爱护的，也就没有一尺一寸的肌肤不保养的。考察他保养得好不好，难道还有别的方法吗？就是看他重视哪一部分而已。身体有重要的部分，也有次要的部分；有小的部分，也有大的部分。不要因为小的部分，损害大的部分；不要因为不重要的部分，损害重要的部分。保养小的部分，就是小人；保养大的部分，就是君子。

比如一个园丁，如果他放弃了梧桐和槚树，而去培养那些酸枣和荆棘，那他一定不是好园丁。如果一个人，只保养他一根手指，而失去了肩膀脊背，自己却还不知道，那他就是一个糊涂透顶的人。

只是讲究吃喝的人，大家都看不起他，因为他专养饮食的小体，而放弃了心志之大体。如果讲究吃喝的人不影响心志的培养，那么口腹之欲难道只是为了一尺一寸的肌肤吗？

饮食关乎生命，得之则生，失之则死，当然不只是为了口腹之欲，而是为了生死攸关的大事。但为什么要轻贱饮食之人呢？是因为他沉迷于美食而妨碍了心志的培养。朱熹在讲到他著名的"存天理，灭人欲"时说："饮食者，天理也；要求美味，人欲也。"

**原文**

　　公都子问曰："钧是人也，或为大人，或为小人，何也？"
　　孟子曰："从其大体为大人，从其小体为小人。"
　　曰："钧是人也，或从其大体，或从其小体，何也？"
　　曰："耳目之官不思，而蔽于物。物交物，则引之而已矣。心之官则思，思则得之，不思则不得也。此天之所与我者。先立乎其大者，则其小者不能夺也。此为大人而已矣。"

**华杉详解**

公都子问："同样都是人，有的人成为君子，有的人成为小人，这是为什么呢？"

孟子回答说："识大体，依从身体重要器官需求的，就是君子；满足身体次要器官欲望的，就是小人。"

公都子再问："同样都是人，有的人依从身体重要器官需求，有的人满足身体次要器官欲望，这又是为什么呢？"

孟子说："耳朵眼睛这类器官不会思考，所以会被外物所蒙蔽，为声色所迷。一与外物相接触，就被牵引而去。而心这样的器官能够思考，如果能帅其职，则视思明，听思聪，得其视听之理，外物就不会蒙蔽他、牵引他。如果心失了职，不能思考，则失其视听之理，为外物所蒙蔽牵引了。这些器官是上天赐予我们的，要先把重要器官立起来，次要器官便不会把这善性夺去，这样就成了君子。"

**原文**

　　孟子曰："有天爵者，有人爵者。仁义忠信，乐善不倦，此天爵也；公卿大夫，此人爵也。古之人修其天爵，而人爵从之。今之人修其天爵，以要人爵；既得人爵，而弃其天爵，则惑之甚者也，终亦必亡而已矣。"

**华杉详解**

　　孟子说，爵位有天爵和人爵，也就是自然爵位和社会爵位。仁义忠信，乐善不倦，是天爵；公卿大夫，是人爵。古人修养他的天爵，那人爵自然就来了。而今人修养天爵，是用来追求人爵。等人爵得到了之后，就丢弃了天爵，这也太糊涂了，最终其人爵也必定会失去的。

　　没有得到人爵之时，卧薪尝胆，修身养性，以图成功。成功之后，就骄奢淫逸，放纵胡为，最终其成就地位也灰飞烟灭。这样的例子还少吗？

　　**成就来自于修养，越大的成就，越是靠修养。**因为小成就靠个人本领，大成就靠众人支持，最大的成就靠的都是你不认识的、看不见的、想不到的人，他们都发自内心地以支持你、成就你为乐，这完全是来自于你的修养，**修养就是天爵。**这也是修身、齐家、治国、平天下的道理。有天爵，才有人爵。没有天爵，得到的人爵也会失去。

## 仁能够胜过不仁，就像水能够灭火一样

**原文**

　　孟子曰："欲贵者，人之同心也。人人有贵于己者，弗思耳

矣。人之所贵者，非良贵也。赵孟之所贵，赵孟能贱之。"

**华杉详解**

孟子说，好荣而恶辱，想要自己尊贵，这是每个人都有的心理。其实每个人身上都有能让自己尊贵的东西，却不去想它，老想从别人那里得到尊贵。殊不知，从别人那里得来的尊贵，不是真正的尊贵。别人既然能给你尊贵，就也能给你拿走。荣华富贵一场空，到头来你还是一个贱人。

"赵孟之所贵，赵孟能贱之。"赵孟是晋国世卿，这里比喻有权势的人。你巴结上他，他可以让你鸡犬升天，但他也随时可以让你鸡犬落地。

古往今来，我们见过无数权势倾国倾城的人，一朝倒台，身败名裂，原因就是"赵孟之所贵，赵孟能贱之"。皇上用你，你就是一人之下，万人之上；皇上不用你，你就比城门口的狗还贱。比如雍正之于年羹尧，喜欢他的时候，说出："朕都不知道怎么疼你！"当他得胜归来，皇上要郊迎，百官要跪迎。而一旦得罪了皇帝，就一路贬为城门守卒，最终被处死。

所以君子要以道自重，我的贵就在于我的道。以道事君，不可则止，你认我的道，我就为你鞠躬尽瘁，死而后已；你不认我的道，我就卷而怀之，退而去之。在朝在野，我自重自贵，如果在野也不能，我还可以"道不行，乘桴浮于海"，再找寻那君子之国。这就是为什么孔孟能尊贵两千多年，因为但凡这个"贵"是别人给的，而不是自己身上有的，他就都不要，都不沾。

这就是自尊、自重、自信、自我、自得，安贫能乐道，富贵不骄人，有独立人格、独立价值。这价值的基础，不依附于任何人，而是扎根于人类的文明，扎根于人类共同的价值观。尊贵者，在自己身上，则重如泰山；依附于他人，则轻如鸿毛。

**原文**

"诗云：'既醉以酒，既饱以德。'言饱乎仁义也，所以不愿人之膏粱之味也；令闻广誉施于身，所以不愿人之文绣也。"

**华杉详解**

膏粱，是肥肉和细粮。

《诗经》上说:"酒已经醉了,德已经饱了。"人为什么要去追求荣华富贵呢?因为贪欲,有多少都不够!拥有越多缺憾越多,钱越多越不够用,位置越高越不满足,权力越大越觉得用起来不顺手。但是,如果我以仁义自饱,戴仁而行,抱义而处,则理义悦心,天下之至味在我。这是"真的太阳真的泉水",那么我就不稀罕别人家的肥肉和细粮了。我吃得比你好,比你饱,我羡慕你干吗呢?仁义既积于我身,则令闻昭宣,誉满天下,实大声宏,天下之至荣在我,我又何必再去拿人家一件文绣华服来穿在自己身上呢?那文绣华服,不仅不能增添我的尊荣,反而掩盖了我的光彩。

饱乎仁义者,就创造了自己的世界中心,活在他人想象之外。

### 原文

孟子曰:"仁之胜不仁也,犹水胜火。今之为仁者,犹以一杯水救一车薪之火也;不熄,则谓之水不胜火,此又与于不仁之甚者也,亦终必亡而已矣。"

### 华杉详解

仁能够胜过不仁,就像水能够灭火一样,这是毫无疑问的。但是有人说,今天这社会真是坏透了,仁德是没有用的。这就好比你拿一杯水,去浇灭一车木柴燃起的大火,浇不灭,就说水救不了火。这样反而助长了那些最不仁的人,而把自己那点仁,那一杯水,也失去了。

说仁德没有用的人,本身就是不仁罢了。求仁得仁,你不仁,又怎么知道仁呢?

### 原文

孟子曰:"五谷者,种之美者也。苟为不熟,不如荑稗(tí bài)。夫仁,亦在乎熟之而已矣。"

### 华杉详解

荑稗,是两种杂草。

五谷,稻、黍、稷、麦、菽,是庄稼里的好品种,但是如果没长熟,还不如荑稗。因为荑稗不熟，也还可以煮来吃，而五谷不熟，什么用也没有。仁义之道，也在于使它成熟罢了。

这里有一个重要的概念，在管理学上叫"量胜于质"。我们不是说量变带来质变吗？所以，没有量，就没有质。比如你生病要吃药，就算给你最好的药，但你每次只是舔一舔，又怎么治得了病呢？还不如用差一点的药，只要你吃够量，病就能好。

我们很多人也追求仁义，但每次只是舔一舔，看对方没反应，马上就"你不仁，莫怪我不义"了。

### 原文

孟子曰："羿之教人射，必志于彀（gòu）；学者亦必志于彀。大匠诲人必以规矩，学者亦必以规矩。"

### 华杉详解

彀，是把弓拉满。

羿教人射箭，一定要把弓拉满。学习之道，也要首先把弓拉满，要尽全力。高明的工匠教人手艺，一定要用圆规和曲尺，以守规矩。学习之道，也一定要守规矩。 这个道理，我们叫"少动脑，多动手"。老师教你方法，你别先评估一番，怀疑老师这方法行不行，犹犹疑疑试一试，发现果然不行就放弃了。这样永远都学不会。你应该深信不疑尽全力，一以贯之不放弃，只问耕耘，不问收获，然后静候佳音。

对于仁义之道、学习之道、进步之道，孟子这一段已经说透了。言尽于此，明白的自然明白，不明白的就当耳边风，孟子也没办法了。

# 第十二篇 告子章句下

## 圣人之道，就在日用常行，行走坐卧之间

**原文**

任人有问屋庐子曰："礼与食孰重？"

曰："礼重。"

"色与礼孰重？"

曰："礼重。"

曰："以礼食，则饥而死；不以礼食，则得食，必以礼乎？亲迎，则不得妻；不亲迎，则得妻，必亲迎乎？"

屋庐子不能对，明日之邹以告孟子。

**华杉详解**

屋庐子，是孟子的弟子。有任国人问他："礼和食哪样更重要？"

他说："礼重要。"

又问："女色与礼哪样更重要？"

他说："还是礼重要。"

又问："如果按照礼节去找吃的，就会饿死；不按礼节去找吃的，便会得到吃的。这性命攸关之时，还一定要按照礼节行事吗？如果按照迎亲之礼去行事，就娶不到妻子；不按照迎亲之礼去行事，就能得到妻子。不得妻则废了人伦，绝了后代，那还要按照礼节去行事吗？"

屋庐子给问倒了，答不上来，第二天便赶到邹国去，找老师求救。

**原文**

　　孟子曰："于答是也何有！不揣其本而齐其末，方寸之木，可使高于岑楼。金重于羽者，岂谓一钩金与一舆羽之谓哉？取食之重者，与礼之轻者而比之，奚翅食重？取色之重者，与礼之轻者而比之，奚翅色重？往应之曰：'紾兄之臂而夺之食，则得食；不紾，则不得食，则将紾之乎？逾东家墙而搂其处子，则得妻；不搂，则不得妻，则将搂之乎？'"

**华杉详解**

孟子说："答复这个问题有什么困难呢！如果不揣度基地的高低是否一致，而只看它的顶端，那一寸厚的木块，也可以比高楼还高。金子是最重的，羽毛是最轻的，但是能拿一个金制带钩跟一车羽毛相比吗？礼节于食色的轻重，是在大分上比较。拿吃的重要方面和礼节的细节方面比，何止是吃重要？拿色的重要方面和礼节的次要方面比，何止是色重要？你去反问他：'扭断哥哥的胳膊，抢夺他的食物，便能得到吃的，问他扭不扭？翻墙去搂抱邻家女子，便能得到妻室，不翻墙就得不到，你问他翻不翻？'"

孟子善辩，也善于对付那些抬杠的人，所以《孟子》一书里记录了好多他跟人抬杠的记录。这一段，和"嫂溺援之以手"相似。嫂嫂的手不能牵，这是礼；嫂嫂掉水里了，伸手把她拉上来，这是权。

我们看到孟子每次和人抬杠，都不是把自己的论点论到无懈可击，而是反攻，攻破对方反诘的话。当他要问倒我，我反过来拿他的话问倒他。可见辩论往往不是一起追求真理，不是对照自己该怎么做，而是求胜，屡变以求胜，不断地变换角度来攻击对方的理论。所以也有"君子不辩"之说，那抬杠的人，他根本就不想学习，你去搭理他干啥。

**原文**

曹交问曰:"人皆可以为尧舜,有诸?"

孟子曰:"然。"

"交闻文王十尺,汤九尺,今交九尺四寸以长,食粟而已,如何则可?"

曰:"奚有于是,亦为之而已矣。有人于此,力不能胜一匹雏,则为无力人矣。今日举百钧,则为有力人矣。然则举乌获之任,是亦为乌获而已矣。夫人岂以不胜为患哉?弗为耳。徐行后长者谓之弟,疾行先长者谓之不弟。夫徐行者,岂人所不能哉?所不为也。尧舜之道,孝弟而已矣。子服尧之服,诵尧之言,行尧之行,是尧而已矣。子服桀之服,诵桀之言,行桀之行,是桀而已矣。"

曰:"交得见于邹君,可以假馆,愿留而受业于门。"

曰:"夫道若大路然,岂难知哉?人病不求耳。子归而求之,有余师。"

**华杉详解**

曹交,是曹国国君的弟弟。乌获,是秦国的大力士。

曹交问孟子:"听说人人都可以为尧舜,是真的吗?"

孟子说:"当然!只要你有志于学,有志去做,人人都可以成为尧舜那样的圣人。"

曹交说:"我听说文王身高十尺,汤身高九尺。我九尺四寸高,却只会吃饭,怎么能成为圣人呢?"

孟子说:"这有什么关系呢?只要去做就行了。现在有一个人在这里,连一只小鸡都提不起来,他就是没有力气的人。另一个人能举起一百钧,也就是三千斤的重量,我们说他是有力气的人。但他还是没有乌获力气大,乌获能举起一千钧,也就是三万斤的重量。能举起乌获那么重的,只有乌获而已,所以我们做不了乌获。

"但是,做尧舜不是做乌获。做尧舜轻而易举,比举起一只小鸡还容易。

没有人做不到，只是不愿意去做罢了。尧舜之道是什么呢？就是孝悌而已。走慢一点，走在长者后面，这就叫悌；快步走在长者前面，就是不悌，这不是比举起一只小鸡还容易吗？但是很多人就是不这样去做。你穿上尧的衣服，说尧的话，做尧的所作所为，就是尧了；你穿上桀的衣服，说桀的话，做桀的所作所为，就是桀了。"

曹交拜服，说："我准备去谒见邹君，向他借个住的地方。今天听您一席话，愿意留在您门下学习。"

孟子说："大道就像大路一样，难道难于了解吗？只怕人不去寻求罢了。你回去自己寻求罢，老师多得很呢！"

圣人之道，没有什么高远难行之事。你只需要在自己的日用常行，行走坐卧之间，每一次应事接物待人，都想一想如果是圣人，他会怎么做，然后自己也这样去做，那你在这件事上，就也是圣人了。如果每件事都是这样，你就是百分百的圣人了。

比如走路，不要走在长者前面，要走后面。舜、禹、汤、文、武、周公、孔、孟都是这样，那我也这样，我就是圣人了。

比如送客，孔子送客要送到门口，站着遥望客人远去，一直到看不见了，才回头进屋。那我送客也这样做，我就是圣人了。

比如洒扫，舜、禹、汤、文、武、周公、孔、孟都窗明几净，那我也每天洒扫我的房间，不是只会背诵"一屋不扫何以扫天下"，我就又是圣人了。

比如吃饭，孔子食不厌精，脍不厌细，饮食讲究健康卫生，那我也像他那样讲究，不暴饮暴食，我就又是圣人了。

比如端坐，孔子席不正不坐，我也每次把椅子放端正再坐，到任何地方开完会，就把椅子推进去靠着桌子，不需要清洁阿姨来收拾，我就又是圣人了。

圣人之道，就是这些而已，你认真去做，在每一件事上讲求，自然知行合一，日日精进，达到圣人的境界，活在他人想象之外。如果连小事都不愿意做，总去追求什么高远难行之事，就一辈子都入不了门，不会有大出息。

圣人之道就是"仁者见之谓之仁，智者见之谓之智，百姓日用而不知也"。平时的一举一动，都是圣人之道。

## 不要对大错无动于衷,也不要对小错愤愤不平

**原文**

公孙丑问曰:"高子曰:《小弁(pán)》,小人之诗也。"

孟子曰:"何以言之?"

曰:"怨。"

曰:"固哉,高叟之为诗也!有人于此,越人关弓而射之,则己谈笑而道之,无他,疏之也。其兄关弓而射之,则己垂涕泣而道之,无他,戚之也。《小弁》之怨,亲亲也。亲亲,仁也。固矣夫,高叟之为诗也!"

**华杉详解**

高子,是齐国人,公孙丑听他讲诗。

《小弁》是诗经小雅的一篇,写的是周幽王放逐太子宜臼。周幽王先娶申国之女,生宜臼,立为太子。后来得褒姒,极为宠爱,生子伯服,之后废申后及宜臼,立伯服为太子。

公孙丑问孟子:"高老师说,《小弁》,是小人写的诗。"

孟子问:"此话怎讲?"

"因为他有怨恨之情。"

孟子说:"高老先生讲诗也太机械了。说《小弁》有怨恨是对的,说《小弁》的怨恨是小人之怨就不对了。比如有一个人,越国人张弓搭箭射他,他可以笑着跟别人说这事,因为越国人跟他关系疏远。如果是他的哥哥张弓搭箭射他,他还能轻松地谈论吗?一定是伤心流泪地讲述这事。这没有别的原因,自己的哥哥要杀自己,伤心啊!《小弁》那诗中的情况,是父亲废了自己太子之位,并废了自己的母亲,这是家庭人伦大变。就国家政治而言,废长立幼,动摇国本,将有亡国之祸。西周本身也由此而亡。所以《小弁》中,宜臼之怨,是亲亲之情,至诚恻怛之念。亲亲之情,是仁心仁德,怎么能说是小人呢?这

高老先生讲诗也太机械了。"

**原文**

　　曰："《凯风》何以不怨？"
　　曰："《凯风》，亲之过小者也；《小弁》，亲之过大者也。亲之过大而不怨，是愈疏也；亲之过小而怨，是不可矶也。愈疏，不孝也；不可矶，亦不孝也。孔子曰：'舜其至孝矣，五十而慕。'"

**华杉详解**

　　《凯风》，是《诗经·国风·邶风》中的一首。《毛诗序》说："《凯风》，美孝子也。卫之淫风流行，虽有七子之母，犹不能安其室。故美七子能尽其孝道，以慰母心，而成其志尔。"认为这是赞美孝子的诗。朱熹《诗集传》承其意，进一步说："母以淫风流行，不能自守，而诸子自责，但以不能事母，使母劳苦为词。婉词几谏，不显其亲之恶，可谓孝矣。"

　　邶国存在时间很短，管蔡之乱后就被取消了封号，划归卫国。卫国风气，从上到下都比较开放。《凯风》诗里的这位母亲，生了七个儿子，但还是不能安分在家，总有情郎在外，所以儿子们写了这首诗，讽谏母亲。全诗通篇都是"母氏圣善，我无令人。有子七人，母氏劳苦。有子七人，莫慰母心"等等慰母而自责之词。所以公孙丑说《凯风》无怨。

　　矶，是水冲击岩石，这里引申为激怒、触犯。

　　公孙丑问："如果父母有过错，怨恨是亲亲。《小弁》之怨，是得不到父亲的爱。那《凯风》一诗中，得不到母亲的爱，为什么他一点怨言也没有呢？"

　　孟子说："这不是一回事，亲亲之情是一样的，但父母的过错有大小不同。《小弁》诗中，父亲犯的是祸及国家宗室的大错，实际上，后来周幽王和伯服都被犬戎所杀。而《凯风》诗中呢，母亲失节，这是小错，是家庭小事罢了。如果父母犯了大错，我漠然无动于衷，没有一点怨言，好像跟我没关系似的，那就和父母越来越疏远了。而如果父母犯一点小错，我就愤愤不平，抵触呼号，那是激怒自己，激化矛盾，更是疏远了父母，是一种不孝。

　　"所以《小弁》之怨，《凯风》之不怨，各有恰当。昔者孔子称赞舜说：

'舜真是天下之至孝，五十岁了还依恋父母。'父母兄弟都要杀他，他也不怨，而是在保护自己的同时，依然反求诸己，觉得自己不孝，让父亲不能爱自己，也最终感化了父母兄弟。"

## 实用主义永远会败给理想主义

**原文**

宋牼（kēng）将之楚，孟子遇于石丘，曰："先生将何之？"

曰："吾闻秦楚构兵，我将见楚王，说而罢之。楚王不悦，我将见秦王，说而罢之。二王我将有所遇焉。"

曰："轲也，请无问其详，愿闻其指。说之将何如？"

曰："我将言其不利也。"

曰："先生之志则大矣，先生之号则不可。先生以利说秦楚之王，秦楚之王悦于利，以罢三军之师，是三军之士乐罢而悦于利也。为人臣者怀利以事其君，为人子者怀利以事其父，为人弟者怀利以事其兄，是君臣、父子、兄弟终去仁义，怀利以相接，然而不亡者，未之有也。先生以仁义说秦楚之王，秦楚之王悦于仁义，而罢三军之师，是三军之士乐罢而悦于仁义也。为人臣者怀仁义以事其君，为人子者怀仁义以事其父，为人弟者怀仁义以事其兄，是君臣、父子、兄弟去利，怀仁义以相接也，然而不王者，未之有也。何必曰利？"

**华杉详解**

宋牼，亦名宋钘（xíng），是当时的名士，著名学者。他的主张，从为"接万物以别宥为始"，即只有破除成见才能达到对真理的认识。提出"人之情欲寡"，要清心寡欲；"见侮不辱"，受到欺侮不以为耻辱；号召"禁攻寝兵"，反对诸侯间的兼并战争。主张"人我之养，毕足（满足）而止""愿天下之安宁以活民命"。

《庄子》说这样的人"见侮不辱，救民之斗。禁攻寝兵，救世之战。以此周行天下，上说下教；虽天下不取，强聒而不舍者也。"就是不停地对人劝说，人们都讨厌他了，但他还是硬要宣扬自己的主张。

此时秦楚交兵，宋牼便要去楚国游说楚王罢兵。在石丘遇见了孟子。孟子问："先生哪里去呀？"

宋牼说："秦楚交兵，我打算去谒见楚王，向他进言，请他罢兵。如果他不听，我再去见秦王，请他罢兵。两个大王之中，我总会有所遇合，希望他们听我的吧。"

孟子说："哦，我也不想问得太详细，只想知道您的大意，您准备怎样去进言呢？"

宋牼说："我打算说，交兵是不利的。"

孟子说："先生的志向是很好了，但先生所用的提法不可。"

号，就是名号、称号、旗号，就是你的核心主张，就像孔子说的"名不正，则言不顺"。你以什么为名说服他罢兵呢？宋牼说"出兵不利"，那就是以利为号了，所以孟子说不可：

"先生用利来说服秦王楚王，秦王楚王因为利而高兴，罢了三军之师，三军官兵也因为悦于得利，而喜于罢兵。这样人人曰利，为人臣者怀着利的观念来侍奉君主，做儿子的怀着利的观念来侍奉父亲，做弟弟的怀着利的观念来侍奉哥哥，这就会让君臣、父子、兄弟之间都以利相交，这样的国家，没有不灭亡的。今天因为利罢兵，明天因为利又打起来，不仅跟外国打，自己内部也打，那还游说这回罢兵做什么呢？"

在《论语》里，季氏要攻打颛臾，说防止颛臾强大了，未来威胁到他。孔子说："吾恐季氏之忧，不在颛臾，而在萧墙之内。"为什么呢？你每天和你的手下一起密谋扩大利益，怎么侵占国君的，怎么夺取别人的，每个人脑子里都是利，那你手下的人，回家也会密谋怎么夺取你的。后来果然不幸言中，阳虎作乱，夺了季氏之权。

那应该怎么跟秦王楚王谈呢？孟子说："您不能以利为名号跟秦楚谈，要谈的，唯有仁义而已，只有这样谈，才有意义。如果秦楚之王悦于仁义而罢兵，则仁义的价值观就传递给了三军将士，三军将士也乐于仁义而罢兵。仁义一倡,举国之人,皆熙熙攘攘而趋仁义。那为人臣的,心怀仁义以事君,做什么事,都是职责义务,而不是为了利益而效忠;那为人子的,心怀仁义以事父,尽儿子的职责义务,而不是为了利益而孝顺;那做人兄弟的,心怀仁义,执守悌道,不是为了利益而恭敬。这一国君臣父子兄弟,都只知仁义而不知有利,去利而以仁义相接,这样的国家,不王天下,是没有的事,何必言利呢?"

孟子的义利之辨,震古烁今,对国家、对企业、对个人,都是一样。

某企业家说:"谷歌是理想主义的,而我们公司还是实用主义的。"

公司应该是理想主义,还是实用主义呢?

国家应该是理想主义,还是实用主义呢?

个人应该是理想主义,还是实用主义呢?

可能我们首先比较容易接受的,个人应该持理想主义。有理想,则志有定向,勇往直前;没有理想,一心逐利,就为利欲多牵引,最终一定会迷失。

同理,实用主义的公司,也一定竞争不过理想主义的公司。特别是当领导人持实用主义,企业文化是实用主义,公司员工相互之间,员工对公司,也是实用主义,这就会成为一个没有企业精神,只有KPI的公司,这是一定走不远的。

最大的力量,永远是价值观的力量,是仁义的力量。

## 万事都是看你愿意付出多少

**原文**

孟子居邹,季任为任处守,以币交,受之而不报。处于平陆,储子为相,以币交,受之而不报。他日,由邹之任,见季子;由平陆之齐,不见储子。

屋庐子喜曰:"连得间矣。"

问曰:"夫子之任,见季子;之齐,不见储子,为其为相与?"

**华杉详解**

季任,是任国国君之弟。国君有外事出访,季任留守监国,代理国政。季任一向仰慕孟子的贤德,派人到邹国,给孟子送来礼物结交,孟子接受了礼物,却并不回访答谢。

又一次,孟子住在齐国平陆。当时储子担任齐国国相,他也仰慕孟子之贤,派人送来礼物结交。孟子同样接受了礼物,也不回访答谢。

过了些日子,孟子自邹国到任国,便亲自去拜访季任。又一日,从平陆有事去到齐国国都,却不去拜访储子。

屋庐子一看,一见一不见,此中必有义理,可以学习!于是高兴地说:"我找到间隙得空,要问问老师!"连,是屋庐子的名字。

屋庐子就问:"季子和储子都同样派人来送礼物给您,但是老师您到任国,亲自去拜见季子;到了齐都,却不去见储子。是因为季子是监国,而储子只是卿相吗?"

**原文**

曰:"非也。《书》曰:'享多仪,仪不及物曰不享,惟不役志于享。'为其不成享也。"

屋庐子悦。或问之,屋庐子曰:"季子不得之邹,储子得之平陆。"

**华杉详解**

享,是以物奉上。仪,是礼意。物,是币帛礼物。役,是用。

孟子说:"不是的。《周书》上说,享献之礼,可贵的是礼意,如果礼意不到位,礼物虽多,也只能叫作没有享献,因为他的心意没有用在享献上。"

屋庐子懂了,非常高兴。其他同学却没懂,问屋庐子:"老师说的是什么意思啊?"

屋庐子解释说:"季子是因为哥哥出访外国,他代兄监国,他不能自己再离开本国,跑到邹国来拜访老师,所以派人送来礼物,他的礼意就已经完备了。而储子是齐相,上有国君,下有群臣,他没有什么原因一定走不开的。而当时老师也不在外国,就在齐国境内,他明明可以到平陆来,却没有亲自来,所以礼物虽有,礼意却无,老师不认为他是真尊贤爱贤,也就当走个过场了。"

万事都是看你愿意付出多少。我们常说礼轻情意重，礼的轻重，当然还是和情意的轻重成正比的，礼轻情意不一定轻，礼重一定是情意重的。要不人们买礼物，怎么会都先计划一下买多少钱的呢？孔子也专门说，如果人家请你吃饭，上了大菜硬菜，你一定要马上表示："哎呀！让您破费了！"你不能没反应，因为人家是专门准备的。

但是，比礼物的轻重更重要的，是礼意。买礼物是付出金钱，礼意是付出自己的时间和劳动。邮寄过去的礼物，派人送去的礼物，亲自送去的礼物，这礼意的轻重，就比礼物的轻重区别大多了。

## 君子交绝，不出恶声；忠臣去国，不洁其名

**原文**

淳于髡曰："先名实者，为人也；后名实者，自为也。夫子在三卿之中，名实未加于上下而去之，仁者固如此乎？"

孟子曰："居下位，不以贤事不肖者，伯夷也；五就汤，五就桀者，伊尹也；不恶污君，不辞小官者，柳下惠也。三子者不同道，其趋一也。一者何也？曰，仁也。君子亦仁而已矣，何必同？"

**华杉详解**

淳于髡，是齐国名臣，颇有事功，也能言善辩。他挑战孟子也不是头一回了，这回，他听说孟子要辞职不干，就又来找孟子麻烦。

"先名实者，为人也；后名实者，自为也。"名，是名誉。实，是功业。淳于髡说："君子处世，无非两端，若以功名为急务，那是进而济世救民，如果轻视功名呢，那是退而独善其身。夫子您在齐国位列三卿，上辅君王下济百姓的功名都没有建立，却要离开，这是仁者所为吗？"

孟子回答说："你质疑我去国是不仁，那是拘泥于我的行为，没有看到我的心。仁者之心一样，但其行为，各有不同。宁肯居于下位，也不肯去服侍不肖

之人的，那是伯夷，我称之为圣之清者；五次去找汤，又五次去找桀，以天下为己任，不管是谁做君王，都要勇往直前的，那是伊尹，我称之为圣之任者；不讨厌恶浊的君主，也不拒绝卑贱的职位，能做一点是一点的，那是柳下惠，我称之为圣之和者。三者的行为不同，但其志意的趋向是一样的，应该说，就是仁。君子不过是合乎此心的仁而已，为什么行为一定要相同呢？"

孟子之前在论四大圣人时，除了圣之清者伯夷，圣之任者伊尹，圣之和者柳下惠之外，还说过圣之时者孔子。所谓圣之时者，可以速则速，可以久则久，可以处则处，可以仕则仕，从心所欲不逾矩。孟子也表示过，他希望学习孔子。不过他在这里没跟淳于髡说得这么细。

**原文**

曰："鲁缪公之时，公仪子为政，子柳、子思为臣，鲁之削也滋甚，若是乎，贤者之无益于国也！"

曰："虞不用百里奚而亡，秦穆公用之而霸。不用贤则亡，削何可得与？"

**华杉详解**

淳于髡说："鲁缪公的时候，公仪子主持国政，子柳和子思都立于朝廷，这三人都是贤者，但是国势衰微。那么多贤人也支持不住，这么看来，你们这些所谓的贤者，对国家也起不到什么作用。"

前面我们说过，辩论是没法论证自己的，只能攻击对方，或者另外立论。这相当于传播学上说的"议程设置"，我不进入你给我设置的议程，而是另外给你立一个议程。所以孟子也不解释子思的问题，另找一个例子说："虞国不用百里奚而灭亡，秦穆公用了百里奚而称霸。国家不用贤人就会灭亡，就是想像鲁国那样衰微而勉强存在，也是做不到的。"

孟子的意思，你说鲁国有子思而衰微，我看如果没有子思，恐怕已经灭亡了。

**原文**

曰："昔者王豹处于淇，而河西善讴；绵驹处于高唐，而齐右善歌；华周、杞梁之妻，善哭其夫，而变国俗。有诸内，必形诸外。为其事而无其功者，髡未尝睹之也。是故无贤者也，有则髡必识之。"

曰："孔子为鲁司寇，不用，从而祭，燔肉不至，不税冕而行。不知者以为为肉也，其知者以为为无礼也。乃孔子则欲以微罪行，不欲为苟去。君子之所为，众人固不识也。"

**华杉详解**

不税冕而行。税，音tuō，就是没有脱掉祭祀戴的冠冕就走了。

淳于髡说："王豹，是卫国的善歌者，他住在淇水边，河西的人都会跟着唱歌；绵驹，是齐国的歌神，他住在高唐，齐国西部的人都会唱歌；华周、杞梁的妻子痛哭他们死去的丈夫，而改变了一国的风尚。里面存在什么，一定会在外面表现出来。如果在某个位置，从事某种工作，却没有功绩的，我还没有见过。所以说今天是没有贤人的，如果有贤人，我一定会知道他。"

孟子也不跟他论王豹绵驹、华周杞梁的事，转而说孔子："孔子在鲁国做司寇，不被信任，他便要离开。他什么时候离开的呢？君臣一起去祭祀大典，祭祀之后，按礼，祭肉要分给诸位卿大夫的，可却没有分给他。他一看，连祭祀戴的帽子都没脱，马上就离开鲁国了。不知道的人，说他小气，为了争一块祭肉，就赌气不干了。知道的人，了解他是因为鲁国失礼而去。不分祭肉，本身也是撵他走的信号了。孔子挑这个时机走，正是要让大家可以指责自己是因祭肉赌气而去，给自己安一点小罪名，不要给国君难堪，不要让大家都说国君不对。这是君子之所为，不是一般人所能理解的了。"

这什么意思呢？燕国大将乐毅，攻下齐国七十余城，功高震主，又被奸臣进谗言，新即位的燕惠王中了齐国的离间计。乐毅被逼离开军队，流亡赵国，赵王给他封地，对他非常优宠。后来燕国战败，燕惠王后悔，又怕乐毅率领赵国军队来报仇，派使者向乐毅示好。乐毅写下著名的《报燕惠王书》，表达了自己对先君和祖国的忠贞感情，说了两句千古名言，一句是："君子交绝，不出恶声。"咱们绝交了，但是我不到处讲你的不对，你也不到处讲我的不是，这是君子。第二句话："忠臣去国，不洁其名。"忠臣离开国君，自己要给自己找一点罪名，是我的不对，不是国君对不起我，这才叫忠臣。礼仪有规矩："大丈夫去国，不说人以无罪。"如果你被放逐，或者自己流亡，不到处跟人讲自己被陷害被误解之类，见人只说自己的错。燕惠王收到信，大为悔悟和感动，加封乐毅的儿子，并与乐毅和赵国终身交好。

能理解这一点，并且知行合一，就是仁人君子，活在他人想象之外。不能理解，也很正常，因为一般人都不理解，孟子说了："君子之所为，众人固不识也。"

## 春秋五霸是三王的罪人

**原文**

孟子曰："五霸者，三王之罪人也；今之诸侯，五霸之罪人也；今之大夫，今之诸侯之罪人也。天子适诸侯曰巡狩，诸侯朝于天子曰述职。春省耕而补不足，秋省敛而助不给。入其疆，土地辟，田野治，养老尊贤，俊杰在位，则有庆，庆以地。入其疆，土地荒芜，遗老失贤，掊（póu）克在位，则有让。一不朝则贬其爵，再不朝则削其地，三不朝则六师移之。是故天子讨而不伐，诸侯伐而不讨。五霸者，搂诸侯以伐诸侯者也，故曰：五霸者，三王之罪人也。"

**华杉详解**

春秋五霸，指齐桓公、晋文公、秦穆公、宋襄公、楚庄王。三王，实际上是六个人，是夏商周的夏禹、商汤、周文王、周武王、周成王、周公。

孟子说，自古治世安民，莫过于三王。三王之后，五霸迭兴，虽然也有扶衰拨乱之功，但是靠霸道、靠武力使人屈从，同样也是坏了王法。所以在三王面前，五霸就是罪人了。

而今天的诸侯国君呢？王法他们是早就不遵守了。而五霸立下的规矩呢？他们也废而不守。那么在五霸面前，今天的诸侯们也是罪人了。

大夫们不能匡正君王以行三王之道，不能励精图治以兴五霸之略，一方面自己阴谋图利，另一方面对国君的所作所为不仅不知谏劝，而且还阿谀奉承，替他粉饰，大家一起干坏事。那么在国君面前，大夫们也是罪人了。

从国君到大夫，上上下下，都是罪犯，这就是战国世道衰微，祸乱将起的社会状态。

为什么说五霸是三王的罪人呢？

三王有三王的王法：天子巡行诸侯国叫巡守，巡守就是巡视他所守的土地；诸侯朝见天子叫述职，述职就是汇报他所守的职责。春天的时候，百姓耕种，他要去巡察，看见有缺牛缺种的，就要赈济或贷款，帮他补足，不能让他耽误了农业生产；秋天的时候，他要去巡察，看见百姓有收成不足的，也要赈济或贷款，给他补足，不能让他一家人挨饿。天子在王畿内巡察，诸侯在自己国境里巡察，让百姓家家农业生产资料完备，粮食充足，没有匮乏之患。

天子到诸侯国巡守，是看他邦国治否，职责修废。进入他的国境，如果看见他开垦了新的土地，田野阡陌、水利设施井井有条，年老的人得到社会保障，贤德的人得到任用，有俊杰之才的人都有官职，就给他庆功加赏。赏赐给他更多封地，因为他管得好嘛。

如果进入他的国境，看到土地荒芜，老无所养，贤无所用，在位的都是掊克聚敛之臣。掊克，就是聚敛搜刮。天子让你驻守一方，是要你守土安民，不是给你发了一张搜刮执照。你若搜刮聚敛，不是导致民怨沸腾，天下不稳吗？那天子就有威让之令，问罪于诸侯。

诸侯的述职，是到时间就必须进京汇报。一次不来，就要降低他的爵位；两次不来，就要削减他的封地；三次不来，就要开军队过去，兴师问罪了，这叫讨。

礼乐征伐，是天子之权，只有天子有权说谁犯了罪，要讨。但是天子讨而不伐，他不用御驾亲征，他可以指派一个或几个诸侯国的军队去讨伐那有罪之国。而被指派的诸侯只能去伐，执行攻伐的任务；他不能讨，不能发檄文说对方犯了什么罪，他没有这个资格和权力，那是天子的权力，所以说诸侯伐而不讨。

到了五霸的时候，谁有罪不是天子说的，是那霸主在说，他发檄文，整合诸侯军队，今天讨这个，明天伐那个。不管该不该讨，该不该伐，这都不是他的权力，本身就是僭越，所以说五霸是三王的罪人。

# 齐桓公的五条公约

**原文**

"五霸，桓公为盛。葵丘之会诸侯，束牲、载书而不歃（shà）血。初命曰：'诛不孝，无易树子，无以妾为妻。'再命曰：'尊贤育才，以彰有德。'三命曰：'敬老慈幼，无忘宾旅。'四命曰：'士无世官，官事无摄，取士必得，无专杀大夫。'五命曰：'无曲防，无遏籴（dí），无有封而不告。'曰：'凡我同盟之人，既盟之后，言归于好。'今之诸侯皆犯此五禁，故曰：今之诸侯，五霸之罪人也。"

**华杉详解**

"春秋五霸"之一的齐桓公，九合诸侯，一匡天下，成为最强盛者。齐桓公在葵丘会盟诸侯，捆绑牲口，把誓书用一个木盒子放在那牲口上，却没有杀那牲口来歃血为盟。因为大家都敬服齐桓公，就不用杀生歃血了。这次会盟，发布了五条公约：

一、诛不孝，无易树子，无以妾为妻。

这一条是修身齐家之事，具体又分三种情况：一是诛不孝，罪莫大于不孝，对不孝之子，要诛罚；二是无易树子，已经树立的世子，不要因为宠爱小儿子而更易，以免动摇国本；三是无以妾为妻，正妻是国家的大政治，不能因为宠爱小妾，便要废掉正妻，立她为后。

这一条，是抓住了国家的根本，多少国乱倾危，都是从这些事开始。

二、尊贤育才，以彰有德。

贤才为国家之模范骨干，要礼尊贤者，养育才者，来彰显有德之士。这样国家的贤才，都自己踊跃表现出来，一心一意为国效力，这是用贤图治的人力资源。

三、敬老慈幼，无忘宾旅。

让百姓老有所养，幼有所爱，对孤寡老人和孤儿，政府要负责照顾。四方之宾客行旅，也不可忽视，必须善待，以怀柔远人，则近悦远来，人心归服。

四、士无世官，官事无摄，取士必得，无专杀大夫。

士无世官，有功之士，可以世禄。他的俸禄，可以由他的子孙世袭，但是官位不能世袭。如果官位世袭，就没法举用人才了。

官事无摄，每一个官职，必须一个萝卜一个坑，不能兼职。一个人兼几个官职，有的事务就废弛了。

取士必得，举用有德有才之士，一定要在众人中选拔，务在得人。

无专杀大夫，欲诛罚有罪的大夫，一定要上报朝廷，不可自己擅自诛杀。

五、无曲防，无遏籴，无有封而不告。

水利设施，要国际合作，统一规划，不可擅自筑堤。发洪水时，不可以邻为壑，把邻国当泄洪区。旱灾的时候，不可在上游把水拦起来，专擅水利。

保障粮食自由贸易，特别是荒年的时候，不可阻止灾区来采买粮食。这一条非常重要，亚当·斯密在《国富论》中专门写过，灾荒饿死人，主要是因为打击自由贸易，一国受灾，另一国就紧张，不许他们来买粮食，预备着万一我们也受灾呢？各国搞粮食贸易保护，粮食腾挪的空间就小了。

在灾荒年的时候打击囤粮者"哄抬粮价"，也是造成饿死人的主要原因。灾荒时不能哄抬粮价，那谁还愿意屯粮呢？灾荒时不能哄抬粮价，邻国的商人谁又愿意运粮食进来呢？高粮价就是对全天下粮商的邀请函，粮食运进来了，粮价自然下来。不许涨价就没粮食，就得饿死，是要钱还是要命呢？所以饥荒不是天灾，荒年饿死人，自古以来都是政策问题。地球这么大，不是所有地方都干旱，所有地方都发洪水的，总有好收成，有粮食的地方。打击自由贸易是全世界历史上造成饥荒的主要原因。

亚当·斯密说，只要放开粮食价格，保护自由贸易，商人就会拼命转运粮食，粮食运得飞快，就不会饿死人。而齐桓公在两千多年前就对此有清醒认识，为什么？因为他的宰相是管仲。

无有封而不告。国邑之土地百姓，要封赏给谁，不能擅自决定，要上报天子，由朝廷批准。

齐桓公葵丘之盟发布了以上葵丘宣言。然后说，凡我同盟之人，会盟之后，言过于好！而今天的诸侯，这五条他们一条也没遵守，全都废弛了。所以说，今天的诸侯是五霸的罪人。

## 长君之恶，还算是小罪；逢君之恶，才是大罪

**原文**

"长君之恶其罪小，逢君之恶其罪大。今之大夫，皆逢君之恶，故曰：今之大夫，今之诸侯之罪人也。"

**华杉详解**

长君之恶，就是助长国君的恶性，所谓助纣为虐。

不过孟子说，长君之恶，还算是小罪，因为他只是不敢违抗君主，或不舍得因违拗而失去权位，所以听命行事。而逢君之恶，才是大罪。什么是逢君之恶呢？朱熹说："君之恶未萌，而先意导之者，逢君之恶也。"国君本来没想到要去干的坏事，他却引诱国君去干。或者国君想干还不敢干的时候，却有奸恶之臣加以逢迎，给国君找出理论依据，帮助他自欺欺人，让他无所忌惮，理直气壮地去干。这样的人，才是最坏的。

孟子说，今天各国的大夫，都是逢君之恶的家伙。所以说，今天的大夫们，都是诸侯的罪人。

**原文**

鲁欲使慎子为将军。

孟子曰："不教民而用之，谓之殃民。殃民者，不容于尧舜之世。一战胜齐，遂有南阳，然且不可。"

慎子勃然不悦曰："此则滑釐所不识也。"

曰："吾明告子。天子之地方千里；不千里，不足以待诸侯。诸侯之地方百里；不百里，不足以守宗庙之典籍。周公之封于鲁，为方百里也；地非不足，而俭于百里。太公之封于齐也，亦为方百里也；地非不足也，而俭于百里。今鲁方百里者五，子以为有王者作，则鲁在所损乎？在所益乎？徒取诸彼以与此，然且仁者不为，况于杀人以求之乎？君子之事君也，务引其君以当道，志于仁而已。"

**华杉详解**

慎子，名叫慎滑釐。鲁国要拜慎滑釐为将军，去攻取齐国的南阳。孟子反对发动这场战争，对慎滑釐说："兵凶战危，是不得已而用之。必须长期训练民众，让他们习于战事。如果不经训练，就驱赶他们上战场，让他们去冲锋陷阵，那就是加害于百姓。残害百姓者，如果在尧舜之世，是不被容纳的。即便你一战而胜，取得了南阳，于理尚且不可，更何况未必取胜呢。"

慎滑釐勃然变色，不高兴地说："你这话什么意思，我就不懂了！"

孟子说："我跟你明说吧。按规矩，天子地方千里，因为没有一千里的税赋收入便不够接待诸侯、迎来送往，但是有一千里也就够了，没有超过一千里的。诸侯地方百里，没有一百里的收入不能供奉祭祀会同、守宗庙典籍，但是一百里也就够了，不能太多。周公被封于鲁，就是纵横一百里，土地并不是不够，但就止于一百里。姜太公被封于齐，也是一百里，土地也不是不够，但就止于一百里。但是今天你看看，鲁国是纵横一百里吗？五个一百里都有了！如果有王者兴，有天子来管这件事，对鲁国的土地，是要给他增加呢？还是要给他削减呢？"

孟子的意思是，封建的理念，封国不宜太大，天子地方千里，诸侯地方百里，大家都够用就好了。地方大了，身怀利器，杀心自起，兼并的野心就越来越膨胀，就会相互争战侵夺，百姓就会受苦，国家就会不稳。所以，必须限制诸侯国的国土面积。如今鲁国地方五百里，是历代侵夺吞并其他诸侯小国得来，本身就不是周天子分封给他的。所以已经是犯罪了，怎么还要去夺齐国的城池呢？

这也是对前面诸侯都有罪的继续说明。

孟子接着说:"别说发动战争去抢夺土地,就是人家白给,仁者尚且不要,何况杀人盈野去攻取?作为人臣,服侍君王,只是专心一意引导他趋向正路,有志于仁罢了。那助君之恶,逢君之恶的,就是坏人。"

白给也不能要,这是有案例的。长平之战,赵国被秦国坑杀四十万人。战争的起因就是赵王收了韩国上党白给的地,而那地,本来是韩国与秦国作战战败,要割给秦国的。

### 原文

孟子曰:"今之事君者皆曰:'我能为君辟土地,充府库。'今之所谓良臣,古之所谓民贼也。君不乡道,不志于仁,而求富之,是富桀也。'我能为君约与国,战必克。'今之所谓良臣,古之所谓民贼也。君不乡道,不志于仁,而求为之强战,是辅桀也。由今之道,无变今之俗,虽与之天下,不能一朝居也。"

### 华杉详解

孟子说:"今天服侍君主的人都说:'我能为你开疆拓土,充实府库。'今天的价值观所称的这种良臣,就是古代价值观所称的民贼了。君王不向往道德,无意于仁,只想聚财兴利,你就帮他开辟土地以尽地利,充实府库以聚货财,横征暴敛,穷尽民力,这样的富国强兵,只是让夏桀那样的暴君豪富罢了。

"又有人说:'我能替君王合纵连横,邀结盟国,每战必胜。'今天的价值观下这一类的所谓良臣,兴师动众,糜烂生灵,在古代也是民贼罢了。君王不向往道德,无意于仁,而你却替他穷兵黩武,侵略他国,那不也等于是帮助夏桀那样的暴君吗?

"如果照目前这条路走下去,不改变今天这种风俗习气,纵使把整个天下给他,他也是一天也坐不稳的。"

历史的发展,被孟子不幸言中了。各国以力相搏,秦国最终获胜,统一天下,十五年而亡。

## 大禹是为全中国治水，白圭只是为魏国治水

**原文**

白圭曰："吾欲二十而取一，何如？"

孟子曰："子之道，貉道也。万室之国，一人陶，则可乎？"

曰："不可，器不足用也。"

曰："夫貉，五谷不生，惟黍生之；无城郭、宫室、宗庙、祭祀之礼，无诸侯币帛饔飧（yōng sūn），无百官有司，故二十取一而足也。今居中国，去人伦，无君子，如之何其可也？陶以寡，且不可以为国，况无君子乎？欲轻之于尧舜之道者，大貉小貉也；欲重之于尧舜之道者，大桀小桀也。"

**华杉详解**

白圭，又名白丹，是周国人。这人本事很大，做过魏国国相，治水有功。后来弃政从商，总结了一套贸易经营理念，被尊为"商祖"。

貉，同貊，是东北地区一个少数民族国家，以一种吃鱼的动物为国名。貉国留下的文化遗产，是发明了吃生鱼片的方法。

饔飧，是做饭、吃饭的意思。

白圭跟孟子交流他的执政理想，说他想把税制改为二十税一，即抽取5%的税。白圭为人仁爱，虽然豪富，却自奉甚俭，和童仆们同吃同住，所以会有这样的想法。

而孟子却不赞同，他说："您的设想，那是貉国的做法。在中原不可行。比如，一万户人家的城市，只有一个陶工，行不行？"

白圭说："那当然不行，不够用。"

孟子说："对了。一人制陶不可以供万家，二十税一不足以治大国，两者是一个道理。貉国那地方，气候苦寒，五谷不能生长，只有黍（黄米）可以耐

寒，可以种植。那地方文明落后，居处无常，没有城郭、宫室，没有宗庙、祭祀之礼，没有诸侯交际往来的币帛宴会，没有政府部门，没有百官，所以二十取一，也就够了，因为政府也没有提供什么公共服务。而今天的中原呢，冠裳文明，有君臣祭祀交际之礼，以纲纪人伦。有百官有司之禄，要任用君子，这些都不能不要，都需要纳税人供养。陶器少了都不能成其为国，那君子官吏少了还能行吗？

"中原该收多少税是尧舜定的章程，十一而税，就是收10%，你如果收得比这少，那就是与貉国同道，大貉小貉而已。你如果收得比10%多，就是夏桀那样的暴君，大桀小桀而已。"

**原文**

白圭曰："丹之治水也，愈于禹。"

孟子曰："子过矣，禹之治水，水之道也，是故禹以四海为壑。今吾子以邻国为壑。水逆行，谓之洚水，洚水者，洪水也，仁人之所恶也。吾子过矣。"

**华杉详解**

白圭本事大，喜欢跟本事最大的人比，前面要跟尧舜比仁爱，现在又要跟大禹比治水，自我膨胀得不得了。他对孟子说："都说大禹会治水，我治水的水平比他高！"

白圭善于筑堤防洪，在他任魏国国相期间，为魏都大梁解决了黄河水患，"千里之堤，溃于蚁穴"，这话就是他说的。他经常带人检查堤坝，找蚂蚁窝，看见就把它堵掉。所以他觉得大禹治水，搞了十三年，不如他堤坝一修，水患立除。

孟子说："你自负其能，还要把自己加之于大禹之上，这也太膨胀了。大禹怎么治水？你怎么治水？大禹治水，没有任其私智，以穿凿为能；也没有急于近功，以堤防为事；而是因水之道，顺而治之。或者上游有所壅塞，水不能循其故道，就给它疏通。或者下游有所泛滥，而不能归于正道，就给它决排。

"所以说大禹治水是以水治水，让百川归于大海，人舒服，水也舒服，一朝功成，万世之利。大禹是为全中国治水，你老人家治水是为魏国治水，能比得了吗？你是以邻为壑，堤坝一修，蚂蚁窝一堵，固若金汤，水患立除。那洪水去哪儿了？都去邻国了！

"水性可顺不可逆，倒流泛滥的叫洚水，就是洪水。你没有治洪水，你只是洪水的搬运工，把它搬给邻国，这是仁人所厌恶的。所以，我说你大错特错了！"


## 能坚持原则的人，都是心里特亮堂的人

**原文**

孟子曰："君子不亮，恶乎执？"

**华杉详解**

朱熹注："亮，信也，与谅同。"

杨伯峻注："亮，同谅，信也。论语'岂若匹夫匹妇之为谅也''君子贞而不谅'，皆谓小信，孟子此'亮'字则指一般的诚信，两人所指实有不同，不可混而为一。"

君子贞而不谅，是指君子只执守正道，不拘泥于小信。而这里的谅有为了信用不顾是非的意思。贞而不谅，就是守大信，不守小信。咱们说"言必信，行必果"，以为是句好话，其实孔子的原话后面还有一句，说全了是："言必信，行必果，硁硁然小人哉。"是小人，死脑筋，最典型的案例就是尾生抱柱：他跟姑娘约定在桥下约会，姑娘没有到，河水却暴涨，他不肯失信离开桥下，抱着桥柱子淹死了。

孟子继承了孔子的观点。他说："大人者，言不必信，行不必果，惟义所在。"

这个思想可以说影响非常不好，两千多年来大人君子都不守信用，因为"惟义所在"。义在哪儿呢？也在他那儿。所以，他无论守信还是不守信，都正义，都没有心理负担。权变权变，他有权就可以变，一切自由裁量。

张居正说："孔子曰，君子贞而不谅，孟子所谓亮，即孔子所谓贞也。此又

不可不辩。"

历代都把亮与谅同，就必然再要解释此谅非彼谅。不过张居正也说："亮，是明理自信的意思。执，是执守。君子于天下之事，灼然有定见，而自信不疑，这叫作亮。确然有定守，而特立不变，这叫作执。执则临事有担当，才能有成，而惟亮则先事有主宰，才能有执，此应事接物之准也。"

我觉得这样解释，就可以了，不必和谅扯到一起。

亮，就是明亮、透亮。我真是把那件事情看透了，道理分明，心体透彻，就能坚持原则。不会事到面前，又犹疑不定，或者受人影响，迁就变通。

谅，是说不懂变通。亮，就是看得明白透亮，不存在什么变通。

我们现在有一句很搞笑的话叫"原则上可以"，原则上可以，就是不一定可以，随时准备"贞而不谅"。"原则"这个词，本意是不能动的，现在一说"原则上"，其实就是强调这是可以动的，这不可笑吗？这就是心里不亮堂，觉得"应该是"。应该是，就是可能不是。意思是，先这么设想着，到时候不行就改。随时准备改弦易辙，恶乎执？那就不能执守原则了。

能坚持原则的人，都是心里特亮堂的人，把事情看得特透彻的人，一切了了分明。你要他放弃原则，他也当你透明。

# 领导者的两大任务

**原文**

鲁欲使乐正子为政。

孟子曰："吾闻之，喜而不寐。"

公孙丑曰："乐正子强乎？"

曰："否。"

"有知虑乎？"

曰："否。"

"多闻识乎？"

曰："否。"

**华杉详解**

乐正子，是孟子的弟子。鲁君知道他的贤德，要用他以执国政。孟子说："我听到这个消息，高兴得睡不着觉！"

公孙丑问："乐正子能力很强吗？"

孟子说："他的能力，倒不算强。"

又问："他智虑有余，可以裁决大义吗？"

"也不是。"

"见多识广？可以理繁治剧？"

"也不是。"

**原文**

"然则奚为喜而不寐？"

曰："其为人也好善。"

"好善足乎？"

曰："好善优于天下，而况鲁国乎？"

**华杉详解**

公孙丑问："那他又没什么大本事，您怎么高兴得睡不着觉呢？"

孟子回答说："因为他这个人啊，爱听取善言，能听别人的意见。"

"能听别人的意见就足够了吗？"

"够了，善于听取别人的意见，就是治理全天下也绰绰有余，何况小小一个鲁国！"

张居正注解说：好的政策，好的主意，出于自己则有限，出于他人则无穷。为政者最怕的就是不能听别人的意见。如果能听别人的意见，则虚怀雅量，足以容贤；开诚布公，可以广益。由此以天下之才，理天下之事，绰绰有余。

**领导者的主要任务有两个。一是尽最大可能地让所有人的聪明才智发挥出来：**国家领导者的任务就是让全国百姓都发挥出来；公司领导者的任务就是让全公司职员都发挥出来；部门小组领导者就是让团队成员都发挥出来；而不是说你很厉害，你把所有的事都办了。你也是一个人，一天24小时，能办多少事呢？不但把自己累死了，还阻碍了别人成长进步。

**领导者的第二个任务**，就是培养新的领导者。新的领导者有两个层次：一是你的下一个层级的领导者，要他们学会像你一样做领导；二是未来取代你的新领导者，指挥棒交得出去。

**原文**

"夫苟好善，则四海之内，皆将轻千里而来告之以善；夫苟不好善，则人将曰：'訑（yí）訑，予既已知之矣。'訑訑之声音颜色，距人于千里之外。士止于千里之外，则谗谄面谀之人至矣。与谗谄面谀之人居，国欲治，可得乎？"

**华杉详解**

如果善于听取别人的意见，不仅身边的人，个个踊跃；近处的人，都来亲附；就是那四海之内、千里之外的人才，也不惮涉远而来，贡献他的才智。合天下之智力，资一国之治，有何难哉？

相反，如果不爱听别人的，自恃其才，妄自尊大，看全天下的人，个个都不如我。且好自称自夸，自谓天下之事，无所不知。这风声一传，天下之士都模仿他的强调，訑訑，相当于"呵呵"，不爱听别人的架势："呵呵！你说的那个，我早就晓得了，还等你来说！"那訑訑呵呵的脸色腔调，会拒人于千里之外。

君子小人，是相互消长的，君子少了，小人必然多。中正正直之士，都自绝于千里之外不来，阿谀谄媚的小人就围拢来了。成天都和巴结奉承你的人混在一起，国家要想大治，可能吗？

## 君子直道事人，就是不谋私利

**原文**

陈子曰："古之君子，何如则仕？"

孟子曰："所就三，所去三。迎之致敬以有礼，言将行其言也，则就之；礼貌未衰，言弗行也，则去之。其次，虽未行其言也，迎之致敬以有礼，则就之；礼貌衰，则去之。其下，朝不食，夕不食，饥饿不能出门户。君闻之，曰：'吾大者不能行其道，又不能从其言也。使饥饿于我土地，吾耻之。'周之，亦可受也，免死而已矣。"

**华杉详解**

陈子，是孟子的弟子陈臻，他问："古代的君子要怎样才出来做官呢？"陈臻的意思是，如果急于升官发财，枉道事人，同流合污，苟且以求功名，固然不可。但是，不参与政事，以隐居为高，那就不能经世济民，也不是君子之道。那么，怎样把握这个度呢？

孟子说："出仕有三种情况，离开也有三种情况。

"第一等的是，如果国君对他有礼貌恭敬地来迎接，虚怀以听，又打算切实地施行他的主张，那就做官。如果虽然还保持礼貌，但是并不按他说的话做，就离开。

"不过，要君主马上对你言听计从，也不容易啊！其次一等的，就观察一下，在刚刚就职的时候，虽然意见还未被采纳，但是迎送礼貌还很周到，就继续留任，也不轻易放弃。但是，如果礼貌也衰减了，那就自己知趣离开。

"最后一等呢，其君既不能用，也不能敬，那君子没有收入来源，在家里早饭晚饭都没得吃，饿得出不了门。国君知道后说：'哎呀，我上不能行其道，下不能听其言，还让他在我的土地上挨饿，这是我的耻辱啊！'于是呢，派人送东西来周济他。这时候也可以接受，只是免死而已。"

孟子说的态度，就是他所说孔子"圣之时者"的态度。君子处世，可以仕，可以不仕，只看道理如何，遭际如何。如果可以，就做官，不会绝人逃世。如果不可以，就离开，也不枉道事人。孔子在鲁国做司寇，那是国君既能对他礼敬，又能施行他的主张。后来，齐国送来女乐离间他们君臣，国君对他疏远了，祭祀之后没有送祭肉来，他马上就离开了。

到卫国的时候，卫灵公也还没有用他，但恭敬地迎接，给他和鲁国一样的俸禄，他就留下来了。但是，后来卫灵公、南子夫妇带着他一起招摇过市，他发现卫灵公拿他当好德尊贤的门面摆设，并且耻于这种食客待遇，就离开了。

君子不枉道事人，因为他出仕是为了行道，不是为了利禄。若是为了利禄，则免不了枉道事人，同流合污，搞人身依附，搞拉帮结派，一拉帮结派，就会将自己置于危险的境地，所谓"出来混，迟早是要还的"。要想免于祸患，就不能跟人"混"，一定要保持自己的独立人格和独立价值。你认我的独立人格和独立价值，我就为国效力，要我加入利益集团，我就退而去之。

还是在卫国的时候，权臣王孙贾点醒孔子说："与其媚于奥，宁媚于灶，何谓也？"译成白话文就是："请教老师：'与其祭宗庙，不如祭灶王爷'这句话是什么意思啊？"这个"请教"，是暗示孔子：你与其巴结国君，不如阿附权臣。言下之意，你不如跟我站队，和我联手。

孔子假装没听懂，回答说："不然，获罪于天，无所祷也。"这话不对，如果获罪于天，向哪尊神祷告都没用！

为了功名利禄，参与权斗站队，就是获罪于天。站队押宝押错了，就灰飞烟灭。押对了，也不过是暂时免祸。因为你必须每一次都押对，押错一次就完蛋。谁能每次都押对呢？所以君子直道事人，就是只贡献价值，不贪图权位；只侍奉君王，不攀附权臣。以道事君，不可则去，这就是儒家明哲保身之道。明哲保身的保身，首先不是免于祸患，而是保证自己不要同流合污，保持身体的清白。只有不同流合污，才能免于祸患；只有不贪图权位利禄，才能不同流合污；只有安贫乐道，才能不贪图权位。知之者不如好之者，好之者不如乐之者。人人都知道这个道理，但只有真正乐道之人，才能做到。能安贫乐道，也能富而不骄，因为志向高远，轻财好义，求仁得仁，这就是君子的逻辑。

## 有过错是常态，进步主要靠改过

**原文**

孟子曰："舜发于畎亩之中，傅说（yuè）举于版筑之间，胶鬲举于鱼盐之中，管夷吾举于士，孙叔敖举于海，百里奚举于市。"

**华杉详解**

舜在历山耕田,被尧发掘出来,禅位给他,成为一代圣君。

傅说本是一个建筑工人。版筑,就是筑墙,两块木板竖起来,中间放泥土,夯实了成为墙。商王武丁年轻时以布衣身份在国中游历,认识了傅说,了解他的才华,继位后举用他为宰相,成就了武丁中兴。

胶鬲本是鱼盐贩子,因为被周文王发掘,辅佐文王,成为一代贤臣。

管夷吾就是管仲,他本是跟随公子纠和齐桓公小白争位的。公子纠被杀,他被关起来,在鲍叔的举荐下,齐桓公把他从狱中放出来,任为国相。士,是狱官之长,所以说"举于士"。

孙叔敖曾经隐居于海边,后来辅佐楚庄王,成就一代霸业。

百里奚则是从市井之中,被秦穆公发掘,成为秦国国相,辅佐秦穆公成为春秋五霸之首。

这六个人的才德,或可以王天下,或可以为王者之师,或可以为霸者之佐。但是,如果不遇到明君,没有机会,没有平台,也就是社会底层的普通人罢了。比如颜回,他也有不亚于前面所说六人的才德,但他死得早,没有遇到明君,就安贫乐道去了。姜子牙也是到七十多岁才遇到周文王,如果不遇到周文王,世间也没人知道有这么一个钓鱼翁。

**原文**

"故天将降大任于是人也,必先苦其心志,劳其筋骨,饿其体肤,空乏其身,行拂乱其所为,所以动心忍性,曾益其所不能。"

**华杉详解**

为君为相,都是世间极大的责任,必须是才全德备的人,才能担当,如果不是备尝艰难,历经变故,则不能成其德,不能达其才。所以,当上天要把君相之大任交给一个人的时候,一定先将他置于困穷之地,内则苦其心志,让他不得舒展。外则劳其筋骨,饿其体肤,穷乏其身,使其不得安养。见有行事,总不让他如意,来震动他的心意,坚韧他的性情,增加他的能力。这里的"曾"同"增"。

经历过艰难困苦，则对困苦的人有同情心，恻隐同情，而生仁爱良心；总在不如意中奋进，则闻见日广，智虑日生，承受能力和处理事变的能力都越来越强，这才堪当大任。

**原文**

"人恒过，然后能改。"

**华杉详解**

一个人，有过错是常态，没过错才是偶然。进步靠什么呢？主要靠改过，这是儒家非常重要的观念。孔子说颜回"不二过"，也就是同样的错不犯第二遍。

孔子的好朋友蘧（qú）伯玉，派使者来问候他。孔子问使者："蘧老在家做什么呢？"使者回答说："夫子欲寡其过而未能也。"他在家改过，还没做到呢！孔子赞叹说："这使者！这使者！"

"周卫蘧瑗（yuàn），字伯玉。年五十，知四十九年之非。"周朝卫国有个蘧瑗，到五十岁的时候，自己过去四十九年犯过什么错，自己都知道！这就是著名的蘧瑗知非。

随时能自省，知道自己的过错，然后不断迁善改过，这就是自修的方法。而我们平时却正好相反，别说改过，连承认自己的过错都做不到，这就是所谓的"君子之过也必改，小人之过也必文"。文，就是掩饰，就是编一套说法，说得自己没错。君子小人都一样犯错，区别在于对自己过错的态度。

**原文**

"困于心，衡于虑，而后作；征于色，发于声，而后喻。"

**华杉详解**

衡，是横、不顺的意思。

一般人做不到曾子那样一日三省吾身，也做不到蘧瑗知非那样成天检查自己有什么错。只有遇到时穷势困、仓皇失措的时候，其心困苦而不能舒展，焦虑横塞在他胸臆中。思前算后，这一难都过不去了，这时候奋然感发而振作起来，悔过自新，重新做人！精神意气，都从愤激中鼓动出来。或者，别人已经给脸色了，言语中也不客气，这才晓谕明白自己错了，开始改。

**原文**

"入则无法家拂（bì）士，出则无敌国外患者，国恒亡。然后知生于忧患，而死于安乐也。"

**华杉详解**

法家，是执掌法度的世臣。拂士的拂，同弼，意为辅弼，辅佐君王的贤士。

善心每发于忧勤，祸患常生于怠忽。如果对内没有执掌法度的世臣和辅佐君王的良士，对外又没有敌国外患，这个国家常常就要灭亡。这就是生于忧患，死于安乐。

生于忧患，死于安乐。汤因比在《历史研究》中的核心结论：文明诞生于挑战。没有挑战，就没有文明。中国形成黄河文明，就是因为要应对黄河泛滥的挑战，所以需要组织起强大的国家。而当国家安乐，就会被蛮族入侵，所以人类的历史，就是野蛮人征服文明人的历史，罗马征服希腊，罗马又被北方蛮族征服。辽国生于忧患，征服中国北方，安乐了，被金国所灭。金国生于忧患，征服了辽国，压制着宋国，安乐了，和宋朝一起被蒙古所灭。

国家如此，公司也如此，所以对员工，要来之、富之、教之、劳之。近悦远来，先要让他来，来了要让他富足；富而知书礼，要教育他；最后一个"劳之"很重要，要劳动，要锻炼，要精神精神！否则，都死于安乐了。乔布斯说：保持饥饿，保持愚蠢。其实还要加一句：保持忧患。

## 不屑于教导他，这也是一种教导

**原文**

孟子曰："教亦多术矣，予不屑之教诲也者，是亦教诲之而已矣。"

**华杉详解**

孟子说:"教诲人的方法有多种,我不屑于去教诲他,也是一种教诲呢!"

儒家教诲人,跟中医一样,一人一方,辨证施治,没有标准教材、标准答案。同样一个问题,不同的人问,老师给的回答也不一样。比如什么是仁,什么是孝,这些儒家思想最根本的问题,孔子也从来没有给一个"标准答案"。在《论语》里,每个人问,他的回答都不一样。为什么呢?他都是根据提问者自身的情况,看他缺什么,就给他补什么。

朱熹在《中庸集注》里说:"故君子之治人也,即以其人之道,还治其人之身。"这话被误传进了《成语词典》,意思成了以牙还牙的报复。其实它的原意是:"君子教诲人,都是用他自己本来就懂得的道理来帮助他。"就像你问老师一个问题,老师并不直接回答,而是反过来问你一系列的问题。老师问,你回答,问的问题全是你能答上来的,一路问下去,你就明白了你那个问题的答案,你自己就说出来了。这就是以其人之道还治其人之身。

徐爱给王阳明整理《传习录》,王阳明开始时就反对,他说问答的背后,是学生自身的问题和当时的情况,你如果记下来,把他作为思想传下去,都是误人子弟。因为别人的情况不同,他却把这个当药方,就容易出问题。

孟子这里说的又是一种方法,就是把他撵出去,不屑于教导他,这也是一种教导。这是下猛药了。有的人习于不善,惑于异端,自欺欺人,强词说理,他来问老师,其实不是来向老师请教,是来会一会老师,跟老师"过过招"。老师跟他说任何道理,他都不会接受,他就是来踢馆的。这种人,直接就撵出去,一点情面都不要给他。他若幡然醒悟,知耻而省改,或许还能去邪从正,否则,天老爷也帮不了他。

# 第十三篇 尽心章句上

## 尽心尽力，修身养性，静候佳音

**原文**

孟子曰："尽其心者，知其性也；知其性，则知天矣。"

**华杉详解**

这一段，要结合《中庸》开篇第一句来读："天命之谓性，率性之谓道，修道之谓教。"

命，是命令。天命，是上天给的命令。天命就是性，就是天性。对于没有生命的无机物来说，是指它的物理性质、化学性质；对于生命体来说，就是指它的基因。

尽心的尽，是完全、充满。中医也说，身体是最好的药。你自己的心里拥有一切善良和智慧，你要去自己的心里找。这就是王阳明说的致良知，你在自己心里找，尽心了，就能找到良知良能，找到自己的天性、人的本性。而天命之谓性，找到人的本性就是找到天命，所以你就知天了。

我们平时做一件事情，完成领导交办的一项任务，没有办成就说自己"尽力"了。尽力了，怎么会没办成呢？多半是因为没有"尽心"。如果尽心去办，就能找到智慧本能，找到创意，找到办法，这就是尽心尽力。尽力只是下苦力，尽心才有创造力。

朱熹注解说，尽心就是穷理，知性就是知其理之所出。

**原文**

"存其心，养其性，所以事天也。"

**华杉详解**

存心养性，就是《大学》里讲的正心诚意。心是天君，性是天命，孟子说："学问之道无他，求其放心而已。"学问之道，就是把放逸的心拿回来；学问之道，就是正心。

张居正说："君子之道，以格物致知为入门。尤其重要的是尽心尽力去践行，心固然是尽了，但还害怕它出入无常，所以要操而存之，使之一动一静，都正正地在胸腔里面，不夺于外物所诱。"这就是正心，存心即正心。

又说："性固然是知了，但又担心自己的作为伤害了它，所以顺而养之，使事事物物，常循其自然之理，而不涉于矫揉之失。君子存养之功，交致甚密。为什么呢？因为心为天君，性为天命，心性是上天交给我的，我如果放逸其心，戕贼其性，那就是慢天裹天，而不是事天了。所以操存此心，就是奉养我的天君，而不敢违越；顺养此性，就是保我的天命，而不敢失坠，就像上帝日日在面前一样，这不就是事天吗？能事天，则意诚心正，做什么事都能成全功。"

不仅要成功，而且要成全功，这就是正心诚意、存心养性的功力。

**原文**

"夭寿不贰，修身以俟之，所以立命也。"

**华杉详解**

人生际遇，无非死生祸福。超越祸福是一种境界，看透生死又是一番境界。夭寿不贰，就是无论寿命长短，都不改变态度。修身养性，等待死亡；安身立命，事天以终身。这是非常了不起的境界。说什么功名利禄，我已经超越了死亡的恐惧。在夭寿之间，都已经看得如此透彻；修身之功，已经持守得如此坚定。天赋予我的，浑然全备，一点损伤都没有。幸而得长寿，则好德考终；不幸而早夭，也顺受天命。

尽心知性，事天立命。我只是尽心尽力，只问耕耘，不问收获。我只是修身养性，静候佳音。

## "仁义礼智信"全都在你自己身上

**原文**

孟子曰："莫非命也，顺受其正。是故知命者不立乎岩墙之下。"

**华杉详解**

孟子说："一切都是命运，但顺理而行，接受的就是正命。所以懂得命运的人，不站在危墙下面。"

人生的吉凶祸福，都是命运，你永远不知道下一秒钟会发生什么。所以君子"尽其在我，听其在天"，就是前面说的尽心知命。尽自己的正心诚意，尽自己的努力，只问耕耘，不问收获。有什么结果，就接受什么结果。天降我以福，顺而受之；天降我以祸，也顺而受之，我只是遵道而行，顺受其正。

但是，我不会蹈危履险，以至于丧身殒命而不顾，就像站在危墙下面一样。所以知命的君子，虽然不会以趋利避害为行事标准，但也会择地而处，不会立身于危墙之下，自取覆压之祸。

所以，只有知命的人，才能顺受其正。不知命的人，你怎么跟他讲接受命运，他也不会懂。他总往危墙下面钻，而且还要跟你辩，说要和命运抗争。你跟他讲只问耕耘，不问收获，他也不会懂。他不相信你不问收获，他觉得这不科学。

什么人会往危墙下面钻呢？大部分人都会。比如街上那些乱开车的、抢道的、闯红灯的，这都是不知命，哪有危墙就往哪行。他们为什么这样做呢？因为贪图利益。就为了"快一点"这个小利益，他就敢往阎王殿里闯一闯！看见这样的人，我们说他素质低，其实我们自己的素质也高不了多少，只是我们贪图的利益比他大罢了，我们也会干出富贵险中求，要钱不要命的事。

**原文**

"尽道而死者，正命也；桎梏死者，非正命也。"

**华杉详解**

桎梏，是刑具。

尽力行道而死的人所受的是正命，犯罪而死的人所受的不是正命，是死于非命。

简单地说，该死就死，但不要作死。

**原文**

孟子曰："求则得之，舍则失之，是求有益于得也，求在我者也。求之有道，得之有命，是求无益于得也，求在外者也。"

**华杉详解**

只要我追求，就能得到，有求必得，这是因为我追求的东西，就在我自己身上。比如你追求仁义礼智信，这些全都在你自己身上，你只要愿意去做，马上就能得到。你说得不到，那都是"非不能也，实不为也"。我们往往也自以为追求仁义礼智信，但其实并不把仁义礼智信当目的，而是当工具。所谓"小胜靠智，大胜靠德"，追求的既不是智，也不是德，而是胜，是结果。一旦发现结果不满意，就不智无德，放弃原则，就往危墙下面走，就成了不知命者了。

另一些东西呢？你求之有道，但得不得并不取决于你，而要看命运给不给你。这是因为你追求的，不在自己身上，而在别人那里。比如功名利禄、男朋友女朋友，或者一个客户生意机会，这些都要看上天给不给你，别人给不给你。

**原文**

孟子曰："万物皆备于我矣，反身而诚，乐莫大焉；强恕而行，求仁莫近焉。"

**华杉详解**

这个世界，以及我们自己的命运，我们所能控制的、所能决定的，只是很少很少的一部分。这是知命的第一条。我只能完全控制我自己，外面的都不归我控制。你自己的孩子，也都有他自己的想法，你管不了。别认为自己能改变世界，你只能改变你自己。

当我所追求的，全在自己身上，那就是万物皆备于我。行有不得，反求诸己，所有的得失，都能在自己身上找到，在自己身上用力，这不就是最大的快乐吗？

我只要自己正心诚意去做，其他一切都顺命受命，这就是只问耕耘，不问收获。无论穷通，专注于自己，求仁得仁，自得其乐，活在自己的世界。

反身而诚，则天理浑全，自己充实得很，然后强恕而行。什么叫强恕而行呢？强，是用力；恕，是恕道。就是我自己正心诚意，然后将心比心，推己及人。己所不欲，勿施于人，没有什么比这更能接近仁德的道路了。


## 道不远人，平常日用不离道，百姓日用而不知

**原文**

孟子曰："行之而不著焉，习矣而不察焉，终身由之而不知其道者，众也。"

**华杉详解**

义利分明叫著，洞悉精微叫察。孟子说，做了却不明白，习惯了而不觉察，一辈子走在这条道路上，却还是不了解这条道路的，就是芸芸众生吧。

《易经》上说："仁者见之谓之仁，智者见之谓之智，百姓日用而不知，故君子之道鲜矣。"

所谓道不远人，就是平常日用不离道，百姓日用而不知。不知道，就不能存养它，放大它，扩充它。比如人人都知道以仁爱对待自己的孩子，却不知道仁爱可以扩充推之于大事，所以他们不能成为君子。

能尽心，能知道，行而能著，习而能察，就是君子。行不能著，习不能察，就是众庶。孔子说："民可使由之，不可使知之。"这不是他要愚民，不是他不要你知道，而是说，对于普通民众，你可以教他们怎么做，但是却没法让他们理解为什么要这样做的道理，这时候，你直接要求他们做就好了。能行，能习，再看他能不能著，能不能察。不能著，不能察，也没关系，只要去做就行！

先贤大德讲的道理，都很简单，都是耳朵听出老茧来的大道理。就算你不能著，不能察，不懂得大道至理的分量，也还是要认真试试能不能去做，别当一碗鸡汤喝了。如果既不能知之，也不能由之，那就真没救了。

民可使由之，不可使知之。当我们切己体察这句话时，不要不由自主地把自己代入君子的角色，而是要把自己代入普通民众的角色。我们每个人都有自己无法判断的地方，这时候就看你能不能做到放弃判断，跟别人走，按别人说的做。舍己从人，善莫大焉，是说发现别人的办法比我的好，就马上放弃我的，跟从别人。更进一步，在我判断不了他人的办法好还是我的办法好的时候，我能不能服他人是这方面的权威，于是就听他人的呢？

## 要厚黑学，还是要羞耻心，都是自己的选择

**原文**

孟子曰："人不可以无耻。无耻之耻，无耻矣。"

**华杉详解**

孟子说："人不可以没有羞耻心，如果能懂得无耻之耻，懂得把没有羞耻心当作羞耻，就可以远离耻辱了。"

张居正讲解说，羞恶之心，人皆有之，所以能见善则迁，知过能改。人如果贪昧隐忍，没有羞耻心，小则丧失廉洁，大则败坏名节。以不肖自待，别人也以不肖憎之；以下流自处，人亦以下流恶之，那真是没有比这更可耻的了。

人不能没有羞耻心，觉得"我是流氓我怕谁"。"我是流氓"，就是自绝于善；"我怕谁"，就是自绝于人。

**原文**

孟子曰："耻之于人大矣。为机变之巧者，无所用耻焉，不耻不若人，何若人有？"

**华杉详解**

羞耻心于人品心术而言，关系重大。孟子说过四端："恻隐之心，仁之端也；羞恶之心，义之端也；辞让之心，礼之端也；是非之心，智之端也。"能存养羞耻心，则日进于圣贤；没有羞耻心，则沦为禽兽。

但是，有那么一种机巧变诈之人，暗地害人，则机巧深藏而不测；多方欺人，则变诈百出而不穷。这些下流事，都是君子所深耻而不肯为者，他反倒以智巧为得计，而洋洋得意。那他的羞耻心，是完全无处可用了。

你再聪明狡猾，但是在羞耻心这一点上不如别人，那就事事都不如人了。你自以为修炼了厚黑学，无往不利，殊不知这些都不过是行险侥幸。大节一失，万事瓦裂，欺天罔人，自取灭亡。出来混，总是要还的。

要厚黑学，还是要羞耻心，都是自己的选择。

## 交朋友求的是相互规正、共同进步，而不是权势富贵

**原文**

孟子曰："古之贤王好善而忘势。古之贤士何独不然？乐其道而忘人之势。故王公不致敬尽礼，则不得亟见之。见且由不得亟，而况得而臣之乎？"

**华杉详解**

孟子说，古代的贤王，其崇高富贵已经无以复加了，但仍有一念屈己下贤之诚，唯知有道德之可好，不知有权势之足恃，与贤士倾心相交，完全忘记了自己的权势。古代的贤士也一样，乐己之道，怡然抱德义以自高，而忘记了对方的权势，漠然视富贵而无有。所以，如果王公大人礼数不周到，就不能屡次

见到他。相见尚且不可多得，更何况要他当臣属呢？

贤君和贤士，如何能相交呢？就要各尽其道。贤君之道，是屈己而下贤；贤士之道，是不枉道而求利。如此，贤君以道为重，不以自己的权势为重；贤士以道自重，不以功名利禄为重，双方就配合上了。

贤君要结交贤士，是为了求道，而不是为了增加权势。贤士要结交贤君，是为了行道，而不是为了得富贵。孔子说："不义而富且贵，于我如浮云。"如果为了富贵而枉道事人，失了自己的道，大本已失，富贵有何意义？

如果反过来，君王以权势富贵自骄。士又敬畏君王权势，贪慕富贵，枉己以求合。这样，上轻于待士，士轻于自待，上骄下谄，两失其道。君王也就交不上贤士，都是溜须拍马的小人围拢来。

乐善忘势，我们交朋友，若是求相互影响、相互规正、共同进步的良师益友，则求的是善，不是权势富贵。如果他比你富贵，他的富贵也不在你眼里；如果你比他富贵，你也不以富贵自骄。

## 人首先要自得，不要迷失自己，然后才是身外的穷通得失

**原文**

孟子谓宋勾践曰："子好游乎？吾语子游。人知之，亦嚣嚣；人不知，亦嚣嚣。"

**华杉详解**

宋勾践，是一个人名，此人身世不详，大概是当时的游士。游，是游说诸侯。嚣嚣，是自得其乐、无求于人的样子。

孟子对宋勾践说："你喜欢游说诸侯吗？我告诉你游说之道。游说的人，都希望能兜售他的主张，被人接受，就喜不自胜；不被人接受，就愤懑委屈，这不是得道之人。真正懂得游说之道的人，别人接受我的主张，我心里自然嚣嚣然自得其乐；别人不接受我的主张，心里一样嚣嚣然自得其乐。为什么呢？因为我乐的是我的道，自足于己，而置得失于两忘，无求于人，而任穷通于所

遇。这样才是游说之道。"

### 原文

曰:"何如斯可以嚣嚣矣?"

曰:"尊德乐义,则可以嚣嚣矣。"

### 华杉详解

宋勾践问:"要怎样才能自得其乐呢?"

孟子回答说:"首先是尊德乐义。你尊的是德,不是爵,得不得到官位,就不重要了。因为德是所得之善,在你自己身上,自尊自重。你守的是义,义是所守之正,是进退取予的原则标准,你守得正,不为外物所诱,得不得,有什么要紧呢?至少没有你所守的东西要紧。德义之理本是至乐,所谓'朝闻道,夕死可矣'。那么大的快乐,真趣在我,怎么能不嚣嚣然自得其乐呢?"

人都计较得失,得失并不因为你计较它而能得到它,反而肯定会让你失去自己,最后不仅想得的没得到,把自己也丢了。人要得,首先要自得,不要迷失自己,然后才是身外的穷通得失。

### 原文

"故士穷不失义,达不离道。穷不失义,故士得己焉;达不离道,故民不失望焉。古之人,得志,泽加于民;不得志,修身见于世。穷则独善其身,达则兼善天下。"

### 华杉详解

自己修养不够,充养未盛,就会立不住,站不稳,被得失遭遇所牵引。尊德乐义的本质,是你真有德,真有义。真有德,真有义,你才能懂得德义的珍贵,重如泰山,乐在其中,把它看得比得失穷通更重要。

所以贤士穷不失义,当他穷困的时候,安贫守义,不降其志,不辱其身,立得住,站得稳,就不会失去自己。达不离道,当他发达的时候,行道于天下,上不负君,下不负民,百姓期待他兴道致治,他就不会让百姓失望。

古人得志,则积极进取,行道于天下,恩泽加于百姓;不得志,则退而修身，德自我尊，义自我乐，百世可师之。这就叫穷则独善其身，达则兼善天下。

孟子和孔子，都做到了穷则独善其身，达则兼善天下。而他们的独善其身之道，传诸后世，不仅兼善天下，而且兼善百世，怎能不自得其乐呢？这是世间至乐啊！

## 暴得富贵却处之淡然，就是有使命感的人

**原文**

孟子曰："待文王而后兴者，凡民也。若夫豪杰之士，虽无文王犹兴。"

**华杉详解**

孟子说："一定要等到周文王那样的圣君出现才奋发的，那是一般人。至于豪杰之士，纵使没有周文王，也一定会奋发起来。"

张居正讲解说，善虽然是由教化而来，但并非是一定要别人教化感染才有，完全看自己如何自勉。古今教化之善者，莫过于周文王，有文王在，自然受他教化，跟着他学习进步，也能在他的治下得到发挥。倘若当世并无周文王，豪杰之士也自有出类拔萃之能，能砥砺于道德，卓然而自立，奋发于事功，毅然有以自任，不用待闻文王之风、被文王之泽才感发而兴起也。

豪杰之士，不待教化而生，自能应运而出。孟子这是在说自己呀！

**原文**

孟子曰："附之以韩魏之家，如其自视欿（kǎn）然，则过人远矣。"

**华杉详解**

欿，是不自满。

孟子说："把韩魏两大家的财富都给他，他还自认为没什么的人，那就不是

一般人了。"

这和前面说的"忘势"是一个意思。人都追求富贵，稍有所得，就矜己夸人，侈然自满。假如有这么一个人，本是贫寒游士，忽然贵为上卿，把韩魏两大家那么多的财富都给他，他仍自视欿然，完全不觉得自己增加了什么，丝毫没有骄盈之念、盛满之容，那就太有过人之处了。这是为什么呢？因为他有使命感，地位是责任，不是权力，财富是地位责任的配套。豪杰之士，以天下自任，今天获得韩魏两家这么大的权势，正是经世济民的开始，专注于自己的使命，一心要改变世界，哪里顾得上以财富自满呢？如果没有使命感，暴得富贵，就像突然中了巨额彩票的人，往往经历挥霍一空的两年，就毁掉了自己的人生。

世间之人，溺情于富贵未得，而不胜其贪婪之欲，得到了，又不胜其得意之态，丑态百出，人和人差距太大了。

人都是看他关注什么。以道自重，尊德守义的人，关注的是自己的道，有了财富地位，就聚焦于行道，自然不会以财富为傲。

**原文**

孟子曰："以佚道使民，虽劳不怨。以生道杀民，虽死不怨杀者。"

**华杉详解**

佚，同逸。役使百姓，但目的是让他们安逸，比如催促他们春耕秋收，农闲时又组织他们兴修水利、伐木盖房，百姓虽然劳作，但知道是为他们好，所以他们劳而不怨，没有怨言。

以生道杀民，指不是暴虐嗜血，而是除害去恶，有不得不杀之者。比如有杀人犯，那就一定要把他处决，那被处决的人也明白自己犯的是死罪，不会有怨言。

**原文**

孟子曰："霸者之民，驩虞如也；王者之民，皞皞如也。"

**华杉详解**

驩虞,就是欢娱。皞,是广大;皞皞,是广大自得之貌。

这里又是讲王道和霸道的区别,这是效验上的区别。

霸道之民都是劫后余生,等到终于有人来维持人道,自然欢欣鼓舞,对那霸主感恩戴德:没有他,我们都在水深火热之中啊!

王道之民则不同,涵濡于道化之中,游泳于太和之世,各遂其生,自得其乐,不知其乐之所来。老终壮养,各得其利,不知其利之所自出。

程颐说:"驩虞,有所造为而然,岂能久也?耕田凿井,帝力何有于我?如天之自然,乃王者之政。"

杨时则说得更尖刻:"所以致人驩虞,必有违道干誉之事;若王者则如天,亦不令人喜,亦不令人怒。"霸者让百姓欢欣鼓舞,那他一定是干了违反天道、沽名钓誉的事。真正的王者,就像天地一样,厚德载物,并不让谁高兴,也不让人愤怒。

**原文**

"杀之而不怨,利之而不庸,民日迁善而不知为之者。"

**华杉详解**

庸,功劳。

这就是前面说的"皞皞如也"。你杀了他,他也没有怨言,因为他犯了死罪,不是你刻意要杀谁,你的职责就是除害去恶。

你做了有利于百姓的事,他也不觉得是你的功劳,不觉得应该感激你,因为不是你刻意要对谁好,你的职责就是因民之所利而利之。

这样,百姓的生活和社会的文明每天向好的方向发展,也不知道是谁使他们如此。

王者杀人不是为了树威,让谁怕我;利国利民不是为了市恩,让谁感激我。张居正说:"治出于上,但看不见谁的丰功伟绩;化成于下,也没想过要对谁感恩戴德。所谓王者之民,怡然自乐,自得自在,这就不是感恩戴德、欢欣鼓舞的霸者之民可以比的了。"

**原文**

"夫君子，所过者化，所存者神，上下与天地同流，岂曰小补之哉？"

**华杉详解**

朱熹注解说："君子所过者化，身所经历之处，即人无不化。所存者神，心所存主处便神妙不测，莫知其所以然而然也。是其德业之盛，乃与天地之化同运并行，非如霸者但小小补塞其罅漏而已。此则王道之所以为大，而学者所当尽心也。"

大而化之之谓圣，圣而不可知之之谓神，神化者，通其变而民不知也。王者之道甚大，王者所过之处，人们都被他感化；停留之处，所起的作用，更是神秘莫测。

霸者如齐桓公，九合诸侯，一匡天下，哪有灾他去救，哪有漏他去补，所以全天下都看见他的功绩，人人都感激他。没有他这个消防队长，大家都活不下去！

而在王者之世，什么都事先规划安排好了，不让它有漏，不让它有灾，所以天下太平，没出什么事，也没看见谁在给大家干事，人人各就各位，自己干自己的，自然也就不觉得我的幸福生活是谁给的。

王者德大，与天地同道。霸者德小，咋咋呼呼。所以贤者以大德为志，正心诚意，不违道干誉，实心办事，不沽名市恩，全心全意为百姓服务。


## 情商高的人特别擅长背后说人好话

**原文**

孟子曰："仁言，不如仁声之入人深也；善政，不如善教之得民也。善政民畏之，善教民爱之；善政得民财，善教得民心。"

**华杉详解**

仁言，是仁爱的言语。仁声，是仁闻，是仁爱的声誉。

仁言是你说出来的话，仁声是你有仁爱的实际行为，为大家所称道。可见仁德之昭著，感人至深。所以说仁爱的言语，不如仁爱的声望深入人心。

就好像我们当面说一个人好话，那是恭维，对方客气一下就过去了。如果背后说人好话，听到这些话的人又把这些话传给他了，他听见之后，就会非常感动，这也是仁言不如仁声之入人深也。所以，情商高的人特别擅长背后说人好话。

再说善政和善教。

善政，是良善的政治。善教，是良善的教育。

善政是法制，约束百姓，让他们服从秩序，但是他心里未必服你。善教是崇德尊礼，人人自己修身齐家。所以，善政不如善教得民心。

在企业里，就好像善政是制度，善教是企业文化。文化高于制度，可以去到制度去不到的地方，让每个人自己管理自己。

善政是纪律禁令，法立而凛然不敢犯，让百姓畏惧。善教是德礼之启迪，让人感发善念，自己为善去恶，所以百姓自己乐于接受，自律、自尊、自爱。

善政得民财，怎么要得到百姓的财富呢？朱熹注解说："得民财者，百姓足而君无不足也。"百姓都富足，国君自然也就富足了。这是善政，不是横征暴敛去得民财。

什么是善教得民心呢？朱熹注："得民心者，不遗其亲，不后其君也。"不遗其亲，是幼有所教，老有所养，家和万事兴。不后其君，是输诚待上，尽心尽力，什么事都想在老板前面，自己主动干，创造价值，创造贡献，不要等老板想到再来派任务。

不后其君，就是最佳员工了。

## 孔子梦周公，王阳明梦见孟子

**原文**

孟子曰："人之所不学而能者，其良能也；所不虑而知者，其良知也。孩提之童，无不知爱其亲者；及其长也，无不知敬其兄也。亲亲，仁也；敬长，义也。无他，达之天下也。"

**华杉详解**

人不需要学习就会做的，这叫良能；不需要思考就能知道的，这叫良知。什么是良知良能呢？你看那两三岁的小孩，没有不爱他父母的，等长大一点，没有不敬他兄长的，这就是良知良能。敬爱父母就是仁，尊敬兄长便是义，这仁义就是人的良知良能。把这仁义扩充放大，推行于天下，对任何人、任何事，我都凭着自己的良知良能，以仁义待之，则遇之左右而逢其缘，无处不可通达。

这一段很重要，这是"良知良能"的出处，也是王阳明心学致良知学说的根。《皇明大儒王阳明先生出身靖乱录》记载：

> 忽一夕梦谒见孟夫子，孟夫子下阶迎之，先生鞠躬请教。孟夫子为讲良知一章，千言万语指正亲切。梦中不觉叫呼，仆从伴睡者惧惊醒。自是胸中豁然大悟，叹曰："圣贤左右逢源，只取用此良知二字。"

良知良能就是天性，是本能，不用思考就知道，也可以说是直觉。《中庸》里说："诚者，不勉而中，不思而得。"只要正心诚意，凭着良知良能去做，不用勉强自己，自然想得到，做得到。如果"三思而后行"，那是想太多，越想越远。

我们做事的时候有体会，直觉往往最正确，最开始想的最正确，后来想多了，就越跑越远。是什么地方想多了呢？是自己的私心杂念想多了，是孔子说的"意必固我"想多了。

《论语·子罕第九》："子绝四：毋意，毋必，毋固，毋我。"意，是主观臆断。必，是期必，期待着它必然会怎样，一厢情愿。固，固执己见。我，我执，不能"无我"。

西谚说："我们相信一些事情，只不过是因为我们希望它是真的。"这就是意必固我，就不是良知良能。人本来知道，本来会做的，因为一厢情愿，贪巧求速，就不知道，也不会了。

所以任何事情，一是要回到自己的良知良能，抓住本质，回归常识，发挥本能。二是要始终服务于最终目的。而且这个最终目的，不是我的最终目的，而是社会的最终目的。在我的良知良能和社会的最终目的之间，画一条直线，这就是大道。我心光明，勇往直前，自然遇之左右而逢其缘。

陆九渊说良知良能：

我在那无事时，只是一个无知无能的人，而一旦到那有事时，我便是一个无所不知、无所不能的人。

这就是良知良能的力量！

## 不要廉价的感动和赞扬，而是要落实到自己身上

**原文**

孟子曰："舜之居深山之中，与木石居，与鹿豕游。其所以异于深山之野人者几希。及其闻一善言，见一善行，若决江河，沛然莫之能御也。"

**华杉详解**

孟子说，舜是圣人，他这圣人，和一般人有什么区别呢？当初他居住于深山之中，在家相伴只有树和石，出门所见不过鹿和猪，他和一般的深山野人看上去没什么区别。但是，当他听到一句善言，见到一件善行，便会立即照着去

做，这样，他的进步就像决了口的江河一般，没有人能挡得住！

这句话，是进步最深刻的本质！不可轻轻放过！

这就是一个习惯素养，当我们听到一句善言，见到一件善行，一定想一想，我要不要这样去做？这样，我表示反对或赞同，就变成一件非常严肃的事情。我说赞同的，都是我马上要照做的，我不准备照做的，就不要发表意见。

不要把别人的善言善行当心灵鸡汤喝掉，或者端了去灌给其他人喝，而是要切己体察，马上落实到自己身上。不要廉价的感动和赞扬，不要口是心非，光说不练，要实际行动。

这样，听到的每一句善言，见到的每一件善行，都在自己身上落实了，那进步还得了吗？张居正说，圣人居处之迹，虽与人同，其受善之诚，则与人异。及至人有善言，得闻于耳，人有善行，一得接于目，马上心领神会，心通理融，触之自应，随听受，随领悟；随领悟，随施行，其感通神速，就像江河决堤一样，其沛然而下之势不可挡！其好善之诚，有受善之量，有应善之速，这进步之神速，沛然如决江河。

这背后的道理还是《大学》里讲的"诚意正心"，真把人家的善言善行当回事！

《论语》里有子路的故事，他有时听到一句善言，就捂起耳朵："别说！别说！我不要听！"为什么不要听呢？因为上一句还没做到，怕听多了消化不了！

学以润身，知行合一。若是道听而途说，口耳之学，善言都说给别人听了，鸡汤都端给别人喝了，一辈子也进步不了。

## 有所不为，有所不欲，君子之道，如此而已

### 原文

孟子曰："无为其所不为，无欲其所不欲，如此而已矣。"

### 华杉详解

孟子说："不干自己不想干的事，不要自己不想要的物，君子之道，如此而

已！"

这一句，还是讲良知。

朱熹引用李氏注解说："有所不为不欲，人皆有是心也。至于私意一萌，而不能以礼义制之，则为所不为、欲所不欲者多矣。能反是心，则所谓扩充其羞恶之心者，而义不可胜用矣，故曰如此而已矣。"

张居正讲解说，立人之道，不外乎于心，而制心之功，不外乎于义。我们对不义之事，耻之而不为不欲，谁没有这样的羞恶之心呢？但是私意一起，就难免自欺欺人，不能以礼义来约束自己，于是做了自己本来知道不该做，也不想做的，拿了自己知道不该拿，也不想拿的。如果能在应事之际，觉察自己的良知本心，觉察此心的羞恶而不肯为，而约束自己不为，不要昧了这一念不为之真心；觉察此心之羞恶而不愿欲，而约束自己不欲，不要昧了这一念不欲之真心。如此，则羞恶之良心已全，而义不可胜用矣。人道不已尽于此乎！

有所不为，再加上一个有所不欲，君子之道，如此而已。人人都知道，但是做不到。不愿意放弃利欲，就放弃原则，就"灵活变通"，就越来越偏离了大道，迷失了自己，积累的问题越来越多，再也甩不掉了。

知之者不如好之者，好之者不如乐之者，还是要看你真正乐的，是利还是义。利之乐有限，欲壑难填，越来越难满足；义之乐无限，步步登高，无限风光在远山。当你在利上不断下注，就不愿意损失了利，不断要用利来满足自己，不断要向外求。当你在义上持续下注，就不愿意损失了自己的义，不断要用义来满足自己，一切向内，向自己求。利，它自己来，来多少算多少，没有义重要。

"所谓扩充其羞恶之心者，而义不可胜用矣。"扩充，就是儒家的修身心法，从日用常行、应事接物待人，将这四端——恻隐之心，仁之端也；羞恶之心，义之端也；辞让之心，礼之端也；是非之心，智之端也——不断扩充，放大，就可以大而化之，参与天地之化育，天人合一。其至情至性至乐，非利欲之乐可比！

# 困苦让人思考,挫折让人检讨

**原文**

孟子曰:"人之有德慧术知者,恒存乎疢(chèn)疾。独孤臣孽子,其操心也危,其虑患也深,故达。"

**华杉详解**

德慧,是德性之聪慧。术知,知读着智,是处世之智巧。疢疾,疾病,指灾患。孤臣,孤远之臣。孽子,庶子,不是正妻所生。

张居正讲解说,人都想要安乐,不想要困穷。殊不知困穷才是成德之地。凡聪明内含,而德性中有警敏之识,可以洞见事理于未然,这叫作德慧。技能外运,而才术中有机智之巧,可以剖决理事,无不恰当于当然之理,这叫作术知。人能有这样的德慧术知,不是优游安逸中能练出来的,大多是遭遇患难,有以激发其善心,涉阅忧虞,有以顿挫其逸志。所以德慧在困穷中产生,术知在磨炼中成长。

比如为臣尽忠,为子尽孝,本是情理之常。但是那孤远之臣,忠不能报效于君;孽庶之子,孝不能自达于父。这都是有灾患的、人臣人子中的弱势群体。这样的境遇,一刻也不能自安,而虑患则左陡右防,一件小事也不敢疏忽。在这样的危苦、战战兢兢之中,精明焕发,人情练达;险阻备尝,世事洞明。人情世故习熟,事理无不通达,德慧术知就练成了。

所以当你不被社会或家庭接受,处于最弱势的时候,要知道这正是进德之地,多难之时,忧勤独切,深谋远虑,正是通达之机。

困苦让人思考,挫折让人检讨。治平之日,逸欲易生。多难之际,进德之时。

**原文**

孟子曰:"有事君人者,事是君则为容悦者也;有安社稷臣者,以安社稷为悦者也;有天民者,达可行于天下而后行之者也;有大人者,正己而物正者也。"

**华杉详解**

孟子在这里,把人臣分了四等。人臣事君,人品不同,价值观不同,他们的事业也就不同。

最低下的一等,是侍奉国君个人的。

他们也是想国君所想,急国君所急,为国君所欲为,尽心尽力,全力以赴讨国君欢心。但是他们可不管对国家有利还是有害。如果国君做得不对,他也曲意阿谀奉承,将国君陷于有过,他还会给他找理由开脱。如果国君想干坏事,但还没好意思干出来,他就先意逢迎,鼓动他去干,唯恐不能投其所好。这样的人,一心只为讨好巴结,保全自己的禄位,至于君德之成败,国事之离乱,毫不关心。由于专注而无底线,他们往往也很"成功"。

孟子前面批评过:"今之大夫,逢君之恶。"以侍奉国君个人利欲为事业的人,最终都会走向逢君之恶。

上一等的,是社稷之臣。他不是国君之臣,是社稷之臣,以安社稷为事业。小人之务悦其君,大臣之计安社稷,皆眷眷于此而不能忘也。张居正说,小人悦君,是为自己谋身,谋富贵;大臣安社稷,是谋国,谋功名。谋国之臣,一则匡正君王,务使君德无阙,保国运于荣昌;二则济弱扶倾,务使民心不摇,而奠邦基于巩固。以一身任安危之寄,决大疑,戡大难,而劳怨不辞;以一身当利害之冲,事求可,功求成,而险阻不避。殚精竭力,眷眷焉唯社稷之安是图,必社稷安而后心始安,就如小人务悦其君一般,没有一刻一息能放松释怀。他的志向在于功名,专注在于报国,富贵不足以累其心也。

孟子说,社稷之臣固然忠正,但他的格局,也不免为一国之臣,还有更上一等,叫天民。民,没有官位就叫民;**天民就是能全尽天理之民**,其人品既高,自任甚重,固然也想大有作为,但是因其重道之心,若不能行道,他必不肯轻易一试。如果不到兴道致治的时机,一般的功名不在他的眼里,宁肯遁世读书，也不参与政治，没世不为人知，也不后悔。

天民，是上天之民，不是一国一君之民，必能全尽天道，他才出手。不能全尽天道，他就不参与了。其人品之高，又更甚于社稷之臣。

不过，天民还不是最上一等。为什么呢？天民虽然要以道济天下，全尽天理，但毕竟还要计较出不出山，出不出手。最上还有一等，叫大人。什么是大人？大而化之之人，就是大人。大而化之，不是大大咧咧，是其道之大，把全天下都教化了，化育天下。大人身修道立，只是自尽正己之功，而德盛化神，其感化人之速，上而正其君，而不必形之讽议，下而正其民，而不必申之禁令。其功在社稷，但他又没为社稷操劳；其道济天下，而他也无意于行藏之迹。这就是大而化之之大人！

大人，是端正了自己，天下万物、君臣上下就都随着他而端正的人！就是《易经》里所谓的"见龙在田，天下文明"。

谁是大人呢？孔子是，孟子是，特蕾莎修女也是。

## 君子之乐，我心光明，我人透明，心理阴影面积为零

### 原文

孟子曰："君子有三乐，而王天下不与存焉。父母俱存，兄弟无故，一乐也；仰不愧于天，俯不怍（zuò）于人，二乐也；得天下英才而教育之，三乐也。君子有三乐，而王天下不与存焉。"

### 华杉详解

人人都追求快乐，世间最大的快乐，比如王天下，君临万国，富有四海，其乐无以复加了吧？孟子说那可不一定，君子之乐，随遇而安，不假于外，所乐皆性分之真，都在自己身上。君子有三种快乐，王天下还不包括在里面。

哪三种？

第一是父母双全，兄弟无故。父母都健在，兄弟也没有什么变故，既无病

无灾，也没有家庭矛盾。

这第一乐，难度系数就高了。父母的寿命，看运气，是上天给的，谁也控制不了。兄弟感情呢？豪门多恩怨，越是有钱有势的家族，家庭矛盾越大，到了皇族王族，几乎要相攻相杀。一代英主唐太宗李世民，他是王天下了，但他是杀了自己的哥哥和弟弟及两家所有男丁而王天下的。他的子孙又被武则天屠杀。这都不是君子之乐。

第二乐，仰不愧于天，俯不怍于人。对天对人，都无所愧怍。就是说，这世界没有一个我对不住的人，我也没做过一件不可以对人说的事。儒家叫"无一事不可对人言"，我心光明，我人透明，心理阴影面积为零，有人专门修养这个。

所以这第二乐也是极致圣人才做得到的，一件亏心事没干过，那种快乐，谁能体会到呢？

第三乐，得天下之英才而教育之。因为君子的使命，一是行道，二是传道，恐怕传道的使命还大些。为什么呢？因为行道只能一个人去行，或只能行一世。而传道则可以传给很多人去行，可以传诸万世。孔孟之道，就传诸万世了。

传道要得人，如果能尽收天下之英才，都在我的门下，把我的道传给他们，那真是人间至乐了。

## 君子本分已足，内心强大，比外面所有的东西都强大

**原文**

孟子曰："广土众民，君子欲之，所乐不存焉。中天下而立，定四海之民，君子乐之，所性不存焉。君子所性，虽大行不加焉，虽穷居不损焉，分定故也。君子所性，仁义礼智根于心，其生色也睟（suì）然，见于面，盎于背，施于四体，四体不言而喻。"

**华杉详解**

大行，指理想通行于天下。睟然，润泽的样子。盎，显现。

孟子说，君子志在得位行道，如果做了大国之主，拥有广袤的土地、众多的百姓，范围天地，曲成万物，这当然是君子所欲也。但地再广，民再众，总也有个限度，君子之乐，还不在于此，还有更大的快乐。

广土众民，还是不够大，君子以奠安海宇为责，我们的国家搞好了，还有别的国家没搞好呢！天下如果还有一个人在受苦，那都是我的责任！如果中天下而立，站在天地中央，普天之下，莫非王土，率土之滨，莫非王臣，举一世之版图，尽在我统驭之中，则一世之民物，尽被我治教之泽，就像天无不覆、地无不载，我的道大行于天下，这是君子的快乐了。

但是，这可以说是乐，还不能说是性。君子的本性并不在这儿。

君子的本性，纵使他的理想通行于天下，也不因此而增，就算穷居陋巷，也不因此而减。因为他的本性，就是本分。这里的"分定"，"分"念四声，本分的分。本分已定，就那么多，不增不减。为什么不增不减呢？因为那是他所得于天的全体，不为外物所移，不以穷达为异。

广土众民，土地再大，百姓再多，也可以加损变化，如果得志便猖狂，稍不得志就郁闷，心性有增有减，那就不是君子。

君子本分已足，内心强大，比外面所有的东西都强大。所以君子不在于事业大小，君子之修为，本身就是事业。至于其胸怀治世之才，用之则行，舍之则藏，达则兼济天下，穷则独善其身。穷通际遇，皆不失本分不动心。

富而知礼易，安贫乐道难。有了一定的物质财富基础，不以多少为异，比较容易做到。真正穷居陋巷，一箪食、一瓢饮，还能不改其乐，恐怕只有颜回做到了。

这样能安贫乐道的本性是什么呢？就是仁义礼智。仁是内心真挚深沉的爱；义是正义之宜，该怎样就怎样；礼是举手投足都是敬；智是通透通达，明事理，通人心。仁义礼智四德根植于心，这四德之光辉，从面貌上发散出来，清和润泽，令人可亲可敬；这四德之充满，从肩背上显现出来，盎然丰厚，让人都想模仿他的风范；这四德之发挥，施行于四体，则动静妙于从心，蹈舞由于自得，四体不待我言，自己就知道该怎么做，不需要思考，就一举一动没有不恰当的。因为心体之内，四德所积蓄极其盛大，所以其所发挥，也不容掩藏，自己就发动起来。不必心动，本性自己就动。如此率性而为，自由自在，从心所欲不逾矩，是君子之性。其性分如此，所以君子虽然也希望能得位行道，大行于天下，但他所得于天之天性，并不因此而有所加损。

君子一切自足。

## 孟子的目标是百姓幸福，而诸侯的目标是更大的权势

**原文**

孟子曰："伯夷辟纣，居北海之滨，闻文王作，兴曰：'盍归乎来？吾闻西伯善养老者。'太公辟纣，居东海之滨，闻文王作，兴曰：'盍归乎来？吾闻西伯善养老者。'天下有善养老，则仁人以为己归矣。"

**华杉详解**

仁人，是有德望的人。

孟子说："人君执政，都希望天下归心，四海之民，都归附于我。哪个国家吸收移民最多，哪个国家就越来越强大，如果能吸引有德望的君子，那就非得有仁政不可。

"以周文王为例，当初伯夷为了躲避纣王的暴政，隐居在北海之滨，听说文王兴起为西伯，便说：'何不归附到西伯那里去呢？听说他发施仁政，善于养老。'姜太公也是躲避纣王的暴政，隐居在东海之滨，听说文王兴起为西伯，便说：'何不归附到西伯那里去呢？听说他发施仁政，善于养老。'

"所以今天的诸侯，只要善行养老之政，则天下有德望的人都归附于我，何愁不能王天下呢？"

孟子这是苦口婆心劝导各诸侯。战国诸侯，个个都想一统天下，孟子就说，王天下易如反掌，只要施行仁政就行。因为各国百姓都在水深火热之中，只要有一国行仁政，就如解民于倒悬，都支持你！用不着去南征北战，天下人自己就归服。而且周文王当初就是这么得天下的，最后周武王伐纣，就是轻轻

推他一下，他就倒了，一战而定，哪用得着年年征战呢？

孟子的战略很简单，就是周文王的战略，再往前，商汤也是这个战略，就两条：

首先，你要做全天下最爱百姓、最能施仁政的君主，建设一个百姓生活最幸福的国家。如此则近悦远来，然后你再"来之，富之，教之"，总之是一个吸引移民的战略。《大学》里说："有民斯有土，有土斯有财。"首先是要有百姓，不是土地。一切财富都是人创造的。

第二条就简单了，就是等待，等着其他那些暴君们一个个地自取灭亡。商汤和文王都特别能等，只要暴君还没有恶贯满盈，他们是绝对不会出手去打的，因为不愿意让百姓流血牺牲，这也是仁政的价值观。文王等到最后也没打，到他儿子周武王才打的。

但是，诸侯没有一个听得进去孟子的话，因为谁都不愿意等，都要"快"。他们也不愿意去比赛谁对自己的百姓好，就愿意比谁能打！对内，要巧取豪夺，与民争利；对外，要穷兵黩武，抢钱抢粮抢地盘。他们进入不了孟子的逻辑。

他们会说："那别人不自取灭亡怎么办？"这个问题的答案其实也很简单，他不自取灭亡，证明他的百姓过得也不错。人家过得好好的，你去打人家干啥？

这就是价值观的问题了。孟子的目标是百姓幸福，诸侯们的目标是更大的权势。

### 原文

"五亩之宅，树墙下以桑，匹妇蚕之，则老者足以衣帛矣。五母鸡，二母彘，无失其时，老者足以无失肉矣。百亩之田，匹夫耕之，八口之家足以无饥矣。所谓西伯善养老者，制其田里，教之树畜，导其妻子使养其老。五十非帛不暖，七十非肉不饱。不暖不饱，谓之冻馁。文王之民无冻馁之老者，此之谓也。"

### 华杉详解

周文王的仁政，是每家给一百亩田、五亩宅基地，屋墙下栽种桑树，妇女采桑养蚕，那老人就可以穿上丝衣了。每家养五只母鸡、两头母猪，让它们下蛋下崽繁殖，不要错失了它们孕子的时节，老人就可以吃上肉了。一百亩的田，男子去耕种，八口之家就足以吃饱了。

所以说西伯善于养老，不是政府投资建养老院，也不是给各家各户的老人送钱送粮。而是因其自然之利，制定田里制度，再教导百姓，让妻子儿女们懂得赡养老人罢了。

要天下无贫，就靠制其田里。田，就是每家一百亩田。里，就是五亩宅基地。然后教他们栽种桑树，养殖牲畜，再教导他们的妻子儿女，让他们懂得赡养父母。过了五十岁，没有丝衣便穿不暖；到了七十，没有肉就吃不饱。不暖不饱，就叫冻馁。文王的百姓，没有冻馁的老人，就是这个意思。不是政府来养老，是各家各户都有条件，也都有意愿赡养自家的老人。

# 来之、富之、教之、劳之

**原文**

孟子曰:"易其田畴,薄其税敛,民可使富也。食之以时,用之以礼,财不可胜用也。民非水火不生活,昏暮叩人之门户求水火,无弗与者,至足矣。圣人治天下,使有菽粟如水火。菽粟如水火,而民焉有不仁者乎?"

**华杉详解**

易,是治。畴,是规划好的,耕熟的,分到各家各户的田。在井田制里,一井就是一畴。菽,是大豆;粟,是小米。菽粟,指粮食。

易其田畴,就是把田地规划好,教导百姓耕种,惩治游手好闲的人。然后减轻税收,这样就可以使百姓富足了。张居正说:"宁损上益下,不损下益上。"不要老去看政府钱够不够花,要先看百姓粮够不够吃。这就是尽地利以养民,而不是竭民利以奉己。

易田畴而薄赋税,自然天下大富了。但是,财货一多,就容易兴奢侈之风。奢侈之风一起,再多钱都不够用。所以,要制定财用的标准。

关于食用以时,张居正说:"如鱼不盈尺,不设网罟,果实不熟,不轻采取之类。一切冗食以糜财者,皆在所必禁焉。"现在世界各国都还有这样的法律,你去美国或加拿大钓鱼或抓螃蟹,都有一个尺寸标准给你,达不到大小标准的,必须放回去,否则违法。这样的法律,中国古代也有。

关于用之以礼,张居正说:"如非养老,不得用牲;非宾祭,不得烹宰之类。一切滥用以糜财者,皆在所必省焉。"这个,相当于我们现在的"八项规定"。

杜绝一切浪费,按一定时节食用,依礼制规定消费,财不可胜用也。

百姓没有水和火便不能生存。水火对于人来说是最宝贵的生存资源。但是,如果黄昏夜晚敲别人家的门,说我家没有水了,没有火种了,找你家要一点，没有不给的。为什么呢？因为水火极其充裕的缘故。如果让粮食也像水火一样充裕，那么百姓哪有不仁爱的呢？

仓廪实而知礼节，衣食足而礼仪生，教化行而风俗美。一个贫穷的社会，很难是一个仁爱的社会。家家富足，百姓自然仁爱。所以孔子论政，说来之、富之、教之。我有仁政，近悦远来，吸引他来；来了之后，叫他富足，比在原来的地方富；富了之后才能教，教化、教导、教育，让他知书达理，有所成长。最后再加上一个"劳之"，不能闲着，要劳动，要随时保持劳动精神！

## 学习必静心，盈科而后行，成章而后达

**原文**

孟子曰："孔子登东山而小鲁，登泰山而小天下。故观于海者难为水，游于圣人之门者难为言。"

**华杉详解**

孔子登上东山，就觉得鲁国小了；登上泰山，就觉得天下都变小了。所以看过大海的人，别的水就没法看了；在圣人门下学习过的人，别的言论就没法吸引他了。

这是讲圣道之大，所处越高，视下越小。站在泰山之巅，天下一目了然；站在高于矛盾的地方看矛盾，一切了了分明。这时候，再听到那些盲人摸象的人议论，自然就听不下去了。

**原文**

"观水有术，必观其澜。日月有明，容光必照焉。"

**华杉详解**

这一句，是讲圣道有本、有源，不要看它的表象，要看它的本源。

看水，要看它的波澜。澜，是水势湍急之处。一池水在那里，哪个地方有

波澜，就证明水是从哪里涌出来，这就是源头。

看日月之明，就看哪个地方有光亮。这里的"容光"，是指缝隙。你在一个黑屋子里，就看哪个地方有缝隙透过光来，光源就在哪里。

这光，也可看出圣道之大，无所不照。肉眼无法发现的缝隙，只要有光，它就能发现。这就好比制药厂生产口服液，检查有没有杂质，有一道检测工序叫"光检"，透过光来看它，就一目了然。

**原文**

"流水之为物也，不盈科不行；君子之志于道也，不成章不达。"

**华杉详解**

能找到缝隙的，不仅有光，还有水。流水这东西，不填满所有的坑洼，它就不会往前流。哪怕还有一点点小缝隙，它也要把它注满。这就像君子有志于学道，不积累到一定程度，就不可能通达。

"成章"是什么意思呢？杨伯峻引用《说文》注解："乐竟为一章。"一个乐章奏完了，算是成章。由此引申，事物达到一定阶段，具备一定规模，也叫作成章。

学习就一定要成章，学一章成一章，再学下一章。学习是一个积累的过程，也是一个"填空"的过程。根据你要学习的范围，列好课程，一章一章地学，把自己不会的一个空一个空地填，不断地积累上去，都填满了就通达了。在填满之前，你不能急，也不用慌，一个空一个空地填。

张居正说："若曰：圣道不必成章而后达，则是流水不必盈科而后行也。岂有是理也哉？然则有志于圣道者，信不可无循序渐进之功矣。"

如果说圣道不必一章一章地积累，可以一蹴而就，那不就相当于说水不必把坑洼填满就可以往下流吗？有这回事吗？所以有志于学习的人，不可不循序渐进。

学习不能跳跃，一定要一章一章地注满。**曾国藩讲读书法，说一本未完，不动下一本，一定把每本书都读完。**不要自称爱读书，其实是爱买书，乱翻书，买了一大堆，每本翻一翻，没有一本认真读完的。

知道得越多，就越知道自己还有什么地方不知道，就越知道什么地方还有坑有洼，需要盈科而后行，如此不断成章，总有通达之时。

学习必静心，你若时刻意识到自己需要盈科而后行，成章而后达，计划里列满了科目和章程，自然心静，叫你干啥都不想去，一心回家去填自己的坑。

## 有认识论才有价值观，才有方法论，才有效验

**原文**

孟子曰："鸡鸣而起，孳（zī）孳为善者，舜之徒也；鸡鸣而起，孳孳为利者，蹠（zhí）之徒也。欲知舜与蹠之分，无他，利与善之间也。"

**华杉详解**

孳孳，孜孜不倦，勤勉的意思。蹠，同跖，指盗跖，著名江洋大盗。《庄子》有记载，说他有九千人的队伍，横行天下，侵暴诸侯，驱人牛马，取人妇女，贪得忘亲，不顾父母兄弟，不祭先祖。所过之邑，大国守城，小国入保，万民苦之。

孟子说，鸡叫便起床，努力行善的人，是舜一类人物。鸡叫便起来，努力求利的人，是盗跖一类人物。要知道舜和盗跖的区别，没有别的，就是利和善的不同罢了。

早上起来，心念萌动的第一个念头很重要。从早至暮，孜孜以求的都是它。

清早的第一个念头，是求知？是求善？是求名？是求利？决定了你一天的行为。是圣贤还是盗贼，就此分野。

在《孟子》第一章第一句，梁惠王就问孟子："叟！不远千里而来，必将有利于吾国乎？"这梁惠王，就是鸡鸣即起，孜孜求利。孟子对曰："王！何必曰利？亦有仁义而已矣！"这义利之辨，就是《孟子》的开篇，也贯穿《孟子》的始终。

知之者不如好之者，好之者不如乐之者。说到底还是价值观的问题，价值观背后又有认识问题。所以《大学》八条目：格物、致知、诚意、正心、修身、齐家、治国、平天下。首先要格物致知，要有认识，什么是义，什么是利，哪里有义，哪里有利。像梁惠王这样孜孜以求利，国家还是亡了，就是因为没认识，没有义的价值观，也不懂得利在哪儿。

格物致知之后，有了认识，然后才有价值观，才能端正态度——诚意正心；然后才有方法论——修身齐家；然后有效验——治国平天下。

## 一毛不拔的典故

**原文**

> 孟子曰："杨子取为我，拔一毛而利天下，不为也。"

**华杉详解**

杨子奉行"为我"，你要拔他一根毛来有利于天下，他也不拔。

杨子，名叫杨朱。战国时期有"天下之言不归杨则归墨"的说法。他和墨子的思想在当时影响非常大。杨子并没有留下一本叫《杨子》的书，但是在《列子》《庄子》《孟子》《韩非子》《吕氏春秋》等书里，都有提到他的思想。特别是《孟子》，经常批驳杨子、墨子，将之视为儒家正道思想的最大威胁。不过杨子和墨子最大的敌人不是孟子，他们的最大敌人是对方，因为杨墨的思想是两个极端：杨子是专门利己，不管别人；墨子是牺牲自己，一心爱别人，爱天下人。

杨子反对墨子的"兼爱"，主张"贵生""重己"，重视个人生命的保存，反对他人对自己的侵夺，也反对自己对他人的侵夺。每个人都爱自己，每个人都不伤害别人。自己的东西，对别人一毛不拔；别人的便宜，一毫也不占，自然天下太平。杨子的道德理想，是绝不损己利人，也绝不损人利己。不要以对天下有利的名义，侵夺个人的财产和利益。他这种思想，别说在战国，就是在今天，也有很多人会有共鸣吧！

说他一毛不拔的出处又在哪里呢？《列子》记载：

禽子问杨朱曰："去子体之一毛，以济一世，汝为之乎？"
杨子曰："世固非一毛之所济。"
禽子曰："假济，为之乎？"
杨子弗应。

禽子，是禽滑厘，墨子的弟子，所以跟杨子是对头。他去挑战杨子："你说绝不利人，专门利己，假如请你拔下一根毛，就能周济天下，你干不干？"

杨子说："你这举例恰当吗？天下也不是我一根毛能救的吧？"

禽滑厘说："咱们就假设能救，现在全天下就等着你一根毛，你拔不拔？"

杨子知道，无论自己说拔还是不拔，都会掉进禽滑厘设计的坑里。所以他索性不说话，不搭理，不回应。

于是，禽滑厘就跟人说："你们看！这家伙一毛不拔！"

所以，杨朱的一毛不拔，是禽滑厘给他设计的故事，孟子也引用来批评他，就一路传下来两千多年，传进成语词典了。

### 原文

"墨子兼爱，摩顶放踵利天下，为之。子莫执中，执中为近之，执中无权，犹执一也。所恶执一者，为其贼道也，举一而废百也。"

### 华杉详解

摩顶放踵，意思是摩秃其顶、走破脚跟。墨子主张兼爱，即便摩秃头顶、走破脚跟，劳苦自己一身筋骨，只要对天下有利，他也无所吝惜，慨然为之。

前面说了，杨子是拔他一根毛来利天下他都不干，坚持自己管自己：你别想让我为你做一点点贡献，我也绝不会侵犯你一根毫毛。而墨子是把自己牺牲了来救天下，不仅"摩顶放踵"，还有"赴汤蹈火，死不旋踵"的说法，意思是说至死也不旋转脚跟后退。

这两个人是两个极端，而子莫执其中道。

子莫，是鲁之贤人，具体生平事迹不清楚。

子莫执其中道，他不是不为自己，但不会像杨子那么绝情绝物；他不是不兼爱天下，但是不像墨子那样舍身徇人。能执其中道，就接近正确了。但是，道无定形，中无定在，必须随时应变，与势推移。该为我时就为我，该为人时就为人，这就是"权"。

一个极端是杨子，另一个极端是墨子，中道并不在杨墨的正中间，而在于权，随时以权变为中。

这个权，是权变的权，也是权重的权。不同的因素，权重不一样，不是50对50，也不是只有两个因素，也不是每次都是同样的因素。情况随时在变化，所以要懂得用权。

孟子说，执著于一点是不好的，因为他损害了道，抓住了一点，而丢弃了其他一切的因素。所以，儒家的中道，不是执中，是时中，根据时势而变化，是动态的中。张居正讲解说："吾儒时中之道，一理浑然，泛应曲当，千变万化，头绪甚多，非一端所能尽也。圣人之所谓中，存主不偏，应感无滞，虽有执中之名，其实未有所执也。"

中国的"经权之道"，有原则，又有权变。权，也是自由裁量权，所以在上位者拥有巨大的自由裁量权，一切皆可权变。

经权之道，对中国的影响，是多方面的。而追求权变者，也并非只有上层阶级，而是深入到每个人的血液，每个人对自己的工作都追求自由裁量权。在上位者，可以突破法律自由裁量；在下位者，一个泥瓦匠，在砌砖墙的时候，他也追求权变，不按操作规程和标准来。他自以为有自己的方法来实现你要的结果，投机取巧偷点懒。

## 要正心，先戒攀比，一切向内求

**原文**

孟子曰："饥者甘食，渴者甘饮，是未得饮食之正也，饥渴害之也。岂惟口腹有饥渴之害？人心亦皆有害。人能无以饥渴之害为心害，则不及人不为忧矣。"

**华杉详解**

饮食对于人来说，什么东西好吃好喝，什么东西难吃难喝，本来是有个标准的。但是，一个人如果饿急了，你随便给他吃什么，都是世间最美的食物；一个人如果渴极了，无论你给他喝什么，都是世间最美的饮料。

孟子说，这是失了饮食之正，是为饥渴所迫。

那么，只有口腹之欲为饥渴所害吗？人心也会为饥渴所害。人心饥渴什么呢？就是厌贫贱而慕富贵。人心本有正理，就像饮食有正味。因为口腹的饥渴，平时不肯吃的，吃了；平时不肯喝的，比如马尿，也要抢着喝。因为对富贵的饥渴，平时不会干的事，干了；平时不敢走的路，走了。这就失了人心之正，也失了道路之正，走上邪路，踩向地雷。

**富而知书礼，容易；安贫乐道，那就很难了！** 张居正说："人心有正理，犹饮食之有正味也，唯以贫贱之故，摇乱其心。富有所不当得者，亦将贪之以为利；贵有所不当得者，亦将贪之以为荣。不暇抉择，而失其正理，亦尤饥渴之甘于饮食，不复知有正味也。心志之有害，何以异于口体之有害哉？"

认真体会孟子说的这一点，我们平时做的好多决策，是不是都是因为贪？因为对富贵的饥渴，饥不择食，慌不择路，自己喝了马尿，还不知道。真要渴死的时候，喝马尿能延长生命。但我们平时处理追逐利禄的事情，其实还远远没有到要喝马尿救命的程度。而且只要你不为那种东西饥渴，不失人心之正，旁边就有水喝，不用喝马尿。

**平时我们做的很多事，就是有水不喝，偏着急喝尿。**

那我们着急的是什么呢？真要饿死渴死了吗？

我们着急的是不如别人，着急的是我的钱还没有隔壁老王多！

所以孟子说：如果我们的心不受饥渴之害，则不及人不为忧矣，我们就不会因为自己不如别人而忧虑了。

攀比是一种很可笑的心态，因为都是自己给自己划一个范围比。大楼前的乞丐，不会跟大楼里的富翁比，他总是跟旁边的乞丐比。我们总是跟隔壁老王比，跟同班同学比，谁也不会跟比尔·盖茨比。

比什么呢？又只知道比谁钱多，比谁官大，然后再比谁的孩子有出息，最后比谁的身体好。

不跟别人比,一切向内求,一切自足,创造自己的世界。孟子前面说过:"万物皆备于我,反身而诚,乐莫大焉。"修身齐家,对自己的修养,创造自己的世界;对自己领导的小集体,创造自己的世界,活在他人想象之外,怎么会去跟别人比呢?对别人,只有礼敬,没有攀比。

诚意正心修身齐家治国平天下,要正心,先戒攀比。

## 坚持原则,就能创造属于自己的世界

**原文**

*孟子曰:"柳下惠不以三公易其介。"*

**华杉详解**

朱熹注解说:"介,有分辨之意。"就是操守,就是原则。

柳下惠是圣之和者,无论世道如何污浊,他也不会退隐江湖,只要有机会,多小的官他都做,多小的事他都干。所以曾经三次被降职,他也毫无怨言,到哪个位置就积极地干什么工作。他妻子都说他没骨气。他说:"我是要救百姓,我再不干,谁去管百姓的疾苦呢?所以我能管一点是一点。"

柳下惠不会觉得他的才干是该做大官的,给他小官他不干。他是当宰相的才干,而你让他当村长,他也不认为是辱没他,照样努力做村长。但是,不管他在哪个职位,他都按原则办事,因为这是他做官的目的——济世救民。如果你要他违背原则,服务于某个权臣的利益,他绝对不干。这也是他官场不得志的原因。他在官场不得志,但他并不愤恨世道不公。为什么呢?因为他知道你们都是坏人,从来就没期待过谁,只管自己就行。

柳下惠因为清廉有骨气有原则,出了大名,好多诸侯都来请他,说:你在鲁国太屈才了,到我们国家来吧,我们重用你!柳下惠拒绝了,他说:"直道事人,坚持原则,到哪儿都要被贬黜。今天他们请我,明天他们也受不了我。如果枉道事人,放弃原则,追求富贵,我在鲁国就可以办到,何必离开父母之邦呢？"

所以这里孟子说："柳下惠呀！你给他三公的高位，他也不会放弃他的原则！"

什么叫坚持原则？绝大多数人都不能坚持原则，以至于"原则上可以"这句话，意思就是先答应着，但到时候不保证可以。"原则上不可以"，意味着总有办法可以。原则，就成了一般情况规则，遇到特殊情况就突破。可以突破，那还叫什么原则呢？

关于原则问题，有两点要说：

第一，看你追求的东西，在内还是在外，是向内求还是向外求。追求自己的标准，自己的世界，这是向内求。追求功名利禄，这是向外求。向内求，就能坚持原则，坚持自我。向外求，就会随时放弃原则，迷失自我。

第二，坚持原则，就能创造属于自己的世界。你的原则会替你自动选择周围的人，与志同道合、心气相通者待在一起，你的世界会越来越美好。在恶劣的世道里，你也能创造属于自己的美丽小生态。如果你足够强大，成为圣人，大而化之，则世界因你而变，一身正而天下皆正。这就是在前面孟子说的事君之臣、社稷之臣、天民、大人四个境界中的大人境界。

坚持原则，是内心强大，是智慧通达，是勇往直前。


## 成功来自于压倒性的投入，坚持就是最大的投入

**原文**

孟子曰："有为者，辟若掘井，掘井九轫而不及泉，犹为弃井也。"

**华杉详解**

轫，同仞。八尺为一仞，九仞，大概就七丈吧。

孟子说，有作为者，就好比挖井。挖了六七丈，还是没见到水，这时候你放弃了，那它还是一口废井，前面的都白挖了。

那应该怎么样呢？应该接着往下挖，不要半途而废。

张居正说，天下之事，不贵在有为，而贵在有成。你若有志于圣贤之道德，而讲学穷理；或者你有志于帝王之事功，而励精图治，锐然有为，就像在挖一口井一样，挖了六七丈了，快挖出水了，但这时候你放弃了，前面的工夫也就全废了。

这种情况很普遍。有志于学习的，开始时很勤奋，然后就懈怠了。有志于事功的，开始时励精图治，然后就腐败堕落了。《诗经》上说："靡不有初，鲜克有终。"都立志发奋过，但能坚持下来的人很少。

你看历代帝王，若是一代圣君，多半是寿命不长的，如果活得长，到晚年就腐败了。比如李世民是圣君，能克制自己，虚心纳谏，他五十多岁就死了，如果活到七十岁会怎样？李隆基就回答了这个问题，他开创了开元盛世，然后呢？他就没追求了，没目标了，没意思了。事业吧，没什么事业好干了；爱情吧，后宫粉色如土，多美的美女看了都想吐。直到遇上杨玉环，重新点燃了生命之火——这把火，就把大唐的天烧塌了。

所以，**坚持是世间最难之事，要有坚持的方法论**。

学习上的坚持，关键是日日不断之功。不要把自己搞得那么勤奋，一天学到晚，搞得跟备战高考似的。勤奋的架势太大，就不容易坚持下去。要每天都学一点，一天也不间断。中国好多学生，为什么进了大学就不学习了？因为一辈子学习的劲头，都被高考消耗完了。

曾国藩说，你想做任何学问，就必须有日日不断之功，每天坚持，不可说今天忙，今天的功课放到明天做；也不可说今天比较空，把明天的功课也放到今天先完成，都不可以，一定每天做每天的。日日不断，是做学问的基本要求。

所谓21天养成一个习惯，你坚持一阵子之后，就能一直坚持了，因为自己不愿意破坏自己的坚持。坚持，成了自己最宝贵的，要捍卫的东西。这也符合人的心理——人们总是会在他已经下注的地方，继续下注。

道德修养上的坚持呢？贵在"改过"，这也是儒家方法论。因为要坚持，首先得找一件永无止境的事。这还真不是挖井。挖井挖到水了，就结束了。永无止境的事，才能用一生去追求。"改过"，就永无止境。因为我们犯错是永无止境的，不停地在犯错，那就无止境地追求改过，学习蘧伯玉，"年五十而知四十九之非"。活到五十岁，前面四十九年犯过什么错自己全知道。这就是永无止境的坚持了。

事业上的坚持呢？儒家方法论就八个字：只问耕耘，不问收获。我再加四个字：接受失败。我们为什么不能坚持？因为老在看有没有效果。这就跟投广告一样，一看"没效果"，不投了，那肯定就是一口废井了。接受失败是什么意思呢？就是没效果，我也能接受，只要还有钱，还投得起，我就接着投。

成功来自于压倒性的投入，坚持就是最大的投入。只问耕耘，不问收获。在同一件事上竞争，那成天问收获的，肯定干不过不问收获，只管耕耘的。

一路耕耘，最终也没收获，怎么办？

接受失败。

**能接受终极失败，才可以谈论成功。**

这句至理之言，读者宜深思熟玩焉。

## 就算是假仁假义，若能一直坚持，也可以成真

**原文**

> 孟子曰："尧、舜，性之也；汤、武，身之也；五霸，假之也。久假而不归，恶知其非有也？"

**华杉详解**

孟子说，对于仁义，尧舜是天性浑全，习于本性，因其自然；商汤和周武王是反身循理，修身践行；春秋五霸是假借仁义，以图霸业。不过，这假借仁义跟借钱一样，如果钱借的时间长了不归还，钱就成了自己的了。仁义也一样，借的时间长了，你又怎能知道他不会弄假成真，终于变成了他自己的呢？

这一句正好和《中庸》所论"生知安行""学知利行""困知勉行"三个层次相对应。

**最高境界是尧舜，生知安行**——生而知之，安而行之。尧舜天性浑全，仁义就是他们的本性。如果自己做了一件不仁不义的事，马上心里就不安，自动就会调整过来。

他心安处，便是仁义处。这样的人，从心所欲不逾矩，不会犯错误；在仁义的道路上自动巡航，偏离一点点就自动报警；自己不得劲，马上要调整过来。这在《中庸》里叫作"不偏不倚，从容中道"。中庸，就是一点错都不犯，一点偏差都没有。所以孔子说："中庸不可能也！"中庸只在传说中，凡人做不到。

**第二层境界是商汤和周武王那样的，学知利行——学而知之，利而行之。**他们向尧舜学习，向周文王学习，知道仁义是对的，是有利于天下的，也是有利于自己的，所以诚意正心，反身循理，修身践行。戒慎恐惧，谨小慎微，随时给自己正心，随时给自己改过，诚心诚意努力去做。

**第三层境界，就是春秋五霸的境界了，困知勉行——困而知之，勉而行之。**被困住过，吃过亏，知道不仁义是不行的，于是勉强自己去做。就像齐桓公尊王攘夷，不是真心尊王，但是知道不尊王不能霸天下，所以困知勉行，勉强自己去尊王。

《中庸》说，不管你是生知安行、学知利行还是困知勉行，其知和行的结果，都是一样的。这是鼓励你，只要你做好事，不问你是真心还是假意，做了就是好事，功德是一样的。

孟子说，假仁假义，假的时间长了，你怎么知道他不会弄假成真呢？他要面子，要名誉，就算他一肚子坏水，他也闷在自己肚子里，一点也不倒出来，干出来的都是好事。好事做得越多，就越不愿意做一件坏事来坏了自己的好名声，他就真成了货真价实的好人了。

这和我们前面说的坚持的方法论是一个道理，还是心理学——人们愿意在他已经下注的地方继续下注。所以有一个说法：如果你想交个朋友，请他给你帮个忙。你帮过他，只有你自己念念不忘，他可没有回响，他不会记得；他若帮过你，他一辈子记得，并且要用继续帮你来捍卫这个事实。最著名的案例就是二战时期一家犹太人的故事：父母被党卫军抓走了，剩下家里几个孩子分成两拨，一拨去找父母之前帮助过的人，希望他们知恩图报，结果被出卖了；另一拨去找之前帮助过他家的人，结果人家继续帮他们，把他们保护下来了。

## 伊尹之事，上下五千年就一回

**原文**

公孙丑曰："伊尹曰：'予不狎于不顺。'放太甲于桐，民大悦。太甲贤，又反之，民大悦。贤者之为人臣也，其君不贤，则固可放与？"

孟子曰："有伊尹之志，则可；无伊尹之志，则篡也。"

**华杉详解**

公孙丑问的，是伊尹软禁太甲的故事。

伊尹辅佐商汤，完成了商朝的建国大业。商汤死后，伊尹历经外丙、仲壬，又做了汤王长孙太甲的师保。

太甲继位后，荒淫无道，对百姓也暴虐。为了教育太甲，伊尹将太甲软禁在成汤墓葬之地桐宫，并著《伊训》《肆命》《徂后》等训词给太甲学习。太甲守桐宫三年，追思成汤功业，自怨自艾，深刻反省。当太甲有了改恶从善的表现后，伊尹便亲自到桐宫迎接他，并将王权交给他，自己仍继续当太甲的辅佐。在伊尹的耐心教育下，太甲复位后"勤政修德"，终成有为之君，被其后代尊称为"太宗"。

伊尹非常长寿，活了100岁，到太甲的儿子沃丁八年才去世。沃丁以天子之礼把他葬在商汤陵寝旁。

公孙丑就问孟子这件事："伊尹说：'我不亲近违背礼义的人。'于是把太甲放逐到桐宫，百姓非常高兴。太甲改好了，又把他接回来，百姓又大悦。那么，贤者为人臣子，国君不贤，就可以放逐国君吗？"

孟子说："有伊尹那样的心迹志气，就可以。没有伊尹那样的心迹志气，就成了篡夺了。"

张居正从经权的角度来解释这个事情，人臣事君，有经有权，那软禁君王，就是权变了。他说："有伊尹之志，则有大公无我之心，行通变济时之事，虽非事上之常法,尤不失于匡变之微权。"

伊尹上为商汤宗庙社稷,下为天下黎民百姓,心里没有一丝一毫的私利,又有绝对的权威和实力。他把太甲软禁起来,太甲也不认为他要篡位,而是相信他是老师真要教导自己;百姓也不怀疑他要专权,而是相信他真心要把太甲教好。其他大臣,或许也未必没有疑心他动机的人,但也没有人敢质疑。

伊尹这件事,周公也做不到。周公辅佐成王,不仅被怀疑,而且因为怀疑爆发了内战。虽然他平定了叛乱,但成王也一度疑心他。而伊尹完全没有遇到任何阻力。

后世到了汉朝,有霍光废立君王之事。汉昭帝病逝,因为他没有儿子,霍光拥立汉武帝的孙子刘贺即位。没想到刘贺荒淫无道,登基二十七天,派使者向各官署索取各种物资的行为就有一千多次。霍光一看选错了人,马上把他废了,又立武帝之曾孙刘询,这就是汉宣帝。

因为霍光干过废立皇帝的事,所以和伊尹齐名。凡皇帝荒淫无道,辅政大臣为国为民,废掉他,改立新君的,就被称为"行伊霍之事"。

不过,霍光还远远不能跟伊尹比。伊尹是大公无私,身前身后,实权名誉都超越了皇帝;霍光是"公私兼顾",既为国家,也为自己。他的妻子为了让自己的女儿霍成君做皇后,还毒死了汉宣帝的皇后许平君。霍光在世时,汉宣帝不敢声张,霍光死后,宣帝清算霍氏家族。霍家被灭族,霍成君也被废自杀。

张居正给小皇帝讲解这一段,说:"虽非事上之常法,尤不失于匡变之微权。"这话真不该跟皇帝讲,小皇帝也是皇帝,张居正应该"旗帜宣明"地反对伊尹的做法,和伊尹"划清界限"。可是,不光他认为可以这样,为了施加压力,让小皇帝好好读书,太后也经常威胁那孩子:"不是只有你能当皇帝!你如果不好好学习,长大了没有治国能力,张先生也可以行伊霍之事!"所以张居正自己也有点以伊霍自居。万历皇帝从小在恐惧中长大,有对他妈妈的恐惧,也有对张居正的恐惧。长大后,他在治国理政上依赖张居正,在张居正面前,他一辈子站不起来。不过,在张居正死后,他的童年阴影就反弹,张居正家族被清算。

伊尹之事,上下五千年就一回,那是超级圣人,学不得。

**原文**

公孙丑曰:"《诗》曰'不素餐兮',君子之不耕而食,何也?"

孟子曰:"君子居是国也,其君用之,则安富尊荣;其子弟从之,则孝弟忠信。'不素餐兮',孰大于是?"

**华杉详解**

公孙丑问:"《诗经》上有诗句说:'不能白吃饭啊!'但是君子不事躬耕之劳,却安享国君之养,这是为什么呢?"

公孙丑问的这个问题,有点像后世说的"不劳动者不得食"。知识分子不从事体力劳动,不应该有饭吃;要下乡,和农民兄弟同吃同住劳动,向农民学习。

孟子就是这样一个"不劳而食"的人,他不仅没有下地参加耕作劳动,甚至没有在政府部门任职。在齐国,他是齐王养贤的"稷下学者",有点像现在的院士,纯粹是享受国家津贴的资政专家,过得非常富裕。

孟子回答说:"君子居住在这个国家,他的言论建议足以作为治国理政的参考,他的仪表风度足以影响一国的风俗。如果国君能够听他的话,其道行于上,足以定社稷大计,邦基稳固,税赋充足,安享富贵尊荣;如果子弟能服从他的教诲,则道行于下,开启民智,流风化俗,入则孝,出则悌,忠不欺,信不妄,养成良善社会。这样上有益于君,下有功于民,如果这叫白吃饭,还有什么不是白吃饭呢?"

## 仁是一间屋子，在里面就是居仁，在外面就是求仁

**原文**

王子垫问曰："士何事？"

孟子曰："尚志。"

曰："何谓尚志？"

曰："仁义而已矣。杀一无罪，非仁也；非其有而取之，非义也。居恶在？仁是也；路恶在？义是也。居仁由义，大人之事备矣。"

**华杉详解**

王子垫，是齐王之子，名垫。孟子长期居住在齐国，待在齐王养士的稷下学宫。王子垫就问："天下之人，上至公卿大夫，下至农工商家，都各有各的工作，各有各的事做，您这样的游士有什么事做呢？"

王子垫此问，和前面公孙丑的问题差不多：游士既不在一国做官任职，也不从事农工商贾，到底干吗呢？

孟子回答说："尚志。"士固然未尝有什么具体事做。公卿大夫之事，因为他没有官职，不在其位，不谋其政，轮不到他来做；农工商贾之事，士又不屑于去做，那不是他的使命。士做什么事呢？就是高尚其志而已。以圣贤之学术自励，以帝王之事功自期。独善其身的，是志气，兼济天下的，还是志气。富贵不能淫，威武不能屈，时刻准备着，用之则行道于天下，舍之则藏身于山林，这就是游士的正事。

王子垫问："那怎样才算有志气呢？"

孟子说："仁义而已。士的志气，不是功名富贵，而唯有仁义两端而已。仁义之道，达而有为，则为事功；穷而有养，则为志气。

"什么是仁呢？士在未得位之时，为未来当权任事作设想，最大的权力莫过于诛戮。上天有好生之德，若杀一罪不应死之人，就是最大的不仁。我今日立此仁之志，未来得志，绝不杀一无罪。

"人的操守,最大莫过于取予,要知道什么东西是自己该拿的,什么东西是该给别人的,不要拿不该拿的,也不要该给别人的老是给不出去。如果拿了一分自己不该拿的钱,就伤了我廉洁之行而不义。我在未得志时就立此志,得志之后不做这些贪婪之事。

"仁,是天下之广居、最大最舒适的屋子。我住在哪里呢?我就安居在这间仁的屋子里面,无时无刻不仁,保持一颗仁心。当我要出门,要做事,我从什么路径走呢?从义的路径走,因为义裁制众理,为天下之正路,凡事依义而行,则无所不宜。这就是居仁由义。"

居仁由义,首先要看你是在仁这间屋子的里面还是外面:在里面,是居仁,处理任何事情,初始状态都是仁,出发点都是仁;在外面,是求仁,是从不仁追求仁,这是生知安行和学知利行、困知勉行的区别。由义,应事接物待人一切以义为标准。能居仁由义,则大人体用齐备,一应俱全。

## 儒家价值观,是以人伦为根本

**原文**

孟子曰:"仲子,不义与之齐国而弗受,人皆信之,是舍箪食豆羹之义也。人莫大焉亡亲戚、君臣、上下。以其小者信其大者,奚可哉?"

**华杉详解**

这里说的仲子,是陈仲子。前面《滕文公章句》讲过他的事迹。他本是齐国宗族,他的哥哥陈戴食禄万钟,他却认为这是不义之财,拒绝享用家族的富贵,避开他的母亲和哥哥,自己离家跑到山里隐居起来。在山里经常挨饿,有一次三天都没东西吃,饿得头晕眼花,眼睛也快看不清了,耳朵也快听不见了。这时候看见井上有颗李子,已经被虫吃了一半了,他爬过去把那半个李子吃了,才恢复元气。匡章说他廉洁,孟子就说他矫情。

这里孟子又说起陈仲子了:"以陈仲子的为人,非义不食,非义不居。假设不义而把整个齐国都给他，让他做齐王，他也不会做。这一点，齐国人都相信，他就是这样的人！他那廉洁的操守，真不是假的。

"但是，这也不过是拒绝一筐饭、一碗粥那样的小义而已。人道之大义，莫过于亲戚、君臣、上下尊卑。人伦纲常，这是人与禽兽不同，中国与夷狄不同的地方。陈仲子不要母亲，不要兄长，骨肉之情断绝了；不食君禄，君臣之义也断绝了。如此，则大节已亏。父母兄弟君臣的大义都不要了，吃什么不吃什么那些小义有什么意义呢？怎么能因为他有这点小义，就相信他有大义呢？"

儒家价值观，是以人伦为根本。父亲杀了人，也要帮他逃走，不能做"大义灭亲"之事，因为灭亲本身就是最大的不义。

下面就要讲父亲杀人的事。

### 原文

桃应问曰："舜为天子，皋陶为士，瞽瞍杀人，则如之何？"

孟子曰："执之而已矣。"

"然则舜不禁与？"

曰："夫舜恶得而禁之？夫有所受之也。"

"然则舜如之何？"

曰："舜视弃天下犹弃敝蹝（xǐ）也。窃负而逃，遵海滨而处，终身䜣（xīn）然，乐而忘天下。"

### 华杉详解

弟子桃应问："舜为天子，皋陶是法官，假设舜的父亲瞽瞍杀了人，皋陶应该怎么办？"

孟子说："那当然是把他抓起来。"

桃应问："那舜不能阻止他吗？"

"舜怎么能阻止呢？皋陶是按职责办事，皋陶所执之法，是有所传授的先王法典，不是可以私意废除的。舜虽然贵为天子，也不能以天子之命，废天下之公义。"

"那舜应该怎么办呢？"

"舜应该抛弃天子之位,就像抛弃一只破鞋一样,然后偷偷背负父亲逃走,跑到天涯海角住下来,一辈子欣然自乐,把曾经做过天子的事忘掉。"

这两个案例讨论对照,就理解孟子为什么说陈仲子不食家族的不义之财是小义了。

## 处在什么样的环境,就有什么样的习气

**原文**

孟子自范之齐,望见齐王之子,喟然叹曰:"居移气,养移体,大哉居乎!夫非尽人之子与?"

孟子曰:"王子宫室、车马、衣服多与人同,而王子若彼者,其居使之然也。况居天下之广居者乎?鲁君之宋,呼于垤(dié)泽之门。守者曰:'此非吾君也,何其声之似我君也?'此无他,居相似也。"

**华杉详解**

范,是齐国城邑。孟子从范邑到齐国国都临淄去,中途遇到齐国的王子,看见他的仪表气质,大异于常人,喟然叹曰:"人的气质体态本来相同,而所居处的地方和所得到的奉养不同,结果就大大不同啊!如果居住在尊贵的地方,他的神气就会改变,神采自觉发扬;如果他被奉养得非常丰厚,他的形体也会改变,容貌也自觉充盛。居移气,养移体,真是太重要了!王子不也一样是父母所生吗?怎么和其他齐国百姓这样不同,好像自成一类呢?"

孟子接着说:"王子的宫室、车马、衣服,和别人差别也不大,但他的气质和别人那么不一样,还是因为所处的地位不一样。处在尊贵的地位,就算他自己不追求和别人不同的气质,那气质自然也不同。这样的不同,只是居处权势地位的差别而已。如果你居处在'天下之广居',那气质修养更不可同日而语!"

"天下之广居"是什么呢?就是仁。仁,统括四端,包含万善,就是天下

之广居。居处于仁这间大屋子里面，浩然之气，充塞其间，身安而德滋；仁厚气象，宣著于四体，这又和王子尊贵之气不同了。

孟子说过："吾善养吾浩然之气。"就是前面说的"居仁由义"，就是存养省察之道，始终让自己居处在"仁"这间大屋子，这间"天下之广居"里面，孟子又举鲁君的例子为证。鲁君到宋国去，到达的时候，天色晚了，城门已经关了。鲁君亲自在垤泽门下呼喊开门。垤泽门，是商丘古城门，至今还在，保存完好。那守门的人听见呼喊声，说："咦，今天国君没有出城，城外叫门的，不可能是咱们国君啊，怎么声音和国君这么像呢？"你看，只因为是诸侯之尊，地位相同，就声气都相似。居移气，养移体，真就是这么回事！

一个国家的人，有一个国家的气质。韩国人和日本人，看神态就能区分出来。一个时代也有一个时代的气质，今天的人和民国时的人，也能区分出来。大陆人和台湾人，神态气质的差别也很明显。这都是居移气，养移体。

三代养成一个贵族，也是居移气，养移体。要居养三代，才有那神采容貌。第一代虽然是创业者，本事最大，家业都是他干出来的，但是他从小没有得到那样的居养，气质就总免不了鄙陋粗糙，跟人一着急，就露出市井本色。

今天的互联网时代又有新的变化。因为互联网打破了阶层鸿沟，以前是贵族有贵族的世界，平民有平民的世界，成人有成人的世界，儿童有儿童的世界。现在呢，都在一个手机屏上，底层百姓最粗鄙的语言词汇，一些根本说不出口的词，进到了每天头条新闻的标题里。居移气，养移体，在今天的互联网初始时代是往下移。

## 人君心里求利不求道，才会对贤士弄出喂猪养狗的感觉

**原文**

> 孟子曰："食而弗爱，豕交之也；爱而不敬，兽畜之也。恭敬者，币之未将者也。恭敬而无实，君子不可虚拘。"

**华杉详解**

孟子见当时诸侯好贤而无礼，以至于贤者多不乐就，于是警示说："人君待士，不可无爱敬之实。如果你只是给他优厚的物质待遇，却并不真心爱他，那就跟养了一头猪一样，没有亲厚之情。猪跟人，能有什么感情呢？

"如果你喜欢他，跟他有感情，但又并不敬重他，那又好比养了一条狗。人跟狗感情都很深，但是没有人尊敬自己养的狗。

"贤士不是猪，也不是狗。人君待士，虽然未必有喂猪养狗之心，但爱敬少疏，也难免有简慢无礼之实，别人就有喂猪养狗的感觉，他就不愿意在你这儿待了。

"虽然你也送上币帛，但是恭敬之心，是在送礼之前就应该有的。恭敬是礼之实，币帛是礼之文。诸侯们只知以厚币以招贤，却不知以恭敬以待贤。虽有真金白银，那真正的贤士，他也有自重之节，是不会为虚情假意所约束的。"

人君为什么会对贤士弄出喂猪养狗的感觉呢？因为自己就是贪婪的猪脑子狗脑子，心里求的是利，不是道。《孟子》开篇，梁惠王见孟子，一见面，开门见山就问："叟！不远千里而来，亦将有利于吾国乎？"他心里想的，就是你给我什么利，我给你什么禄，没有社会责任感，没有使命感，不能尽人道，只看得见猪道狗道。《论语》里，齐景公问政于孔子。孔子对曰："君君，臣臣，父父，子子。"公曰："善哉！信如君不君，臣不臣，父不父，子不子，虽有粟，吾得而食诸？"你看，他说："如果君不君，臣不臣，父不父，子不子，有粮食我也吃不着啊！"他想的就是吃，这就是猪脑子。

## 圣人尽得人道而充其形

**原文**

孟子曰："形色，天性也。惟圣人，然后可以践形。"

**华杉详解**

形，是身体、形体；色，是形体的运用，脸上的神色，四肢的仪态。人皆有形有色，这是天生的，是天性。

践形就是起居言动，都恰到好处，无过不及。说一个人"没正形"，嘻哈放纵，或者猥琐拘束，这都是不能践形。而圣人气禀极其清明，天赋气质全尽而无亏。耳听目视，能践聪明之理；举手投足，无不恰到好处；说话做事，无不各尽其理。

程颐说："圣人尽得人道而充其形。人得天地之正气而生，与万物不同。既为人，须尽得人理，那才算个人。形色，众人有之而不知，贤人践之而未尽，能充其形的，唯有圣人。"

程颐说了众人、贤人、圣人这三种人，我们可以自己对号入座：圣人肯定不是；众人和贤人，看自己是哪一种。

首先要认识到这个问题，认识自己的问题，注意改变，这就进入贤人境界了。

自己总是有一些性格上的毛病，容易让别人不爽的。自己爽了，别人就不爽；让别人爽了，又太压抑自己，自己不爽。这都是不能践形，形和色，匹配不上。

要向圣人的方向靠拢，既自由自在，没有刻意做作，又情理浑全，让别人舒服，这就是修养了。

## 服丧三年的理念是，孩子生下来"三年免于父母之怀"

**原文**

齐宣王欲短丧。公孙丑曰："为期之丧，犹愈于已乎？"

孟子曰："是犹或紾其兄之臂，子谓之姑徐徐云尔，亦教之孝弟而已矣。"

**华杉详解**

齐宣王希望缩短为父母服丧的时间。因为按礼制规定是三年，理念是孩子生下来，"三年免于父母之怀"，要长到三岁，才不要父母抱——这也是人类和其他动物不同的地方，小马小鹿，生下来就能跑，人生下来是完全不能自理的，全靠父母照顾——所以，父母死了，也要还三年给父母。

现在当然大家都认为服丧三年不可能，这么忙，怎么能空出三年时间不工作呢？不过我们反过来想一想，父母为孩子牺牲的时间，何止三年？

服丧三年的规矩，在中国数千年都得到严格的执行，不管当多大的官，只要父母一方去世，马上要辞官回家守丧三年。如果你是国家一天也离不开的朝廷重臣，皇帝可以下诏"夺情"，就是皇上要夺走你的亲情，不批准你回家，要你为国家服务。比如张居正、曾国藩，都是这种情况。但夺情会造成政治风波，皇上可以说国家离不开你，但是你留下来，却免不了别人指指戳戳，说你离不开权力，骂你衣冠禽兽。

不过，齐宣王就希望缩短这个时间。公孙丑也附和他的意见，说："如果缩短时间，服丧一年，也比不服丧强吧。"

孟子就批评说："子之事亲，就如弟之事兄。就好比有人去扭转他哥哥的手臂，这是不对的，而你却不是劝他不要扭，而是劝他轻点扭，慢点扭，那不还是对哥哥施暴吗？要教他的道理，就是孝悌而已，哥哥的手臂不能扭转，父母去世三年之丧不可缩短，这不是一个道理吗？"

**原文**

王子有其母死者，其傅为之请数月之丧。

公孙丑曰："若此者何如也？"

曰："是欲终之而不可得也。虽加一日愈于已，谓夫莫之禁而弗为者也。"

**华杉详解**

过了一阵子，又有一件事。一个王子，他的生母死了。但是，因为他的生母只是父亲的妾，而父亲的正妻，也就是他的嫡母还在，所以他不能为生母服三年之丧，甚至三个月也不行。大概是穿上丧服，母亲下葬之后，就要脱下来，这个具体规定无法考证了。这个王子希望能为母亲尽孝，就由他的师傅去向齐王请求，希望能为生母服丧几个月。公孙丑就拿这个案例又去问孟子："您说服丧一年都不行，那这几个月又怎么样呢？这是对，还是不对呢？"孟子说："这跟前面说的不是一回事！这是王子希望守丧三年，但是不会被批准，所以他请求守几个月行不行。这情为势屈之际，王子报亲之心，就是多得批准一天，也可多尽一日之孝。而齐王要缩短守丧期限，是没人压着他，他自己不想守。"

## 学习不是理解，是行动

**原文**

孟子曰："君子之所以教者五，有如时雨化之者，有成德者，有达财者，有答问者，有私淑艾者。此五者，君子之所以教也。"

**华杉详解**

孟子说，君子有教人之心，因为希望大家都同归于善。但是被教育的对象，人品不同，资质各异，人生交集不同，得到的教导也各不相同。大致说来，有五种情况：

第一种是如时雨化之者。这种人，造诣既深，积累既久，就差一点点化之功。君子迎着他即将得道之时而启发他，由此一触即发，一点就透，豁然开朗，洞然明白。这就像那草木，栽培之功已至，就差一场及时雨，就勃然而兴，茁壮成长，不可遏制。

第二种，是成德。他的才学或许没有到一点就透的程度，但是天资纯粹，德性可以打磨。君子就因其德而打磨他，造就他，抑制他的过失，牵引他不足的地方，涵育熏陶，成全他的德器。

第三种，是达财。财，就是材。他的德器未必最优，但是天资明敏，才识可以扩充。君子则因材施教，循循善诱，矫正其偏，使归于正，开导启迪，疏通其技能。这就叫达财。

第四种，是答问。前面时雨、成德、达财，都是老师主动把握驾驭的，答问是就其所问而答。但是老师的答问，是没有标准答案的，同一个问题，不同的人问，回答都不一样。为什么呢？因为老师是根据提问者的人生和才识背景，甚至性格特征，以及当时的语境，做出因人、因时、因地而异的不同回答，这也是因材施教，甚至借题发挥。

这一点，在《论语》里面非常明显。比如，子路问："听到了就该去做吗？"孔子回答："家有父兄在，如何能一听到了就去做呢？"冉有问："听到了就该去做吗？"孔子回答："听到了就该去做。"公西华问："仲由问听到了就该去做吗，您说有父兄在；冉求也问听到了就该去做吗，您说听到了就该去做。我很困惑，大胆再问一问。"孔子回答："冉求做事总是退缩，所以我激励他勇敢去做；仲由行事勇气超人，所以我限制他太过刚勇。"

正是因为有这种情况，所以王阳明在弟子们整理他答问的《传习录》时，就表示反对，他说：回答问题，都是根据问者的背景和当时的具体情境而定的，把这些记录下来，传下去，别人以为是标准答案，那岂不是误人子弟？

第五种，是私淑艾者。私，是偷师学艺，没有能够进到师门，就流传出来的,或者传下来的东西,或者看到,或者听说,然后自己琢磨,自己用功治学。淑,是善;艾,是治。孟子说:"予未得为孔子徒也,予私淑诸人也。"我没有机会到孔子门下为徒,我也是跟别人到处学来的。一般有说法,说孟子的老师是子思,但孟子自己并没有明确说过,那么他是到处访求孔子思想,不是只跟一个师父门下学来的,这就是私淑诸人了。

因为有前面王阳明说的那种,答问的人物背景、当时的情景和说话语境的不同,记录传下来的东西、各人理解就有很大偏差。同一句话,不同的人有不同的解读,不断有人考证、考据,还不断有人提出新解,这就成了两千多年的"学问"。我们现在也是私淑诸人,对各位先贤先学不同的解释该怎么看呢?一是看你自己理解,愿意采信谁的解释;第二,更关键的是学习不是理解,是行动,你愿意按谁说的去做,就去看谁的解释。如果你谁说的都不愿意去做,只是"学点国学",那最好不要学,因为那只是浪费时间。

## 学习即模仿,老师不能为了笨学生降低模仿标准

**原文**

公孙丑曰:"道则高矣,美矣,宜若登天然,似不可及也。何不使彼为可几及,而日孳孳也?"

孟子曰:"大匠不为拙工改废绳墨,羿不为拙射变其彀(gòu)率。君子引而不发,跃如也。中道而立,能者从之。"

**华杉详解**

前面孟子讲了君子教育人的五种方法,公孙丑对孟子说:"老师您的道太高太美了,但实在是学不到啊,就好像登天一样难!您能不能用一些更符合学生实际的,更接地气的,卑近易行的方法,这样让有希望攀求的人可以每天去努力呢?"

公孙丑此问,可能好多同学有同感,有时候看一些高人,就感觉他的东西自己学不到,着急!就想问老师,您能不能改一改教学方法。

孟子回答说:"高明的工匠不会以为徒弟笨,就改变或废弃绳墨规矩;后羿教人射箭,也不会因为徒弟跟不上,就改变拉满弓的标准。"

彀,是拉满弓的意思。如果降低了拉满弓的标准,目标都不在射程内,那学射箭还有什么用啊?

孟子接着说:"君子教人,就像后羿教人射箭一样,拉满了弓站着,跃跃欲试的样子。给你看,这就是标准。有能力的就跟上来,没能力的,自己再想办法练。"

中道而立,道一而已矣。正确答案,中正标准,只有一个,师父最大的教导,就是示范这个标准。你若自阻,就觉得比登天还难;你若自勉,就跃跃欲试全力模仿。全看你自己是否努力。像公孙丑这样,自己学不到,要老师降低标准来教学生,这就不是治学的道理了。

学习即模仿,虽然也有时雨化、成德、达财、答问等各种因材施教的方法,但最重要的还是言传不如身教。学生模仿老师,这个模仿的标准,一定不能降低,这不是因材施教的事儿。只要把标准立在那儿,那些私淑诸人、偷师学艺的人也能学到,甚至可能超过老师课堂里的学生;如果为了笨学生降低标准,那就失去传道的机会了。降低标准并不能照顾到所有人,提高标准才能带动更多人。

## 身与道永不相离

**原文**

孟子曰:"天下有道,以道殉身;天下无道,以身殉道。未闻以道殉乎人者也。"

**华杉详解**

这里的殉,是跟从,不一定是死,但是宁死也要跟从。

所谓君子,道不离身,身不离道,因为有道才是君子,无道便是小人。

那么，如果天下有道，政治清明，君子就当应运而出，为国效力。这时候，君子的道就跟着他的身体走，身与道俱显，得志行道。

天下无道，政治黑暗，君子之道只能卷而怀之，退而藏之。这时候，君子的身体就跟着道走，道藏起来，身体也藏起来。

不管是以道殉身，还是以身殉道，总之出处进退，身与道永不相离。绝对不能以道殉人。

以道殉人是什么意思呢？就是枉道求合，为了功名利禄，助君之恶，或者逢君之恶，帮着昏君干坏事。

**儒家的政治价值观，核心是以道自重的独立人格，既不会对昏君愚忠，也不会跟暴君死磕。** 遇明君，则士为知己者死，用之则行道于天下；遇昏君、暴君，则惹不起躲得起，舍之则藏身于山林。最鄙视的，就是委曲求全，枉道求合。求的全，求的合，不是国家和百姓的全和合，而是自己权位利禄的全和合。

以道自重，直道事人的观念，对我们经营企业也是一样。我们能经营，是因为我们对社会有价值，能为顾客解决问题，这就是我们的道。我能发挥我的价值，我就以道殉身，士为知己者死，行道于天下。如果顾客看不到我的价值，另有一套他的想法，我知道他的想法不对，就道不同不相与谋，自己走开，不要患得患失，不要为了继续收人家的钱而假意听从、枉道求合，那就成了尸位素餐、谋财害命。

从事任何行业都是一样，不要试图讨好所有的顾客。因为本来就不可能所有人都是你的顾客，只有认你的道的，才是你的顾客。

以道自重，直道事人，身道不相离。真正有道的君子，珍惜自己的道，如同珍惜自己的生命，当然不会为了功名利禄而妥协。

如果驰骋于功利之场，以身之显侮为欣戚，而不是以道之用舍为进退，那就是患得患失的鄙夫，成天都在对权贵猜测算计。正所谓君子坦荡荡，小人常戚戚。

## 孟子对滕更的方式，就是不教之教

**原文**

公都子曰："滕更之在门也，若在所礼。而不答，何也？"

孟子曰："挟贵而问，挟贤而问，挟长而问，挟有勋劳而问，挟故而问，皆所不答也。滕更有二焉。"

**华杉详解**

滕更，是滕国国君的弟弟，来孟子处求学。公都子问老师："滕更在您门下学习，似乎是属于应该以礼相待的人。但是，他每每向您提问，您都不回答，为什么呢？"

孟子说："学生向老师学习，不光要有求教之礼，还要有求学之诚，诚心诚意，就是来学习。老师是以道自重，你不是真心拜服他，不是诚心来学，就没有必要教。特别是这五种情况：一是挟贵而问，自以为地位尊贵，居高临下来问的；二是挟贤而问，自以为才能卓越，不知天高地厚，来跟老师'过过招'的；三是挟长而问，觉得自己年纪大，把老师当小兄弟的；四是挟有勋劳而问，觉得他对我有功，我欠他的；五是挟故而问，觉得他和我是故旧老关系，跟别的同学不同的。

"这五条只要有一条，我就不回答。而滕更占了两条。"

滕更占了哪两条，孟子没说，估计是自恃尊贵或有故旧交情吧，因为孟子跟滕文公有很深的交往。甚至还可能认为自己有勋劳，家里给老师送的币帛不少。不过，孟子就不搭理他。

孟子说的这五种情况，咱们都经常遇到。比如在演讲、论坛上，有些提问的人其实没什么问题，就是显摆显摆自己，跟老师"过过招"，甚至给老师出难题，挑战老师。有的老师机智神勇、辩才无碍，能把对方压制下去。但是，把他压制下去，也是给他的一种待遇，承认了他伪提问或伪问题的"合法性"，把自己降到了跟他同一个水平线。而他这回被压制下去了，下回还会再杀回来，或者再杀向别的老师。不搭理他,才是师道尊严,也是正确的教学方式。

前面《告子章句》里提到,孟子曰:"教亦多术也,予不屑之教诲也者,是亦教诲之而已矣。"孟子说,教学的方法很多,我不屑于教诲他,也是一种教诲。没有学习诚意的人,你怎么教他都是错,只有不搭理他,他或许还有一点点醒悟。孟子对滕更的方式,就是不教之教。

## 要养成把问题当问题的眼光

**原文**

孟子曰:"于不可已而已者,无所不已。于所厚者薄,无所不薄也。其进锐者,其退速。"

**华杉详解**

已,是停止、放弃。有些事,是你分内非干不可的,比如学生就应该好好学习,上班就应该好好工作,家里脏乱就该收拾整理。但是,如果这些非干不可的事,你都放弃,那就没什么不可以放弃的了,甚至肚子饿了都懒得去吃饭,恨不得有人来喂。养成这样的惰性,遇到该担当的事情就会志气衰息,逡巡畏缩,扛不起来。

这样的情况我们见得很多,遇到事情,有的人不怕事,不拖延,马上积极思考,行动起来;而另一些人宁肯坐以待毙,爱咋咋的,没有责任担当,没有任事之力。

要想有这种任事担当的心气力气,就要从小训练。从什么事情上开始训练呢?就从洒扫、清洁卫生开始。所谓一屋不扫,何以扫天下,就是考验你看出问题的能力和解决问题的行动力。你看到家里脏乱,是否觉得是自己的问题,是自己的责任?又是否马上要行动去解决?很多人会说:"我认为没问题呀!"怎么会没问题呢?人人都喜欢干净整洁,说没问题只是不愿意付出劳动,这就是"于不可已而已者,无所不已"。看到家里脏乱没问题,在公司看到问题也当没问题,更不会觉得是自己的问题、自己的责任,也不会主动行动,这种人就不能任事。

要养成把问题当问题的眼光，你觉得不是问题的，问一问自己，你是真的觉得那不是问题，还是自己懒得去解决。

于所厚者薄，无所不薄也。对他该亲厚的，他却很薄情，那他就没有什么人可以不薄情以待了。谁是我们该亲厚的呢？就是我们自己家人，父母兄弟，妻子儿女。他对自己父母都不孝，别指望他在单位能尊敬领导；他自己家里兄弟反目，不要相信他能跟你做哥们儿；他对自己家人亲友都不照顾，不要相信他是慈善家。残忍少恩之人，天下无一人可以亲厚。

良善之人，乐善好施，轻财好义，愿意与人分享，为人服务，但首先必须从自己家里人开始。曾国藩在这一点上是表率，他的弟弟不听话，不上进，他不是去怨弟弟，而是自责，责备自己不孝，没有把弟弟带好，让父母操心。他还特意指出，兄弟矛盾，不要去跟外人讲，不要去跟别人说一些话，显得是自己好，兄弟不好，是自己对，兄弟不对。就这一条，我们经常就做不到。

当曾国荃回老家之后，曾国藩又写信专门嘱咐他要"少举事"，不要今天想捐个桥，明天想修条路。给自己揽太多事，不仅消耗精力，对身体不好，而且事一多，是非也多，往往不会如你想的那么好。辛苦打了那么多辛苦仗，回家该清静清静，休养生息。这就是厚薄清楚，弟弟是厚，乡亲们是薄。

其进锐者，其退速。进得太快的人，退得也快。要学习，要进步，计划不能定得太激进。靡不有初，鲜克有终。学习进步，主要靠日日不断之功，靠时间积累，靠滴水穿石，每天滴一滴，十年功成。不要每天浇一桶，这样三天就坚持不下去了。张居正说："若志意太高，功夫太骤，其始非不勇猛精锐，其气过激则易衰，力已竭而难继，奋发未几，而怠惰随之，其退必速矣，岂能望其成功于终乎？"

所以要练日日不断的笨功夫，以平常心，用平常力，每天坚持。时间一到，目标就达成。

# 爱有三个等级：亲亲、仁人、悯物

**原文**

孟子曰："君子之于物也，爱之而弗仁；于民也，仁之而弗亲。亲亲而仁民，仁民而爱物。"

**华杉详解**

孟子说："君子对于物，有爱，但是不仁；对于百姓，有仁，但是不亲。君子先亲爱亲人，然后仁爱百姓，之后才是爱惜万物。"

这句话看起来简单，却是儒家人伦的大原则。

物，就比如禽兽草木。对禽兽草木的爱，是取之有时，用之有节，不要竭泽而渔，不要春天打猎，不要砍伐山林。我们现在说的爱护环境，就是这种爱，可惜多数人都做不到。我们现在垃圾都没有分类，环境保护不力，从国家层面都没有达到爱物的爱。

为什么说对物"爱而不仁"呢？比如你养的牛羊，你虽然爱它，但是要吃的时候，还是要杀它，所以对禽兽草木，只有爱，没有仁。

仁大于爱。

"爱在人谓之仁。"只有对人的爱，才能称为"仁"。仁，是对所有人的一视同仁，没有跟谁特别亲。所以说"于民也，仁之而弗亲"，对百姓，只有仁爱，没有亲爱。

亲，是对自己亲人的。

亲大于仁。之前孟子讲过，如果舜的父亲杀人，他应该抛弃天子之位，带着父亲逃走。因为父子之亲，超过天下之仁。要先私而后公，一个人，如果没有私，他的公也必然没有诚意。

私心在哪里呢？焦循在《孟子正义》中引用了东汉名臣第五伦讲的体会，他说："我哥哥的孩子生病了，我一晚上起来探视十次，但每次回到自己房间，倒头就睡。等到我自己的孩子病了，我虽然没有老跑去看他，但整夜都不能入睡。看来真不能说自己无私啊！"哥哥的孩子在他家生病，他有责任去看，但心里并没有那么着急；自己的孩子生病，他知道没必要老跑去看，但却整夜睡不着。

爱有三个等级：亲爱、仁爱、爱惜。或者说：亲亲、仁人、悯物。

这是等差，也是次序，先亲爱自己的亲人，然后才能仁爱百姓，最后才能爱惜万物。如果对自己的亲人都不照顾，就算他去照顾别人，也肯定没有诚意。如果对人都不好，就算他去治理爱护地球，也肯定没有诚意。

## 凡是可读可不读的书，都不要读

**原文**

孟子曰："知者无不知也，当务之为急；仁者无不爱也，急亲贤之为务。尧舜之知而不遍物，急先务也；尧舜之仁不遍爱人，急亲贤也。"

**华杉详解**

"知者无不知也，当务之为急"，意思是，智者没有不该知道的，但是你不可能什么事都知道，什么事都去学习，要聚焦学习你眼前该学习的。

这一条特别重要。我们小时候教室里挂着标语："学海无涯苦作舟"。这句话其实出自庄子，庄子的原话是："吾生也有涯，而知也无涯，以有涯随无涯，殆已。"生命有涯，而学海无涯，以有涯的生命追求无涯的学问，那就要把自己逼挂掉了。

所以这句话本不是我们想象的意思，学海无涯不是苦作舟，而是首先要给自己画出一个涯，画出一个边界来，然后在这个范围里聚焦学习。

王阳明说，他年轻时儒道释都学，后来认识到三者的差别，是差之毫厘失之千里，于是就摒弃道释，聚焦到儒学上面来。他年轻时，也喜欢诗文，陶冶情操，到了后来，认识到自己学习的当务之急后，觉得诗文也太奢侈了，也没有时间去用诗文陶冶情操了，把全部时间集中投入到儒学中来。

孔子说:"吾十有五而志于学,三十而立。"十五岁有志于学习,到三十岁,立志就立住了,方向定了,范围定了,当务之急定了,一辈子就攻读下去。

我们每个人今天的任务,也是要对自己学习的当务之急,画一个清晰的范围,该读哪些书,上哪些课,就反复读,反复上,这才是学习之道。不要今天觉得这个演讲会有价值,明天看别人的书单也不错,就把自己搞散了。

不是所有有价值的书都要读,所有有价值的活动都要参加,而是凡是可读可不读的,都不要读;凡是可参加可不参加的,都不要参加。这样,你才能把大块的时间,集中投入到自己的当务之急上,真正成为世界级的专家。

上面的说法,有的朋友可能不同意。但我可以武断地说,凡是不同意的,都是因为你心里不着急,没有当务之急。一旦你有了目标,有了当务之急,你就特别能理解这句话。谁让你去学别的、弄别的,你都跟他急。

"仁者无不爱也,急亲贤之为务",意思是,仁者爱人,天下人没有不爱的,但也有次序,在家先爱自己的亲人,在外先爱有德有才的贤人。

你若是领导,你爱自己的亲人,就带动人人都爱自己的亲人;人人都有人爱了,就不用你亲自去爱,全中国十几亿人,你也爱不着啊。你爱有才德的贤人,则其德可以正君而善俗,其才可以修政而立事。人用好了,天下就治好了,大家都好!

所以,"尧舜之知而不遍物,急先务也;尧舜之仁不遍爱人,急亲贤也"。尧舜也不是啥都知道,他只知道当务之急;尧舜也不是每个人都爱,他爱他的亲人和贤德之人。

### 原文

"不能三年之丧,而缌(xī)小功之察;放饭流歠(chuò)而问无齿决,是之谓不知务。"

### 华杉详解

缌,是细麻布,这里代指服丧三个月的孝服。穿这种孝服只服丧三个月,是五种孝服中最轻的一种,如女婿为岳父母服孝就用这种。

小功,是服丧五个月的孝服。这是五种孝服中次轻的一种,如外孙为外祖父母服孝就用这种。

放饭，是大吃大嚼；流歠，是猛喝。《礼记·曲礼》说："毋放饭，毋流歠。"在尊长者面前大吃猛喝是非常失礼的行为。

问，是讲求；齿决，是用牙齿啃，这里指用牙齿啃干肉。《礼记·曲礼》说："濡肉齿决，干肉不齿决。"软的肉可以用牙齿咬断，干肉要用手掰断，因为用牙咬会很难咬，张牙舞爪，动作难看，显得没礼貌。

孟子说，自己父母之丧不能守三年之孝，对于岳父母或外祖父母的三月五月之孝反而讲究得很；在尊长者面前大吃大喝毫不在乎，对啃干肉这种小小的不礼貌行为却又很在意。这样的人啊，就是不识轻重大小，不识时务。

# 第十四篇 尽心章句下

## 仁者以其所爱，及其所不爱

**原文**

孟子曰："不仁哉，梁惠王也！仁者以其所爱，及其所不爱；不仁者以其所不爱，及其所爱。"

**华杉详解**

孟子说，梁惠王真是不仁啊！仁者之心，主于爱人，而其爱人之心，无所不至。前面我们学了"亲亲、仁人、爱物"三个层次，他应该先亲爱自己的亲人；然后推亲亲之心以仁人，仁爱广大百姓；然后再推仁人之心以爱物。这样由近及远，由亲及疏，由人及物，不断扩充，一直到无所不爱，爱所有人，爱万物，爱地球。这就叫"仁者以其所爱，及其所不爱"，把他对他所爱的人的恩德，推及到他所不爱的人。

不仁的人就相反了，会把他对不爱的人的祸害，推及到他所爱的人。先祸害财物，祸害地球环境，再祸害百姓，最后祸害自己的亲人。

**原文**

公孙丑曰："何谓也？"

"梁惠王以土地之故，糜烂其民而战之，大败；将复之，恐不能胜，故驱其所爱子弟以殉之。是之谓以其所不爱，及其所爱也。"

**华杉详解**

公孙丑问:"您为什么这么说梁惠王呢?"

孟子回答:"为人君者,应有爱之等差,要先爱自己的亲人子弟,然后再爱百姓,最后再爱土地。亲人子弟为厚,普通百姓为薄;民为贵,土地为轻。《大学》里面说了:'有人斯有土,有土斯有财。'就是把人排在第一位。因为就算有土地,但没有人口,你也得不到财富啊。而梁惠王呢,为了争夺土地,先是把老百姓送上战场,使之肝脑涂地,血流成河,遭糜烂之殃,结果大败。他要报仇雪恨,又怕不能取胜,就把自己的亲人子弟投入战争,身先士卒,以死殉国。这不就是把他对不爱的人的祸害,加之于自己的亲人身上了吗?"

孟子这样说梁惠王,真是深刻。梁惠王继位时,正是魏国鼎盛时期,他就野心勃勃,南征北战。结果呢,就像他自己说的:"东败于齐,长子死焉,西丧秦地七百余里,南辱于楚。"自己的儿子都死在战场上。他活了八十二岁,在位五十年,魏国也在他的折腾下衰落了。

这个道理简单得不得了,但当权者就是吸取不了教训。第一次世界大战稀里糊涂地就打起来了,各国权贵都把自己的子弟和百姓送上战场;糜烂生灵之后,仍不吸取教训,又来了第二次世界大战。未来仍然会不断地有野心家和吹鼓手,把自己的子弟和国家百姓往死路上送。

仁者以其所爱,及其所不爱,不仁者以其所不爱,及其所爱。核心就在于你是仁者,还是不仁者。这句话震古烁今,好多事在我们自己身上也找得到,读者宜熟玩焉!

## 春秋无义战,是指没有程序正义

**原文**

孟子曰:"春秋无义战。彼善于此,则有之矣。征者,上伐下也,敌国不相征也。"

**华杉详解**

孟子说，春秋无义战。就是说，春秋时期的战争，没有一场是正义的，全都是不义之战。不过"彼善于此，则有之矣"，这次战争比那次战争要好些，这种事倒是有的。比如说，齐桓公九伐诸侯，一匡天下，这种霸主扶弱锄强、维持国际秩序的战争，总比那些相互争夺土地的战争要好。但是，本质上，或者说法理上，还是不义之战。哪里不义呢？没有程序正义。

正义的程序是什么？首先是明确谁有权发动战争。如果法理上你根本无权发动战争，那仗就算再"该打"，也是程序不正义。

"征者，上伐下也"，在周朝的体制下，只有周天子有权发动战争。"敌国不相征也"，若有两国为敌，纠纷要报到周天子那里，由周天子裁决，说谁不对，谁就要听，不听就打。谁来打？不一定是当事国去打，周天子派谁去打，谁就去打。可能组织多国联军去打，也可能派周边某强国去打。当事国参不参加战争，自己说了不算，周天子说了算。

这就好像今天的世界，两国发生军事冲突，不管谁打谁，都是不义的。联合国决议派联军干预，安理会几大常任理事国都通过了，这就程序正义了。你要甩开联合国单干，就是程序不正义。

周朝，就是当时中国国际社会的世界政府，有点类似于今天的联合国。但是法理上，它不是联合国，而是最高统治者；实际运行机制上，它已经失去了最高统治者的实力，又没有建立起协调各国势力和利益的议事机制。

# 尽信《书》则不如无《书》

**原文**

孟子曰："尽信《书》，则不如无《书》。吾于《武成》，取二三策而已矣。仁人无敌于天下，以至仁伐至不仁，而何其血之流杵也？"

**华杉详解**

"尽信书则不如无书"这句话现在流传很广。不过孟子这里的"书",是指《尚书》,后面的《武成》,是《尚书》里的一篇,记叙了武王伐纣的事。

《武成》中对伐纣的最后一战是这么记载的:

"既戊午,师逾孟津。癸亥,陈于商郊,俟天休命。甲子昧爽,受率其旅若林,会于牧野。罔有敌于我师,前途倒戈,攻于后以北,血流漂杵。"

到了戊午日,军队渡过孟津。癸亥日,在商郊布好军阵,等待上天的美命。甲子日清早,商纣率领他如林的军队,来到牧野会战。他的军队对我军没有抵抗,前面的士卒反戈向后面攻击,因而大败,血流之多简直可以漂起木杵(舂米或捶衣的木棒)。

孟子说:"尽信《书》则不如无《书》,比如,我对《尚书》的《武成》一篇,就只采信两三页罢了。仁人无敌于天下,武王是至仁,纣王是至不仁,以至仁伐至不仁,应该是摧枯拉朽,推一下他就倒了,怎么会有激烈的战斗,以至于血流漂杵呢?"

按照孟子的理论,仁者无敌,应该不战而胜,不可能有那么激烈的战斗。而至不仁者,恶贯满盈的暴君,应该坐以待毙,不会还有人卖命替他作战。所以武王和纣王打得血流漂杵,是不科学的。《尚书·武成篇》上的记载,肯定不符合史实。

朱熹注解说,《武成》上的记载,是商人自己倒戈,"前途倒戈,攻于后以北",他们是自己自相残杀血流漂杵的,不是武王的军队杀的。这么说,也没有不符合"以至仁伐至不仁,不会有大战"的理论。

## 人们大大低估了成就一件事业所需要的时间

**原文**

孟子曰:"有人曰:'我善为陈,我善为战。'大罪也。国君好仁,天下无敌焉。南面而征,北狄怨;东面而征,西夷怨;

曰：'奚为后我？'武王之伐殷也，革车三百两，虎贲三千人。王曰：'无畏，宁尔也，非敌百姓也。'若崩厥角稽首。征之为言正也，各欲正己也，焉用战？"

**华杉详解**

孟子看见当时的游士，比如苏秦、张仪、庞涓、孙膑等，一个个游说诸侯，自荐才能，说着"我善于阵法，我善于作战"，就要忽悠君王去攻城略地。孟子就说，他们都是大罪人，上引国君于贪恋，下陷百姓于死亡，既是天下百姓的罪人，也是君王的罪人。因为兵凶战危，战争对国家、对百姓都是灾难。

如果国君不发动战争去与天下争利，而是仁爱自己的百姓，则自然天下归心，全世界的百姓都想移民到本国来。如果别国也仁爱，则大家相安无事，各自求仁得仁，这是美好世界。如果别国国君暴虐，他自然恶贯满盈，自取灭亡，那时候，你去吊民伐罪，自可不战而胜，传檄而定。

就像当初商汤征伐，他打南面的国家，北边国家的百姓就抱怨："怎么打他们，不来打我们呀！"他打东边的国家，西边国家的百姓就抱怨："怎么先打他们，把我们排在后面呀！"

武王伐殷也是一样，兵车三百辆，勇士三千人，到了殷国，武王对殷商的百姓说："不要害怕！我是来安定你们的，不是来与你们为敌的。"百姓们便跪地磕头，额头触地的声音，好似山崩塌了一般。

征战征战，什么是征？征就是正，各自端正自己就好了，哪里需要相互作战呢？

孟子的思想，很大程度上和《孙子兵法》相似。《孙子兵法》前三篇，"兵者，国之大事，死生之地，存亡之道"，反反复复就是讲不要打。《孙子兵法》不是战法，而是不战之法；《孙子兵法》不是战胜之法，而是不败之法。《孙子兵法》的战争原理，就是说战胜别人是不可能的，是做不到的，能做到的，只有管好自己，立于不败。那什么时候能战胜敌人呢？那是敌人的事，不是我的事。他如果自己犯错误，自己败了，我就抓住这个机会去把他收拾了。这叫"立于不败，而不失敌之所败"。秘诀就两条：一是管好自己，每天进步；二是等敌人犯错误。他要是不犯错，兵法就只有一个字——等。

商汤就是这么做的，周武王也是。从周文王的爷爷周太王开始，一直到周武王，四代接力，励精图治，一直等。等到商纣王这个自取灭亡的暴君，周武王才取了天下。人们的主要毛病是大大低估了成就一件事业所需要的时间，不能等，要快！所以搞得一事无成，甚至搞成了自己作死。

孟子说的征就是正，这也是儒家的竞争观：君子之争，比如射箭，"正己而后发，发而不中则不怨胜己者"。竞争就像射箭比赛，全在自己，跟对手没关系。自己没射中，不能怪别人射中了。

想要王天下，不是拿箭去相互射杀，而是各自用仁爱之箭，去射天下百姓的心。

我们在经营中的所谓竞争也是一样，大家各干各的，都是去射消费者的心，而不是相互争斗。那人们为什么要相互争斗呢？都是因为为顾客服务的事没做好，就老是以为还有别的方法。不盯着顾客，反而去盯着对手，不管谁给他饭碗，却老是看谁抢他饭碗。这和统治者的思维一模一样，统治者饭碗里的饭都是百姓给的，把百姓照顾好，自己的饭碗不就能越来越稳固，越来越丰盛了吗？可他不这样想，他老想着去抢别国的饭碗。

孟子说行王道，我们搞企业，也是要行经营的王道。但孟子的话为什么没人听呢？因为他的招太慢。人性的弱点，往往是宁肯找死以图侥幸，也不愿意踏踏实实地积累等待。

## 万事只靠苦练功夫，没有任何秘籍

**原文**

孟子曰："梓匠轮舆，能与人规矩，不能使人巧。"

**华杉详解**

梓匠，是木匠。轮，是车轮；舆，是车厢。规，是圆规，用来画圆；矩，是曲尺，用来画直角和方形。

孟子说，木匠可以把制作车轮或车厢的规矩、准则、方法传授给别人，但并不能保证让人成为能工巧匠，那是要靠自己去悟的。

朱熹注解说，下学而上达，下学可以言传，上达必由心悟。

朱熹的心悟从哪里来？从顿悟来。顿悟从哪里来？不是打坐静思，而是实践练习。所以王阳明年轻时对着竹子"格物致知"，结果什么也没"格"出来，什么也不知道。后来到了知行合一，就无所不知了。

所以，上达的心悟，还是要在下学中悟，在实践中悟。听到老师教的，只是晓得些说法，并不算知道。只有照着去做，一遍一遍地做，知行合一，才是全身心的学习。

读到这一段，不禁想起鹅湖之会、朱陆之辩。陆九渊说朱熹的理学只是"支离"，因为在书堆里研究义理，都是支离破碎的，不能得到本源全体。朱熹说陆九渊的学说只是禅，因为不读书，也不立文字，光靠什么"心学"，那不就是禅宗吗？根本不是儒家。

陆九渊当然不是不读书，他是把书都读遍了，然后才跟人家说读书没用，只要找良知良能。你如果没有读过那么多书，你就进入不了他那个不读书的境界。读书是"不读书"的前提。他说不立文字，后人还是要把他的所有讲话通信都收集起来，变成一部《陆九渊全集》。

到了王阳明，提出知行合一，就真正把这个题破了。从用耳朵听，用眼睛看，到动手记笔记；从用心学习，用脑学习，到用肌肤学习，用肢体学习；从用大脑神经学习，到用脊柱神经学习；从形成大脑记忆，到形成肌肉记忆。

只有用你的肌肤去触碰，用脚去丈量，用手去做，才能和五官五感、心脑呼应，才能悟道。这悟，不止是心悟，还有脑悟、眼耳口鼻舌悟、四肢四体悟。身体每一个毛孔，每一个细胞都悟，你就可以天人合一，出神入化，信手拈来，巧夺天工。

我们总是在"研讨"一些事情，这往往是因为我们动手做得太少。其实只要你动手去做，在做的过程中，其义自见。

张居正对这段也有讲解，他的一句话，说出了普通人的大毛病："学者要当会道于心，以俟其自得之机，岂可求道于言，而疑其有不传之秘哉？"你把老师教的放在心上，反复练习，不断积累，静候佳音，就总有自己顿悟的一天；不可求道于言，总觉得老师还有什么不传之秘没传给你。

张居正的话太深刻了！从吴承恩的《西游记》到金庸的《天龙八部》，历代无数小说家言，甚至禅宗公案，都有一个"密室弟子"的段子。师父把不传之秘，只传给某一个人，那一夜月圆之后，他就成了天下第一。而张居正就告诉你，没有不传之秘，师父要教的，都教给全世界每个人了，就那么简单，学不学得到，是自己刻苦的事。

人人都贪巧求速，都想学秘籍，所以圣道不传。骗子发财，看你骨骼清奇，就卖秘籍给你，骗取你的钱财，浪费你的时间，是谓谋财害命，这都是你自己送上门去的。傻子太多，骗子都不够用啊！

## 既自立自强，又做自己的旁观者

**原文**

孟子曰："舜之饭糗茹草也，若将终身焉。及其为天子也，被袗（zhěn）衣，鼓琴，二女果，若固有之。"

**华杉详解**

糗，干粮。茹，吃。袗衣，华美的衣服。果，侍候在侧。

孟子说，舜没有发达的时候，吃干粮，咽野菜，好像一辈子也就这么过下去了，并没有要富贵发达的理想和路径。直到尧看中他，传位给他，并且把两个女儿娥皇、女英都嫁给他。他做了天子，每天穿着华美的衣服，弹着琴，唱着歌，两个妻子在旁边侍候着，而他的心也不以为喜，淡然自得，好像他生下来就在富贵乡中似的。

朱熹注解说："圣人之心，不以贫贱而有慕于外，不以富贵而有动于中，随遇而安，无预于己，所性分定故也。"不因为自己穷，就羡慕别人的富，没有羡慕，就更没有嫉妒和恨，自己安贫乐道，活在自己的世界。如果富贵了，也不成天忍不住把钱搬出来数，数钱数到手软，数到心花怒放。这就叫随遇而安，无预于己。不去预计自己要怎样，因为一旦有预计，就会为实现目标而开心，为没实现目标而沮丧，那就是性分不定了。这也是孔子说的"意必固我"——勿意,勿必,勿固,勿我——不要主观臆断,不要期待事情必定会怎样,不要固执己见,不要太自我。

知道自己要干啥,也知道能不能干成不是自己能决定的,而是谋事在人,成事在天,这样就能只问耕耘,不问收获,性分就定了。成功了,那是我本来就有的;没成功,一辈子吃干粮咽野菜,那也正常。

王阳明在第一次科举落榜时说:"我不以不得第为耻,我以不得第而动心为耻。"落榜了,下回再来就是。

张居正说舜:"非惟不追以往之贫贱,且忘见在之富贵矣。穷达之遇不同,而圣心之天常泰,此正所谓大行不能加,穷居不能损者也。非有得性分之理,恶能不移于外物之感哉。"

意思是,不仅不追忆过去的贫贱生活,而且也不感慨现在的日子真好。不管穷富,心里的天空总是瓦蓝瓦蓝的一片安泰。这片安泰,遇到大富大贵大成功,也不会增加;遇到穷困,也不会减少。如果不是真正得到性分之至理,又怎能做到不为外物所移呢?

富贵之人,都喜欢忆苦思甜,经常讲小时候如何穷,创业后如何困,这就是追忆以往之贫贱,沉醉于现在的富贵。过去的历史,就成了越穷越光荣,对此津津乐道,沉醉于现在的富贵中。

得到性分之理的人是怎样的呢?性,是天性;分,是本分,也是天分。这里的天分,不是天才,而是天命之分。你只要守你的本分,本分是自己掌握的,等天命再分给你什么样的分,你接着就好了。这就是得性分之理的圣人。得到了,不以为喜;得不到,也不抱怨上天待我不公。

修养这个的意义,在于不为外物所移,不要让外面的人、事、物影响你的内心。比如为利欲所移,就会被所谓的"机会"牵着走,不能坚持在自己的方向上积累,以至于事业不能成功。

得性分之理的圣人,本质上是一种极大的自重、极大的骄傲。如果说我们这世界是一个三维空间,圣人就好像活在第四维,看着这天,看着这地,看着这芸芸众生,也看着同样是芸芸众生的自己。

积极生活,接受一切。既自立自强,又做自己的旁观者。

## 爱他人，就是爱自己的亲人，就是爱自己

**原文**

孟子曰："吾今而后知杀人亲之重也：杀人之父，人亦杀其父；杀人之兄，人亦杀其兄。然则非自杀之也，一间耳。"

**华杉详解**

孟子说："我今天才知道杀害别人亲人的报复之重：杀了别人的父亲，别人也会杀你的父亲；杀了别人的哥哥，别人也会杀你的哥哥。那么，虽然自己的父兄不是自己杀的，但也相差不远了。"差多远呢？一间耳。你杀了别人的父亲，别人再杀你的父亲，此往彼来，中间就间隔一个人罢了，和自己杀了自己的父亲没区别。

朱熹注解说，孟子讲今天才知道，估计是出了什么案子，他有感而发。

范祖禹就反过来理解："知此则爱敬人之亲，人亦爱敬其亲矣。"

张居正也说："苟能反而观之，则爱人之亲者，人必爱其亲；敬人之亲者，人必敬其亲，其理不可以例推也哉！"

这样我们就找到了爱敬自己亲人的方法：看见别人家的孩子，或别人家的父母，多一些关爱，这样你的孩子和父母，就能得到更多人的关爱。要养成爱的素养，爱他人，就是爱自己的亲人，就是爱自己。这也是"一间耳"，如此简单易行，何乐而不为呢？

## 学习的本质，是模仿一种行为

**原文**

孟子曰："古之为关也，将以御暴；今之为关也，将以为

暴。"

### 华杉详解

孟子说:"古代设立关卡,是为了抵御残暴;而现在设立关卡,是为了实行残暴。"

为什么呢?周文王的关卡,是"讥而不征"。讥,是查问,就是看见形色可疑的人就去盘问,抓坏人逃犯,防敌国间谍。只是查问,并不征税。而战国时期各国各城的关卡呢,都是为了向过往客商收税。收税干什么?就是为了富国强兵,兴师打仗,以争天下,那不就是准备从事暴行吗?

### 原文

孟子曰:"身不行道,不行于妻子;使人不以道,不能行于妻子。"

### 华杉详解

孟子说:"自己不以道而行,那他倡导的道,在自己的妻子儿女身上也行不通;使唤别人不合于道,那就连使唤自己的妻子儿女都没有可能,更别说使唤别人了。"

道,不是靠嘴说,而是靠行为示范。

你要让妻尽妻道,子尽子道,你就要先尽夫道、尽父道,这样他们自然尽妻道、尽子道。你只要求别人,不要求自己,是不行的。你要求了自己,别人自然也会要求他们自己。

学习的本质,不是学习某种精神,而是模仿一种行为。按这个原则来要求自己的学习,你才知道什么是学习,才知道自己要学习什么、不学习什么。

第二句话,"使人不以道,不能行于妻子"。你使唤一个人,首先要爱他,要用父母心,像使唤自己的儿子一样去使唤他。张居正说:"如使人不以道,工作非时,奔走无节,则己所不愿,焉能强人?"假如你不想让你的儿子每天通宵加班不回家,就不要让你的员工过度加班。

## 德性要厚，心志就不会摇动

**原文**

孟子曰："周于利者，凶年不能杀；周于德者，邪世不能乱。"

**华杉详解**

朱熹注："周，足也，言积之厚而用有余。"杨伯峻注："杀，缺乏，有困窘意。"

孟子说："有钱人荒年也不会受困窘，有德者邪世也不会迷惑。"

这两条，都太重要太重要了！

经常有人说，现在经济形势恶劣，经济下行，实体经济艰难，如何如何。这都是因为自己准备不足，财富积累上准备不足，思想上也准备不足。什么叫经济大环境差？公司本来就应该以经济大环境差为前提来制定经营策略和计划。如果我的心态、我的计划，本来就经过了外部环境最差的压力测试，我就不会困窘。

第二条，有德者邪世不迷乱。我们也经常听到这样的话："现在这世道！"张居正解说道："身有当邪世而摇乱者，都是自己德行不足。如果德行自足，则识趣高明，持守凝定，不改其素行，这就是周于德者足以自立。"

不过，张居正毕竟是宰相，他不甘心只是持守凝定，也想有所作为，于是补充说："若君子不幸遭邪世，也不能只是以卓然自守为贵，必将拨乱反正，发挥自己素所蓄积的德行，使天下人心不至于陷溺。如果只是自全自保，独善其身，这天下靠谁呢？"最后他又补了一句："此又孟氏未发之意也。"说这是孟子没说出来的意思。

所以在邪世里，邪者是生逢其时，狂欢乱舞；而不邪的人有这样几种人生状态：

一是同流合污，也被裹挟进去了。

二是忍辱偷生，还得要受辱，或者觉得自己受辱。

三是德行自足，活在自己的世界，这就是孟子说的"周于德者邪世不能乱"。

四是积极性、建设性，怎么也要找找看，自己在推动社会进步、推动由邪转正上能做点什么，这就是张居正说的"孟子未发之意"。

要做到第三、第四，前提就是自己的德行积蓄要厚，积累不厚，心志就会摇动。就像到了荒年，你的钱粮积蓄不厚，心里也定不了！

## 看一个人，要看他不经意的行为

**原文**

孟子曰："好名之人，能让千乘之国；苟非其人，箪食豆羹见于色。"

**华杉详解**

孟子说："好名干誉之人，就算是千乘之国的君位，他也能让给别人。但若不是受让的对象，就算只要他一筐饭、一碗汤，他那不高兴的神色都会在脸上表现出来。"

朱熹注解说，好名之人，矫情干誉，哪怕千乘之国的君位，他也能让给别人。他要什么呢？他就要名，要美誉。但他并不是真正能轻富贵的人，所以在一些小钱上面，因为他没有太刻意，反而会真情发现，现了原形。所以，"观人不于其所勉，而于其所忽，然后可以见其所安之实也"。

看一个人，不要看他勉力去做的，而要看他不经意的行为，这样才能看到他"所安之实"。安是什么？是安心，是安居。前面学的"居仁行义"，就是安居于仁。仁就心安，不仁就心不安，要住在仁这间大屋子里面，而不是在外面。不是勉力去达到仁，而是自然而然地不勉而仁。

孔子说:"知之者不如好之者,好之者不如乐之者。"后面可以再加一句:"乐之者不如安之者。"你再乐,乐完了还得回家吧?如果本就安居在里面,那不更是本来面目、恒定状态吗?

又比如好名之人,他到处捐助、救灾、摆拍,就是因为可以得一张照片发表。他乐此不疲,恨不得全副身家捐出去都愿意。为什么呢?因为他好名,乐名。但是,因为他好的不是义,不是帮助别人,所以等他回到家,兄弟亲戚需要他接济帮助时,一分钱都能要了他的命,打死也不给。为什么呢?因为这里没有他要的名。

**名士不是义士,轻财好名和轻财好义是两回事。**

要看一个人的真心,看他知之、好之、乐之都不够,还要看他安之,安居何处。

安之若素,安之为素,这才是他素来的样子,本来的面目。

"观人不于其所勉,而于其所忽,然后可以见其所安之实也。"学这句话,如果你学到的是怎么样去观察别人,那你学到了芝麻;如果你学到的是别人在这样观察你,那你就学到了西瓜。因为咱们读书,是为了治自己,不是为了治别人。

你周围所有的人,还有很多你不知道、不认识的人,都在观察你,他们对你"听其言,观其行",他们所观的,都不是你勉力去做的,不是你怎么对待他,而是你怎么对待别人,怎么处理别的事,这是从侧面来判断你。

那做人是不是太累?

做人太累,是因为你太虚伪!老是要假装,当然累!只要居仁行义,正心诚意,就一点也不累。

但是,如果我居仁行义、正心诚意,别人却不领情呢?

你若要别人领情,那你就和好名的人一样,只是你要的是"情"罢了。

子曰:"人不知而不愠,不亦君子乎!"

义理精粗,尽在四书!

## 越是大人物，越是要学会放弃判断，顺从他人

**原文**

孟子曰："不信仁贤，则国空虚；无礼义，则上下乱；无政事，则财用不足。"

**华杉详解**

孟子说，治国理政，要事有三条：

第一条是信任有仁德和贤能的人。如果没有仁贤之人，则国家空空如也，就像没有人一样。我们说一个公司或一支球队"没人"，也不是真的指没有人，而是指没有有德之人，没有有本事的人，这样就空了，虚了。

张居正讲解说，国家能搞好，全靠有仁贤辅佐。如果国君对仁贤，虽然也想信任，但又存一点猜疑之心，或者外亲而内疏，或者始合而终间，则贤者骙志解体，报国的志向没了，望望而去，死心走了。于是朝堂之上，就没有可以依赖的人了。朝堂空了，国家虚了。

越是大人物，越是要学会在某些时候放弃判断，放弃控制，顺从他人。因为大人物习惯了作判断、作决策、作控制，但是你判断不了一切，你的决策和控制很可能是错的，那还不如放手让别人作判断、作决策、作控制。有的人可能不习惯这样做，那你可以给自己定一点"失控指标"，留20%给别人判断，先这样试试看。否则，有思想的人都会离开你，就剩一堆听话的。

善莫大于舍己从人。习惯了让别人听自己的话，也要学习一下听别人的话。不是因为判断出他说得对，所以听他的，而是在这件事上，我就决定听他的。

第二条是要有礼仪，礼仪是定上下尊卑，先后次序。只要有两个人在一起，就得明确谁听谁的，而且不用说，每个人就都明确。就像电视上领导人开会，谁走前面，谁走第二、第三，肯定不会错，这就是礼仪。

所谓平等，是机会平等，不是绝对平等。礼仪是社会的交通规则，你看美国的交规，所有情况，谁先谁后，都有规则，既安全，又有效率。这些规则，只要

缺一条，交通就会乱，就会出事故。孟子说，没有礼仪，社会上下就乱了。

第三条，无政事，则财用不足。如果没有好的政治和行政措施，该兴修的建设废坠不修，全无经理的方略，生之无道，取之无度，其源无以开，其流无以节，则民贫国耗，日忧匮乏，国家就会财用不足。

这三条，哪一条是根本呢？张居正说，仁贤是根本。因为礼仪、政事都要靠仁贤。如果人君能任贤不贰，则礼仪由之以出，政事由之以立，而盛世必臻，何患不足？

朱熹引用尹氏注："三者以仁贤为本，无仁贤，则礼仪政事，处之皆不以其道矣。"

## 做任何事都要按看三代之后的眼光来考虑

**原文**

孟子曰："不仁而得国者，有之矣；不仁而得天下者，未之有也。"

**华杉详解**

孟子说："不仁却能得到一个国家当上国君的，这种事有；不仁而能得到天下成为天子的，这样的事还没有过。"

朱熹注解说："不仁之人，驰骋其私智，可以盗千乘之国，而不可以得天下民心。"

张居正讲解说："不仁之人，逞私智之巧，上以力胁迫其君，下以术愚昧其民，以一夫之身而盗千乘之国，这种事有，比如田恒篡齐、三家分晋，都是这种情况。但是，如果你要得到整个天下，四海之广，兆民之众，欲以力制之，而至柔者不可以威屈；欲以术愚之，而至神者不可以计欺，求其能成混一之举，而遂其侥幸之图者，自古以来，未之有也！"

简单地说，骗一国之人可以，骗全天下之人不可能。

但是，骗全天下之人，历史上也不是"未之有也"，而是"有之矣"。朱熹引用邹氏注解说，自古以来，以不仁而得天下者，还是有的，比如秦朝就是。不过，秦朝二世而亡，非但传不下去，还搞得自己断子绝孙，得天下跟没得一样。

那什么是得天下呢？比如"三代而后可"，一定要有像夏商周三代开国那样的仁才行。

如果要给得天下一个定义标准，就是你能传过三代，到第四代还妥妥的，这才算得天下，三代成就一个王朝。

咱们看自己家呢，同样是三代成就一个家族。你做任何事，都要按三代之后的眼光来考虑，这是至关重要的观念。

钱穆讲过一个他看寺庙建设的例子。他说，大雄宝殿前面，一定有两棵百年以上的松柏，其巍峨苍翠，才配得上雄伟金碧的大殿。那创建人当初规划建设时，就勘测地形，何处建殿，何处植树，都是按几百年的眼光去看；等到殿前苍松翠柏长成参天大树，和大雄宝殿相称时，他已经早已圆寂百年，藏骨僧塔了。所以，当他建设时，他设定的建成时间，是那树长成参天大树的时间，也就是自己死后的一百年，甚至几百年，这是何等仁德，何等心胸！

钱穆接着说，有一次他游一座古寺，大雄宝殿已经残破了，殿前两棵古柏也死了一棵。寺里当家的和尚就在那死柏的坎穴里，种了一棵夹竹桃。因为这夹竹桃，今年种下，明年就开花，马上得享受，可见这个当家和尚胸中气量之短。一看这棵夹竹桃，就知道这寺庙气数已尽了。

所以我们要得天下，一定要把未来几百年的变化，几百年的人世沧桑，全看在眼里。不要像秦始皇那样，以为自己看了一万年，其实只看了十四年，他的所谓得天下，是把所有的福都得了，却把子孙的福透支了，其实就是遗祸子孙而已。

**原文**

孟子曰："民为贵，社稷次之，君为轻。是故，得乎丘民而为天子，得乎天子为诸侯，得乎诸侯为大夫。诸侯危社稷，则变置。牺牲既成，粢盛既洁，祭祀以时，然而旱干水溢，则变置社稷。"

**华杉详解**

社稷的社是土神，稷是谷神。建国必立社稷以祭祀，所以社稷即国家。丘民，是田野间小民。

孟子说："百姓为贵，社稷国家次之，君主为轻。所以得到百姓的欢心者，就做天子；得到天子的欢心者，就做诸侯；得到诸侯的欢心者，就做大夫。如果诸侯危害国家，那就改立。如果牺牲既已肥壮，祭品又已洁净，也已按时致祭了，但还是遭受旱灾水灾，那就改立土谷之神。"

这是孟子的排序，民众第一，国家第二，君王第三。

诸侯不行，就换掉诸侯；社稷之神收到了祭祀，却还要闹天灾，那就换掉神。

# 找到自己的百世之师

**原文**

孟子曰："圣人，百世之师也，伯夷、柳下惠是也。故闻伯夷之风者，顽夫廉，懦夫有立志；闻柳下惠之风者，薄夫敦，鄙夫宽。奋乎百世之上，百世之下闻者莫不兴起也。非圣人而能若是乎？而况于亲炙之者乎？"

**华杉详解**

朱熹注："兴起，感动而奋发；亲炙，亲近而熏炙之。"

孟子说："圣人是百代人的师表，比如伯夷、柳下惠。伯夷是圣之清者，听到伯夷的故事，即便最愚顽的人，也变得有知觉，知道廉耻；即便最懦弱的人，也变得有志气，知道立志。柳下惠是圣之和者，听到柳下惠的故事，即便最刻薄的人，也变得敦厚；即便最粗鄙的人，也变得宽大。伯夷、柳下惠之后的一百代人，还能沐浴到他们的清风和气，由此感动而奋发。因为他们的风范，已经到了圣人的地步，足以成为百世之师表，感人于无穷。百世之后的人尚且能被他们感化，更何况幸而生同其时、亲身受过他们教育熏陶的人呢？"

找到自己的百世之师，是学习最重要的方法。因为当世之师不好找，你要在当世遇见"百世之师"级别的人物，并能"亲炙之"，几率几近于零。所以要全力寻找自己的百世之师。

百世之师是谁呢？每个领域都有，只要你别浅薄地认为他们"过时"了就行。比如《孙子兵法》，英国军事思想家李德哈特就评论说：人类历史上有两本最伟大的战略著作，一本是《孙子兵法》，一本是克劳塞维茨的《战争论》；但是和《孙子兵法》比起来，《战争论》过时了。《战争论》比《孙子兵法》晚两千年，但李德哈特却说《孙子兵法》是前沿，《战争论》过时了。

还有我们现在学的《孟子》，你是否觉得它过时了呢？我们自己身上的好多毛病，还有社会的问题，它都说得精妙绝伦。《四书》是中国人的原型——社会的原型、思想的原型、智慧的原型，也是批评人的各种毛病的原型，这是中国人的基因库，我们能从中看到自己。

百世之师，也是原型人物，伯夷是清高的原型，柳下惠是和光同尘的原型。

哪些人是原型人物呢？他的话和事迹，经常被我们引用的，就是原型人物。比如《论语》《孟子》上的话，深入中国人的思想血液，经常被人们挂在嘴边。那你就不要道听而途说，一定要把这些著作仔细研读揣摩，这就是进步之道。

比如你搞经济，经常张口亚当·斯密，闭口凯恩斯，半张半闭熊彼得，那你就一定要把他们的著作、他们的传记、关于他们的各种资料，都找来仔细研读。多读"大部头"，你就是直接和思想原型对话，和智慧原力连接，这跟读二手碎片完全不一样，能神交古人，找到"亲炙之"的快乐。

学习最忌讳碎片化，但人们往往图省事，不愿意付出系统学习的努力。其实系统学习很简单，只要日日不断之功。一本800页的巨著，你拿个书签，每天读10页，三个月也就啃完了。读书不要贪多，很多人号称一年读一百本书，其实也就翻一翻，没有一本从头读到尾的。我们要学曾国藩"读书不二"，一本未完，不动下一本。另外，经典著作要反复重读，每隔几年读一遍。

## 道不外求，道不远人，道就在自己身上

**原文**

孟子曰："仁也者，人也。合而言之，道也。"

**华杉详解**

朱熹注："仁，是人之所以为人之理。以仁之理，合于人之身，就是道。"

张居正讲解说，天下之理，存之于心则为仁，措之于事则为道，要领就在于要把仁道切身施行，要知道自己的天性中就有仁，仁不是身外之物。

这就是我们前面讲过多次的"知行合一""居仁行义"的道理了。

仁道，在天为天生万物之心，在人为得而生长之理。人有身体，这身体就是仁，人就住在仁这间屋子里面，如果没有仁，就算形骸具备，也只是血肉之躯，而没有精神。人有气，主宰这气的也是仁，没有仁，人就是蠢然之物。

所以说仁就是人，应该求仁于内，而不是求仁于外，这就是居仁行义。有这人，就有这仁，仁不是从外面来的，而是天生天命的。《中庸》第一句："天命之谓性，率性之谓道。"能体认这仁，就能得道。道不外求，道不远人，道就在自己身上，就在待人接物应事，就在日用常行。

行有不得，反求诸己；仁有不得，也是反求诸己。一切都在自己身上找，这是儒家修身的基本原理。只要掌握这个，则一切自足，不假外求，内心强大，我心光明，浩气充足。

**原文**

孟子曰："孔子之去鲁，曰：'迟迟吾行也！'去父母国之道也。去齐，接淅而行，去他国之道也。"

**华杉详解**

这段是重出，前面出现过，也讲过。孔子被迫离开鲁国，慢慢吞吞，走走

停停，一步三回头，这是因为鲁国是他的祖国，父母之邦，不舍得离去。而等到道不同不相与谋，要离开齐国的时候呢，孔子一决定要走，淘好的米都等不及煮饭，直接捞起来就走，这就是离开别国的态度。

**原文**

孟子曰："君子之厄（è）于陈蔡之间，无上下之交也。"

**华杉详解**

厄，是同厄、穷困的意思。

孟子这是讲孔子被困于陈蔡之间的事。《史记·孔子世家》记载，当时楚王派人来聘孔子到楚国去，而陈国、蔡国两国的大夫们怕孔子到楚国掌权之后对陈蔡两国不利，于是就派人把孔子围困在陈蔡之间的荒野，粮食断绝了七天，想把他饿死。后来还是子贡向楚王报信，楚王才派兵解围，接回了孔子。

孟子说，孔子是大圣人，无往而不宜，怎么会到困穷的地步呢？因为在陈蔡两国，孔子跟两国君臣上下都没有交情。君子处世，上而有君王用他，这是跟上有交情；下而有贤臣举荐他，这是跟下有交情。而孔子跟陈蔡两国，不但上下都没交情，反而经常批评他们的政事，所以才会有厄运。不过，圣人毕竟是圣人，楚王会派兵来救他。

这就是"圣人的权力"，交情是权力，名气是权力，金钱是权力，才华是权力，道德也是权力。

# 不要怕得罪人，也不要期待人人都说你好

**原文**

貉稽曰："稽大不理于口。"

孟子曰："无伤也。士憎兹多口。《诗》云：'忧心悄悄，愠于群小。'孔子也。'肆不殄厥愠，亦不殒厥问。'文王也。"

**华杉详解**

貉稽，是人名。貉稽被大家说坏话，他对孟子说："人的声誉，本来是靠大家的嘴说出来的。我现在被众人讪谤，对于大家的嘴，也依赖不上了。怎么办？"

孟子说，没关系，"士憎兹多口"。憎，应该是增，朱熹说可能是写错了。这句话的意思是，为士者，经常被众口所讪谤，这很正常。

《诗经》上说："忧心忡忡郁在心，小人当我眼中钉。"孔子就差不多是这种情况，齐景公要重用他的时候，被晏婴说坏话阻止；在鲁国，被叔孙武叔毁谤排挤；在楚国，楚王要给他封地，又被令尹子西说没了。

《诗经》还有一句："肆不殄厥愠，亦不殒厥问。"意思是说，不消除别人的怨恨，也不丧失自己的名声。周文王就是这种情况吧。周文王因崇侯虎向纣王进谗言，而被囚于羑里。别人要恨你，你拦不住。你又没惹他，可能只是因为过得太好，别人就嫉妒你，怎么办？嫉妒之恨，比什么深仇大恨都要大。你总不能一把火烧掉自家房子来讨他欢心，虽然这种事也有人做过。

以孔子、文王之圣，也免不了被人说坏话，咱们还能追求别人都说你好吗？

焦循讲解说："正己信心，不患众口，众口喧哗，大圣所有，况于凡品之所能御，故答貉稽曰无伤也。"

我心光明，依义而行，该怎样就怎样。不要怕得罪人，也不要期待人人都说你好。能得罪人你才能交朋友，才能受尊重。而如果人人都说你好，你也肯定不是好人。孔子说那叫"乡愿，德之贼也"，说这样是贼，是败坏道德的人。为什么呢？对一件事，人们总有不同的观点、立场和好恶，这些观点有时候是相反的，是针锋相对的，你总要站在一边。如果两边都说你好，那你一定是见人说人话，见鬼说鬼话，伪善欺世。

要让所有人知道，你说的每句话都是真的，你说的每件事都是要做的。你的观点、立场，是一以贯之、从来不变的，那才是真君子、真英雄。

## "以其昏昏使人昭昭"的三层含义

**原文**

孟子曰:"贤者以其昭昭使人昭昭,今以其昏昏使人昭昭。"

**华杉详解**

"以其昏昏使人昭昭"这句成语的出处就在这里。今天的解释一般是说,自己都没弄明白,还要去教别人。这样理解虽然没错,但狭窄了些,和原意略有偏差。

昭昭是明、光明、明显、昭著,昏昏是暗、昏暗、模糊、糊涂。

以其昭昭使人昭昭,就是《大学》说的自明明德,然后可以修身、齐家、治国、平天下。朱熹引用尹氏注解说:"大学之道,在自昭明德,而施于天下国家,其有不顺者寡矣。"修身、齐家、治国、平天下,就是以其昭昭使人昭昭。修身是自己昭昭,齐家、治国、平天下是使人昭昭。如果自己不修身,不要求自己,光要求别人,那就是以其昏昏使人昭昭。

焦循注解说:"贤者治国,法度昭昭,明于道德,是躬化之道可也。今之治国,法度昏昏,乱溃之政也。身不能治,而欲使他人昭明,不可得也。"这里的昭昭,含义又有增加,在明明德之外,还有法度昭昭的意思,就是法律很明确。贤者治国,法治完善,昭著天下,人人都知道该怎么做,人人都昭昭。反之,法度昏昏,模糊不清,治国者自己也不能管好自己,却还要求别人尊德守法,这就做不到。

总结一下,我们应该怎样昭昭呢?

一是价值观昭昭,道德昭昭。我遵循什么样的价值观,我就怎样去做,率先垂范,推己及人,由内而外。而不是自己不干,光去要求别人,以其昏昏使人昭昭。

二是法度严明,规则清晰。没有潜规则,全是明规则,每个人都知道该怎么做。而不是法律模糊，要么拒绝立法以保证自己自由裁量，要么有法律，却选择性执法，这样又是以其昏昏使人昭昭了。

三才是我们现在理解的意思，自己都没弄明白，还去教别人。

## 孟子的原意不是茅塞顿开，而是茅塞不开

**原文**

孟子谓高子曰："山径之蹊间，介然用之而成路；为间不用，则茅塞之矣。今茅塞子之心矣。"

**华杉详解**

山径，是山上的小路。间介然用之，是经常用。

孟子对高子说："山上的小路，是人踩出来的，前面有人踩出来，后面又经常有人走，这就成了路。如果有一段时间没人走，茅草就长出来，把路给塞住了。今天啊，你的心就被茅草塞住了。"

高子是齐国人，孟子的学生。他一心想"学点东西"，但是又总在评估"我学到了没有"，不肯下苦功，又期待效验。过一阵子发现没效验，就觉得"哎呀，跟这个老师也没学到什么东西"，于是又想换别的地方学。所以孟子就批评他。

张居正讲解说，义理是人心的大路，物欲是人心的茅草，存亡出入之机，也只在一念须臾之际，不可不谨慎！跟老师学习的道理，如果没有放在心里存养，不能笃实去做，那心路很快就会长满茅草，自己把自己蒙蔽，什么都看不见了。

这就是"茅塞顿开"成语的出处。不过我们从孟子的原意来看，不是茅塞顿开，而是茅塞不开。路要每天都走，日日不断，才能是路；一天不走，就茅塞不开了。

## 心中没有志向，学习就没有目的

**原文**

高子曰："禹之声尚文王之声。"

孟子曰："何以言之？"

曰："以追（duī）蠡（lǐ）。"

曰："是奚足哉？城门之轨，两马之力与？"

**华杉详解**

前面孟子批评高子，说他不认真研修义理，心都被茅草塞住了。接下来高子就发表了他的"高论"，他说："禹的音乐比周文王的音乐好！"

高子这是在仿效孔子。在《论语》里，孔子评论过，舜的音乐尽善尽美，武王的音乐尽美但未能尽善。为什么呢？因为舜的天下，是尧禅让给他的，所以他的音乐里，尽是一片祥和，充满感恩。而武王的天下是讨伐纣王，闹革命打下来的，所以音乐虽然也很美，但毕竟有一股杀伐之气，未能尽善。

所以这里高子学孔子，说禹的音乐比武王的音乐好。孟子就问："何以言之？"

高子说："以追蠡。"追，古音duī，指钟钮，编钟悬挂的地方。蠡，是器物经久要磨断的样子。高子说："你看禹传下来的编钟，钟钮都要断了，文王的编钟却还是好好的，可见禹的音乐，喜欢的人多，演奏得多啊！"

孟子一听，差点喷饭，他说："我还以为你有什么独到的见闻或心得，闹了半天你是在破案啊？那城门口的车辙印，是一两匹马的力量吗？如果你看见两个城门车辙印深浅不一样，你就说深的那个是过去了一辆重车？那都是年代久远的缘故啊。禹的编钟坏了，文王的还是好的，因为禹比文王早一千年啊！"

高子这种毛病，叫"索隐行怪"，不能认认真真去博学、慎思、审问、明辨、笃行，就喜欢追新逐异，奇谈怪论，故作高深。没有虚心，只有虚荣。这种情况特别普遍，一听老师讲课就说"没有什么新东西"，存了轻视之心。而当有人讲到一些偏僻奇怪、他没有听过的，就如获至宝，觉得自己又多了一条能显摆的学问。出现这种情况，主要是心中没有志向，学习就没目的，所以就要搞点新鲜感，走向道听途说，索隐行怪。

## 再作冯妇

**原文**

齐饥。陈臻曰："国人皆以夫子将复为发棠，殆不可复。"

孟子曰："是为冯妇也。晋人有冯妇者，善搏虎，卒为善士。则之野，有众逐虎。虎负嵎，莫之敢撄（yīng）。望见冯妇，趋而迎之。冯妇攘臂下车。众皆悦之，其为士者笑之。"

**华杉详解**

复为发棠，就是重新劝齐王打开棠地的粮仓赈济灾民。冯妇是人名，姓冯，名妇。嵎，是山势弯曲险阻处。撄，是迫近。

齐国闹饥荒，陈臻对孟子说："国人都等着老师您再次劝说齐王打开棠邑的粮仓赈济灾民呢，不过您大概不会再这么做了吧？"

过去齐国灾荒时，孟子曾劝过齐王开棠地粮仓赈济灾民，所以这回大家又盼着孟子说话。可陈臻为什么又说孟子这次大概不会说话了呢？因为此时齐王对孟子已经疏远，不是蜜月期了。孟子正准备离开齐国，这时要再去进言，一来已经没有那个说话的面子，二来说了齐王也未必听，只会自讨没趣，自取其辱。

孟子说："我这时候要是再去进言，就成冯妇了。以前晋国有个人叫冯妇，善于徒手缚虎。后来悔悟，觉得自己的行为粗野危险无益，就痛改前非，再也不去打虎了，要做文明善士。后来有一天，他到山野中，撞见一群人正在追逐一只老虎。那老虎背靠着山角，没人敢迫近它。大家看见打虎英雄冯妇来了，都喜滋滋地迎上来，邀他出手。冯妇既然已经金盆洗手了，就该不顾而去。但是他身怀绝技，杀心自起，不免故态复萌，卷起袖子就下车了。一众打虎群众，都欢欣鼓舞。而其他士人，就讥笑他为善不终，可止而不知止了。"

这就是成语"再作冯妇"的由来。金盆洗手之后，又重操旧业，就叫再作冯妇。

那孟子会不会再作冯妇呢？一般说来，按儒家价值观，以道事君，不可则止。我进言，你不听，那我转身就走，不纠结，不死磕。孟子此时已经和齐王分道扬镳，说话也不管用了。但是，既然涉及一国灾民，自己的面子尊严也不算什么，死乞白赖也得再说一回。所以孟子有再作冯妇之叹，也知道自己会被人耻笑，因为自己已经在耻笑自己了。

那齐王会接受孟子的进谏吗？孟子也知道，机会不大。他既然已经不听孟子的，就说明看不到本质。就算他自己有饿死的危险，他也不会听，更别说饿死一些灾民了。棠邑粮仓里的粮食，他还要留着做军粮呢。

不该说的、说了也没用的，还是要去说，这在儒家观念中也有，叫"明知不可为而为之。"

## 要把义理当天性，当本体；把欲望当命运，当客体

**原文**

孟子曰："口之于味也，目之于色也，耳之于声也，鼻之于臭也，四肢之于安佚也，性也，有命焉，君子不谓性也。仁之于父子也，义之于君臣也，礼之于宾主也，知之于贤者也，圣人之于天道也，命也，有性焉，君子不谓命也。"

**华杉详解**

孟子说："嘴巴之于美味，眼睛之于美色，耳朵之于好听的声音，鼻子之于芬芳的气味，四肢之于安逸舒适，这些爱好都是天性，但能否得到却在于命运。所以君子并不把这些作为天性的必然，不会去智取强求，更不会去巧取豪夺。而仁在父子之间，义在君臣之间，礼在宾主之间，智慧之于贤者，圣人对于天道，能够实现与否，也属于命运，但君子更把这些看作自己的天性，而去顺从和实现，不把它们推诿给命运。"

这一段，是性命之论，要反复熟读体味。

《中庸》说："天命之谓性，率性之谓道。"朱熹注解说："命，尤令也。

性，即理也。"上天的命令，就是万物的天性。对于没有生命的物质，它的物理性质、化学性质就是天命天性。对于生命体，就是指他的基因、性格，这些都是天生的。

对于人呢？人之初，性本善，率性而为，本色不改，不忘本，就是道，就是天道。所谓道不远人，是说道在自己身上。所以要率性而为，率性不是任性，而是不为外物所移，始终保持真我的修养。

这么说，性和命是一体。

但是，命还有一层含义，就是运。你的人生际遇、穷富贵贱，这是命运。

性命之辩，就是区分天性和命运。发扬天性，接受命运。

那么，人的口、目、耳、鼻、四肢之欲，是天性还是命运呢？一般人认为，这当然是天性，所以要率性而为。而对于仁义礼智信呢？一般人觉得，那是命运修养，不一定修得到。

张居正说："世人谁不知有性命，但君子之言性命，偏与众人相反。众人言性，则于情欲一边，皆认之为本体，而务求必得；众人言命，则于道理一边，皆归之于气数，而不肯用功。君子则异是焉。"

张居正提出了一个问题，到底欲望是本体，还是义理是本体？**一般人认为欲望是本体，君子则认为义理是本体。**

嗜欲之心，本来就容易让人沉溺，如果又把它作为天性去率性而为，把一切非礼之玩好、分外之营求，都当作自己的天性去发挥，则贫贱思富贵，富贵生骄侈，最终无所不为，无所不至了。而君子就会把欲望的实现故意推开，说欲望是命运，不是天性。

对于义理精粗，仁义礼智信这些，君子虽然孜孜以求，也不是都能实现的。父子之间，可能有父亲不爱我，儿子不成器，那也不得仁；君臣之间，可能有君上不仁，臣下不忠，那也不得义；宾主之间，可能有主人不恭，客人不敬，那也不得礼。一般人就会说："哎呀，我遇人不淑！我命不好！摊上这么个父亲、儿子、昏君、逆臣……"而君子则行有不得，反求诸己，不认为是自己遇到的人不好，而是在自己身上，找自己的天性：我是不是还没有能把我天性中的善发挥出来，是不是还做得不够？所以舜遇到父母兄弟都要杀他，却还能一如既往，用爱包容，最终成为一代圣君，国泰家和。

如果我们把"义理之美"的实现当成命，那就容易自暴自弃。如果我们把

"义理之美"当成自己的天性,则能修成气质变化之功,不但能变化自己的气质,还能感化他人的气质。

张居正总结说:"人能安命,然后能立命;能忍性,而后能尽性。此圣学相传之至要也。"

程颐说,口、目、耳、鼻、四肢之欲,是天性,但是每个人得到的不一样,各有其分,所以还是命。既然是命,你就不能说这是我的天性,而求之必得。

朱熹说,人不能尽如其愿,不只贫贱是这样,就算你富贵之极,也还是有限度的,所以这是命。不管是欲望还是义理,都是天性天命。但是一般人把欲望当天性,虽有不得,但必欲求之;把义理当命运,一有做不到的地方,就自动放弃。而孟子就要把它反过来,伸张义理,抑制欲望。

张载说:"养则付命于天,道则择成于己。"一句话说完了。

不怕"该"得的没得到,只怕自己该做的没做到。


## 修养的六个阶梯:善、信、美、大、圣、神

**原文**

浩生不害问曰:"乐正子何人也?"

孟子曰:"善人也,信人也。"

"何谓善?何谓信?"

曰:"可欲之谓善,有诸己之谓信,充实之谓美,充实而有光辉之谓大,大而化之之谓圣,圣而不可知之之谓神。乐正子,二之中、四之下也。"

**华杉详解**

浩生不害,是齐国人。乐正子,是孟子的学生。

浩生不害问孟子:"知弟子者莫若师,乐正子在您门下时间也不短了,老师认为他是怎样的人呢?"

孟子说:"他是善人,是信人。"

"什么是善？什么是信呢？"

"可欲之谓善"。可欲，是让人喜爱。朱熹注解说，天下之理，那善的，必让人喜爱；那恶的，必让人觉得可恶。乐正子的为人让人喜爱，这就可以说是个善人了。

张居正说，人性本来有善而无恶，遇到善人善事，自然有欣喜欢爱之心，人人都一样。如果一个人立身行己，合乎天理，只见得他可爱，不见得他可恶，这就是善人了。

"有诸己之谓信"。朱熹注解说："凡所谓善，皆实有之，如好好色，如恶恶臭，则可谓信人也。"

张居正说，好善恶恶，都是有生以来真真实实的念头，没有一丝虚假。如果那人躬身实践，没有一点自欺欺人，实实在在地都在心里，都在自己身上，而没有一点矫饰，那他的实心实行，就是信人。

张载说："志士无恶之谓善，诚善于身之谓信。"

我们简单地说，对人没有坏心，就是善人；切实笃行自己的善，不装不假，不自欺欺人，就是信人。

"充实之谓美"。朱熹注解："力行其善，至于充满而积实，则美在其中而无待于外也。"

张居正讲，乐正子的善信，固然可以称道，但是义理无穷，圣贤的学问还不至于此。你的善信虽然实有，但蓄积还不够充实，就还不足以为"美"。唯有真积日久，而悉有众善，那方寸之中，充满快足，无少间杂，则章美内含，不徒以一善成名而已，这才叫作"美"，有美德的人。

这是一个"量变"的过程，你要时时刻刻有意识地去积善积信积德。万事都是积累而成，成功是积累而成，美德也是积累而成。人们往往会低估成就一件事业需要的时间，而成就一个有美德的人，则需要更长的时间。量变之后是质变，"美人"会成为"大人"——"充实而有光辉之谓大"。

朱熹注解说："和顺积中，而英华发外；美在其中，而畅于四肢，发于事业，则德业至盛而不可加矣。"

张居正说，积善积信，蓄积日久，自然显著，通畅于四肢，发扬于事业，而不可遏止，已至于广大高明之域，这就是"大"。

《中庸》讲至诚无息："故至诚无息，不息则久，久则征，征则悠远，悠远则博厚，博厚则高明。"无息，是没有停息。至诚待人，其至诚之心，既无虚假，也无间断。至诚善信，就长久地在自己身上，通畅于四肢，自然显著，这就是"美"了。身心四体都充满了至诚善信，时时散发出来，就悠远了，路就走得长。时间越长，积累越厚，就高大光明。所以至诚善信的人，比谁都高明，这就是大人。

再往上是修养——"大而化之之谓圣"。

朱熹注解说："大而能化，使其大者泯然而无复可见之迹，则不思不勉，从容中道，而非人力所能为也。"这是大到包容天下了，看不见了。没有看见他思考，也没有看见他勉励勉强自己，就自然而然，不偏不倚，无过不及，从容中道，一点毛病都没有，完美无缺了。这不是人力所能为的，这就是圣人了。

张居正说："大而化之，有日新之至德，而无矜持之劳，有富有之大业，而无作为之迹，则是不思不勉，而能从容中道也，这叫作圣。"没看见他修养身心的努力，而他的美德日日自新；没有看见他有所作为，而能成就伟大的事业。事业总要有人去做，没看见他做，就是大家在做，说明他已经从成就自己，走向成就他人了。

焦循说："大行其道，使天下化之，是为圣人。"这是说厚德载物，化育天下，能感化、教化全天下的人。

张载说："大可为也，化不可为也，在熟之而已矣。"大，大行其道，这是可以做的；化，什么行迹也没有，却能教化天下，这是不可为、做不到的。只有你努力"大"，就会自然到那"化"的境界。

圣人还不是最高境界，还有更高一级的，成为神——"圣而不可知之之谓神"。

既然是神，人不可知，那我也解读不了。

孟子把好人分了六等，然后给乐正子评分："乐正子，二之中、四之下也。"说他在善和信二者之中，美、大、圣、神四者之下。

## 治学必有门户之见，没有门户之见，是因为没入门

**原文**

　　孟子曰："逃墨必归于杨，逃杨必归于儒。归，斯受之而已矣。今之与杨墨辩者，如追放豚，既入其苙，又从而招之。"

**华杉详解**

　　放豚，是跑掉的猪。苙，是猪圈。招，是用绳子把四蹄捆住。

　　孟子说："离开墨子的学派，一定归于杨子的学派。离开杨子的学派，就一定回归儒家学派。他既然回来了，接纳他就是了。今天你们指斥那些投奔过杨墨学派的同学，就好像去追跑掉的猪，猪已经回来了，关到猪圈里了，不跑了，你还要拿绳子把它的四蹄捆住吗？"

　　治学必有门派、有门户，门户和门户之间是不通的。在哪里通呢？在外面通。就像我家门口，可以通过外面的路，走到你家门口。

　　但是里面不通，进到任何一个门里，都跟别的门派不通。

　　所以，如果有人说他打通了儒道释，你就知道他哪个门也没进，他是在大街上晃荡，大街是跟哪儿都通的。现在有老师说自己能把儒道释和量子力学都讲通，同学们趋之若鹜，觉得这个老师了不起，一个个听课听得脸上发光。这是什么？这是追新逐异、道听途说，不是真要学什么学问，而是学点说法自娱自乐罢了。

　　如果有人说，我在儒道释上各下二十年工夫，六十年之后我不能把它们学通吗？

　　我告诉你，六百年也不能！

　　因为这违背了知行合一的基本原理。**学习不是理解，而是行动。没有行动，就没有理解。**

　　王阳明说，比如问孝敬父母，你晓不晓得？人人都说晓得，其实他们都不晓得，只是晓得有"孝"这个说法而已。你只有去孝，在行动中体会自己的

心,和父母的反馈,才能说孝敬了多少,晓得了多少。

所以学习儒道释也好,或者在孟子的时代学习杨墨儒也好,你都不该只晓得一些说法,而是要照他的说法去做,博学、慎思、审问、明辨、笃行。最终一定要落实到笃行,没有笃行,前面的博学、慎思、审问、明辨,就都是空话废话。只有笃行,才能知行合一,闻一知十,举一反三,学以润身。

学习的标准是行动,那么,你是按儒家的标准行动,还是按道家的标准行动,还是按佛家的标准行动呢?

这就是王阳明说的,儒道释是毫厘千里。在说法上,是差之毫厘;在行为上,是失之千里,根本不相通。

所以我们治学,必有门户之见,说不要有门户之见,那是因为他没学问,所以都无所谓,谈不上珍惜哪门哪派。

门户之见的标准又是什么呢?就是孟子在这里说的:思想上泾渭分明,但是对归来的迷途羔羊,还是宽厚包容不追究。人家已经迷途知返了,你就不要指责他,羞辱他,追究他的过去了。

总而言之,门户不要太严。张居正说,不要心胸狭窄,没有兼容并包之量,因为这样会阻挡人迁善改过之门。想回来的,不敢回来;已经回来的,又受不了要再逃跑。


## 利润太高,说明你对员工分配太少,或对未来投资不足

### 原文

孟子曰:"有布缕之征,粟米之征,力役之征。君子用其一,缓其二。用其二而民有殍,用其三而父子离。"

### 华杉详解

孟子说:"有征收布帛的赋税,有征收谷米的赋税,还有征发人力的赋税。君子于三者之中,采取一种,另两种就暂时不用。如果同时用两种,百姓就会有饿死的;如果同时用三种,那小民就会室家难保,父子相离而逃亡四方

了。"

布帛，是夏天征收；粟米，是秋收后征收；人力劳役，是冬天农闲时节征收。取走一件以充国用，就只得留两件以养民生。如果取走两件，就会有人饿死。三件都拿走，春夏秋冬的产出就全被收走了，百姓也没法搞生产，因为生产了也没有活路，还不如不生产，于是只能逃亡。百姓都逃亡了，天下都是流民，国家危亡之祸就在眼前了。

为政者应该要懂得这个道理，不要横征暴敛，督责诛求下面的官吏去收税。这道理为政者懂不懂呢？其实人人都"懂"，但没有知行合一，就不是真懂。开始是奢侈荒淫，钱不够用，就加税供养自己。后来天下扰乱，要平叛，只能不断加税供养军队。最终进入魔鬼循环，直到灭亡为止。

### 原文

孟子曰："诸侯之宝三：土地、百姓、政事。宝珠玉者，殃必及身。"

### 华杉详解

孟子说："诸侯的宝贝有三样：土地、百姓、政事。把珍珠美玉当宝贝的，灾祸必将落到他的头上。"

《大学》里说："有德斯有人，有人斯有土，有土斯有财，有财斯有用。"你有了德，才会有人跟着你；有了人，那土地才有意义；有了土地，才能生产财富；有了财富，才能使用。这就像古典经济学的三个生产要素：劳动、资本、土地，缺一不可。土地和百姓是财富的创造源，政事是治国理政、创造和合理分配财富的能力和机制，而珠宝只是财富的结果。你把珠宝当宝，却残破了河山，离散了人心，荒废了政事，最后只能抱着你的珠宝灭亡。就像汉朝的董卓，筑了一个巨大的超级堡垒——郿坞，号称"万岁坞"，里面广聚珍宝，存了三十年粮食，还按年龄梯队养了少年美女共八百人，自称："事成，雄踞天下；不成，守此足以毕老。"结果呢，他根本没机会躲进郿坞，就被吕布刺杀了。

我们经营企业也是一样，利润多高都不是企业的宝，相反，利润太高，说明你对员工分配太少，或对未来投资不足。企业家的宝贝是顾客、员工和企业的能力，而利润只是结果。如果沾沾自喜自己利润有多高，却不能在顾客满意、员工培训和关怀、企业能力提升上持续投资，只会把钱当宝贝，那最后一定会抱着钱关门出局。

## 人不贵在有才，而贵在有道

**原文**

盆成括仕于齐，孟子曰："死矣盆成括！"

盆成括见杀，门人问曰："夫子何以知其将见杀？"

曰："其为人也小有才，未闻君子之大道也，则足以杀其躯而已矣。"

**华杉详解**

盆成括，盆成是姓，括是名。

盆成括到齐国做官，孟子就说："盆成括要死啊！"结果盆成括果然被杀，学生问孟子："老师怎么知道盆成括将被杀呢？"孟子回答："他这个人，有那么一点小聪明，但不懂得君子之大道。他的聪明，也就足以给他招致杀身之祸罢了。"

张居正注解说，孟子说盆成括要死，这不是一个预言，而是讲一个必然的道理；盆成括即便没有被杀，孟子讲的道理一样是成立的。

人不贵在有才，而贵在有道。懂得君子的大道，才能善用自己的才能，既能成事，也能保身。如果小有才能，却对君子仁义忠信之大道茫然不知，那他一旦有机会做事，处于必争之地，乘其得志之时，势必恃才妄作，启衅招尤，必然招致杀身之祸。

## 来者不拒、往者不追、无往教之礼

**原文**

孟子之滕，馆于上宫。有业屦于牖上，馆人求之弗得。

或问之曰："若是乎，从者之廋也？"

曰："子以是为窃屦来与？"

曰："殆非也。夫子之设科也，往者不追，来者不拒。苟以是心至，斯受之而已矣。"

**华杉详解**

业屦，是将要编成的草鞋。廋，是藏匿。

孟子到滕国去，住在上宫。宾馆里有一双将要编成的草鞋放在窗户上，却不见了，到处都找不到。有人就问孟子："不会是老师您的人把鞋拿走藏起来了吧？"孟子一听，当然不高兴，说："你以为我的人是来偷草鞋的吗？"

那人知道自己失言，觉得不好意思，但又想起孟子的话，就说："我当然不是那意思，但是老师您开门收徒，来者不拒，走者不追。只要他怀着求道的心来，您就收下他；他什么时候想走，您也不拦着。按您这样的标准，收来的学生也难免良莠不齐吧，您怎么知道就没混进偷鞋的人呢？"

孟子一听，顿时语塞，自己可真不敢保证。同学们一听，觉得他说出了孟子有教无类的态度，就赶紧记下来，写进了《孟子》。

孔子也说过："自行束脩以上，吾未尝无诲焉。"脩，是干肉；一束，是十条。这句话的意思是说，只要拿着拜师礼来求学的，我没有不教的。这也是来者不拒的态度。

只要肯来学，老师都教。因为如果拒绝，就是阻挡他得到教化的机缘，这是老师不能做的。但是，如果他自己要走，也不拦着他，更不会去追他，由他去，为什么呢？因为要把资源留给留下的人，没有缘分的就由他去了。

除了来者不拒，往者不追，还有一条原则，就是"无往教之礼"。你不能喊老师去你那儿教你，那是无礼的。老师也不会有这样的想法，觉得"这个学生我必须拿下，必须要教"，老师没那心思。

朱熹说："苟以礼来，则无有以教之。但不知来学，则无往教之礼。"

有人揪住孔子这十条干肉的说法，说："十条干肉可不少！学费这么贵，穷人家的孩子伤不起，根本不是有教无类。"对于这个说法，一来孔子当时说话的语境咱们不知道，可能正好有人送了十条干肉来，孔子就拿他说事；二来，我觉得应该收学费，学费代表诚意，如果免费就可以来学，肯定又会有不少不是真心想学习，只是觉得自己了不起，想来跟孔老师会一会、过过招的，那不是耽误老师同学的时间吗？

付了代价的东西，他才会重视，才会珍惜，才会认真思考自己要不要照老师说的去做。而免费听来的主意，就不值钱，不会重视。

## 修养就是时刻抓住自己的四端，不断扩充，到达全体

**原文**

孟子曰："人皆有所不忍，达之于其所忍，仁也；人皆有所不为，达之于其所为，义也。人能充无欲害人之心，而仁不可胜用也；人能充无穿逾之心，而义不可胜用也；人能充无受尔汝之实，无所往而不为义也。士未可以言而言，是以言餂（tiǎn）之也；可以言而不言，是以不言餂之也，是皆穿逾之类也。"

**华杉详解**

穿逾，是挖洞跳墙。尔汝，是轻视人的称呼；受尔汝之实，就是被人轻视，不受人尊重。以言餂之，是拿话去引诱他。

孟子说："每个人都有不忍心干的事，把它扩充到忍心干的事，就是仁；每个人都有不肯干的事，把它扩充到肯干的事，就是义。换句话说，人如果能把不想害人的心扩而充之，仁就用不尽了；人如果能把不想挖洞跳墙的心扩而充之，义就用不尽了；人如果能把不想受轻贱的心扩而充之，那无论走到哪里都

合乎于义了。那么怎样的行为才算是挖洞跳墙呢？比如面对一个士人，不可以跟他谈论的，你却去跟他谈论，这是在用言语诱导他，以便为自己取利；或者应该跟他说的，你却不跟他说，这是在用沉默诱导他，让他犯错，以便为自己取利。这些都属于挖洞跳墙那样的不义之事。"

朱熹讲解说，恻隐羞恶之心人皆有之，每个人都有不忍心做的事，这就是仁义之端。但因为有气质之偏、物欲之弊，就难免在一些事上放松或放纵了自己。

人都不想害别人，但有时难免会为了自己去伤害别人。比如看见人家要出错倒霉了，却沉默不语，不去提醒人家一下，如果能把这样"非自己作恶"的"小错"也看作穿洞翻墙盗窃那样的大罪，来要求自己不做，那也就不会有不义之时了。

张居正说，仁义是立人之道，人人身上都有，要点在于识其端而扩充之。恻隐之心是仁之端。我们看见一些人一些事会心有不忍，但往往同样的事发生在另一些人身上，我们就不觉得同情。其实修养的方法，就是把不忍达于所忍，使地无远近、情无亲疏，遇到别人的疾苦患难都一样怜恤，这就是我心全体之仁了。

圣人说，遇到狂风暴雨会恐惧。他好好地待在家里恐惧什么呢？他是想到有人要遭灾啊！

羞恶之心是义之端，这也是每个人都有的。遇到可羞可耻之事，必是毅然不肯做的。而修养的方法，也是抓住这个义端，不断扩充它，以其所不为，达其所为，使事无大小、时无顺逆，只要是不该干的事都不干，那就是我心全体之义了。

这就是孟子的四端论："恻隐之心，仁之端也；羞恶之心，义之端也；辞让之心，礼之端也；是非之心，智之端也。"修养，就是时刻抓住自己的四端，不断扩充，到达全体。

## 见善而从，见不善而内自省

**原文**

孟子曰："言近而指远者，善言也；守约而施博者，善道也。君子之言也，不下带而道存焉；君子之守，修其身而天下平。人病舍其田而芸人之田，所求于人者重，而所以自任者轻。"

**华杉详解**

说话非常浅近，意义却很深远，这就是善言。而不是一味高谈阔论，听起来说得很大，实际上却不切事理。张居正说，真正的善言，都是平实浅近的道理，但其意旨却包藏深远，愈探而愈无穷，这等言语才是彻上彻下，可以垂世而立教者。

不过，这样的善言有没有深远影响，主要还是看听话的人。一般人或许会觉得这些话太简单，就轻视它，转而去追逐那些耸人听闻的言论，以为那些才是"高论"。

我们要得到一句善言，不是去鹦鹉学舌，而是要笃实地照那句话去做，日日不断地做，这做的过程才是学习这句善言的过程。张居正说："其意旨却包藏深远，愈探而愈无穷。"要怎么探？是用手脚去探，而不是用脑子去探。只有践行，才能知行合一。浅近之善言，才能给你深远之意旨。

善言的浅近，在于和你的生活起居接近，能改变你的日用常行。你真照着去做了，其意义之深远宏大，就一天天像滚雪球一样显现出来，足以排山倒海。

接下来讲的"守约而施博"，是指君子所操守的原则，非常简要省约，好像他对自己要求不多，但是推行起来，效果却非常广大，这就是善道。这和上一段讲的善言是一个道理。

所以说君子讲话，"不下带而道存焉"，意思是，都不用到腰带以下，用眼前最浅近的事，就能把道理讲明白。张居正说："君子之言，就是根据眼前常见的事，平平敷衍开来，就像不下于衣带之近。然而天命之精微，人道之奥妙，却又在这眼下浅近的事中被概括了，这就是善道。"

儒家修养，就讲日用常行，所以只是如何洒扫应对，如何窗明几净，如何应事接物，这里面就蕴含平天下的道理。这些只有去做才知道，你不去做，只是读书，就永远都不会知道，反而还会轻视他：这几句简单的话能有什么意思呢？

比如，有人说中国没有哲学，孔子只是半个哲学家，而西方哲学如何如何，然后就觉得西方哲学比中国哲学厉害。其实这个问题跟你有什么关系呢？孔子也不知道有一门学问叫哲学啊，他的学问，不在思辨，全在于行动。儒家本来就是行动学，只问你愿不愿意照它说的去做。倒是那些搞哲学的人非要把儒家当哲学来研究，并拿哲学的标准去给它打分。

我们普通的读者，若不是专业搞哲学研究的，就不要跟着去给孔孟做哲学评分，因为那跟你没关系。你只要问你愿意践行什么就行了，这才能识得言近而指远的善言、守约而施博的善道。

**西方哲学是我思故我在，而儒家是不去做就等于零。**

君子之守，守其身而天下平。意思是，君子的操守，虽然所守者非常简单，但是修养自己，就能使天下太平。这是修身、齐家、治国、平天下的道理。"人病舍其田而芸人之田"，是说有些人的毛病是自己的田不耕种，老去帮别人耕田。这田，是指自己的心田。就是自己不修养，不去要求自己，成天只想着去校正别人、要求别人。这就是"所求于人者重，而所以自任者轻"，要求别人很严格，但加给自己的责任却很轻，也就是严以律人，宽以待己。这种人很多吧？

这里，我发明了一个"毛病自测题"：当我们指出一种人们常有的毛病，问："这种人很多吧？"如果你大有共鸣地说："对！现在这种人太多了！"

OK，那你自己多半就是这种人。

如果听到"这种人很多吧"之后，你沉默不语，开始自我检查，想想自己是不是这种人？那祝贺你！你多半不是。

见善而从，见不善而内自省，这是儒家方法论。看到人家好的，马上就学习。见到人家身上的毛病，就马上对照一下，我有没有这毛病？如果有，就马上改！

## 心正了，则无往而不正

**原文**

　　孟子曰："尧舜，性者也；汤武，反之也。动容周旋中礼者，盛德之至也。哭死而哀，非为生者也；经德不回，非以干禄也；言语必信，非以正行也。君子行法，以俟命而已矣。"

**华杉详解**

性者,是天性,是生知安行的本性。反之的"反",就是"行有不得,反求诸己"的"反",也是"反躬自问"的"反",是学知利行。

尧舜的行仁德,是出于本性;而汤武是通过修身来回复本性之后,再去力行。

朱熹注解说:"性者,得全于天,无所污坏,不假修为,圣之至也。反之者,修为以复其性,而至于圣人也。"

吕氏注解说:"无意而安行,性者也,有意利行,而至于无意,复性者也。尧舜不失其性,汤武善反其性,及其成功则一也。"这就又讲到生知安行、学知利行、困知勉行了。《中庸》说:"或生而知之,或学而知之,或困而知之,及其知之,一也。或安而行之,或利而行之,或勉强而行之,及其成功,一也。"意思是,不管你是生知安行、学知利行,还是困知勉行,只要你做到了,结果都是一样的。

不过,吕氏强调了一点:汤武是学知利行,虽是有意利行,但修养之后,还是会恢复本性,达到无意的境界。所以修养的目标,还是要达到无意而安行。

为什么我们老是说"做人累"?因为我们是学知利行,或困知勉行,勉强自己去做,那当然累。如果修养达到了恢复本性,生知安行,率性而为,那就不会累,反倒是不行仁义才会累。

达到尧舜的境界,则一举一动、容貌表情,没有一刻不符合礼仪的,这是美德中极高的境界了。比如在葬礼上,哭死者而哀,不是做给生者看的;依据道德而行,不致违礼,不是为了谋求官职;言语信实,不是为了让别人知道我行为端正。总之,无论做什么,都不是为了自己的"形象",也不是为了获得成功、成就,而是修养身心,恢复本性,找到自己,这本身就是人生的终极目的。

君子行法,以俟命而已。意思是,君子按原则办事,至于结果怎么样,听从命运的安排就好。

程颐注解说:"性之反之,古未有此语,盖自孟子发之。"是说之前没有"性之反之"这个提法,应该是孟子首次提出来的。

《中庸》说:"天命之谓性,率性之谓道,修道之谓教。"修养的目标,就是要达到率性而为,想怎样就怎样,这不是人生的最高境界吗?而性之反之呢？性之者如尧舜，他们的本性就是得天理之全，百分百仁义礼智信，他们率性而为，就不会有一点瑕疵；反之者如汤武，他们是从有意修为达到无意而为，举手投足无不中礼，从心所欲不逾矩。

要改正的不是行为，要学习的也不是方法，而是认识，是理念，是心。心正了，则无往而不正。所以我们修养身心，往往是去反思校正行为，因为真正的要点在于从行为中找到自己的天命本性，这才是知行合一，或者知之、好之、乐之、安之、行之"五合一"。这样的话，就真的是率性而为的完美人生了。

## 大人物缺的是批评，批评是大人物的奢侈品

**原文**

孟子曰："说大人则藐之，勿视其巍巍然。堂高数仞，榱（cuī）题数尺，我得志，弗为也。食前方丈，侍妾数百人，我得志，弗为也。般乐饮酒，驱骋田猎，后车千乘，我得志，弗为也。在彼者，皆我所不为也；在我者，皆古之制也。吾何畏彼哉？"

**华杉详解**

榱题，是屋檐。

孟子说，向大人物进言，你心里就得藐视他，切勿将他巍巍然可畏的气势放在眼里。他的殿堂基础有几丈高，他的屋檐有几尺宽，都不过是宫室华丽而已，我若得志，不会做这些奢靡之事；他吃饭，珍馐美食摆满一大桌子，后宫侍妾数百人之多，都不过是声色艳丽而已，我若得志，不会做这些放纵之事；他饮酒作乐，驰骋田猎，后面跟随的车辆有千乘之多，都不过是声势排场而已，我若得志，不会做这些荒淫之事。他所拥有的，都是我不屑于去做的。我所遵循的，不是居于华丽的宫室，而是"居仁行义"，居于天下之广居——仁，行天下之大道——义，我所抱负操持的，都是千古圣贤之法制，我为什么要怕他呢？

战国的布衣游士去游说诸侯，到人家殿堂之上，一看那气势排场，往往就自惭形秽，视对方太尊，视己太卑，不甚其畏惧之心，舌头打转，腿打战，话都说不利索，那还进什么言呢？

威严壮美的殿堂、山珍海味的美食、娇媚艳丽的后宫、前呼后拥的排场，是王公大人所不缺的，不在乎的。就像唐明皇在遇到杨贵妃之前，觉得后宫粉色如土，一切都没意思。如果你被这些他最没意思的东西压倒了，连气势都没了，那你就比他最没意思的东西还要没意思，他跟你谈话还能有什么意思呢？而且，你如果被这些声色排场所压倒，证明你也底气不足，没资格站在殿堂高谈阔论。

君子以道自重，以道侍君。来游说是为了匡正君王，为天下行道，所以必有浩然之气、师道尊严。虽不至于如李白之狂傲，要人家的美人来给我呵笔才肯写诗，但是也必对那富贵排场视若无物，要把那君王归拢归拢，匡正匡正。

所谓粪土当年万户侯，富贵钱财对大人物来说，还真是粪土，你若被他的粪土压倒，那你就比粪土还不如。大人物缺的，是批评。批评是大人物的奢侈品，因为没有人敢批评他。如果你批评他，他不接受怎么办？那你转身就走嘛。以道事君，不可则退。你若以让他接受你为目标，那你就不是来行道的，而是来谋财的。


## 养心的关键在寡欲，寡欲的关键在养志

**原文**

孟子曰："养心莫善于寡欲。其为人也寡欲，虽有不存焉者，寡矣；其为人也多欲，虽有存焉者，寡矣。"

**华杉详解**

孟子说，养心莫善于寡欲。如果一个人欲望不多，那他的善行就算有所丧失，也不会丢掉太多。反过来，一个人如果欲望很多，那他的善行就算有所保存，也是保存极少。

朱熹注说:"欲,如口鼻耳目四肢之欲,虽人之所不能无,然多而不节,未有不失其本心者,学者亦当深戒也。"

清心寡欲,才更能向善,这个道理人人都懂。但人人都被欲望所牵引,怎么做得到呢?怎么去克制自己寡欲呢?我的体会是,克制是克制不了的,还会把自己克制出病来。欲望的反义词,不是节欲,而是志向。当你志存高远,知天命而行天理,那你就不是在节欲,而是把欲望转移到了居仁行义的事业上。

孟子说:"鱼,我所欲也;熊掌,亦我所欲也。二者不可得兼,舍鱼而取熊掌者也。生,亦我所欲也;义,亦我所欲也。二者不可得兼,舍生而取义者也。"

孔子说:"知之者不如好之者,好之者不如乐之者。"你的所好、所乐,不是物欲,而是仁义。本就轻财好义,就不需要节制自己的欲望了。

不管做什么事都需要时间,做了这样,就做不了那样,时间在哪儿,结果就在哪儿。

养心的关键在寡欲,寡欲的关键在养志,用志向挤出物欲。朱熹说:"为学须先立志。志既立,则学问可次第着力。立志不定,终不济事。"要志有定向,勇往直前,不暇他顾,压制自己寡欲的压力就小了。因为就算你有贼心,也有贼胆,但你没那个贼时间啊。你有了孟子说的浩然之气,就不会再有酒色财气。

### 原文

曾晳嗜羊枣,而曾子不忍食羊枣。

公孙丑问曰:"脍炙与羊枣孰美?"

孟子曰:"脍炙哉!"

公孙丑曰:"然则曾子何为食脍炙而不食羊枣?"

曰:"脍炙所同也,羊枣所独也。讳名不讳姓,姓所同也,名所独也。"

### 华杉详解

曾子是著名的孝子,曾晳是他的父亲。曾晳生前,非常喜欢吃羊枣。羊枣,又叫羊矢枣,因为它小、黑、圆,长得像羊屎。曾晳去世后,曾子一看见羊枣就想起父亲，非常伤感，于是他就不吃羊枣了。

公孙丑就问孟子："烤肉和羊枣哪个好吃？"

孟子说："当然是烤肉！"

公孙丑接着问："那曾子他父亲也喜欢吃烤肉，他若看见亡父喜欢吃的便伤感不吃，他为什么不吃羊枣，却照样吃烤肉呢？"

言下之意，真正好吃的，他照吃不误；不那么吸引人的，他倒放弃不吃来纪念父亲。这心不纯吧？

孟子说："烤肉是人人都爱吃的，而羊枣只是个别人爱吃。大家都爱吃的东西，曾子和大家一起吃，就没有不忍之心。而爱吃羊枣是他父亲独有的习惯，所以曾子触物伤情，便不吃了。这就好比我们对先人的避讳是'讳名不讳姓'，因为姓不是一人独有、一家独有的，姓曾的人很多，所以不会避讳；但名是他独有的，所以曾子对'晳'字要避讳。"

张居正说："夫观于思其所嗜，既可以见孝子恻怛之情，关于思所独嗜，又见孝子专一之念矣。学者当体其心，不可徒泥其迹也。"

# 宁要狂者，不要乡愿

**原文**

万章问曰："孔子在陈曰：'盍归乎来！吾党之士狂简，进取不忘其初。'孔子在陈，何思鲁之狂士？"

孟子曰："孔子不得中道而与之，必也狂狷乎！狂者进取，狷者有所不为也。孔子岂不欲中道哉？不可必得，故思其次也。"

**华杉详解**

万章问："孔子在陈国的时候说：'何不回鲁国去呢！我那些学生志大而略于事，进取而不忘本。'孔子在陈国为什么会惦念鲁国这些狂放之人呢？"

万章问的这一段，出自《论语·公冶长》，原文是："归与归与！吾党之小子狂简，斐然成章，不知所以裁之。"

孔子颠沛流离了十几年，知道自己的道不能行之于天下了，于是在陈国自叹说："既然不能行道，何不回到祖国呢？我那些学生，资性狂简，激昂意气，志存高远，欲效法古人，不忘初心，我不如回去传道于他们吧！"

万章就有疑问，"狂士"好像不是什么好词，孔子怎么会惦记"狂士"呢？

孟子说："孔子说过：'如果找不到中道之士和他相交，那就一定结交狂放之人和狷介之士吧！狂放者进取，狷介者有所不为。'孔子难道不想要中道之士吗？只因得不到，所以退而求其次而已。"

### 原文

"敢问何如斯可谓狂矣？"

曰："如琴张、曾皙、牧皮者，孔子之所谓狂矣。"

"何以谓之狂也？"

曰："其志嘐嘐（xiāo）然，曰：'古之人！古之人！'夷考其行，而不掩焉者也。"

### 华杉详解

万章问："什么样的人算是狂放之人呢？"

孟子答："像琴张、曾皙、牧皮这样的人，就是孔子所说的狂者。"

"为什么说他们狂呢？"

"他们志向大，口气也大，一谈到当世之人，没有一个看得上眼的，动辄称'古之人，古之人'如何如何。他们论学术，必以圣贤自期；论事功，必以经天纬地自任。但又志大不能充其志，言大不能践其言。平时他们自称自许的，好多都没做到，这就是狂。"

但是这些狂者，践行虽然不够笃实，志向之高远却是真诚的。只要时时注意裁抑规正，他还是可以向中道靠拢的。所以孔子说："吾党之小子狂简，斐然成章，不知所以裁之。"意思就是要去把他们剪裁剪裁。

**原文**

"狂者又不可得，欲得不屑不洁之士而与之，是狷也，是又其次也。"

**华杉详解**

如果狂者也得不到，就退而求其次，结交狷者吧。狷者，是不屑于做不洁之事的人。这样的人操守极其严谨，一切卑污苟贱之事，他都深恶痛绝，一概不碰。这样的人，志虽不足，守则有余，也有为道之心，还是可交。

**原文**

"孔子曰：'过我门而不入我室，我不憾焉者，其惟乡原乎！乡原，德之贼也。'"

曰："何如斯可谓之乡原矣？"

曰："'何以是嘐嘐也？言不顾行，行不顾言，则曰，古之人！古之人！行何为踽踽（jǔ）凉凉？生斯世也，为斯世也，善斯可矣。'阉然媚于世也者，是乡原也。"

万章曰："一乡皆称原人焉，无所往而不为原人，孔子以为德之贼，何哉？"

曰："非之无举也，刺之无刺也。同乎流俗，合乎污世，居之似忠信，行之似廉洁，众皆悦之，自以为是，而不可与入尧舜之道，故曰德之贼也。孔子曰：'恶似而非者：恶莠，恐其乱苗也；恶佞，恐其乱义也；恶利口，恐其乱信也；恶郑声，恐其乱乐也；恶紫，恐其乱朱也；恶乡原，恐其乱德也。'君子反经而已矣。经正，则庶民兴；庶民兴，斯无邪慝矣。"

**华杉详解**

"乡原"的"原"同"愿"。愿，是谨慎地做好人。乡愿，就是好好先生。

孟子引述孔子的话说："经过我家门却不进我的房子，而我也不感到遗憾的，大概就是乡愿的好好先生吧。好好先生，是贼害道德的人。"

万章问："什么样的人是乡愿呢？"

孟子回答："他对狂者说：'为什么你志气高大，却言语不能照顾行为、行为也不能照应言语呢？总是一口一个古之人！古之人！'他又批评狷者说：'为什么这样踽踽凉凉（踽踽，是独行的模样。凉，是凉薄。踽踽凉凉，就是落落寡合的样子）的呢？生在这世上，就要为这世界做事，过得去就行了嘛！'这样八面玲珑、到哪儿都有理、到处讨好的，就是乡愿。"

万章问："全乡的人都说他是一个老好人，他也到处表现为一个老好人，孔子竟然说他是德之贼，这是为什么呢？"

万章问的这一句，出自《论语》："子贡问曰：'乡人皆好之，何如？'子曰：'未可也。''乡人皆恶之，何如？'子曰：'未可也。不如乡人之善者好之，其不善者恶之。'"

子贡问："全乡的人都喜欢他，这人怎么样？"孔子说："不怎么样。"子贡问："那全乡的人都厌恶他呢？"孔子说："也不怎么样。还不如好人都喜欢他，坏人都厌恶他。"

这一段很重要，在任何一个集体里，不管是一个班级、一个公司还是一个国家，大家的意见总是不一致的，那些意见一致的人就相互喜欢。如果所有人都喜欢你，就是你跟所有人都一致了，那你必然在一些人面前说了假话。所谓见人说人话，见鬼说鬼话，你就是坏人。

**想交到真朋友，一是要学会得罪人、拒绝人。**如果你不肯得罪人，也就不会有好朋友。因为我们总是跟一些人亲近，跟另一些人疏远。**二是你的观点和行为，要一以贯之、始终不变。**我永远站在同一个地方，等待我的真朋友，用自己的立场交朋友，而不是为交朋友而调整立场。

孟子回答万章说："这种人，要指责他，却举不出什么大的错误来；要责骂他，也无可责骂。他只是同流合污，为人好像忠诚老实，行为好像方正廉洁，大家都喜欢他，他也自以为正确，但是与尧舜之道完全违背，所以说他是德之贼。孔子说，我厌恶那种似是而非的东西：厌恶狗尾巴草，因为它把禾苗搞乱了；厌恶不正当的才智，因为它把义搞乱了；厌恶夸夸其谈，因为它把信实搞乱了；厌恶郑国的音乐，因为它把雅乐搞乱了；厌恶紫色，因为它把大红色搞乱了；厌恶好好先生，因为他把道德搞乱了。君子使一切事物回到经常正道就行了。经常正道不被歪曲，百姓就会奋发振作；百姓奋发振作，就没有邪恶了。"

## 我们的血肉和思想，都是古人定制好传下来的

**原文**

孟子曰："由尧舜至于汤，五百有余岁，若禹、皋陶，则见而知之；若汤，则闻而知之。由汤至于文王，五百有余岁，若伊尹、莱朱，则见而知之；若文王，则闻而知之。由文王至于孔子，五百有余岁，若太公望、散宜生，则见而知之；若孔子，则闻而知之。由孔子而来至于今，百有余岁，去圣人之世，若此其未远也，近圣人之居，若此其甚也，然而无有乎尔，则亦无有乎尔！"

**华杉详解**

孟子说："从尧舜到商汤，大概五百多年，对于尧舜之道，舜的贤臣大禹、皋陶是亲眼所见，而商汤只是听到尧舜之道；从商汤到周文王，又是五百多年，对商汤之道，汤的贤臣伊尹、莱朱是亲眼所见，而周文王又只是从历史故事中听说；从文王到孔子，又是五百多年，对文王之道，文王的贤臣姜太公、散宜生是亲眼所见，而孔子又只是听说而知道的。从孔子到今天，也就一百多年，离圣人之世还不远；孔子在鲁国，我在邹国，离圣人的家乡又是这么近，如果我还不能把圣人之道传承下去，那就没有传承的人了！"

孟子这番话是他的心愿和志向，就是要一代一代把圣道传下去。后世宋儒张载做过更精辟的概括："为天地立心，为生民立命，为往圣继绝学，为万世开太平。"

孔孟的时代被称为"轴心时代"。这个著名的命题是德国哲学家雅斯贝尔斯在1949年出版的《历史的起源与目标》中提出的。

他说，公元前800年至前200年之间，尤其是公元前600年至前300年之间，是人类文明的"轴心时代"。"轴心时代"发生的地区大概是在北纬30度上下，也就是北纬25度至35度区间。这段时期是人类文明的重大突破时期，各个文明都出现了伟大的精神导师——古希腊有苏格拉底、柏拉图、亚里士多德，

以色列有犹太教的先知们，古印度有释迦牟尼，中国有孔子、老子……他们提出的思想原则塑造了不同的文化传统，也一直影响着人类的生活。在那个时代，古希腊、以色列、中国和印度的古代文化都发生了"终极关怀的觉醒"。换句话说，这几个地方的人们开始用理智的方法、道德的方式来面对这个世界，同时也产生了宗教。它们是对原始文化的超越和突破，而超越和突破的不同类型决定了今天西方、印度、中国、伊斯兰不同的文化形态。

"轴心时代"是人类历史上承前启后的时代，可以说是总结了前2500年，开启了后2500年。今天美国的体制是对古希腊、古罗马体制的传承，而中国人也依然生活在儒家和法家缔造的社会里。我们每个人脑子里、血液里，还都有先贤注入的基因，正所谓"仁者见之谓之仁，智者见之谓之智，百姓日用而不知者，道也"。我们不要以为现代人比古人"先进"，比古人"科学"，其实我们的血肉和思想，都是古人定制好了传下来的，只是我们自己不知道而已。

学习古人，就要学习五百年一出的圣人。孟子上溯了两千年的圣人，那么孟子之后的两千年，又是哪些圣人在传承他的圣道呢？我们今天读《孟子》，是读朱熹的《四书章句集注》，朱熹当然是最重要的传承人之一。在朱熹的《四书章句集注》里，他引录了程颐给哥哥程颢写的墓志铭：

> 周公殁，圣人之道不行；孟轲死，圣人之道不传。道不行，百世无善治；学不传，千载无真儒。无善治，士犹得以明夫善治之道，以淑诸人，以传诸后；无真儒，则天下之贸贸焉莫知所之，人欲肆而天理灭矣。先生生乎千四百年之后，得不传之学于遗经，以兴起斯文为己任。辩异端，辟邪说，使圣人之道涣然复明于世。盖自孟子之后，一人而已。

二程兄弟之后的五百年，又有王阳明。王阳明是传承孔子，更是传承孟子，因为心学的源头就在孟子。

而王阳明到今天，又是五百年了。有人说，中华文脉已断。其实怎么会断呢？既然古人的一字一句都在那里，总有人为往圣继绝学，再把它擦亮，再让它重放光明。学习不是晓得，而是行动；不是道听途说，而是学以润身、知行合一。这才是儒家思想的巅峰。

## 激发个人成长

多年以来，千千万万有经验的读者，都会定期查看熊猫君家的最新书目，挑选满足自己成长需求的新书。

读客图书以"激发个人成长"为使命，在以下三个方面为您精选优质图书：

### 1. 精神成长
熊猫君家精彩绝伦的小说文库和人文类图书，帮助你成为永远充满梦想、勇气和爱的人！

### 2. 知识结构成长
熊猫君家的历史类、社科类图书，帮助你了解从宇宙诞生、文明演变直至今日世界之形成的方方面面。

### 3. 工作技能成长
熊猫君家的经管类、家教类图书，指引你更好地工作、更有效率地生活，减少人生中的烦恼。

每一本读客图书都轻松好读，精彩绝伦，充满无穷阅读乐趣！

## 认准读客熊猫

读客所有图书,在书脊、腰封、封底和前后勒口都有"**读客熊猫**"标志。

## 两步帮你快速找到读客图书

1. 找读客熊猫

2. 找黑白格子

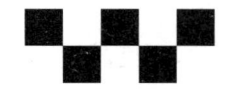

马上扫二维码,关注**"熊猫君"**

和千万读者一起成长吧!

**图书在版编目（CIP）数据**

华杉讲透《孟子》/ 华杉著. —— 南京：江苏凤凰
文艺出版社，2018.2
 ISBN 978-7-5594-0099-4

Ⅰ.①华… Ⅱ.①华… Ⅲ.①儒家②《孟子》- 通俗
读物 Ⅳ.①B222.5-49

中国版本图书馆CIP数据核字(2017)第065038号

# 华杉讲透《孟子》

华　杉　著

| | |
|---|---|
| 责任编辑 | 丁小卉 |
| 特约编辑 | 周　喆　黄迪音 |
| 封面设计 | 读客文化　021-33608311 |
| 责任印制 | 刘　巍 |
| 出版发行 | 江苏凤凰文艺出版社 |
| | 南京市中央路165号，邮编：210009 |
| 网　　址 | http://www.jswenyi.com |
| 印　　刷 | 三河市龙大印装有限公司 |
| 开　　本 | 710×1000毫米　1/16 |
| 印　　张 | 31.5 |
| 字　　数 | 500千字 |
| 版　　次 | 2018年2月第1版　2020年1月第6次印刷 |
| 标准书号 | ISBN 978-7-5594-0099-4 |
| 定　　价 | 59.90元 |

江苏凤凰文艺版图书凡印刷、装订错误可随时向承印厂调换
版权所有，侵权必究